KB043207

WE
BELIEVE
THE
CHILDREN

맥마틴 유치원 아동학대 사건의 진실

우리는 아이들을 믿는다

리처드 벡 지음 유혜인 옮김

나눔의집

n+1과 게리 리 스노드그래스에게 바칩니다.

어째서 심리치료를 받으러 온
환자들의 말을 듣고 있노라면 마녀로 몰린 이들이
고문을 받고 자백한 말이 떠오르는 것인가?

—지그문트 프로이트 Sigmund Freud**, 1897년**

평범한 미국인은
한 가정의 어린아이와 같은 존재다.

—리처드 닉슨 Richard Nixon**, 1972년**

차례

글쓴이의 말 / 11
들어가는 말 / 13

1 아동학대를 발견하다 / 35

2 맥마틴 유치원 – 의혹 제기 / 77

3 검사들 / 123

4 맥마틴 유치원 – 예비심문 / 163

5 FBI, DSM, XXX / 197

6 맥마틴 유치원 – 재판 / 241

7 두 가족 이야기 / 273

8 맥마틴 유치원 – 배심원 평결 / 309

9 치료사와 생존자 / 337

10 억압과 욕구 / 373

감사의 말 / 413
미주목록 / 415

일러두기

1. 내용상 추가 설명이 필요하다고 판단된 부분은 옮긴이 주 *로 표시하였습니다.
2. 지명 및 외래어는 관례로 굳어진 것을 빼고, 국립국어원의 외래어 표기법과 용례를 따랐습니다.

글쓴이의 말

이 책에서는 아이들의 사생활 보호를 위해 본명이 아닌 가명을 사용했다. 이때 가명은 같은 주제를 다룬 책『사탄의 침묵: 의식학대와 현대판 마녀사냥*Satan's Silence: Ritual Abuse and the Making of a Modern American Witch Hunt*』(데비 네이선Debbie Nathan과 마이클 스네데커Michael Snedeker 저)과『마녀사냥 이야기: 정치와 심리학, 그리고 아동 성폭력*The Witch-Hunt Narrative: Politics, Psychology, and the Sexual Abuse of Children*』(로스 차이트Ross E. Cheit 저)에서 따왔으며, 여기 처음 나오는 아이에게는 임의의 가명을 만들어 붙였다. 또한 아동이 가명으로 불린다면 그 부모의 이름도 가명이다.

두 가지 예외는 있다. 성인이 된 후 직접 공개 발언을 했던 아동은 본명으로 칭했다. 부모 중에서도 수사 및 재판 과정에서 자의로 활동단체를 대변하거나 취재에 응해 이름이 알려졌다면 본명을 사용했다. 본명과 가명 중 어느 이름을 사용했는지는 본문 뒤 주석에 표시했음을 밝혀 둔다.

들어가는 말

때는 1983년 늦여름이었다. 로스앤젤레스 남서부의 해안도시 맨해튼비치에서는 아이들이 위험에 빠져 있다는 의혹이 싹트기 시작했다. 그해 8월, 경찰에 한 여성의 신고가 접수되었다. 맥마틴 유치원에 다녔던 2살짜리 아들이 교사에게 추행을 당했다는 내용이었다. 경찰은 9월에 문제의 교사를 체포하고 3가지 아동학대 혐의로 기소했다. 이어서 맥마틴 유치원의 전 · 현 학부형 200명가량에게 수사 개시를 알리며 도움을 요청하는 편지를 보냈다. 맥마틴 학부형들은 주로 부동산업이나 항공산업 같은 전문직에 종사했고 부와 명예를 겸비하고 있었다. 많은 사람이 명문 유치원이었던 맥마틴에 자녀를 보내고 싶어 했다. 그래서 대기명단에 이름을 올려놓고 한참을 애타게 기다린 끝에 입학 기회를 잡을 수 있었다.

10월이 되자 로스앤젤레스 카운티 지방검찰청은 사회복지사에게 맥마틴 유치원 원생과의 인터뷰를 요청했고, 11월 무렵에는 기소 평가를 실시했다. 1984년 1월 28년, 맥마틴 유치원은 28년의 역사를 뒤로 하고 완전히 문을 닫았다.

신문이나 방송에 사건이 보도된 것은 그로부터 거의 한 달이 지난 후였다. 그 시점에서 사회복지사들은 맥마틴에 다녔거나 현재 다니고 있는 원생 수십 명을 인터뷰했고, 경찰 수사도 상당히 진척되었다. ABC 지역방송의 기자는 "당국은 최소 60명의 아동이 피해를 입었다고 보고 있습니다."라고 전했다.[1] "아이들은 기가 막힌 비밀을 간직하고 있었습니다. 범인들은 유치원에서 아이들을 성폭행을 하고 포르노 영화를 제작했습니다. 외부에 발설하지 못하도록 동물을 훼손하고 죽이는 모습을 억지로 보여주며 협박했다고 합니다."

경찰과 지방검찰청 수사팀은 가정집과 지역 사업체, 성공회 교회 한 곳을 수색했고, 사우스다코타에 있는 국립공원에서도 증거를 찾아다녔다. 77세의 창립자를 비롯해 맥마틴 유치원에 몸담았던 교사 6명도 추가로 체포되었다. 한 학부형은 아들이 성폭행을 당했다는 사실을 추호도 의심하지 않는다고 기자에게 말했다. "절대 의심할 수 없어요. 우리 아들이 그런 말을 꾸며낼 리가…… 그럴 수는 없어요. 말도 안 돼요."[2]

이런 주장이 기상천외하다고 생각할 수 있다. 오죽하면 검찰에 고용된 치료사가 맥마틴 유치원에서 벌어졌다는 일들을 설명하며 "상상조차 할 수 없다."는 표현을 사용했겠는가. 하지만 전례가 없었던 것은 아니다. 적어도 캘리포니아에서는 그랬다.[3]

캘리포니아 해안과 보수적인 농업지역 센트럴밸리 사이를 가로지르는 주간고속도로 제5호선을 타고 약 200킬로미터를 올라가면 베이커즈필드가 나온다. 바로 이곳에서도 비슷한 수사가 진행되고 있었다.

1982년 베이커즈필드에 사는 메리 앤 바버Mary Ann Barbour라는 여성은 의붓손자들의 양육권을 얻었다. 바버는 의붓딸 데비의 두 딸이 데비의 의붓아버지에게 학대를 당하고 있고, 데비 부부도 사실을 알면서 아이들을 보호하지 않는다고 생각했다. 컨 카운티 경찰과 인터뷰를 한 자매는 의붓할아버지와 자기 아버지에게 학대를 당했다는 사실을 인정했다. 조사가 진행되면서 아이들의 고백은 점점 늘어났다. 천장 고리에 매달리거나 벨트 같은 도구로 맞았고 포르노 영화에 출연해야 했으며, 주변 모텔에서 낯선 사람들에게 몸을 팔았다고 말했다. 학대를 당한 아이가 더 많다는 말도 했다. 1984년 검찰은 자매의 부모 외 2명이 컨 카운티에서 은밀히 활동하는 성학대 조직의 일원이라며 기소했고, 그들은 징역형을 받았다. 4명의 형기를 합치면 정확히 1,000년이었다. 성학대 조직에 가담한 혐의로 30명 이상이 유죄 판결을 받았다.

1980년대 정치와 수사에서 가장 두드러진 특징은 '전염병'이라는 단어였다. 에이즈처럼 실제 전염되는 병이든, '크랙베이비crack baby*'처럼 상상 속에서만 전염되는 현상이든 간에, 사방에서 음모가 들끓고 위협에 시달리는 미국 사회를 그만큼 잘 표현하는 말은 없었다.[4] 아동 성학대는 1984년 상원 법사위원회 청문회에서 그 밖의 위험 요소와 공식적으로 어깨를 나란히 했다. 펜실베이니아 상원의원 알렌 스펙터Arlen Specter는 이렇게 발언했다. "현재 아동 성학대가 급속히 확산되고 있습니다."[5] 전국의 신문과 방송도 스펙터의 경고를 뒷받침했다. 미니애폴리스 남서쪽에 있는 작은 마을 조던에서는 경찰과 FBI가 미네소타 강기슭을 수색할 준비를 했다. 어린 소년을 학대한 이들이 유기했다는 시신들을 찾기 위해서였다. 169번 도로에서 멀리 떨어진 이동주택촌 주민들과 경찰 2명을 합쳐 총 24명이 아동학대 혐의로 기소되었다. 기자를 만난 조던 교육위원회 위원장은 "어디에 산다고 말하기도 창피하다."는 조던 주민들의 말을 전했다.[6] 미시건 주 나일스에서는 유치원 원장의 아

---

* 코카인 중독자에게 태어나는 아기

들이 50년에서 75년에 이르는 징역형을 받았다. 아이들은 원장 아들이 성폭행을 하고 알몸 사진을 찍고 약을 먹였다고 진술했다. 또 무덤에서 시체를 파내고 동물을 제물로 바쳤다고(죽였다고는 하지 않았다) 했다. 매사추세츠 주 몰든에서는 어린이집 원장과 성인 자녀 두 명이 '마법의 방'에서 아동 40명을 학대했다는 혐의를 받았다. 시카고에서는 지역 보육시설의 청소부에게 아기를 삶아서 먹었다는 죄목이 씌워졌다. 다른 직원들도 246가지 학대 및 폭행 혐의로 기소되었다. 상원 법사위원회 청문회에서 한 증인은 두려워 떠는 아이들의 증언만으로 재판을 진행하기가 얼마나 어려운지 토로했다. 겁에 질린 아이들이 대기실로 돌아가 온몸에 구토를 할 때를 대비해 법정에는 늘 수건을 준비해둬야 했다. 그녀는 아이들이 사악한 범죄에 안성맞춤인 피해라고 말했다.[7] 그러나 마이애미에서 일어난 한 사건을 보면 유죄를 이끌어내기가 어렵다는 증언이 엄살인지도 모르겠다. 1985년 36세 남성이 자기 집에서 돌봐주던 아동 15명을 학대한 죄로 법정에 섰다. 그는 공범으로 지목된 아내가 증언을 할 때 자신도 곁에 함께 있기를 원했다. 프랭크 퍼스터Frank Fuster는 판사에게 부탁했다. "그 사람은 내가 보는 앞에서 거짓말을 할 수 없습니다. 집사람이 상황을 판단할 수 있게 저도 거기 있게 해주십시오. 직접 눈을 맞추고 있으면 거짓말을 못할 겁니다."[8] 뉴먼 판사는 요청을 받아들였고, 아내 일리나는 퍼스터 앞에서 그가 하얀 천과 이상한 가면을 쓰고 그녀를 십자가로 성폭행했고 아이들을 성추행하도록 시켰다고 배심원단에 증언했다. "프랭크가 옷을 다 벗고…… 몸에 입을 맞추……." 이 대목에서 프랭크는 의자에서 벌떡 일어나 외쳤다. "거짓말이야! 천벌 받을 소리!"[9] 일리나는 비명을 지르며 증언대 뒤에 주저앉아 떨리는 손으로 얼굴을 감쌌다. 결국 프랭크는 유죄 판결을 받았다. 법원은 그에게 6회 연속 종신형을 선고했고 가석방 조건을 위반할 경우 형기를 추가하기로 했다. 일리나는 증언한 대가로 10년형에 그쳤다. 양형심리에서 일리나의 옆 자리에는 데이드 카운티 지방검사인 자넷 레노Janet Reno가 있었다. 레노에게 이번 판결은 뜻 깊은 승리를 의미했다.

전국 어디를 가든 아이를 베이비시터나 보육기관에 맡기면 위험하다는 뉴스가 끊이지 않았다. 입학할 학생 수가 뚝 떨어지고 보험료는 솟구치면서 많은 보육기관이 문을 닫아야 했다. 신문에는 일부 원장이 교사에게 아동과의 신체 접촉을 되도록 피할 것을 권고한다는 기사가 실렸다. 이는 아동학대를 방지하려는 대책이 아니었다. 그보다는 성폭력 혐의로 고발되지 않도록 직원들을 보호하기 위한 조언이었다. 유명 출판사들은 아동학대를 사회학적으로 분석한 연구나 초창기 재판을 담당한 기자들의 취재담, 피해 부모의 회고록 등을 출간했다. 『말할 수 없는 행위*Unspeakable Acts*』, 『아이를 노리는 범죄*Nursery Crimes*』, 『우리 아이만은 안 돼*Not My Child*』 같은 제목만 봐도 내용이 어떤 분위기일지 짐작이 간다. 그러는 동안 엘패소와 뉴저지 교외에서도 아이에게 성고문을 하고 아동 포르노를 제작한다는 주장이 끊이지 않았다. 웨스트포인트에 있는 미국 육군사관학교 산하 어린이집에서 사탄교 의식학대가 벌어졌고, 샌프란시스코에 있는 군부대도 관여했다는 소문까지 돌았다.

텔레비전 시사프로그램 〈20/20〉은 1984년에서 1985년 사이 "아무도 모르는 비밀The Best Kept Secret" 편과 "왜 침묵하는가Why the Silence?" 편을 통해 재판도 시작하지 않은 맥마틴 유치원 사건을 심층 분석했다. "유치원을 고를 때는 신중해야 합니다." 톰 재리얼Tom Jarriel 기자가 시청자에게 경고했다.[10] "거의 매달 전국에서 터져 나오는 이야기를 보면 아동 성학대 사건이 상상 이상으로 많이 발생한다는 것을 알 수 있습니다."

재리얼이 인터뷰한 '미군 내 세뇌 전문가'는 맥마틴 교사들이 그토록 오래 피해자들을 침묵하게 만든 방법을 설명했다.[11] 한 영상이 끝나자 재리얼은 강조했다. "유죄가 증명될 때까지 피고인들은 무죄입니다." 그러나 앵커 휴 다운스Hugh Downs는 이러한 논리를 일축하고 방송 전반에 깔려 있는 확신을 다시 내세웠다. "톰, 아이들의 상처가 얼마나 깊습니까? 과연 회복할 수 있을까요?"

"정신적인 상처는 평생 씻기 힘들 겁니다." 재리얼은 대답했다. "한 소년은 어머니에게 이렇게 물었다고 합니다. '엄마, 내가 죽으면 나쁜 기억도 사라지는 거예요?'라고요."

잠시 할 말을 잃었던 다운스가 "기가 막히군요."라며 탄식했다. "잘 봤습니다, 톰."[12]

미국 의회는 아이들에게 닥친 위험을 막으려고 조치를 취했다. 여러 주에서 학대 피해아동이 증언을 해야 할 경우 재판에서 전문증거*를 예외로 인정하는 법이 통과되었다. 그 말은 부모나 사회복지사, 경찰이 피해아동을 대신해 증언할 수 있다는 뜻이었다. 1977년까지만 해도 아동 포르노는 불법이 아니었다. 하지만 1984년 제정된 아동보호법에 따라 아동 포르노로 정의된 매체는 수정헌법 제1조의 보호를 받지 못하게 됐다. 그리고 미성년자 연령이 16세에서 18세로 높아짐에 따라 수백 만 명이 아동으로 새로이 분류되었다. 레이건이 집권한 후로 사회복지 프로그램에 연방정부의 재정지원이 줄어드는 경향이 있었지만, 미국에서 가장 취약한 계층인 아동을 보호하는 새 조직과 기관에는 자금이 쏟아

---

* 법원에서 직접 진술하지 않고 다른 형태로 간접 보고하는 것을 의미하며, 원칙적으로 증거능력이 부정된다.

졌다. 이러한 법으로 국가와 아동의 관계가 달라졌고 검찰과 경찰도 적극적으로 지지를 표했다. 그 뒤에는 보육기관 사건 피해아동의 부모가 조직하고 운영하는 활동단체의 촉구가 있었다. 일부 주는 아동이 법정 밖에서 폐쇄회로 텔레비전으로 증언하는 내용의 법안을 통과시켰다. 아동이 학대범을 직접 볼 필요가 없으니 추가적인 트라우마를 막을 수 있었다. 의식학대 사건의 피해부모들은 그런 조치가 없으면 자녀의 증언을 허락할 수 없다는 입장이었다. 검찰로서는 피해아동이 증언하지 않으면 이 사건에 손을 쓸 도리가 없었다.

형사재판에서는 목격자 증언이 꼭 필요하다. 그러나 보육기관 사건에는 검찰과 부모가 유독 걱정할 만한 이유가 있었다. 수사 초기부터 피고인과 피고 측 변호사가 지적했듯, 경찰은 도저히 믿기 힘든 혐의를 입증할 물적 증거를 하나도 찾지 못했다. 물론 아동 성폭력 사건을 수사할 때는 늘 그렇다. 몸을 더듬는 것 같은 신체접촉은 상처를 내지 않기 때문에 의사의 진찰이나 과학수사 기법으로 흔적을 발견할 수 없다. 하지만 보육기관 의식학대 재판은 일반적인 아동 성폭력 수사와 차원이 달랐다.

노스캐롤라이나에서는 교사가 아이들을 배에 태워 상어 떼가 있는 바다에 던졌다는 증언이 나왔다.[13] 로스앤젤레스에는 교사가 칼로 말을 토막 내는 장면을 억지로 지켜봐야 했다는 아이들이 있었다.[14] 뉴저지 아이들은 교사에게 칼이나 포크, 나무수저로 강간했다고 증언했고, 마이애미 아이들은 자기를 돌봐주던 아저씨가 직접 만든 약을 강제로 먹였다고 경찰에게 털어놓았다. 옥수수사탕처럼 생긴 약을 먹자 졸음이 밀려왔다고 했다.[15] 묘지로 끌려갔다는 사건은 한둘이 아니었다. 아기 호랑이를 죽였다거나 무덤을 파서 관에서 시체를 꺼낸 후 칼로 찔렀다는 아이들도 있었다. 미네소타 주 조던이나 캘리포니아 주 베이커즈필드에서는 아예 성학대 조직이 활동한다는 소문까지 돌았다. 소문에 따르면 그 조직에서는 정기적으로 모여 난교파티를 벌이거나 정성 들여 종교의식을 하고 아동 포르노를 제작했다고 한다. 목격자도 상당히 많다고 했다. (수사 초기의 평범한 주장이 이런 터무니없는 이야기로 발전하기까지는 시간이 조금 걸렸지만, 일단 소문이 퍼지면 경찰과 언론의 관심을 독점했다.) 사건에 연루된 사람이 그토록 많았는데도, 피고인들이 사용했다는 도구가 그토록 다양했는데도, 아이들에게 가한 학대가 그토록 잔인했는데도 검찰은 법정에서 피해아동의 증언에만 의존하려 했다. 포르노 영화나 혈액, 정액, 무기 같은 증거는 발견되지 않았다. 난자당한 시체, 상어, 사탄교 의식에 사용한 제단이나 예복도 없었다.

검찰과 부모, 치료사들은 이런 문제가 닥치면 항상 같은 말을 반복했다. 그들은 아무리 확실한 증거가 부족하다 해도 근본적인 사실은 잊지 말자고 주장했다. 전국의 아이들이 두려움과 수치심을 무릅쓰고 학대를 당했다고 말하고 있다. 어떻게 정상적인 사회가 이들을 외면할 수 있단 말인가? 심리치료사들은 피해아동의 목소리에 귀를 기울이지 않았던 자신들의 불명예스러운 과거를 반성하며 미국이 같은 실수를 반복할 수는 없다고 말했다.

1984년 한 아동학대 전문가가 전국아동학대심포지엄National Symposium on Child Molestation에서 말했다. "우리는 성폭력 피해아동이 진실을 말하고 있다고 믿어야 합니다. 아이들을 위해 나서야 합니다. 주위에 이야기를 들어줄 사람이 없다고 느낄 때가 가장 위험하기 때문입니다."[16]

아동학대 피해자에게 사회적 낙인이 찍힌다는 사실은 어제오늘 일이 아니고 오래 전 기록에도 남아 있다. 요즈음에도 도움을 청하거나 피해 사실을 고백한 이들은 차마 말 못할 곤욕을 겪는다. 그러나 재판을 지켜본 변호사와 기자, 심리학자들은 보육기관 사건과 사회적 낙인은 전혀 연관이 없다고 지적했다. 애초에 의혹을 세기한 것은 아이들이 아니었기 때문이다.

다음은 뉴저지 아동가족부의 루 포놀러러스Lou Fonolleras 조사관과 위케어 어린이집에 다녔던 아동의 인터뷰 내용이다. 1985년 6월 어느 금요일, 포놀러러스는 아이에게 어린이집에서 어떤 경험을 했는지 물었다.

Q. 선생님이 찌찌에 뭘 하라고 시켰니?

A. 아니요.

Q. 잠지에는 뭘 하라고 했어?

A. 아무것도 안 했어요.

Q. 아무것도 안 했다. 그렇구나. 질문을 몇 개 더 할게. 자, 켈리 선생님이 감옥에 간 거 알지? 켈리 선생님이 감옥에 가서 어때? …… 기쁘니? 안 기쁘니?

A. 안 기뻐요.

Q. 안 기쁘다고?

A. 켈리 선생님이 감옥에 있는 거 싫어요.[17]

이런 식으로 인터뷰를 계속한 포놀러러스는 '다른 친구들'은 켈리에게 학대를 당했다는 사실을 털어놓았다고 아이를 설득했다. "이제 네가 말할 차례야. 외톨이가 되고 싶지는 않지?"

Q. 켈리 선생님이 말이야. …… 선생님이 너희들을 아프게 할 때 기분

이 나빴어?

A. [잘 들리지 않음] 안 아팠어요. 선생님이 아프게 하지 않았어요. 나는 선생님이 좋아요.[18]

Q. 켈리 선생님이 친구들의 옷을 벗겼니?

A. 아니요.

Q. 아니야, 맞아. 켈리 선생님이 네 성기에 입을 맞춘 적이 있니?

A. 아니요. 켈리 선생님이 아저씨 고추에는 뽀뽀해줘요?

Q. 아니. 아저씨는 아직 선생님을 만난 적 없단다.[19]

보육기관 사건의 피해아동이 조사관이나 심리치료사와 인터뷰를 했을 때는 이미 부모에게 같은 질문을 수없이 들은 후였다. 관련 서적이나 기사를 보면 부모들은 불안, 분노, 공포에 사로잡혀 실제로 몸까지 아팠다고 한다. 그러나 부모와 자식 간의 대화는 기록이 남지 않기에 과장이 있을 수 있다. 1989년 방송된 텔레비전 영화에서 테디는 어머니에게 여섯 번이나 질문을 받고서야 피해 사실을 고백한다. 테디는 "내가 말하면 엄마가 죽을 거랬어."라고 말한다.[20] 전문 조사관은 아이들이 이미 했던 대화를 이용해 인터뷰를 진행했다. 일부 아이들은 이상하기 짝이 없는 상황을 조사관에게 설명하면서 부모의 말을 그대로 옮겼다. 마이애미에 사는 심리치료사 로리 브라가Laurie Braga는 한 소녀에게 프랭크 퍼스터가 감옥에 간 기분이 어떠한지 물었다.

A. 좋아요.

Q. 좋구나. 왜?

A. 왜냐하면 [잘 들리지 않음] 이제 아저씨가 나쁜 사람인 걸 알아서요…….
Q. 그래. 왜 아저씨가 나쁜 사람이라고 생각해?
A. 엄마가 그렇게 말했어요.
Q. 아저씨가 어떤 나쁜 짓을 했는지 엄마가 말해줬어? [침묵] 궁금하지 않아? 응?
A. 선생님은 알아요?[21]

인터뷰는 몇 시간씩 계속되었는데, 질문을 받는 아이들은 대부분 3~5세였다. 학대 사실을 입증하는 대답이 나오지 않을 때면 질문자는 같은 질문을 반복했다. 로스앤젤레스 맥마틴 유치원을 다녔던 5세 소년은 키 맥팔레인Kee MacFarlane이라는 심리치료사에게 슬슬 짜증이 나고 있었다.

Q. 선생님들이 베스 어디를 만졌어?
A. 아무도 베스를 안 만졌어요.
Q. 베스가 말하기 힘든 비밀을 네가 대신 말해주면 베스는 말하지 않아도 돼. 그러면 좋지 않을까?
A. 아무도 안 만졌다고요.
Q. 한 번도 안 만졌어? 다시 생각해보자. 만진 사람이 있을 거야.
A. 아무도 안 만졌다니까요.[22]

학대 사실을 인정하지 않던 아이들은 인터뷰가 계속될수록 같은 질문만 반복해서 듣고 있음을 깨달았다. 그래서 대답을 바꾸기 시작한 것이다. 같은 인터뷰에서 키 맥팔레인은 소년의 반 친구 이야기를 다시 꺼냈다.

Q. 이게 베스야.

A. 아무데도 안 만졌어요.

Q. 에이, 사실이 아닌 것 같은데. 우리는 (비디오카메라에) 진실을 말해야 돼. 베스 등을 만졌을지도 몰라. 오티스도 그랬다잖니.

A. 흠 [부정적인 반응].

Q. 입을 만졌을지도 모르지.

A. 흠 [부정적인 반응].

Q. 입은 어때?

A. 입이요?

Q. 그래. 맞지? 입?

A. [대답이 잘 들리지 않음.]

Q. 그럴 줄 알았어.[23]

1980년대 피고 측 변호인들은 위와 같은 인터뷰에서 제기된 의혹을 과연 믿어도 되는지 전문 연구자와 심리치료사를 앞으로 내세워 설명하기 시작했다. 그러나 굳이 전문가의 소견이 없어도 당시 상황을 짐작하기는 어렵지 않다. 전국 곳곳에서 심리치료사와 사회복지사, 경찰 수사관은 아이들에게 끔찍한 학대 이야기를 꾸며내도록 자기도 모르는 사이 강요하고 있었다. 아이들은 법정에서 같은 이야기를 반복하고 보충해달라는 요청을 받았다. 이후 몇 년 동안 심리치료를 받으면서 같은 이야기를 또 해야 했다. 최소 3세부터 많아야 9~10세였던 아이들은 재미와 상관없이 유치원 생활이 무난하다고 생각해 왔다. 그러나 정신적인 상처가 너무 깊어서 회복하기 힘들다는 말을 들으며 아이들의 인생은 달라졌다. 심리치료사는 아이를 진심으로 걱정하고 따뜻하게 대해 주었다 해도 분명 강압적으로 믿음을 강요하고 있었다. 그것은 숨길 수 없는 진실이다. 한 치료사는 대답을 하지 않는 아이에게 이렇게 물었다. "너 멍청이처럼 굴래? 똑똑한 어린이니까 선생님을 도와줄 거지?"[24]

강압적으로 질문해야만 간신히 답이 나오고 물적 증거는 전혀 발견할 수 없었다. 괴상망측한 혐의 자체도 이해하기 힘들어서 검찰의 골치를 썩였다. 결국, 1980년대 후반으로 접어들면서 대부분의 사건이 흐지부지되었다. 미네소타 주에서는 2건의 재판이 열렸지만 배심원단이 무죄 평결을 내린 후 21명에 대한 기소가 갑자기 취하되었다. 그러자 미네소타 주 검찰은 무려 아동 6명이 희생된 사건의 비밀 수사기록이 공개될까 봐 기소를 취하했다는 성명서를 냈다.[25] 1989년 마이애미에서는 의식학대를 벌였다는 16세 소년이 무죄 판결을 받았고, 해당 재판의 배심원단은 지방검사 자넷 레노에게 왜 설득력 있는 주장을 제시하지 못했냐고 묻는 편지를 보냈다. 배심원단은 피해아동 2명에게 어떤 일이 일어났다고 굳게 믿음에도 무죄를 선언할 수밖에 없었다.[26]

장장 7년을 질질 끌며 최장기 형사재판으로 미국 역사에 남은 로스앤젤레스의 맥마틴 재판은 한 지역을 무대로 한 비현실적인 블랙코미디 같았다. 1985년에 10세 소년은 로스앤젤레스 지방검사가 레이 버키와 함께 동물 수백 마리를 도살했다고 증언했다. 사탄교 의식을 10회 이상 치르는 동안 신부와 나이 지긋한 수녀에게 성폭행을 당했고, 생가죽 채찍으로 호되게 맞았다고도 했다. 그러고 나서 맥마틴 유치원 교사들은 아이들에게 건강 식품점에서 구입한 '고추 등의 생야채'를 억지로

먹이며 난교파티를 마무리했다고 증언했다.[27]

검찰에 부당한 기소를 당했다는 사람들은 자신의 처지가 매사추세츠 주 세일럼에서 마녀로 몰렸던 청교도와 비슷하다고 생각하기 마련이다. 보육기관 사건의 피고인들도 예외는 아니었다. 맨해튼비치의 신문에는 피고들을 지지하는 광고가 실렸다. 문구는 간단했다. "1692년 매사추세츠 세일럼. 1985년 캘리포니아 맨해튼비치."[28] 이처럼 강력한 광고 문구는 피고인들이 생각하는 것 이상으로 정곡을 찔렀다. 세일럼 마녀재판은 아동이 증언한 미국 최초의 소송이었다. 17세기 마녀사냥과 20세기 보육기관 수사의 핵심은 아이들이 사실과 허구를 구분할 능력이 있느냐 하는 문제였다.[29] 세일럼에서도, 맨해튼비치에서도 아이들이 비밀집단에 학대를 당했다는 의혹이 터져 나왔다. 비밀집단의 활동을 처음 의심한 것이 어른들이었다는 점도 똑같았다. 애초에 세일럼 소녀들은 피해 사실을 신고한 적이 없었다. 일부 학자들은 소녀들의 기묘한 이야기와 발작이 무아지경에 빠져 종교적 열정을 표출하는 행동이라는 가설을 세웠다. 수상한 발작을 묘사하는 글을 보면 현대의 방언기도*와 무척 비슷하고, 소녀들은 공포와 마법뿐만 아니라 천사, 천상의 빛, 신의 은총이 보인다고도 이야기했다.[30] 그러나 마을의 어른들은 소녀들이 종교적 열정과 환희를 표출한다고 보지 않았다. 마찬가지로 1980년대 사회복지사들도 보육기관에서 아무 일 없었다는 아이들의 말을 무시했다. 그들은 몇 번이고 아이들에게 물었다. "누가 괴롭힌 거니?"[31]

세일럼과 보육기관 사건의 수사와 재판 과정은 여러모로 꼭 닮았다.

---

* 자신의 영혼과 하느님만 아는 언어로 드리는 기도

1980년대 아동의 성기를 진찰한 의사는 현미경으로나 간신히 보이는 피부주름과 처녀막 크기 변형을 근거로 학대를 진단했다. 현재에는 그와 같은 처녀막 변형을 정상으로 판단하고 있다. 세일럼의 의사와 조산사도 마녀로 지목된 이들을 꼼꼼하게 진찰하며 '마녀의 젖꼭지'를 찾았다.[32] 성기 주변에서 주로 '발견'되는 마녀의 젖꼭지는 피부에 난 돌기나 울퉁불퉁한 살일 수도 있지만, 당시에는 밤중에 악마가 찾아와 그 젖꼭지를 빨아먹는다고 생각했다. 또한 세일럼에서는 마녀들의 마음과 정신에는 강력한 힘이 있다고 보았다. 그래서 마녀와 같은 공간에 있으면 피해자가 추가로 트라우마를 입을 위험이 있었다. 마녀로 몰린 여성이 법정으로 끌려오자 피해자들은 '극도의 고통'에 찬 비명을 지르기 시작했다고 한다. 피고가 입술을 깨물자 소녀들은 마녀가 살을 깨무는 느낌이 든다고 말했다.[33] 1980년대에도 비슷한 우려를 근거로 아동이 폐쇄회로 텔레비전을 통해 증언해도 된다는 법이 통과되었다.

그러나 세일럼 피해자들은 집단 패닉이 가라앉은 후 사과와 보상을 받았다. 1697년 마녀재판을 관장했던 새뮤얼 시월Samuel Sewall은 보스턴 사우스교회 신도들 앞에서 공식 사과문 낭독을 요청해 "책임을 지고 부끄러움을 인정했다."[34] 배심원 12명은 용서를 구했고, 14년이 더 걸리긴 했지만 매사추세츠 주지사도 피고 22명에 대한 금전적인 배상을 승인했다. 하지만 보육기관 의식학대 재판이 끝난 후에는 사과하는 사람이 없었다. 어떤 식으로든 보상도 이루어지지 않았다. 전국에서 보육기관 의식학대 사건으로 수백 명이 수사를 받았고 그중 약 190명이 정식으로 기소되어 최소 83명이 유죄 판결을 받았다.

유죄 판결이 뒤집히기까지의 과정은 아주 험난했다. 느리게 진행되었고 중단되는 때도 있었다. 매사추세츠 주에서 바이올렛 애머럴트Violet Amirault와 셰릴 애머럴트 르페이브Cheryl Amirault LeFave는 유죄 판결을 받은 후 8년이 지나서야 무죄가 되었고, 셰릴의 오빠이자 바이올렛의 아들인 제럴드 애머럴트Gerald Amirault는 9년이 더 지난 후에야 석방되었다. 1988년 뉴저지 법원에서 유죄를 받은 켈리 마이클스Kelly Michaels는 5년간 옥살이를 했다. 엘패소의 게일 도브Gayle Dove는 석방되었다가 다시 재판을 받고 유죄 판결이 났다. 완전히 자유의 몸이 된 것은 그로부터 2년 후였다. 텍사스 주 오스틴의 프랜 켈러Fran Keller와 댄 켈러Dan Keller는 2013년에 석방되었고, 같은 해 애나 배스케즈Anna Vasquez, 엘리자베스 라미레즈Elizabeth Ramirez, 크리스티 메이휴Kristie Mayhugh, 카산드라 리베라Cassandra Rivera도 샌안토니오 교도소에서 출소했다. 하지만 재판에서 유죄 판결을 받았던 이들이 출소 후 겪은 고난은 더욱더 심각했다. 2001년 출소한 뉴욕 주 그레이트넥의 제시 프리드먼Jesse Friedman은 무죄를 뒷받침하는 증거가 산더미처럼 쌓여 있음에도 성범죄자 '3급' 꼬리표를 떼지 못했다.

이렇게 1990년대 이후로 일부 지역에서 유죄 판결이 뒤집혔지만 간간이 다른 지역에서는 새로운 수사와 재판이 진행되었다. 이 중에는 유명한 오심으로 남은 사건도 있었다. 아칸소에 사는 십대 세 명은 숲에서 어린 남자아이를 살해했다며 억울하게 유죄 판결을 받았다. 헤비메탈을 좋아하는 취미도 유죄를 받은 이유 중 하나였다. 그래서 세 소년을 호의적으로 조명한 HBO 다큐멘터리에는 메탈리카의 곡이 삽입되었다. 이들 '웨스트멤피스 3인방'은 감옥에서 18년간 복역한 후 2011년에 출소했다. 그러나 위냇치 성학대 조직처럼 사람들의 기억에서 완전히 사라진 사건도 있다. 위냇치의 성인 43명은 아동 60명을 성폭행했다는 등의 2만 9,000여 개 혐의로 체포되었다. 피고 대부분이 가난한 생활보호 대상자였고 글을 읽지 못하거나 정신장애가 있는 사람도 있었다. 43명 중 18명은 1990년대 중반에 유죄가 확정되었고, 2000년이 되어서야 마지막 한 명까지 다 출소할 수 있었다. 이러한 집단 패닉은 미국의 다른 대중문화처럼 순식간에 국제적으로 뻗어 나갔다. 영국, 뉴질랜드, 캐나다 같은 영어권 국가는 물론, 노르웨이, 네덜란드에도 미국 의식학대 사건과 비슷한 사건들이 발생했다. 불과 얼마 전인 2010년에도 예루살렘에서 한 정신지체 남성이 아동 성폭력 혐의로 체포되었다. 2011년 무렵, 서로 유대가 긴밀한 예루살렘 나할롯 주민들은 마을 내부에 몇 년 동안, 아니 수 세대 동안이나 소아성애 조직이 은밀히 존재해 왔다고 확신했다. 마을에 잠입한 기독교도가 벌인 의식학대에 희생된 아이들은 마녀와 마법의 문을 봤다고 묘사했다.[35]

이들의 주장은 믿기 힘들었고 물적 증거도 부족했다. 따라서 보육기관 의식학대 가해자를 처벌해야 한다고 주장하는 사람들은 계속해서 믿음의 중요성을 강조했다. 가정에서도, 법정에서도, 언론에서도 아이들에 대한 믿음과 아이들을 대변하는 어른들에 대한 믿음이 모든 것의 핵심이었다. 아동 성폭력 사건(더 나아가 일반적인 성폭력 사건도) 자체가 믿음을 바탕으로 전개되었다. 어쩌면 그간 사회가 학대에 적절히 대처하지 못한 역사가 길기 때문에 그런 반응이 나왔는지도 모르겠다. 친척이나 교사에게 학대를 당했다고 주장하는 십대 소녀를 영악한 계집아이라며 무시했고, 경찰에 강간 신고를 한 성인 여성도 수사 과정에서 가해자보다 진술의 진위 여부에 의심을 받았다. 1960년대 말에 접어들면서 언론인과 운동가들은 성폭력 문제를 편견 없이 건설적으로 해결하려면 사회가 피해자의 주장을 진지하게 받아들여야 한다고 지적하기 시작했다. 그러나 온 사회가 믿음을 강조한 1980년대에는 아이들의 모든 주장을 진지하게 받아들이지 않았다. 보육기관 의식학대 사건 관련자들은 어른들의 음모론과 충격적인 망상에 부합하는 이야기를 하는 아이들만 믿었을 뿐이다.

이와 같은 상상 속의 학대 사건 때문에 실제 매일 같이 일어나는 학대 사건을 보는 시각도 달라졌다. 집단 히스테리 속에서 아동을 추행한 사람은 미국 사회가 가장 두려워하고 혐오하는 범죄자로 낙인 찍혔다. 죄질이 무거운 아동 성범죄로 유죄를 받은 이(적어도 95퍼센트는 남성[36])는 교도소에서 보호를 받아야 한다. 교도소에서는 누구보다도 소아성애자를 혐오하기 때문에 성폭행이나 신체폭행을 당할 가능성이 크기 때문이다. 수감된 소아성애자가 폭행이나 강간을 당해도 싸다는 믿음은 아동학대를 다룬 농담에도 얼핏 묻어 있다. 최소 20개 주에서 형기를 마친 성범죄자는 주 법과 수백 개의 추가적인 지방자치법에 따라 아이들이 '집합'하는 곳으로부터 일정 거리 내에 거주하지 못한다. 공원이나 버스정류장, 노숙자 쉼터도 해당된다. (마이애미가 특히 제약이 엄격해서 한때 데이드 카운티의 범죄자 집단은 합법적으로 거주할 곳이 없다며 고가도로 아래에 텐트 마을을 세운 적도 있었다.)[37] 정치인과 지지자들은 이런 법을 열렬히 환영한다. 하지만 연구 결과에 따르면 아동학대범이 피해자를 처음 보는 곳은 결코 '아이들이 집합하는 곳'이 아니다. 보통 피해자는 범인과 친척 관계이고, 가정집에서 처음 마주치는 경우가 대부분이다.[38] 이렇듯 아동 성범죄자를 규제하는 법은 사회에 널리 퍼진 믿음을 근본으로 하는 동시에 그 믿음을 더욱 강화한다. 아동 성범죄자는 정신병을 앓고 있기 때문에 자제력이 전혀 없어 성욕을 주체할 수 없다는 믿음 말이다. 한편으로는 아동 성범죄자가 여타 범죄자에 비해 상습적으로 범행할 확률이 낮다는 연구가 있기는 하다. 그럼에도 소아성애자가 이 세상에서 가장 극악무도한 범죄자라고 보는 여론은 전혀 달라지지 않았다.[39] 이러한 여론은 근 30년 동안 아동 성범죄를 둘러싼 사고방식과 정책에 심각한 악영향을 미쳤다. 아동학대의 실제 원인(빈곤 문제, 핵가족 내 여성과 아동의 무력한 위치, 직장이나 학교 같이 가부장적인 사회조직을 뜻한다) 근절에 투입했어야 할 인력과 자원을 엉뚱한 망령을 쫓는 데 사용했다. 아동 성범죄를 잘못 인식해 돈과 에너지를 잘못 쏟아부은 행태는 어떻게 보면 가장 핵심적인 문제였다. 보육기관 성학대 사건에 연루된 사람들은 힘들고 고통스러운 시간을 보냈다. 하지만 아동학대의 실제 원인을 뿌리 뽑는 일은 그보다 더 힘들고 더 고통스러울 것이다. 보육기관 사건으로 집단 패닉에 일조한 사람들은 이 사실을 알고 문제를 회피할 방법을 모색했다.

한마디로 마녀사냥이 통했다는 설명이면 충분하다. 아동학대 사건은 공포 분위기를 퍼뜨리며 약 20년간 미국 정치와 문화에서 점점 격렬해지고 있던 여성, 아동, 성性을 둘러싼 논쟁의 판도 자체를 뒤흔들었다. 1960년대와 1970년대에 성 혁명*이 일어나고 제2세대 페미니즘 운동이 물살을 타며 일부일처제 핵가족, 즉 남편은 밖에서 생활비를 벌고 아내는 집에서 살림을 하는 가족구조가 미국 사회의 근간이라는 케케묵은 사고방식이 무너졌다. 여성은 동등한 고용기회와 보수를 요구했고, 이혼을 했다는 이유로 사회적 낙인이 찍히지도 않았다. 모성애와 가정의 행복에 대한 예찬도 빛을 잃기 시작했다. 그러나 1980년대 들어 로널드 레이건Ronald Reagan이 정권을 잡으며 복음주의 기독교의 정치적 영향력은 하늘을 찔렀다. 그에 따라 과거로 되돌아가고 구시대적 가족 질

* 현실에 맞춰 성에 대한 관념을 조정하는 운동

서를 강화하려는 보수적 움직임이 갈수록 커져갔다. 그 힘이 어찌나 강했던지 일부 페미니스트까지 휩쓸려서는 성 해방 운동이 도를 넘었고, 자유보다는 무질서, 위험, 포르노, 폭력, 정신적 트라우마만 난무한다고 주장했다.

동성애자가 소아성애 성향을 보인다는 오랜 불안감 때문에 터진 사건들도 있었다. 그래서 샌안토니오에 사는 레즈비언 4명과 매사추세츠에 사는 19세 게이 보조교사도 유죄가 확정되었다. 보육기관 사건 재판은 1980년대에 부활한 성 보수주의 운동의 강력한 무기였다. 가정 밖에서 자신의 삶을 추구하면서도 어린 자녀를 안전하게 키울 수 있다고 생각했던 여성들에게 그보다 효과적인 경고는 없었다. 미국의 가장 근본적인 사회구조가 바뀌기 시작할 때, 이 재판들은 변화의 대가를 한 편의 호러영화처럼 극단적으로 표현했다.

이 책은 취재 기록이라기보다는 근본적으로 역사 연구에 가깝다. 집단 패닉이 발발하면서 어마어마한 양의 보도가 쏟아졌다. 일부는 대담하고 영리했지만, 일부는 서툴고 무능했다. 어쨌든 이 책은 새로운 사실을 이야기하지 않는다. 지금껏 언론인들의 노력을 대신하려는 것도 아니다. 나는 언론보도가 쏟아졌다가 잠잠해진 이후 그토록 많은 사건이 빠르게 우리 기억에서 사라진 이유를 이해하고자 한다. 맥마틴 유치원 사건이 광범위한 집단 패닉을 대표하는 역할을 하고 있다. 하지만 컨트리워크 사건, 컨 카운티 사건, 베이커즈필드 사건, 브롱스 5인 사건, 리틀 래스컬스 사건, 스콧 카운티 사건, 미네소타 사건(이 외에도 훨씬 많은 사건이 있지만 여기서 줄이겠다)은 당사자라면 모를까 대중에게는 별다른 의미가 없다. 이처럼 최근 우리의 역사에는 사라진 기억들이 있다. 앞에서 말한 사건들은 집단 패닉이 끝난 후 나타난 것이 아니다. 오히려 패닉의 한가운데에 존재했었다. 가족구조 변화로 인한 갈등 같은 근본적인 문제가 여전히 해결되지 않았기 때문에 우리 기억에서 사라지고 말았을 뿐이다. 나는 이 책을 통해 집단 히스테리가 새로운 사회구조에 어떻게 반응했고 어떻게 영향을 미쳤는지 정리하고자 한다. 또한 위에서 언급한 사건들이 미국 문화와 사회에 영원토록 사라지지 않고 남을 수 있기를 바란다.

1

아동학대를 발견하다

제2차 세계대전 직후, 미국의 의사들과 사회복지사들은 보호자에게 학대당하는 아이들이 있다는 사실을 발견했다. 그 후로 수십 년간 아동학대 문제를 어떻게 할 것인가, 이대로 손 놓고 있어도 되는가 하는 논의가 불거졌지만 대개 가족이라는 울타리 안에서 저마다 최선이라 생각하는 방식으로 대처했다. 그러나 오늘날 아동학대는 대중이 관심을 갖고 우려하는 사회문제가 되었다. 사람들은 해결책을 찾기 시작했다. 어떻게 해야 아동학대를 방지할 수 있을까?

아이들이 이른바 '학대'를 당하고 있다는 사실은 그때 발견되었다기보다 재발견되었다고 표현해야 더 옳다. 빅토리아 시대에도 일부 부모의 자녀양육 방식이 도마에 오른 적이 있었다. 1874년에는 뉴욕 웨스트 41번가에서 8세 소녀가 양부모의 학대에 시달린다는 주민신고가 들어왔다. 우려한 이웃들이 관할 경찰서에 위험을 알렸지만 경찰은 메리 엘렌 윌슨Mary Ellen Wilson의 보호자가 소녀를 굶기고, 가죽 벨트로 때리고, 추운 날씨에 누더기나 다름없는 옷차림으로 집에서 내쫓는 동안에도 아무 조치를 취하지 않았다. 메리는 감리교 선교사 에타 엔젤 윌러Etta Angell Wheeler가 미국동물학대방지협회American Society for the Prevention of Cruelty to Animals 창립자인 해리 버그Harry Bergh에게 연락한 후에야 양부모와 격리되었다. 버그와 윌러는 메리의 양부모를 법정에 세웠고, 재판은 몇 주 동안이나 온갖 신문 지면을 장식하며 세상을 떠들썩하게 만들었다. 메리의 양어머니가 징역 1년 판결을 받으며 재판은 막을 내렸지만 여기서 끝은 아니었다. 메리의 변호사 엘브리지 게리Elbridge T. Gerry가 뉴욕아동학대방지협회New York Society for the Prevention of Cruelty to Children를 세우기로 결심한 것이다. 게리의 뜻은 미국 전역으로 퍼져 나갔고, 19세기에서 20세기로 넘어갈 즈음 여러 도시의 빈민가는 개혁 성향의 '학대 반대자'들로 넘쳐났다. 그들은 이민자 밀집 지역을 돌아다니며 아동을 학대하는 낌새가 있는지 감시했다. 1910년 무렵에는 아동보호를 주창하는 단체만 250개가 넘었다. 주로 자선활동에 열심인 상류층들이 도시에서 아동보호 운동을 벌였다.[1]

학대 반대단체가 아동보호 운동을 추진한 배경에는 유년기가 인생에서 가장 신성하고 고귀한 시기라고 추앙하던 빅토리아 시대의 정신이 깃들어 있었다. 하지만 아동학대 방지에 대중의 관심이 쏠리면서 한 가지 현상이 나타났다. 훗날 1980년대에도 볼 수 있듯, 전혀 관계없는 정치문제에 아동보호 운동이 이용되기 시작했다. 이민자가 미국 도시 지역으로 약 2천 만 명이 쏟아지던 19세기 말, 대다수 미국인은 이민자를 적대시했고 특히 자녀교육이나 훈육이 부족하다고 의심의 눈으로 보았다. 출산율 높은 이민자 가정에서 자녀양육을 제대로 하지 못하면 미국 사회의 안녕이 위태로워진다는 생각 때문이었다.[2] 그래서 학대 반대단체는 아동학대의 가능성이 있는 집단 중에서도 이민자 집단을 '미개한 빈민'으로 칭하며 특별한 주의를 기울였다.[3] 그러나 1924년 이민제한법National Origins Act에 따라 국적 및 인종별로 이민이 제한되며 이민자 인구가 급감하자 '미개한 빈민'의 자녀양육법에 촉각을 세웠던 대중의 관심도 덩달아 시들해졌다.[4] 반 세기 내내 미국인의 생활에 스며들었던 최초의 아동보호 열풍은 빠르게 등장한 만큼 빠르게 사라져 버렸다.

그 후로 40년 가까이 아동학대는 대중 앞에서 완전히 모습을 감추었다. 그러다 1946년, 존 캐피John Caffey라는 소아방사선과 의사가 뜻밖의 현상을 알아차렸다. 캐피는 만성 경막하혈종(두개골 바로 아래에서 부기가 오르거나 피를 흘리는 질환)으로 입원한 아동 6명의 엑스레이를 보던 중 팔과 다리의 긴뼈가 부러졌던 흔적을 발견했다.[5] 아이들의 뼈에는 드문드문 굵어진 부분도 있었다. 외상을 입었다가 회복했다는 증거였다. 캐피는 방사선과 의사였기 때문에 엑스레이의 주인공인 아이나 부모를 직접 만나 이야기하는 일이 없었다. 상처가 발생한 원인을 사실상 혼자 힘으로 알아내야 했다. 캐피는 논문에 "골절을 일으켰을 병력은 그 중 어떤 아이에게도 없었다."라고 썼다. 같은 해 발표한 다른 논문에서는 상처의 원인으로 괴혈병, 구루병, 매독, '종양 질환'만을 꼽았다. 타인에게 맞아서 뼈가 부러졌다는 가능성도 잠시 고려했지만 이내 무시했다.[6] 캐피는 이와 같은 골절이나 혈종이 신종 소아질환의 증상일 수 있다고 생각했다.[7] 골절의 원인이 무엇이든 간에 앞으로도 계속 지켜보며 연구할 가치가 있다고 보았다.

1940년대 후반에서 1950년대 초반 사이, 다른 방사선과 의사들도 아동의 엑스레이에서 비슷한 상처를 발견하며 증거가 차곡차곡 쌓여갔다. 1953년 실버만F. N. Silverman이라는 의사는 골절의 원인이 부모의 부주의라는 의견을 조심스럽게 제기했다. 실버만은 의사가 다친 아이의 병력을 상세히 알아내되, 질문을 필요 이상으로 많이 하거나 의심을 드러내지 말아야 한다고 썼다.[8] 환자의 상세한 병력정보를 얻을 때 부모가 불안해하지 않도록(또는 분노하지 않도록) 주의하기를 바랐다. 그러다 1955년 2명의 미국 의사가 결정적인 사실을 발견했다. 심한 부상을 입고 입원한 소아 대다수는 "보호자 측에서 타당한 부상 원인을 먼저 설명하지 않는다."는 것이다. 아이들의 가정환경을 조사한 두 의사는 "모든 아동의 가정환경이 불우했고 신경과민이나 정신이상 행동을 보일만한 성인이 적어도 1명 있었다."라고 밝혔다.[9] 마침내 존 캐피는 처음 특이점을 발견한 지 10여 년 만인 1957년에 당시 자료를 재검토했다. 그리고 상처의 원인이 신종 질병이 아니라 부모의 폭행일지 모른다는 결론을 내렸다.[10] 어째서 10년이 넘도록 의사들이 부모의 행동을 의심하거나 문제를 제기하지 않았는지 의아할 수도 있다. 그들도 얼마나 인정하기 힘들었으면 이처럼 명백한 결론을 오래 회피했겠는가. 이 점을 감안하면 종전 이후 미국에서 핵가족이 어떤 위치였는지 충분히 짐작 가능하다. 핵가족은 감히 건드리지 못할 존재로 우러러보았고 핵가족 구성원에게 절대적인 사생활 보호는 당연한 권리였다.

이런 세태가 전환된 때는 콜로라도 주 덴버의 의사 헨리 켐프C. Henry Kempe가 『미국의학협회저널*JAMA: Journal of the American Medical Association*』에 『피학대아증후군*The Battered-Child Syndrome*』이라는 논문을 발표한 1962년이었다. 켐프는 전국 71개 병원의 부상 진료기록을 검토한 후 부모가 아이에게 고의로 상처 입힌 사례 302건을 확인했다. 그는 피학대아증후군이 전 연령에 발생할 수 있지만 대체로 증상이 나타나는 연령은 '3세 이하'라고 주장했다. 콜로라도의 한 병원에서는 부모의 폭력으로 피학대아증후군 증상을 보이는 아이를 하루에 4명이나 치료한 적 있다고 덧붙였다. 켐프의 논문에 따르면 피학대아증후군 증상은 아주 가벼운 피부변화부터 생명을 위협하는 주요 장기손상에 이르기까지 다양하며, 아동학대자가 사이코패스나 소시오패스 인격 진단을 받는 경우도 있지만 부모 중에서 정상으로 보이는 쪽이 사실은 가해자인 경우도 많다.[11]

학대아증후군은 미국 가정에서 많은 아동이 신체폭력을 당한다는 사실을 최초로 직접 인정한 개념이었다. 하지만 의사들은 논문을 발표하면서도 불편하다는 기색을 역력히 드러냈다. 그들은 느리다 못해 억지로 결론에 도달했다. 또한 논문 사설을 통해 논문의 의학적 증거와 결론 사이의 논리는 명백하지만 이를 부정하는 의사가 많은 것 뿐이라고 인정했다. "의사 입장에서는 부모가 자녀를 해쳤다고 생각하기 힘들다. 그러나 아무리 힘들어도 폭력이 의심된다면 아동의 병력을 검토해야 하고 임상연구로 의심의 실체를 밝혀야 한다."[12] 그리고 일단 부모가 폭행을 했다고 판단이 되면 조치를 취할 도덕적 의무가 있다고 주장했다. "부적절한 조치는 대개 끔찍한 결과를 초래하므로 양심 있는 의사라면 아이가 마땅한 보호를 받도록 사회복지단체와 관계당국에 신고해야 한다."

불편한 사실은 하나 더 있다. 초기에는 아동학대를 사회문제가 아닌 '의료'문제로 인식했다. 살인, 강도, 폭행 같은 범죄가 일어나면 사회는 의사가 아닌 경찰, 변호사, 판사에게 해결을 요청한다. 여기에 의사가 개입한다면(가령 정신이상을 이유로 정상참작 탄원을 하는 경우) 그 목적은 피고의 도덕적 책임이나 개인적 책임을 어느 정도 덜어주기 위해서다. 켐프도 같은 목적에서 아동학대를 '증후군'이라고 표현했다. 켐프는 미국의학협회저널에 논문을 발표하기 전, 미국소아과협회American Pediatric Association 연례회의에서 공개토론회를 열었다. 원래는 연구주제(즉, 아동에 대한 신체학대)를 정확히 반영하는 토론회 제목을 고를 생각이었지만 동료들은 그런 제목이 거부감을 일으킨다고 경고했다. 켐프는 조금 더 유한 제목을 선택하라는 동료의 제안을 받아들였고 약간의 시행착오 끝에 피학대아증후군이라는 이름이 탄생했다.[13] 켐프가 아동학대를 의학과 심리학 문제로 규정하자, 다르게 해석할 여지는 완전히 사라졌다. 아동학대가 사회문제고 범죄라는 해석이 나오면 의사의 도의적 책임과 사회적 책임이 커지기 마련이다. 그러나 이런 해석이 공개토론회 주제로 올라가려면 10년은 더 기다려야 했다.

켐프는 신중하게 근거를 제시하고 소아과 의사가 처한 힘들고 복잡한 상황을 감안해 의학논문의 모범을 세웠다. 그러나 켐프의 연구가 돌풍을 일으킨 데는 보도자료의 역할이 컸다. 켐프는 논문을 발표한 후 미국의학협회에 연합통신사AP로 보도자료 전보를 보내라고 설득했다. 일주일도 되지 않아 수십 개의 기사에 "부모의 학대가 아동의 목숨을 위협한다."라는 제목의 보도자료 내용이 실렸다.[14] 바바라 넬슨Barbara J. Nelson은 아동학대가 정치문제로 등장한 배경을 탐구한 저서에서 『피학대아 증후군』이 나오기 10년 전부터의 전문 학술지를 살펴보았다. 그랬더니 아동학대에 관한 논문은 겨우 9편이었다. 하지만 켐프가 논문을 발표하고 10년이 지나는 사이 9편은 260편으로 껑충 뛰었고, 미국의학협회의 보도자료를 옮겨 싣고 부연 설명하는 신문 및 잡지 기사 수는 비교할 수 없을 정도로 더 많았다.[15] 켐프의 연구를 겉핥기식으로만 보도하던 『뉴욕타임스*New York Times*』지도 켐프가 전국에서 발생한 충격적인 아동학대 사례들을 간략히 소개하자 연구 내용을 상세히 전하기 시작했다. 신시내티 의사들은 담뱃불로 지진 상처가 20군데인 여자 아기를 치료했고, 보스턴의 한 엄마는 프라이팬으로 십대인 두 딸을 때렸다. 워싱턴DC에 사는 여성은 생후 6주된 아기를 방 맞은편으로 던져 분노를 표출했다.[16]

독자가 수백만 명에 이르는 『새터데이이브닝포스트*Saturday Evening Post*』지도 충격적인 기사를 내놓았다.

> (아이들을) 목 조르고, 던지고, 떨어뜨리고, 흔들고, 총으로 쏘고, 칼로 찌르고, 물에 빠뜨리고, 질식시키고, 성적으로 학대하고, 흐르는 물에 밀어 넣고, 장시간 선 채로 묶어놓고, 밟고, 때리고, 전기충격을 하고, 고추를 삼키게 하고, 생매장했다. 멍, 타박상, 구타 자국, 두개골절, 골절, 뇌손상, 화상, 뇌진탕, 긁힌 상처, 베인 상처, 깨문 상처, 총상, 자상, 내장 파열, 부러진 목, 질식, 안구 적출과 같은 부상 기록을 보면 포로수용소 담당의의 사례집을 읽는 기분이다.[17]

『타임*Time*』, 『라이프*Life*』, 『뉴스위크*Newsweek*』를 비롯한 매체들도 여러 가지 잔혹한 학대 사례를 상세히 보도했다. 하지만 켐프와 동료들이 규정한 대로 아동학대가 의료문제라는 틀은 절대 벗어나지 않았다. 이는 『새터데이이브닝포스트』 헤드라인을 보면 확실히 알 수 있다. "아동학대 사례가 늘어나는 비극 속에서 병으로 그와 같은 범죄를 저지르는 어른들을 하루 속히 걸러내야 한다."

가만히 있으면 안 되겠다고 느낀 의사와 주 의회 의원들은 당시 사회 분위기에 맞춰 반응을 내놓았다. 1960년대 중반은 린든 존슨Lyndon Johnson 대통령의 '위대한 사회Great Society 정책'이 순조롭게 물살을 타던 시기였다. 1964년 경제기회법Economic Opportunity Act이 제정되며 빈곤을 근본부터 바로잡으려는 정부기관과 무직 청소년에게 직업훈련을 해주는 직업부대Job Corps가 생겼다. 또한 연방정부는 공립학교에 재정을 지원하고, 자연에 대규모로 개발제한구역을 지정하며, 저소득층을 위한 주택을 건설했다. 유색인종에 참정권을 부여하고 빈민층에 기본적인 의료서비스를 제공했으며, 소비재의 안전기준을 높이는 정책을 만들고 법안을 통과시켰다. 연방정부가 사회문제를 해결할 수 있다는 희망이 미국을 뒤덮자, 1960년대 초 아동학대를 재발견한 의사들도 팔을 걷어붙이고 나서기로 했다.

1963년 캘리포니아는 아동학대가 의심되면 의사가 의무적으로 신고하는 법을 최초로 제정했다. 불과 4년 만에 하와이가 컬럼비아특별구, 버진아일랜드와 함께 같은 법을 50번째로 통과시켰다.[18] 정치계가 낙관론에 취해 있는 동안에도 이 신고법은 놀라운 속도로 퍼져 나갔다. 대부분의 주에서 의심 사례를 신고한 이는 민 · 형사 소추면제 혜택을 받았다. 신고 책임이 있는 전문가 구성은 다양했지만(일부 주에서는 치과 의사나 사회복지사, 약사도 포함되었다) 기본원칙은 어디를 가든 똑같았다. 역사상 처음으로 아동학대를 주시하고 신고할 의무가 있는 직업이 생긴 것이다.

역사학자 주디스 실랜더Judith Sealander에 의하면, 플로리다 주에 신고법이 제정된 초기에는 딱 예측 가능한 모습이었다. 1965년 플로리다 주정부 아동보호국에 신고가 들어온 학대 사례는 단 16건이었다. 그러나 8년 후 플로리다 주는 시민이 아동학대를 직접 신고할 수 있는 수신자부담 전화번호를 홍보했고 텔레비전 및 라디오 광고로 신고법의 조항들을 설명했다. 1971년이 되자 보호국에 접수된 아동학대 사례는 250건으로 늘었고, 1974년에는 기하급수적으로 증가해 2만 8,000건 이상을 기록한다.[19] 주정부마다 신생 신고기관에 직원을 충원하려 서두르던 이무렵, 아동학대를 일컫는 표현이 달라지기 시작했다. 초창기 아동학대는 정신질환 증세가 있는 성인으로 인해 아동에게 나타나는 일련의 증상을 아울러 '증후군'이라 불렀다. 그러나 1970년대 초부터 신문 헤드라인이나 전문 학회에는 다른 의학용어가 등장한다. 이제 미국은 '전염병'과 맞서 싸우고 있었다.

아동학대의 정치적인 원인과 결과, 아동학대가 미국 사회제도에 미치는 영향을 최초로 분석했던 세력은 여성해방운동 단체였다. 1971년 4월 17일, 정신보건 사회복지사인 플로렌스 러시Florence Rush가 뉴욕 워싱턴어빙 고등학교 연단에 섰다. 그녀는 뉴욕급진페미니스트단체New York Radical Feminists 주최로 강간에 대해 자유롭게 의견을 말하는 발표회에서 연설을 하는 중이었다. 53세인 러시는 급진 페미니즘이 시동을 걸 때 활발히 활동하던 젊은 페미니즘 운동가나 사상가보다는 나이가 한참 많았다. 단체를 조직해본 경험은 많았지만 신세대 페미니스트들에게 그리 유명하지 않은 인물이었다.

러시의 연설 「페미니스트의 관점으로 보는 아동 성학대*The Sexual Abuse of Children: A Feminist Point of View*」는 청중을 사로잡았다.[20] 러시는 아동 성학대의 역사를 거슬러 올라가 설명했다. 빅토리아 시대의 성 문화는 아동이 순수한 존재라는 개념을 확립했지만, 동시에 순수한 아동에게 금지된 성적 매력이 있다는 인식도 높였다. 오늘날까지도 아동 성학대는 정신이상의 산물이라는 관점이 일반적이다. 러시는 그러한 고정관념에서 벗어나 아동학대를 둘러싼 권력구조를 분석했다. 그녀는 정신의학계가 '제도적으로 남성의 성적 권력이 여성과 아동보다 우세한 사회환경'을 무시했다고 밝혔다.[21] 또한 가족이 사랑과 보살핌을 기반으로 한 이로운 제도라는 보수파를 공격했고, 성 혁명으로 소아성애의 금기가 자연히 사라질 것이라 주장하는 좌파도 비난했다. 러시는 본질적으로 핵가족의 기본구조가 불평등하다는 주장을 내세우며 양쪽을 골고루 비판했다. 러시의 연설이 인기를 얻은 이유는 이른바 '생각할 수 없는 문제'를 집요하게 생각했기 때문이었다. 그날 러시는 발표회에서 유일하게 기립박수를 받은 연사가 되었다. 그리고 러시의 뒤를 이어 많은 급진 페미니스트가 아동학대를 근절하려면 가족이라는 개념 자체가 변해야 한다는 믿음을 키웠다.

상대적으로 온건한 진보단체는 미국이 신성시하는 핵가족 제도를 직접 공격할 마음이 없었다. 하지만 빈곤과 교육 문제, 일하는 여성이 가정과 직장에서 직면하는 문제처럼 그 밖의 아동복지 문제와 아동학대를 연결해 보려 했다. 아동학대가 아이들의 생활에 밀접한 관련이 없다면 이 문제를 이해할 수도, 방지할 수도 없다고 생각했다. 1971년 당시 미국에서 가장 크고 영향력 있던 페미니스트 단체 전미여성연맹NOW: National Organization for Women은 거액을 들여 포괄적 아동발달법Comprehensive Child Development Act 법안을 강력히 지지했다. 아동발달법은 위대한 사회정책이 모든 것을 해결한다는 낙관론의 표본이었다. 이 법안이 통과된다면 연방정부의 아동복지를 역대 최대 규모로 확대하는 비용이 마련될 것이다. 보수파는 이 법안을 철저히 외면했다. 특히 문제 삼은 부분은 소득에 따라 천차만별의 비용으로 모든 부모에게 연방 보육서비스를 제공하는 조항들이었다. 그간 전미여성연맹을 비롯한 페미니스트 단체는 여성이 가정을 벗어나 직장을 다녀야 한다고 투쟁해왔다. 이제 많은 여성이 사회로 진출하기 시작하자 그들은 연방정부가 더 많이 지원해주기를 바랐다.

미국 역사상 '가장 로비가 심했던 복지법안'이라는 평가까지 받은 아동발달법 법안은 하원과 상원을 모두 통과했다. 그러나 1971년 12월 리처드 닉슨 대통령은 거부권을 행사했다.[22] 닉슨 대통령은 직설적으로 반대를 표했다. "연방정부가 아동발달에 재정을 직접 지원한다면 국가가 가족 중심이 아닌 공산주의식 자녀양육법에 가치를 부여한다는 뜻이다."[23] 전미여성연맹과 포괄적 아동발달법을 발의하고 후원한 미네소타 주 상원의원 월터 먼데일Walter Mondale은 참패의 쓴맛을 봐야 했다. 냉전시대에 '공산주의'라는 단어를 사용한 닉슨의 의도는 명백했다. 닉슨은 디 나아가 이 법안에 '가족을 무력화할 목적'이 있다고도 말했다.

이후 먼데일은 대규모 아동복지 법률 제정에 두 번째로 도전하면서 처음의 정략적 실수를 되풀이하지 않았다. 지미 카터Jimmy Carter에게 부통령 후보로 지명되기 불과 몇 년 전인 1973년 3월 13일, 먼데일은 아동학대예방및치료법Child Abuse Prevention and Treatment Act이라는 법안을 제출했다. 이 법안이 통과된다면 아동학대 실태조사를 감독 · 기록하는 국립아동학대및방치센터National Center on Child Abuse and Neglect가 생기고 학대예방기관에 보조금을 지원하는 정책이 수립될 것이다. 아동학대 신고법 등 학대예방법의 효과를 연구하는 민간위원회도 발족할 것이다. 사회적 규범을 바꾸고 정부가 아동보육을 담당한다는 의미가 담겼던 '발달development'이라는 단어는 모습을 감추었다.

1973년 봄, 아동청소년 관련 상원 소위원회에서 나흘간 입법청문회가 열렸다. 소위원회 위원장인 먼데일 상원의원이 청문회 진행을 철저히 주도하는 가운데 십여 명이 증언을 했다. 특히 2명의 증인이 먼데일과 소위원회 의원들, 전국 언론의 관심을 끌었다. 첫 번째 증인은 브랜다이스 대학교 사회정책학 교수인 데이비드 길David Gil이었다. 길은 1960년대 후반 미국 아동국과 함께 오늘에 이르기까지 가장 포괄적인 아동학대 연구를 실시해 결과를 발표했다. 미국에서 사회 · 경제적 관점으로 아동학대를 연구하는 전문가 중에 길을 따라올 자는 없었다.[24] 그러나 이날 청문회에서 먼데일은 길의 증언을 무시하려 안간힘을 썼다. 먼데일은 보수파 위원들의 표를 얻기 위해 아동학대예방및치료법에서 아동의 신체학대와 성학대 문제를 그 밖의 사회문제와 분리했다.

특히 경제적 · 인종적 불평등을 계획적으로 배제했다. 따라서 증언하러 나온 길이 그 문제들을 언급하자 먼데일은 일이 커지기 전에 서둘러 상황을 수습하려 했다. 길은 이렇게 말했다. "아동에 대한 신체학대는 우리 사회 전 계층에서 볼 수 있지만 그중에서도 가난하고 차별받는 집단에서 발생률이 더 높다고 봅니다." 먼데일은 즉각 길에게 질문을 해도 되겠냐고 물었다.

먼데일. 아동학대가 중산층 가정에서도 발생한다고 보십니까?

길. 그럼요.

먼데일. 소득이 높은 가정에서도요?

길. 네.

먼데일. 조금 전 말씀하신 대로 다른 계층보다 빈민층 발생률이 더 높을 수 있지만 극빈층에 국한되지 않는 전국적인 현상이란 말이죠.

길. 물론입니다.

먼데일. 경제 수준이 가장 높은 집단에서도 빈민층과 마찬가지로 아동학대가 발생할 수 있겠군요.[25]

증언 내내 정중한 태도였던 길은 이번에도 동의했지만 먼데일이 그토록 외면하고 싶었던 주장을 다시 피력했다. 길은 "부유층과 빈민층의 아동학대 요인은 크게 다르지 않습니다."라고 인정하면서도 "가난한 사람들에게 더 많은 요인이 있지만요."라는 지적을 잊지 않았다.

"그렇게 말할 줄 알았어요." 먼데일이 대답했다. "하지만 이건 빈민층에만 해당하는 문제가 아닙니다. 국가적인 문제이지요."[26]

다음 증인은 이 국가적인 문제를 상원 소위원회의 입맛에 맞게 설명했다. 서던캘리포니아 레돈도비치에 사는 이 여성은 졸리 케이Jolly K라는 가명으로 증언석에 앉았다. 졸리 케이는 1967년 레너드 리버Leonard Lieber라는 정신보건 사회복지사와 상담을 했다고 한다. 자신이 왜 자녀를 학대하는지, 어떻게 하면 같은 실수를 막을 수 있는지 알고 싶어서였다. 졸리 케이는 딸을 두 차례 학대한 경험이 있었다. 처음에는 거짓말 한 벌로 목을 졸랐고 다음에는 방에서 아이를 향해 '커다란 부엌칼'을 던졌다.[27] 어느 날 리버는 당시 29살이던 졸리 케이에게 비슷한 문제로 상담 중인 환자와 이야기해보라고 제안했다. 두 사람이 만든 작은 모임은 점점 규모가 커졌고 급기야 리버와 졸리 케이는 익명의 부모 모임Parents Anonymous이라는 이름까지 만들었다. 정신과 의사와 함께 온 졸리 케이는 자녀를 어떻게 학대했는지 묘사했고(앞에서 언급한 2건 외에 언어폭력도 있었다) 학대의 원인을 심리학으로 설명했다.

> **졸리 케이.** 간단히 말해, 저는 딸에게서 제 부정적인 자아상을 본 거예요. 제가 몇 년 동안 가치 없는 쓰레기라고 생각했던 제 모습을요. 태어나고부터 6년 반을 그 아이처럼 자랐기 때문이었죠.
>
> **먼데일.** 본인 안에 있는 모습을 싫어하는 걸 심리학에서는 그렇게 부르는가 보군요?
>
> **졸리 케이.** 네. 그 모습을 학대하는 거죠. 아이의 육체를 이용할 뿐, 사실 공격하는 대상은 자아입니다. 그건 살인일까요? 아니면 넓은 의미의 자살일까요?[28]

졸리 케이가 설명하는 '익명의 부모 모임' 회원들은 평균적으로 소위원회 의원들의 믿음을 한층 더 굳혔다. "저희 모임 회원은 평균적으로 최소 10학년 이상 교육을 받은 중산층 백인이에요."[29] 다시 말해 평균적인 회원은 흑인도 아니고 빈민도 아니었다. 즉, 데이비드 길이 가장 관심을 갖는 부류가 아니었다. 졸리 케이와 길 교수의 증언이 너무 달랐기 때문에 먼데일은 졸리 케이에게 직접적으로 질문을 던졌다.

> **먼데일.** 앞에서 길 교수 증언을 들었죠…… 증인이 경험한 극단적인 사례를 인정하는 데 어떤 의의가 있다고 생각하지 않으십니까? 완벽한 사회를 막연히 기다리기보다는 사회가 완벽해질 동안 최선을 다해 문제를 해결하려 노력해야 하지 않을까요?
>
> **졸리 케이.** 당연하죠. 말도 안 되잖아요. 그런 사회는 너무 이상적이에요. 국가 차원에서 우선해야 할 일로 돌아가자면…… 한 사람, 한 사람에 맞춰 더 근본적이고 현실적인 방법을 찾아야겠죠. 개인의 역량을 키워서 각자 자기 나름대로 현실적인 목표를 추구하게 해야 합니다. 예를 들어 성인학교*에 다니고 싶게끔 동기를 부여하는 거예요.[30]

졸리 케이는 개인의 심리 상태에 초점을 맞추고 이상적인 사회라는 개념을 묵살하며 학대예방의 해답이 개인의 '내적 역량'에 있다고 강조했다. 그야말로 먼데일이 원한 증언이었다. 1974년 아동학대예방 및 치료법이 제정됨으로써 1950년대에 의학적 · 정신과적 개념으로 등장한 아동학대는 언론의 집중 조명을 받고 전문가의 의견을 구하는 문제를 넘어 연방정책이 되었다. 이때 굳어진 여론은 지금까지도 변하지 않고 있다.

---

* 성인에게 배움을 기회를 주는 사회교육사업

딸을 학대한 졸리 케이가 자녀에게서 부정적인 자아상을 보았다고 말했을 때, 어린 시절에 쌓였던 분노와 폭력이 터져 나왔다고 했을 때, 학대한 목적이 '살인'과 '자살' 중 무엇이냐고 의문을 던졌을 때 그녀의 증언에는 어떤 이론이 담겨 있었다. 이 이론은 19세기 말과 20세기 초 사이 유럽에서 탄생하고 다듬어진 후 1909년 미국에 정식으로 넘어왔다. 그리고 20세기 중반 미국인은 대부분 이 이론을 바탕으로 자신과 타인을 이해하고 있었다. 현재로서는 이해하기도, 믿기도 힘든 현상이었다. 이 이론은 특별한 훈련이나 자격증이 없어도 누구나 습득할 수 있었다. 더 정확하게 표현하자면 대중매체 기사와 수많은 광고, 유명한 학계 연구를 통해 사회 전체에 퍼져 나갔다. 지그문트 프로이트의 정신분석학은 20세기 중반 미국인이 열광했던 사고방식의 근본이었다. 이후 1980년대 초반 시작된 전국적인 집단 패닉에서도 대부분의 수사가 여기서 출발했다.

아동학대를 대하는 미국의 태도와 믿음의 중심에는 프로이트 이론이 있었다. 프로이트는 인간의 삶에서 본질적으로 아동기 경험이 성인기까지 계속된다고 설명했기 때문이다. 프로이트 심리학에서는 아동기에 경험한 꿈과 환상, 트라우마가 성인기 욕구를 결정한다고 본다. 이러한 욕구 때문에 정신적 고통이 지나치게 커진다면 욕구는 의식 영역에서 무의식 영역으로 밀려날 수 있다. 하지만 영원히 그런 것은 아니다. 프로이트는 무의식으로 밀려난 욕구가 수면 중에 모습을 드러낸다고 생각했다. 어린 시절의 기억과 전날 경험한 일들이 조각조각 암호처럼 꿈속에 등장한다. 남근선망론과 오이디푸스 콤플렉스 등 널리 알려진 프로이트 심리학 개념은 전부 아동기에서 출발한다. (프로이트는 성인기보다 아동기의 성을 분석하고 해석하는 글을 훨씬 많이 썼다고 한다.) 20세기 중반 미국에서는 이와 같은 프로이트 이론으로 아동기와 성인기의 관계를 이해했다. 1960년대와 1970년대 초 아동학대를 재발견한 대중이 이미 잘 알고 있는 이 이론을 이용한 것은 자연스러운 흐름이었다. 게다가 프로이트 이론은 아동학대 문제를 완벽하게 설명하는 듯했다.

하지만 1960년대와 1970년대는 프로이트 이론이 끊임없는 비난을 받던 시기이기도 했다. 미국 문화에 침투되어 있는 프로이트 이론을 처음 공격한 것은 여성해방운동 세력이었다. 포문이 열린 시기는 잡지 기자인 베티 프리단Betty Friedan이 『여성의 신비*The Feminine Mystique*』(이매진, 2005)라는 책을 발표한 1963년이었다. 프리단은 시작부터 '이름도 붙일 수 없는 문제'를 통렬하게 분석하며 고학력 주부는 가정과 사회제도의 억압 때문에 권태와 불만에 시달린다고 밝혔다. 롱아일랜드에 사는 한 여성이 프리단에게 말했다. "저는 잠이 너무 많아요. 왜 이렇게 피곤한지 모르겠어요…… 일이 힘들어서는 아니에요. 그냥 살아 있다는 기분이 안 들어요."[31] 대중매체는 여성에게 가정에서 완전한 성취감을 찾으라 광고하지만 하루 종일 집안일을 하다 보면 정신적으로 무기력해진다. 그리고 여성들이 이제 막 기술과 지식을 습득해 성공하고 싶다는 야심을 깨달으려는데, 대학 교수들은 그런 욕심을 포기하라고 말하고 있었다. 덧붙여 프리단은 한 장을 통째로 할애해 '지그문트 프로이트의 성 유아론*'을 분석했다. 이로써 20년 이상 지속될 전쟁이 시작되었다.

"이것을 지그문트 프로이트가 시작했다는 말은 옳지 않다." 프리단

---

* 唯我論: 나에게 타당하면 다른 모든 사람에게도 타당하다는 사고방식

은 이렇게 썼다. "미국에서 본격적으로 시작된 때는 불과 1940년대였다."[32] 여기서 프리단이 말하는 대상은 프로이트 이론이 아니었다(프리단은 "프로이트의 발견이 기본적으로 대단하다는 데는 의심의 여지가 없다"고 했다). 그보다는 정신의학계나 신문 · 잡지 등의 대중매체에서 프로이트 이론을 전후戰後 여성들의 삶에 전파하는 방식을 가리키고 있었다.[33] 프리단은 프로이트가 인간 본성을 관찰해 제대로 간파했다는 점은 인정했지만 당대 억압적인 문화 때문에 여성관이 심히 편협했다고 생각했다. 프로이트는 여성이 태어날 때부터 유순하고 순종적이며 권위나 사회활동에 어울리지 않는다고 믿었다. 그리고 성과 관련한 문제에 직면했을 때 신경질적으로 반응하고 감정을 폭발시킨다고 주장했다.

실제 빅토리아 시대에는 성욕을 억누르지 못한 사람, 특히 여성을 벌하는 문화가 있었다. 억압을 당하다 보면 신경질적으로 발작하는 경향이 있으므로 프로이트의 생각은 당시 환경에 비교적 잘 들어맞았다. 프로이트 이론도 사람들에게 억압을 가하지만 말이다. 프리단은 20세기 들어 심리학이 크게 발전했고 학계와 사회도 억압적인 분위기에서 벗어났다고 여겼다. 그뿐만 아니라 일반 여성의 생활도 극적으로 바뀌었다. 20세기 중반의 여성은 가정 밖에서 일한 경험이 많지만 프로이트가 만난 오스트리아 상류층 여성 환자들은 가정 밖의 삶을 전혀 알지 못했다. 프리단은 우리 시대가 여태껏 프로이트 이론을 고수한 이유는 미국에서 정신분석학이 '성 혁명을 반대하는 이념적인 방패막'이기 때문이라고 주장했다. "프로이트가 여성의 성적 본능을 정의해 여성의 고정관념에 새롭게 힘을 실어주지 않았다면 교육 수준이 높고 용기 있는 미국 여성이 수 세대가 지나도록 진정한 자아와 성취 가능한 목표를 깨닫지 못했을 리 없다."[34]

1970년대 중반 페미니스트 집단에서는 성 불평등에 프로이트 책임이 크다는 의견이 대세였다. 반 프로이트주의가 여성해방운동을 대표하는 특징일 정도였다. 앤 코트Anne Koedt는 초창기 급진 페미니즘의 고전이 된 책에서 프로이트를 맹비난했다. 여성이 질 내 성교로만 완전한 성적 만족을 얻을 수 있다는 근거 없는 믿음을 조장했다는 죄목이었다.[35] 프로이트는 성숙한 질 오르가슴과 비교하면 클리토리스 오르가슴이 어설픈 모조품에 불과하다고 했다. 코트는 이런 거짓말 때문에 여성이 남성 배우자 없는 삶을 가치 없게 여긴다고 지적했다. 또 다른 급진 페미니스트 지식인인 케이트 밀렛Kate Millett과 슐라미스 파이어스톤Shulamith Firestone은 더 광범위하게 공격을 퍼부었다. 밀렛은 프로이트를 '통속극보다 형편없는 가정 심리극'의 창조자라고, 파이어스톤은 '옹졸한 구시대 독재자'라고 묘사했다.[36] 이후 제2세대 페미니즘 운동이 한창일 때는 반 프로이트주의 바람이 더욱 거세게 불어 프로이트 이론이 하나의 학설보다는 낡은 사고방식 취급을 받았다. 1970년 저메인 그리어Germaine Greer는 저서 『여성 거세당하다*The Female Eunuch*』(텍스트, 2012)에서 정신분석학을 조금도 비판하지 않고 농담거리로만 삼았다. 그리어는 이렇게 썼다. "프로이트는 정신분석학의 아버지다. 정신분석학은 어머니 없이 태어난 셈이다."[37] 그리어는 정신의학이라는 학문이 전부 '터무니없는 사기'라고 표현했다.[38] 보스턴에는 프로이트 사진을 벽에 걸어두고 쉬는 시간에 다트판으로 사용하는 여성단체도 있었다.[39] 이들은 프로이트의 이론만이 아니라 개인을 향해서도 칼끝을 겨누었다. 일부 페미니스트는 정신분석학의 권위를 떨어뜨리기 위해 다분히 역설적으로 프로이트에게 정신분석학 기법을 적용했다. 프로이트와 어머니('남성을 거세하는 거만한 성격의 전형적인 유대인 여성 가장')의 모자관계는 물론, 철저히 일부일처제를 지킨 마사 버네이즈Martha Bernays와의 결혼생활도 삐딱하게 보았다.[40] 『여성의 신비』에서 프리단은 프로이트가 빅토리아 시대 기준으로도 보통 이상의 억압을 받았을 것이라는 의견을 냈다.

정신분석학의 창시자를 정신분석학으로 비난하는 와중에, 정신분석학에 몸담았다 빠져나온 많은 이가 페미니즘과 손잡고 중요한 작업을 시작했다. 바로 프로이트의 임상연구를 재평가하는 작업이었다. 프로이트 재평가가 페미니즘 의제로 등장한 때는 플로렌스 러시가 아동학대를 주제로 연설했던 1971년이었다. 그러나 1977년 러시가 학술지 『과도기*Chrysalis*』에 장문의 에세이를 발표한 후에야 페미니즘은 문제를 '인식'하고 분노하는 데 그치지 않고 행동에 나설 계획을 세웠다. 러시의 에세이 『프로이트의 은폐*The Freudian Coverup*』는 프로이트가 의사 생활 초창기에 겪은 굵직한 사건들에 초점을 맞추었다. 1890년대 중반 조세프 브로이어Josef Breuer라는 의사와 히스테리 사례를 분석하던 프로이트는 1896년 빈 정신의학-신경학학회Viennese Society for Psychiatry and Neurology에서 놀라운 연구결과를 발표했다.[41] 성인이 앓는 히스테리성 신경증을 분석했더니 주원인이 대부분 아동기에 겪은 성학대(프로이트는 '유혹seduction'이라고 표현했다) 트라우마였다는 것이다. 이 주장은 유혹이론Seduction Theory으로 발전해 짧게나마 프로이트가 실시한 모든 연구의 바탕이 되었다. 프로이트는 빈 학회에서 연구결과를 발표한 이듬해, 친한 친구에게 편지를 보냈다. 편지에서 그는 새로운 좌우명이 "가여운 아이야, 무슨 짓을 당한 거냐?"라고 이야기했다.[42] 그리고 새 이론이 '위대한 임상 비밀'이며 이렇게 중대한 발견은 처음이라고 부르짖었다.[43] 프로이트는 흥분해서 편지를 썼다. "내 말 들어보게. 무엇보다도 히스테리를 일으키는 완벽한 전제조건을 찾은 것 같아. 그러니까 어렸을 때(사춘기에 이르기 전 말이네.) 혐오와 공포를 동반한 성 경험이 있었어야만 해."[44]

하지만 프로이트는 불과 2년 후 『히스테리 원인론*The Aetiology of Hysteria*』이라는 논문을 발표하며 유혹이론에서는 발을 빼기 시작했다. 당시 그가 동의하던 신경증, 히스테리, 정신병 이론에 유혹이론을 맞추기 힘들어졌기 때문이다. 어떤 이론에서는 성폭행만으로는 심리치료 중 발견해 분석 가능한 히스테리 증상이 나타나지 않는다고 했다. 실제로 성폭행을 당했다고 모든 사람이 히스테리에 걸리지는 않는다. 성인이 되어 히스테리 증상으로 발전하려면 그 밖의 정신적 요인과 주변 환경 요인이 함께 작용해야 한다. 프로이트는 히스테리성 신경증 환자가 겪은 아동 성학대는 실제 학대의 극히 일부분이라는 사실을 깨달았다. 따라서 유혹이론이 정설이 되려면 빅토리아 시대에 대부분의 가정에서 아동 성학대가 보편적으로 발생해야 했다. 결국 프로이트는 "아동에 대한 변태성욕이 사회에 만연했을 가능성은 거의 없다."라는 결론을 내렸다.[45]

프로이트는 히스테리 환자의 학대 경험담이 대부분(전부가 아닌 대부분) 실제 기억보다는 환상에서 나왔다고 보았다. 아직 정신분석학을 발견하기 전이라 환상을 유발하는 원인을 정확히 짚어낼 수는 없었다. 프로이트는 환자가 어떤 이유로 환상에 사로잡히는지 궁금했다. 설마 프로이트 본인이 학대 가능성을 제안했거나 학대의 기억이 진실이라고 무의식적으로 강요하지 않았기를 바랐다. 원인이야 어쨌든 프로이트는 학대를 당했다는 환상이 외부세계의 진실을 밝히진 못해도 개인의 내면세계가 어떻게 움직이는지는 밝혀줄 수 있다고 믿었다. 외부환경에서 내면의 정신적 경험으로 관심을 돌린 이 믿음을 바탕으로 그는 오이디푸스갈등이론(사람들이 이해하는 '프로이트 이론' 전체)을 세상에 내놓았다.

러시를 비롯해 프로이트를 비판한 사람들은 프로이트 학설이 발전하는 과정을 완전히 반대로 해석했다. 그들은 프로이트가 처음에는 옳았다고 보았다. 유혹이론은 서양 역사상 가장 엄격한 가부장제 사회의 중심에서 곪고 있는 비밀을 터뜨렸다. 그들은 프로이트가 유혹이론을 수정한 이유는 학문적으로 확신이 있어서가 아니라 비겁했기 때문이라고 생각했다. 프로이트가 유혹이론을 내팽개친 결정을 두고 이 무렵 가장 거리낌 없이 비판한 사람은 카리스마 넘치는 젊은 학자 제프리 무사에프 매슨Jeffrey Moussaieff Masson이었다. 산스크리트어 학자에서 정신분석가가 된 매슨은 뮌헨에 있는 프로이트 기록보관소에서 독자적인 조사를 실시했고, 1980년 프로이트가 유혹이론을 포기한 배경을 새롭게 해석해 반향을 불러일으켰다. 매슨은 프로이트가 『히스테리 원인론』을 발표한 후 의사로 성공하기 위해 도움을 받았던 선배들의 배척을 받았다고 주장했다. 프로이트는 의학계에 있는 모든 사람이 아동학대를 한다고 비난한 것이나 다름없었다. 그래서 매슨은 "유혹이 실제로 존재한다고 주장하는 한 프로이트가 학자들 사이에서 정신적으로 따돌림을 당했다."라고 믿었다.[46]

매슨과 수많은 페미니스트가 제기한 비난은 명백하고 치명적이었다. 프로이트는 빅토리아 시대 아동 성학대의 충격적인 심각성을 발견한 후로 동료들의 외면을 받았고 가까운 사람들이 떠나는 모습을 지켜봐야 했다. 그는 가망 없는 학설을 세우기보다는 이론을 수정해 아동 성학대를 다시 물밑으로 감추었다. 하지만 최악의 결정은 따로 있다. 프로이트는 아이들이 사실은 학대를 당하지 않았다는 거짓말로 가상의 이론을 만들어냈다. 그로써 프로이트는 정신의학계, 그리고 미국 사회가 향후 75년 동안 아동 성학대를 외면할 핑계거리를 던져주었다. 매슨은 『뉴욕타임스』와 인터뷰를 하며 이번 발견으로 정신분석학이 엄중한 대가를 치를 것이라 말했다. "1901년부터 모든 환자를 다시 불러야 할 겁니다. 포드 사 핀토 차량의 리콜 사태처럼요."[47]

이런 논쟁을 일으킨 핵심에는 믿음이 있었다. 반 프로이트주의 페미니스트와 정신분석가들은 프로이트가 이 시대를 대표하는 심리학 이론을 발견한 이유는 환자의 학대 경험담이 진실이라고 굳게 믿었기 때문이라고 주장했다. "프로이트는 환자가 진실을 말한다고 믿은 최초의 정신과 의사였다."라고 매슨은 썼다.[48] 그 믿음을 버린 순간, 프로이트는 환자만이 아니라 자신의 양심과 이론까지 배신했다. 매슨은 이어서 이렇게 썼다. "프로이트는 현실에서 멀어지기 시작했다. 그것이 오늘날 전 세계 정신분석학과 정신의학을 무력하게 만든 근본적인 이유다."[49] 매슨의 말대로라면 사람을 돕는 게 목표라고 당당히 말하고 싶은 정신분석 치료 전문가는 환자의 절실한 이야기를 귀담아 듣고 믿는 법을 배워야 한다.

매슨의 권고를 따라 도전한 사람들이 있었다. 매슨이 연구를 하고 책을 쓰는 동안, 치료사들은 분석을 시작했다. 어떻게 보면 극단적인 믿음을 실험한다고 볼 수도 있겠다. 그중 한 실험의 결과는 1973년 『시빌: 열여섯 가지 인격을 지닌 여성의 충격 실화*Sybil: The True and Extraordinary Story of Woman Possessed by Sixteen Separate Personalities*』라는 책의 형태로 나왔다. 잡지 기자인 플로라 레타 슈라이버Flora Rheta Schreiber는 이 책에서 시빌 도셋

Sybil Dorsett이라는 수줍고 외로운 여성의 이야기를 전했다. 시빌은 1953년 '정신의학 역사상 가장 복잡하고 기이한 사례를 탄생시킨' 인물이었다.[50] 슈라이버는 시빌과 그녀의 영웅이나 마찬가지인 정신분석가의 심리치료를 재구성해 진료실에서 밝혀진 끔찍한 사실들을 공개했다.

시빌 도셋의 본명은 셜리 메이슨Shirley Mason이었고 정신분석가의 이름은 코넬리아 윌버Cornelia Wilbur였다. 두 사람은 대학생이던 메이슨이 윌버 박사와 심리치료를 시작한 1945년에 처음 만났다. 6개월 후 상태가 호전되자 의사와 환자는 치료를 중단했다. 그러나 1953년 메이슨의 신경증이 재발할 무렵, 우연찮게도 메이슨과 윌버 박사 모두 미국 북중서부에서 뉴욕으로 이사했다. 시빌은 정신과 치료를 몇 번 받으면 마음이 안정될 것이라 생각했다. 윌버 박사도 동의해 상담은 다시 시작되었다.

셜리 메이슨은 미네소타의 농장 마을에서 자랐다. 제7일안식일예수재림교를 믿는 부모는 메이슨에게 소설을 읽지 말고, 글도 쓰지 말고, 이상한 색으로 색칠놀이도 하지 말라 했다. 전부 메이슨이 좋아했던 놀이였다. 다른 사람인 척 하는 놀이도 분명 금지였지만 메이슨은 비키와 샘이라는 가상의 친구를 만들었다. 그러나 가상의 친구와 즐겁게 놀다가도 두터운 신앙심 때문에 자괴감이 들어 괴로워하는 날이 많았다. 어머니와는 사이가 좋았다가 나빴다가 복잡했다. 메이슨의 어머니는 한참을 우울증에 빠져 있다가도 간혹 한바탕 신경질을 부리곤 했다. 메이슨은 힘들고 불안한 사춘기를 보냈다. 감기 같은 가벼운 병을 달고 살아 자주 결석을 했고, 산책을 나간 사이에 집이 불타거나 폭발할까 걱정했다. 책을 읽은 후에는 미친 듯이 손을 씻었다. 책으로 성병이나 암이 옮는다고 생각했기 때문이었다.[51]

성인이 되며 신경증이 사회불안장애와 거식증으로 발전했지만 메이슨은 공부를 계속하겠다는 의지를 불태웠다. 메이슨과 코넬리아 윌버가 가까워진 계기도 이런 공통점 덕분이었다. 윌버의 야망이 얼마나 컸냐 하면 세계대전이 발발하기 전 미국 화학계는 아무리 능력이 있어도 여성에게 강한 반감을 보였다. 그럼에도 윌버는 화학을 공부할 목적으로 대학에 진학했다. 이후 정신의학으로 눈을 돌린 윌버는 히스테리를 진단하고 치료하는 일에 마음을 빼앗겼다. 화학자이자 발명가인 아버지는 윌버의 의대 진학을 결사반대했다. 윌버는 아버지를 원망하면서도 존경했기에 아버지에게 부끄럽지 않은 업적을 쌓으려 노력했다. 아직 경력이 짧은데도 히스테리 치료에 성공해내자 윌버는 자신에게 유독, 그리고 유일하게 잘 맞는 전문분야를 찾았다고 믿었다. 훗날 윌버는 그녀의 임상능력이 '천재'와 '마술사' 수준이라고 표현했다. 또한 학계의 이단자를 자처했다. 윌버는 정신분석 치료를 시작하기 전부터 때로는 무모할 정도로 정신과 임상실험을 계속했다. 신경안정제를 사용해 다양한 실험을 했고 정신이상 환자에게 독한 약물을 다량 투여하며 결과를 기록했다. 충격요법*에도 관심이 있었으며 뇌엽절리술**이 미국에 처음 도입되었을 때 몇 백 건의 수술을 보조했다. 데비 네이선은 셜리 메이슨 사례를 정리한 책에서 윌버 박사를 "정신의학계의 '리벳공 로지***'"라고 묘사했다.[52]

메이슨과 윌버 박사의 두 번째 치료는 순조롭게 진행되었다. 그러다 어느 늦겨울, 메이슨은 몇 가지 이상한 일을 겪고 있다고 윌버에게 털어

---

* 신체에 충격을 가해 정신장애를 치료하는 방법
** 정신 질환 치료 목적으로 뇌 일부 절단
*** 제2차 세계대전 당시 방위산업체에서 일하는 여성들을 상징하는 캐릭터

놓기 시작했다. 메이슨은 골동품 가게에 간 기억이 전혀 없는데도 몇 번이나 그곳에 있었다고 말했다. 정신을 차려보면 만진 기억이 없는 골동품들에 둘러싸여 있었다. 잘 모르는 호텔이나 도시에서(이번에도 어쩌다 거기까지 갔는지 영문을 몰랐다) 집으로 가는 길을 찾아다니는 날도 있었다. 윌버는 메이슨의 이야기가 무척 흥미롭다고 생각했다. 그녀는 짧게는 몇 시간, 길게는 며칠까지 완전히 다른 인격처럼 행동하는 해리성장애 진단을 내리고 진료를 마쳤다. 이 시점에서 윌버는 메이슨에게 데메롤, 에드리살, 다프리살, 세코날을 처방했다. 이 중에서 세코날은 중독성이 아주 강한 신경안정제였다. 다음 진료일인 열흘 후, 윌버를 찾아온 메이슨은 어쩐지 달라 보였다. "전 괜찮은데요." 메이슨이 말을 꺼냈다. "셜리는 몸이 안 좋아요. 너무 아파서 못 오겠대요. 그래서 제가 대신 왔어요."

"자기소개를 해봐요." 윌버의 말에 메이슨이 답했다. "전 페기예요!"[53] 메이슨이 하고많은 질병 중에서 다중인격장애를 앓고 있다는 사실은 그 자체만으로 흥미로웠다. 1950년대에 다중인격장애는 거의 찾아볼 수 없을 만큼 드물었기 때문이다. 그런데 메이슨은 두 차례 진료를 받는 동안 총 4가지 인격을 드러냈다. 윌버가 알기로 4가지 인격이 기록된 사례는 전혀 없었다. 그녀는 모든 인격에 정신분석을 진행하기로 했다.

『시빌』에서 플로라 레타 슈라이버는 윌버가 용기 있게 새로운 치료 방법을 개척했다고 설명한다. "윌버 박사는 정통을 벗어난 방법으로 분석해야 한다고 결심했다. 이단 정신분석가가 비정통적인 분석을 한다고 생각하니 왠지 웃음이 나왔다. 윌버는 자신이 이단자이기에 평범하지 않은 환자를 치료할 수 있다고 생각했다."[54] 1973년 출간된 『시빌』은 윌버가 찾아낸 메이슨의 16가지 인격을 모두 나열했다. 1926년생 빅토리아 앙투아네트 샬라우Victoria Antoinette Scharleau는 '세련되고 아름다운 금발 여성'이었다. 같은 해 태어난 페기 루 볼드윈Peggy Lou Baldwin은 '성질이 급하고 장난기 많은 들창코'였다. 남성 인격도 있었다. 시드 도셋Sid Dorsett은 목수 겸 잡부였다.[55] 『시빌』은 윌버가 인격들을 하나씩 끄집어낸 과정을 묘사했다. 윌버는 각각의 인격과 신뢰를 쌓은 후 개별적으로 정보를 얻었다. 길고도 고된 과정이었다. 어떤 인격은 윌버 박사를 지나치게 경계해 몇 달이나 존재를 드러내지 않았다. 인격들은 서로를 잘 알았고, 주 인격인 메이슨이 다중인격을 갖게 된 트라우마에서 벗어나기를 바랐다. 그래서 메이슨 모르게 다 같이 힘을 모아 토론하고 정보를 주고받았다. 여기까지 설명하는 데만 무려 150쪽에 달하는 분량이 나왔다. 마침내 메이슨의 인격들은 윌버 박사와 상의하자고 결론 내렸다. "마샤 린과 바네사 게일, 메리는 실행에 옮기기로 하고 내부 비밀정보망을 이용했다. 그들이 보낸 메시지 '윌버 박사님은 우리를 걱정하고 계셔.'는 아주 명확했다." 슈라이버는 이렇게 썼다. "마샤 린, 바네사 게일, 메리를 비롯한 모든 인격은 비밀회의를 열고 '가서 그분을 뵙자.'라고 결정했다."[56]

책의 중반부에서 메이슨의 '분신' 인격 중 하나인 메리는 모든 인격이 '고통'을 느낀다고 말했다. "어떤 고통인가요, 메리?" 윌버의 질문에 메리는 대답했다. "차차 알게 되실 거예요."[57] 『시빌』은 메이슨의 인격들이 제각각 아주 기가 막힌 방법으로 메리의 약속을 지켰다고 소개한다. 한 인격은 메이슨이 어머니 해티와 한밤중에 산책을 간 이야기를 털어놓았다. 해티는 메이슨이 살던 작은 마을에서 상대적으로 부유한 이웃들을 증오했다. 그녀는 잘 사는 집 잔디밭에 몰래 들어가서 "속옷을 내리고 마치 의식인 양 엄숙하게 변을 누며 즐거워했다."[58] 보수적인 기독교 근본주의자 부모는 밤이면 어린 메이슨을 침실로 불러 부부관계 장면을 억지로 지켜보게 했다.[59] 해티는 이웃 아이들을 불러 모아 한적한 숲속으로 데리고 갔다. "이제 네 발로 서서 말처럼 달리렴."(해티의 말이다.) 기대에 찬 아이들이 신나서 깍깍거리면 해티는 출발하라고 손짓했다. 어린 소녀들이 네 발로 서서 말을 흉내 내는 동안 해티는 땅바닥에 앉아 이 '놀이'의 진짜 목적을 드러냈다. 그녀는 아이들의 성기에 손가락을 넣고 말했다. "이랴, 이랴!"[60]

1962년 코넬리아 윌버는 어머니의 양육이 적절하지 못할 때 동성애 발생 확률이 높다는 사실을 발견해 동성애 연구의 권위자가 되었다. 이런 믿음은『시빌』이 해티의 학대를 설명하는 대목에서도 잘 드러난다.[61] 해티는 숲에서 레즈비언 난교파티를 벌였고, 나무수저로 어린 메이슨의 양 다리를 벌리고 천장에 거꾸로 매단 후 관장약을 투여했다. "'해냈다!' 해티는 임무를 완수하고 의기양양하게 외쳤다. '내가 해냈어!' 그러고 나서 터진 웃음은 한참 동안이나 멈추지 않았다."[62]『시빌』은 해티가 학대를 저지른 이유가 병적인 남성혐오라고 했다. "'너도 익숙해져야 해.' 해티는 딸이 6개월 때도, 6살 때도 아이의 몸에 이물질을 넣으며 설명했다. '네가 크면 남자들이 이렇게 하는 거야…… 아파도 막을 수가 없어.'"[63]

셜리 메이슨은 윌버와 룸메이트를 제외하고는 '다중'인격 사실을 아무에게도 말하지 않았다. 윌버는 자세한 이야기를 얻어내려고 계획적으로 메이슨을 약물중독의 늪에 빠뜨렸다. 메이슨이 힘들어하면 다프리살, 아미탈, 데메롤 등을 처방한 양보다 최대 5배 많이 투여했다. 치료를 진행하면서 강력한 항정신성 치료제인 토라진까지 추가되었다.

이 약물요법의 중심에는 펜토탈나트륨이 있었다. 신경안정제 펜토탈나트륨은 환자의 경계심을 풀어주는 효과가 있어 불완전한 '자백약'이라는 입소문을 탈 정도였다. 윌버가 다량의 펜토탈을 지나치게 자주 투여하는 바람에 메이슨은 진료실을 나올 때 자기가 한 말을 기억하지 못하기 일쑤였다. 메이슨은 윌버에게 보낸 편지에서 "펜토탈을 맞으면 정상으로 돌아온 기분이에요."라고 고백했다.[64] 메이슨의 인격 수가 늘어나고 인격들이 전하는 충격적인 이야기가 갈수록 끔찍해지자 윌버는 이 사례를 책으로 쓰기로 했다. 그녀는 메이슨의 협조를 받아내기 위해 치료에 전념하는 대가로 생활비를 약속했다. 메이슨은 이 제안에 동의해 매주 윌버 박사의 진료실에서 적어도 15시간을 보냈고 매일 밤 약에 취해서 거의 15시간을 잤다. 네이선이 『시빌의 진실*Sybill Exposed*』에서 표현했듯 "메이슨은 전문 다중인격 환자였다."[65] 메이슨은 그러한 생활을 10년 넘게 계속한다.

『시빌』의 문체를 보면 처음부터 영화나 텔레비전으로 각색할 계획이었던 것 같다. 슈라이버는 약에 취해 필라델피아를 돌아다니는 메이슨을 마치 드라마의 한 장면처럼 묘사했다. "계속 걸어야 한다고 발길을 재촉하면서도 주변에 사람이 있을까 귀를 기울였다. 들리는 것은 바람 소리뿐이었다. 잘 닦인 도로를 따라 몇 블록을 걸어도 표지판은 보이지 않았다. 공중전화를 찾을 수 있다는 희망은 점점 희미해졌다."[66]

『시빌』은 텔레비전 영화로 만들어졌고 주연배우 샐리 필드Sally Field는 이 작품을 계기로 이름값이 껑충 뛰었다. 『시빌』은 1976년 방송을 탔지만 제 아무리 낙관적인 방송국 관계자도 결과를 예측하지는 못했다. 4천 만 명을 넘는 시청자 수는 미국 인구의 1/5에 달하는, 상식을 넘어서는 수치였다. 책도 700만 부 이상 팔렸다.

『시빌』의 인기가 하늘을 찔렀던 이유는 이렇게 설명할 수 있다. 당시는 아동학대의 원인이 사회규범보다는 개인의 정신이상이라는 여론이 점점 커지던 시기였다. 『시빌』은 그것과 정확히 일치하는 이야기였다. 병에 걸려서 건전한 사회규범에서 벗어났다고 생각하면 학대자는 더 이상 두려운 존재가 아니다. 오히려 관심을 갖고 지켜보게 된다. 다시 학대를 하지 않도록 치료하면 정상으로 돌아올 테고, 혹여 치료를 거부해도 사회에서 격리시키면 그만이다. 어느 쪽이든 훈육을 명목으로 자녀에게 폭력을 써도 된다고 믿는 많은 사람과 골치 아픈 대화를 할 필요가 없다. 『시빌』은 학대 가해자뿐 아니라 피해자도 정신질환에 시달린다고 인정해 같은 효과를 노렸다. 즉, 학대의 근본적인 환경 요인을 파악하는 것보다는 정교한 사후 치료가 중요하다고 대중의 관심을 돌려버린 것이다. 그때까지 다중인격장애를 철저히 과학적으로 분석한 전례는 없었다. 하지만『시빌』이 다중인격장애의 원인을 제시하고 치료로 극복한 이야기를 전하자 많은 사람은 아동기 트라우마가 성인기 정신질환을 유발한다는 프로이트 이론이 직관적이고 일리 있다고 판단했다. 일부 독자는 이 책이 경각심을 일깨운다고 슈라이버에게 편지를 썼고, 일부는 메이슨이 겪은 시련에 자신을 투영했다. 한 독자는 이렇게 썼다. "저는 완전한 사람일까요? 오랫동안 이런 생각을 해요…… 어떤 사람이 되어야 할지 혼란스러워요. 제가 본연의 모습대로 행동하면 사람들이 어떻게 반응할까요?"[67] 다른 독자는 편지로 도움을 요청했다. 그녀는 남편을 사랑하지만 도저히 부부관계를 할 수 없다고 했다. "첫 남자친구와 사귄 후로 (남자의) 사랑이 부성애 같은 감정으로 바뀌어서 어떤 형태로든 섹스를 못하겠어요." 몇 년이나 헛되이 정신과 치료를 받던 그녀는 여태 전혀 다른 문제로 씨름했다는 생각이 들었다. "이 책은 하나만 빼고 제 인생과 판박이였어요. 제게 16가지 인격이 있는 것 같진 않아요. 남들이 볼 때 적어도 3개는 있다고 하겠지만요."[68] 다른 독자들은 완전히 매료되었다는 말밖에는 하지 못했다. 한 8학년 학생은 성고문 장면에 이렇게 반응했다. "그 부분에서는 제가 직접 지켜보는 것처럼 푹 빠져 읽었어요."[69]

또한 1970년대는 미국에서 주술적 종교와 그 의식에 대한 공포가 번지던 시기였다. 『시빌』에도 이따금씩 등장한 이 공포심은 이후 10년이 흐르면서 더 커졌다. 샌프란시스코 출신 음악가이자 연예계 마당발이던 안톤 라베이Anton LaVey는 1966년 니체 철학과 유사한 개체주의, 쾌락주의, 향락주의를 바탕으로 새로운 종파를 세웠다. 이름은 사탄교회였다. 하워드 레비Howard Levey가 본명인 라베이는 사탄주의 운동을 시작한 초창기에 타고난 연예인 기질을 이용해 사탄교회에 대중매체의 스포트라이트를 비추었다. 1969년 『사탄교 성경*The Satanic Bible*』을 출간한 데 이어 종교의식을 안내하고(『사탄의식*The Satanic Rituals*』) 여성에게 유혹 방법을 소개하는(『완벽한 마녀*The Compleat Witch*』) 지침서를 냈다. 여성의 알몸을 제단으로 삼았고 사탄주의 세례식과 결혼식을 텔레비전으로 방송하기도 했다.

라베이는 대중매체를 능수능란하게 이용할 줄 알았고 적극적으로 기독교 반대운동을 벌였다. 라베이를 진지하게 믿는 사람은 이런 점에 매력을 느꼈고, 그렇지 않은 사람은 그를 혐오했다. 할리우드도 1968년에 〈로즈메리의 아기*Rosemary's Baby*〉, 1973년에 〈엑소시스트*The Exorcist*〉로 사탄주의 소재를 택했다. 사탄주의는 쾌락만 추구하는 삶이 얼마나 위험한지 경고하는 복음에도 자주 등장했다. 시작은 1970년대 미국에서 가장 유명했던 '기독교인 코미디언' 마이크 원커Mike Warnke의 『사탄을 팔다*The Satan Seller*』였다. 원커는 젊은 시절, 사탄교, 집단성교, 알코올, 약물에 빠졌던 이야기를 회고록으로 출간해 화제를 모았다.[70] 사탄교가 종교계를 넘어 대중적으로도 영향력이 커졌다는 사실은『시빌』에서 슈라이버가 사용한 여러 표현으로도 알 수 있다. 메이슨이 이웃집 마당에 대변을 보는 어머니와 했던 야간 산책은 가벼운 산책으로 시작했지만 결국 사탄교 의식이 되었고 해티는 마치 의식인 양 엄숙하게 그 행동을 했다.[71] 관장약과 나무수저를 이용한 학대도 그녀가 가장 좋아하는 의식이었다.[72]

엄밀히 말해 슈라이버는 이런 의식이 사탄교와 관련 있다고 말하지 않았다. 그러나『시빌』이 출간된 해, 브리티시컬럼비아에서는 한 정신과 의사가 새 환자를 맞았다. 40대 초반인 가톨릭교 신자 로렌스 패저Lawrence Pazder 박사는 27세 환자 미셸 프로비Michelle Proby와 집중치료를 시작했을 때 아내와 자녀도 있는 유부남이었다. 그는 브리티시컬럼비아 빅토리아의 중심지에 있는 포트로열의료센터Fort Royal Medical Centre에서 다른 의사 4명과 정신과 병원을 운영했다.[73] 7년 동안 간헐적으로 치료를 이어가던 패저와 프로비는 1980년 각자의 배우자를 떠나 부부의 연을 맺었다. 그리고 미셸 스미스라Michelle Smith는 가명을 쓴 프로비와 패저는 그들이 발견한 사실들을 책으로 엮었다. 제목은『미셸 기억하다*Michelle Remembers*』였다.

이 책은 자아를 인식하지 못하는 환자의 사례를 다룬 걸작이다. 하지만 정신과 치료가 재앙을 불러오는 과정을 의도치 않게 정확히 기록한 책이기도 하다. 패저와 프로비는 치료를 진행하면서 프로비가 어린 시절 정신이상 어머니에게 학대를 당했고 말라키Malachi라는 자가 이끄는 사탄교 비밀조직에 넘겨졌다고 믿게 되었다. 이 책에는 의사와 환자로 만난 두 사람이 연인으로 발전한 과정도 고스란히 기록되어 있다. 둘의 관계는 치료를 계속하는 동기이자 목적이었다. 서로 묘사하는 장면은 교실에서 옆 책상으로 전달하는 연애 쪽지를 보는 듯하다. 미셸의 첫인상은 "갸름한 얼굴에 입술 선은 우아했고 갈색 웨이브 머리가 풍성했다."라고 묘사된다.[74] 패저의 첫인상은 "남자다우면서도 다정하고 목소리가 부드러웠다. 타지에서 보는 서부 사람의 표본이었다."라고 했다.[75] (또한 패저는 "키가 크고 눈은 푸른색이었고 2월에도 피부가 까무잡잡했다.")[76] 정신과 상담을 위해 처음 마주앉은 날, 미셸은 패저에게 "첫눈에 반했다. 그녀가 생각하던 정신과 의사의 모습과 너무 달랐기 때문이었다."고 한다. "그는 편한 바지와 스웨터를 입고 있었다."라고 프로비는 썼다(아니, 패저는 썼다. 아니, 그들은 그렇게 썼다), "보통 정신과 의사는 줄무늬 양복, 뾰족한 정장 구두 차림이고 신중하게 말을 아끼는 데 반해 가식이 전혀 없고 친절했다."[77]

패저 박사와 프로비의 치료 과정을 보면 여러모로 코넬리아 윌버와 셜리 메이슨이 생각난다. 양쪽 모두 처음에는 문제없이 치료를 잘 마무리했다는 공통점이 있었다. 4년 동안 패저와 프로비는 프로비의 불우했던 유년 시절을 꼼꼼히 되짚었고 성인기에 나타난 증상들을 진단했다. 어린 프로비는 술만 마시면 어머니에게 폭력을 쓰는 아버지를 두려워했다. 어머니는 맞은 후 딸에게 애정을 드러내며 따뜻하게 대해 주었지만 보통 때는 냉정했고 성미가 급해서 걸핏하면 화를 냈다. 성인이 된 후로 프로비는 3번 유산했다. 당연한 말이지만 그런 경험도 정신을 불안정하게 만들었다. 모든 문제가 명백해 보였고 패저는 전문가답게 신중히 치료에 임했다. 그런데 정신분석 치료가 무사히 끝나고 얼마 지나지 않아 프로비는 악몽을 꿨다며 다시 패저 박사를 찾아온다. "꿈에서 손이 가려웠어요." 그녀는 패저에게 말했다. "긁으니까 거기서 벌레가 우글우글 나오는 거예요! 거미 같은 작은 벌레들이 손을 뚫고 막 쏟아져 나왔어요. 그 느낌은 정말…… 말도 못해요. 너무 끔찍했어요."[78]

『미셸 기억하다』에 따르면 패저는 프로비의 얘기를 듣자마자 이 악몽이 "명백한 상징"이라고 보았다. "잠재의식적으로 아주 중요한 무언가"를 나타내는 역할이라 했다. 다시 치료를 시작한 패저는 몇 주도 지나지 않아 코넬리아 윌버가 그랬던 것처럼 비정통적인 방법을 써야겠다고 생각했다. "그동안 정상적인 방법으로 함께 노력했지만 전부 무의미해졌다."[79] 전에는 패저의 진료실 의자에 꼿꼿이 앉아 있던 프로비는 소파에 눕기 시작했다. 어떤 때는 차마 말을 하지 못하고 20분 동안 미동 없이 누워 있었다. 그녀는 패저 박사에게 곁에 앉아달라고 부탁했다. 두 사람은 유독 견디기 힘든 순간에는 신체접촉이 도움이 될 거라 판단했다. 그러던 어느 토요일이었다. 특별히 예약한 주말진료 도중, 프로비는 머리에 닿은 패저 박사의 손을 느끼며 25분간 공포에 휩싸여 비명을 질렀다. 그리고 말을 하기 시작했다. "전부…… 다…… 사방이 캄캄해요. 안 보여. 눈앞이 캄캄해요! 다 검은색이야. 싫어! 아아, 제발! 도와주세요. 도와줘요! 오, 제발요! 도와주세요! [비명을 한참 더 지르더니 괴로워하며 눈물을 흘리기 시작했다.] 오, 하느님 도와주세요! 신이시여, 제발! 어떻게 할지 모르겠어요. 너무 아파요. 심장이 멎을 것 같아…… 아, 싫어요. 침대에 누워 있어요…… 공중에 떠 있어요. 공중에 거꾸로 매달려서…… 이 아저씨가 나를 계속 돌리고 있어요."[80]

프로비는 패저 박사에게 남자의 이름이 말라키라고 말했다. 그녀는 성인 여성이 아니라 겁에 질린 5살 아이의 목소리로 말하고 있었다. 패저는 프로비의 잠재의식에 존재하는 이 아이가 머릿속의 블랙박스처럼 트라우마를 남긴 기억을 저장하는 한편, 정신이 약해진 프로비에게서 그 기억을 감추고 있다고 믿었다. 패저는 내면에 있는 아이를 위로하고(치료 중 소파에서 프로비와 껴안고 있는 행위도 하나의 방법이었다) 신뢰를 얻어야 한다고 생각했다. 그렇다면 그날 소파에서 발작하기 전까지 프로비가 말라키를 전혀 기억하지 못했어도 자초지종을 밝힐 수 있다. 이후 치료를 하며 프로비의 아동 인격은 새로운 사실을 털어놓았다. 말라키를 비롯해 종교집단 신도들은 프로비에게 강제로 성교 의식을 지켜보고 참여하게 했다. 여자 사체가 든 자동차에 태우고 제방에서 차에 불을 지른 후 계곡으로 밀기도 했다. 그 일로 프로비는 병원 신세를 져야 했다. 사탄교회 집단은 수술실까지 운영해서 의사들이 프로비의 작은 몸에 뿔과 꼬리를 이식한 적도 있었다. 패저는 집에서 프로비의 전화를 받으면 수화기 반대편에서 그녀가 우는 동안 묵묵히 들어주며 위로했다. 진료실에서는 최장 6시간까지 기나긴 상담을 한 후 함께 부둥켜안고 울었다. "내면 깊은 곳에서 미셸은 어린아이와 같아서 어린아이처럼 신체접촉이 필요했다." 당시 패저는 그렇게 생각했다. "미셸은 그의 어깨에 머리를 기대는 때도 있었다. 하지만 그는 미셸을 만져도 조심스러워했다."[81] 또한 패저 박사는 프로비에게 "순수한 마음만이 당신 편이었다는 사실에 나는 언제나 감동을 느낀다오."라고 말했다.[82] 두 사람은 이처럼 강력한 경험에 온 마음을 사로잡힌 것이 분명했다.

프로비의 아동 인격은 가장 끔찍한 기억을 마지막에야 공개했다. 신도들은 그녀를 몇 주 동안 지저분한 원형 방에 가둬두었다. 사탄을 소환하는 의식에 프로비가 반드시 필요한 듯했다. 어느 순간 사탄의 목소리가 들리더니 불길한 시를 읊었다. "내가 이 세상에 파멸을 불러와 / 사랑과 보살핌이라는 어리석은 말을 / 증오와 절망의 말로 바꾸리니."[83]

드디어 중앙에 피운 불에서 등장한 사탄은 꼬리로 프로비의 허리를 감고 끌고 가기 시작했다. 프로비를 구할 수 있는 것은 그녀가 "어머니Ma Mère"라 부르는 신비한 인물(분명 성모 마리아일 것이다)의 기도뿐이었다. 이렇게 긴장이 최고조로 오른 장면에서 프로비의 기억은 끝났다. 가톨릭교으로 개종한 프로비가 이러한 경험담을 패저와 함께 전하기 시작하자 많은 사제가 정도의 차이는 있어도 진지하게 받아들여 주었다. 두 사람의 기록에 따르면 한 사제는 프로비가 들었다고 주장하는 사탄의 시를 이용해 한나 아렌트Hannah Arendt의 '악의 평범성banality of evil'(원래는 악명 높은 나치 장교 아돌프 아이히만Adolf Eichmann이 유대인 대학살 중 보인 행동을 설명하는 개념)을 설명했다. "이런 시를 얕보는 것은 크나큰 실수다. 사탄은 우리가 바로 그 실수를 저지르기를 원하고 있다."[84]

『미셸 기억하다』 본문에도 허점은 있지만 책 내용을 반증하는 외부 증거도 많다. 프로비는 5살 때 자동차 사고를 당했다고 주장하지만 빅토리아 어느 지역 신문도 그 사건을 보도하지 않았다. 어린 프로비에게 화상 치료를 한 기억이 얼핏 난다는 소아과 의사는 있었지만 프로비의 진료 기록은 어느 병원에도 없었다. 또한 프로비는 지하실에 갇혀 사탄과 대면했을 1학년 때 학교를 다녔고 앨범도 찍었다.[85] 마지막으로, 책에 나오진 않았지만 프로비에게는 언니 터샤와 여동생 체릴이 있었다. 자매는 둘째 미셸이 사탄교 의식이나 그 밖의 학대의식에 참여한 일이 전혀 없었다고 인터뷰했다. 하지만 책의 출간에는 아무런 영향을 주지 못했다. 프로비와 패저는 『미셸 기억하다』 양장본의 선인세로 10만 달러를 받았고 문고본이 나오면 24만 2,000달러를 추가로 받는 계약을 했다. 가톨릭교로 정식 개종을 한 프로비는 39일 동안 전국을 돌아다니며 책을 홍보했다. 신문에 전면광고까지 실린 데다 '혼란스럽다, 끔찍하다, 충격이다' 등 다양한 서평까지 일조해 『미셸 기억하다』는 날개 돋친 듯 팔려나갔다.

1980년 미국정신의학회American Psychiatric Association 연례회의에서 패저 박사는 이 책에 대해 발표하며 이후 10년 동안 널리 회자될 신조어 '의식학대'를 언급한다.[86] 패저 박사는 인터뷰에서 프로비의 기억이 사실이라고 끝까지 주장했다. 내면의 환상이나 치료 부작용으로 보기에 기억이 너무도 상세하고 일관성 있다는 것이다. "처음에는 지어낸 이야기가 아닐까 생각했습니다." 패저가 기자에게 말했다. "하지만 이게 거짓말이라면 이 세상에 다시없을 거짓말일 겁니다."[87] 프로비의 기억이 정확하고 일관적이라고 주장하는 패저의 말뜻은 분명했다. 그녀에게는 믿음이 있었다.

그런데 이처럼 의식학대를 기억해낸 사례의 초창기 기록을 보면 의사는 환자가 특정한 경험담을 이야기했을 때만 믿음을 키우는 듯하다. 셜리 메이슨은 맨해튼 진료실에서 치료를 받은 지 거의 4년이 지났을 때 코넬리아 윌버 박사에게 편지를 보냈다. 전 해에 윌버 박사는 메이슨이 펜토탈에 중독된 것을 알아차리고 약을 처방해주지 않았다. 이후 윌버는 메이슨이 다 나았다고, 즉 '완전해졌다'고 낙관적으로 선언했다가 메이슨의 새로운 인격들이 때로 나오는 모습을 지켜보았다. 편지를 썼을 즈음, 메이슨에게는 치료를 받고 윌버 박사와 우정을 나누는 삶이 전부였다. 그 외에는 뉴욕을 정처 없이 돌아다니거나, 가끔씩 그녀를 덮치려는 레즈비언 룸메이트와 같이 살 뿐이었다. 메이슨은 윌버 박사도 볼 수 있는 치료일기에 4쪽짜리 편지를 썼다. 시작은 의사와 환자로서 두 사람의 관계를 분석하는 문서 같았다.

> 그동안 선생님은 제가 평균 이상으로 머리가 좋다고 여러 번 말씀하셨죠. 현명하다고, 감수성이 예민하다고, 상상력이 풍부하다고, 창의적이라고, 개성 있다고 등등 저에 대해 그렇게 말해 주셨어요. 네, 맞아요. 그런데요, 저는 또 이기적인 사람이에요. …… 하지만 연기는 이제 지겨워요. 아무 소용이 없으니 솔직해질게요. …… 전에도 이 얘기를 하고 싶었지만 선생님이 의심하면 결심이 흔들려서. …… 사람은 칭찬받기를 좋아하죠. 그래서 저는 선생님이 진실을 알면 실망하거나 화를 낼까 봐 두려웠어요. 그래서 그냥 외면한 거예요. 선생님을 다시는 잃고 싶지 않았어요.

이렇게 분위기를 잡은 후 메이슨은 진실을 내놓았다. "제게 다중인격 같은 건 없어요. 저를 도와줄 '대역'도 없어요. 그 사람들은 다 저예요. 제가 그 사람들인 척 거짓말했던 거예요. 처음부터 거짓말할 생각은 없었어요. 습관 같은 거였는데 자꾸 원하는 대로 되니까 계속하게 되더라고요." 메이슨은 다중인격장애 환자가 실제로도 있겠지만 일부는 그녀처럼 '역할을 연기'하고 '다른 인격'에게 책임을 돌리는 히스테리 환자일 수 있다고 추측했다. "용기가 없어서 못하던 행동을 하고 기억이 없는 것처럼 연기하는 거죠. 거짓말을 했다는 이유로 벌을 받거나 죄책감, 수치심을 느끼기 싫으니까요."

또한 메이슨은 "제가 '폐기처럼' 연기한 날은 선생님에게 도움을 받아야 한다는 생각밖에 없어서 제정신이 아니었어요."라고 썼다. 메이슨의 편지를 보면 참 안타깝다. 그녀의 자아인식 수준이 무척 높았기 때문이다. 메이슨은 자신의 문제점을 아주 잘 알았다. 메이슨은 그림을 그리든, 애들을 가르치든, 악기를 연주하든 무엇을 성취하고 나면 어찌할 바를 모르겠다고 자세히 설명했다. 잠깐은 기뻤지만 이내 바보 같은 짓을 하고 싶은 욕구에 사로잡혔다. 그리고 그 바보 같은 짓을 구체적으로 썼다. "모습을 감췄다가 사람들에게 내가 뭘 했고 어디 있었는지 모르겠다고 말하곤 했어요. 엄청 짜릿했죠. 관심도 많이 받았고요." 메이슨은 학대를 당했다는 이야기의 출처를 알지 못했다. "그냥 어디선가 튀어나왔어요. 일단 말을 해봐서 상대가 관심을 보이면 계속했어요." 그녀는 기억상실증이 있고 필라델피아 거리를 헤맸다는 기억이 전부 거짓말이라고 했다. 그리고 윌버 박사에게 자기 어머니를 더 이상 악마로 묘사하지 말아달라고 부탁했다. 해티는 정신이 불안정하고 제멋대로일지언정 사디스트는 아니었고 메이슨을 손전등으로 강간하지도 않았다.[88]

메이슨은 편지를 쓰기까지 분명 고민을 많이 했겠지만(윌버 박사가 어떻게 반응할지 전혀 예상할 수 없었다) 결과물인 편지 내용은 명쾌하고 이해하기 쉬웠다. 메이슨은 자신의 솔직한 마음을 발견하고 깜짝 놀랐던 것 같다. 그리고 평소에는 약에 취해 있거나 잠만 자던 터라 이 기회를 놓치고 싶지 않았다. 진실을 고백하는 이 편지를 윌버 박사는 '심각한 방어기제'로 보았고 메이슨에게 '저항' 증세가 나타났다고 말했다. 메이슨이 아직 발견하지 못한 기억을 두려워하고 있다는 증거라 했다. 윌버는 메이슨이 어머니에게 정말로 고문을 당했고 앞으로도 중요한 작업이 남아 있으니 마음의 준비를 하라고 했다. 그 말은 다중인격장애가 있다고 인정하거나 윌버 박사를 다시는 만나지 못하거나 둘 중 하나라는 뜻이었다. 메이슨은 집으로 돌아가서 어떤 인격이 무책임하게 첫 번째 편지를 보냈다고 변명하는 두 번째 편지를 썼다. 그리고 나서 윌버 박사와 주 5회 상담을 다시 시작했다.

20년 후인 1981년, 로렌스 패저는 경찰 조사를 받았다. 그간 패저는 저서와 수많은 인터뷰에서 사탄을 숭배하는 잔인한 집단이 정말로 존재했다고 주장했다. 그들은 5살짜리 여자아이를 납치해 1년 이상 고문했고, 자동차 폭발 사고를 고의로 일으켰을 뿐만 아니라 은폐했다. 패저는 은밀하게 운영되는 이 종교집단의 잔혹한 행위를 정말로 경찰에 알릴 계획이었던 것일까? 패저는 사고에 관해 상세한 정보를 알아내려 했지만 기록이 소실되었다고 했다. 그리고 이렇게 밝혔다. 어찌 됐든 "저희는 마녀사냥을 시작할 마음이 없습니다."[89]

2

맥마틴 유치원-의혹 제기

1966년 9월, 버지니아 맥마틴Virginia McMartin이라는 여성이 로스앤젤레스 카운티 서남부에 유치원을 세웠다. 딸 페기 맥마틴 버키Peggy McMartin Buckey가 유치원 원장직을 맡았고 사위인 찰스 버키Charles Buckey는 유치원 놀이터에 놀이기구를 설치했다. 페기와 찰스 부부의 자녀 페기 앤 버키Peggy Ann Buckey와 레이먼드 '레이' 버키Raymond Buckey도 아이들을 가르치고 유치원 업무를 돕기 시작했다. 1980년 무렵, 1970년대에 맨해튼비치로 이사한 항공산업이나 부동산업 전문가들은 사회적으로 성공했으니 그에 걸맞게 자녀를 맥마틴 유치원에 보내야 한다고 생각했다. 레이 버키가 유치원에서 아동학대를 저질렀다는 의혹이 제기된 직후 경찰 조사 차원으로 촬영한 영상 2개를 보면 그 이유를 충분히 납득할 수 있다.

첫 번째 영상에서 카메라맨은 긴 전선을 끌고 다니면서 맥마틴 유치원 내부를 둘러본다. 연두색 교실은 찰스 버키가 손수 만든 가구로 가득했다. 벽에 붙은 각양각색의의 나무판에는 알파벳과 숫자가 붙어 있었다. 옷장 문은 어릿광대 얼굴 모양이었고 나무로 만든 가짜 냉장고에는 아이들이 플라스틱 음식을 보관할 수도 있었다. 나무 기린 옷걸이에는 앙증맞은 외투들이 걸려 있었다. 의자, 그리다 만 그림, 자그마한 분필도 보였다. 어디를 가든 분주하고 활기가 넘쳤다. 구경하는 아이들에게 카메라맨은 어떤 물건을 보여 달라거나 벽장을 열어달라고 큰소리로 요청했다. 카메라맨은 모든 화장실(하나같이 자그마했다)을 일일이 촬영하고 전원 스위치를 켰다가 껐다. 맨해튼비치 대로에서 자동차가 질주하는 동안 아이들은 놀이터에서 꺅꺅 소리를 지르며 뜀박질을 했지만 카메라는 아이들이나 자동차, 문어 모양 시소 따위는 무시하고 몸집이 작은 소년을 클로즈업한다. 소년은 조용히 옆을 보고 서서 기둥에 몸을 기댄다.

두 번째도 유치원을 둘러보는 영상이었지만 이번에는 안내하는 사람이 있었다. 촬영 날짜는 1984년 1월 12일이었고 안내자는 유치원 원장인 페기 맥마틴 버키였다. 검은색 물방울무늬 원피스를 입은 페기는 어깨를 활짝 펴고 거구를 빠르게 움직인다. "이건 난로예요." 주방에서 카메라에게 말하는 페기는 불편한 기색을 보인다. 어쩌면 불쾌했을지도 모른다. "여기 수납장에 식자재를 다 보관하죠. 냉장고에는 주스를 직접 만들어서 넣어두고요. 여기는 방문하신 학부형과 상담을 하는 곳이에요. 이쪽 벽장에는 간식을 보관합니다. 또 여기에는 주스 같은 것도 있어요." 한 문장을 말할 때마다 페기는 카메라를 보았다가 다시 시선을 깔았다. "이건 수저와 포크처럼 필요한 물건을 다 넣는 서랍장이에요."

페기가 이곳저곳을 돌아다니며 설명하는 동안 카메라는 이따금씩 그녀의 얼굴을 아주 가까이서 촬영했다. 화려하고 독특한 의상과 메이크업은 유치원 인테리어와 비슷하다. 페기는 이국적인 모조 보석과 메달을 주렁주렁 달았고 손톱을 길게 기른 손가락에 반지를 여러 개 꼈다. 회색 머리는 잔뜩 부풀렸고 화려한 안경을 쓰고 빨간색 립스틱을 칠했다. "이건 행복한 얼굴 벽장이라고 부른답니다. 제 물건을 보관하는 곳이죠. 이건 게시판입니다. 매달 바뀌는 활동을 공지해요. 이쪽에 장난감이 더 있고요." 페기는 커다란 노란색 통을 가리킨다. 화면 구석에 찍힌 날짜가 정확하다면 페기는 이날 유치원에서 마지막 하루를 보냈다. 맥마틴 유치원은 1월 13일에 문을 닫았고 다시는 부활하지 못했기 때문이다. 페기를 따라 마당으로 나오던 카메라는 페기가 머리에 꽂은 붉은색 꽃을 포착한다. 이윽고 페기는 '찰리의 방'이라고 적힌 문을 지나가며 말한다. "여기가 레이 버키가 앉았던 곳이에요."[1]

지난해인 1983년 3월, 주디 존슨Judy Johnson이라는 여성이 맥마틴 유치원에 전화를 걸어 2살 반짜리 아들이 입학할 수 있냐고 물었다. 당분간 새로운 원생을 받을 계획이 없었지만 약간 절박한 상황이었던 존슨은 아이를 보내야 한다는 의지가 굳건했다. 존슨은 얼마 전 세금징수원 남편과 헤어져 하루 종일 아들을 혼자 힘으로 돌봐야 했다. 3월 15일, 존슨은 도시락 가방에 사정을 설명하는 쪽지를 붙이고 아들을 맥마틴 유치원에 내려놓은 채 차를 몰고 떠났다. 페기 맥마틴 버키는 주디 존슨 모자를 잘 알지 못했지만 그렇게 분별없이 행동할 정도면 존슨의 스트레스가 상당했을 것이라 판단했다. 그래서 존슨의 아들을 유치원에 받아들였다.

1983년 페기 맥마틴 버키의 76세 어머니인 버지니아 맥마틴은 누구보다 맨해튼비치에서 오래 산 축에 속했다. 버지니아가 처음 정착한 대공황 시기의 맨해튼비치는 1980년대와 마찬가지로 해안을 따라 길게 뻗은 도시였고 해안가에 별장이나 주택, 소기업이 빽빽하게 몰려 있었다. "캘리포니아 잉글우드에서 살다가 바다 수영이 좋아 이사했수다." 버지니아는 조사관에게 말했다.[2] 제2차 세계대전 당시 리벳공으로 일했던 버지니아는 그 일이 재미있었다고 추억했다. 그러던 1950년대 초,

버지니아는 자원봉사를 하던 교회 유치원 교사에게 아이를 아주 잘 다룬다는 칭찬을 들었다. 그 후 몇 년간 야간학교를 다녀 보육교사 자격증을 땄고, 1만 달러로 '미스던스' 유치원을 사서 자기 이름으로 유치원 이름을 바꾸었다. 1966년에는 맨해튼비치에서 사람이 가장 많이 다니는 거리에 신축 건물을 세우고 1980년대 초까지 그 자리를 지켰다. 버지니아는 나이가 들어 휠체어 신세를 지면서도 엄격하고 당당했다. 언젠가 한 학부형이 강아지를 데리고 아이를 마중하러 온 적이 있었다. 그녀는 강아지 한 마리가 운동장에 있는 덤불에 오줌을 싼 후로 버지니아의 태도가 쌀쌀맞아졌다고 했다.[3] 그럼에도 버지니아가 운영하는 유치원은 맨해튼비치에서 많은 사랑을 받았다. 학부형이나 기자들이 진작 눈치를 챘어야 한다는 둥, 불길한 조짐을 더 주의 깊게 살폈어야 한다는 둥 이야기했지만 당시 맥마틴 유치원의 인기 있었다는 사실은 변하지 않는다. 28년간 아이들 5,330명이 버지니아의 유치원에 다녔다. 버지니아는 이렇게 말했다. "저는 매일 아침이면 16번가에서 방파제까지 왕복 수영을 했어요. 한겨울만 빼고요. 아이들의 수영복을 붙잡고 바다에서 수영하는 법을 가르쳐 주었죠."[4]

주디 존슨의 상황은 잠시 진정되었다. 그녀는 남편과 완전히 갈라서고 소매점에 직장을 구했다. 그러나 1983년 여름, 존슨은 아들의 항문이 이상하다고 걱정하기 시작했다. 7월 어느 날에는 아들 매튜를 응급실로 데리고 가 의사에게 항문이 따끔거린다고 말했다. 의사는 별로 염려하지 않았고 주디와 매튜는 집으로 돌아왔다.[5] 그로부터 1개월이 지났다. 8월 12일, 맨해튼비치 경찰에 존슨의 신고가 접수되었다. 존슨이 걱정하는 바는 7월과 똑같았다. 그때는 질환을 의심했지만 지금은 범죄를 의심한다는 차이가 있었을 뿐이다. 존슨은 제인 호그Jane Hoag 형사에게 전날 아침 유치원을 갈 때만 해도 멀쩡하던 매튜의 항문이 저녁에 집에서 보니 붉게 변했다고 말했다. 맥마틴 유치원의 남성 교사는 레이 버키 한 사람밖에 없었다.

존슨은 매튜가 얼마 전부터 의사 놀이를 한다며 사람들에게 주사를 놓고 체온을 재는 시늉을 하자 몹시 걱정스러워했다. 매튜에게 몇 번이고 질문을 한 끝에 레이 버키에게 놀이를 배웠다는 고백을 들을 수 있었다. 존슨은 '체온계'가 레이의 성기였다고 확신했다. 존슨은 호그 형사의 조언에 따라 하버시티의 카이저 병원에 매튜를 데리고 갔다. 그날 밤 8시 30분, 매튜를 검사한 의사는 아동학대가 의심된다고 경찰에 신고했다. 같은 주에 존슨은 유치원에서 무슨 일이 있었냐고 아들을 추궁했고 화요일 호그 형사에게 아동 2명의 이름을 댔다. 존슨은 그 2명이 매튜 말고도 레이 버키에게 당한 아이들이라고 확신했다. 수요일에는 캘리포니아 대학교 로스앤젤레스 캠퍼스UCLA의 마리온데이비스 아동병원을 찾아가 소아과 의사 2명에게 다시 진찰을 받았다. 이들 또한 매튜를 검사하고 아동학대 의심 신고를 했다. 일주일 후, 체포영장이 발부되지 않은 상황에서 레이 버키는 사우스다코타로 가는 비행기에 오른다. 윈드케이브 국립공원로 여름휴가를 간 여동생 페기 앤과 만날 계획이었다.

이 무렵 주디 존슨은 다른 맥마틴 학부형에게도 연락을 돌리기 시작했다. 우선 매튜가 이름을 댄 아이의 부모에게 전화를 걸어 의혹을 전했다. 아들과 대화를 해본 부모는 주디에게 다시 전화했다. 아들 말에 따르면 레이를 좋아하지는 않지만 유치원에서 성추행을 당한 일은 없다고 했다. 하지만 존슨은 주장을 굽히지 않았다. 이때쯤 호그 형사도 조사에 착수했다. 호그는 이틀 동안 맥마틴 학부형 다섯 명에게 전화를 했고 자녀에게 이상이 없다는 대답만 들었다. 여전히 존슨은 안심할 수 없었다. 그녀가 옷을 갈아입고 있을 때 매튜가 방에 들어온 이후로 더욱 불안해졌다. 매튜가 엄마를 보더니 "매튜도 브래지어 입어."라고 말한 것이다. 존슨은 유치원에서 레이가 매튜에게 여자 속옷을 강제로 입힌다고 경찰에 신고했다.[6]

레이 버키는 맨해튼비치에서 자주 배구를 했다. 그리고 당시 서핑을 하거나 바다에서 노는 젊은이들 사이에서는 헐렁한 반바지나 수영복 아래 속옷을 입지 않는 패션이 유행이었다. 9월 7일 레이를 체포한 맨해튼비치 경찰은 "반바지 안에 속옷을 입지 않았다."라는 사실을 특별히 기록해두었다.[7] 버키 가족은 레이의 과거 음주운전 사고를 맡았던 변호사 돈 켈리Don Kelley에게 도움을 청했다. 경찰은 체포에 앞서 버키의 집을 수색하며 포르노 영상을 비롯해 아동을 추행한 증거를 찾으려 했지만 헛수고였다. 존슨의 주장이나 의사의 아동학대 의심 신고를 입증할 증거가 하나도 나오지 않자 구금되었던 레이는 보석금 1만 5,000달러를 내고 풀려났다. 레이가 체포된 다음 날, 경찰은 수사 범위를 넓힐 때라고 판단했다.

경찰은 맥마틴에 다녔거나 현재 다니고 있는 아동 약 200명의 부모에게 편지를 보냈다. 편지 내용은 다음과 같았다.

> 학부형 여러분께.
>
> 본 서는 현재 아동 성추행 수사를 진행하고 있습니다(형법 제28조에 의거). 저희는 1983년 9월 7일 버니지아 맥마틴이 운영하는 유치원 교사 레이 버키를 체포했음을 알려드립니다.
>
> 지금부터 설명할 내용은 분명 거북하시리라 예상됩니다. 하지만 여러분 자녀의 권리와 피의자의 권리를 보호하기 위해서라도 철저히 수사

를 하려면 꼭 필요한 절차입니다.

기록에 따르면 여러분의 자녀는 맥마틴 유치원에 다녔거나 현재 다니고 있습니다. 저희는 이번 수사에 여러분의 협조를 얻고자 합니다. 부디 자녀에게 범죄 현장을 목격했거나 피해를 입었는지 질문해주시기를 바랍니다. 현재 수사 선상에 오른 범죄행위는 다음과 같습니다. 구강성교를 하거나 성기와 둔부, 흉부를 만졌다고 판단되며 '체온을 잰다'는 핑계로 항문성교를 했을 가능성도 있습니다. 아이의 옷을 벗기고 사진을 찍었을 가능성도 있습니다. 낮잠 시간에 레이 버키가 아동을 데리고 교실을 나가거나 아동을 결박한 장면을 자녀가 한 번이라도 목격했다면 반드시 알려주십시오.

동봉된 양식을 작성하신 후 역시 동봉된 반송 봉투에 넣어 본 서로 보내주시기 바랍니다. 정황이 일치하면 연락드리겠습니다.

혐의의 성격상 이야기가 알려진다면 지역사회가 크게 동요할 것입니다. 그러니 수사 사실을 극비에 부쳐주십시오. 직계가족 외에는 절대 의논하지 마시기 바랍니다. 레이먼드 버키 본인이나 가족 구성원, 맥마틴 유치원 직원과도 연락 및 논의를 삼가주시기 바랍니다.

버지니아 맥마틴 유치원 운영진이 이 상황을 알고 있다는 증거는 없습니다. 현재까지 유치원 운영에 문제가 있었다는 정보도 발견되지 않았습니다. 피의자 중에 다른 교직원도 없습니다.

조속한 관심을 부탁드리며, 늦어도 1983년 9월 16일까지는 답장을 기다리겠습니다.

1983년 9월 8일

경찰서장 해리 쿨마이어 주니어HARRY L. KUHLMEYER, JR.

지구대장 존 웨너JOHN WEHNER[8]

이 편지는 맨해튼비치에 파문을 일으켰다. 맥마틴 학부형들은 직계 가족 외 다른 사람과 수사에 대해 의논하지 말아달라는 쿨마이어의 부탁을 무시했다. 얼마 지나지 않아 전화 통화를 하며 소문을 전하고 정보를 교환했고 자녀들에게 들은 이야기를 서로 맞춰보았다. 편지를 받은 후 루스 오웬Ruth Owen이라는 학부형은 편지를 받지 못한 도나 머길리Donna Mergili에게 전화로 수사 내용을 알려주었다. 루스는 통곡을 하며 소식을 전했고, 전화를 끊은 두 여성은 주말 내내 자녀에게 이것저것 캐물었다. 루스가 맥마틴에서 아이들 옷을 억지로 벗겼냐고 묻자 딸 니나는 아니라고 대답했다. 하지만 루스는 딸이 진실을 말하는 것 같지 않았다고 경찰에게 말한다.[9] 한편 도나 머길리의 딸 타냐는 유치원에서 가끔 레이와 놀이를 한다고 순순히 대답했다. 도나는 경찰과 다른 학부형에게 레이가 놀이를 핑계 삼아 성추행을 했을 것이라고 말했다. 타냐가 언급한 '말 타기' 놀이와 '벌거벗은 영화배우' 놀이 2가지는 앞으로 장기간 이어질 수사의 핵심이 된다. '벌거벗은 영화배우'는 1980년대 초반에 유행했던 동요 가사였다. "보는 것이 전부야 / 나는야 벌거벗은 영화배우." 다음 주 월요일, 루스는 추가 조사를 위해 딸을 경찰서로 데리고 갔다.

맨해튼비치의 불안감은 9월 말까지도 커져만 갔다. 학부형들은 교회나 아름다운 해변 산책로에서 만나 새로운 소식을 주고받았다. 한 아이는 레이 버키에게 사진을 찍혔다고 털어놓았다. 하지만 어떤 사진인지, 얼마나 자주 찍혔는지는 알려지지 않았다. 어떤 부모는 경찰서를 찾아가 딸이 '무척이나 어렵게' 내놓은 정보라며 "레이 선생님의 성기를 보고 만졌다."라는 딸의 고백을 그대로 전달했다.[10] 경찰에 더 소름끼치는 제보를 한 부모들도 있었다. 어떤 이는 아이들이 레이에게 항문성교를 당했다고 했고, 어떤 이는 레이가 아이들에게 구강성교를 강요했다고도 했다. 맨해튼비치에서는 지난 몇 년간의 사소한 기억을 되짚어보고 전혀 다른 의미를 찾아내는 일이 유행처럼 번졌다. 불결한 위생으로 인한 질염 진단을 받았던 아이의 부모는 다른 원인을 의심하기 시작했다.[11] 어떤 이는 딸이 남동생과 목욕을 하다가 왜 갑자기 동생의 성기를 붙잡으려 했는지 의문을 품었다. 아이가 모유 수유에 호기심을 보이자 불안해하는 부모도 있었다. 경찰은 단체 안내문을 보낸 이후 총 8개의 '결정적인' 답변을 받아 통화 기록을 녹음했다.[12]

그러나 수사 초기부터 문제는 존재했다. 일부 맥마틴 원생이 하는 이야기는 삽입은 하지 않고 몸을 더듬는다거나 희롱하는 일반적인 아동 성추행에 그치지 않고, 급격히 정도를 벗어나고 있었다. 경찰이 제보를 받은 범죄들은 절대 다른 맥마틴 교사들의 눈을 피해 저지를 수 없었다. 아이들을 묶고, 항문성교를 하고, 사진을 찍었다는 제보가 쏟아졌지만 상처를 입은 아이는 한 명도 없었고 사진이나 사진기도 나오지 않았다. 레이 버키의 범행을 목격했다고 말하는 교사도 없었다. 한 아이는 맥마틴 교사인 바벳 스피틀러Babette Spitler에게 일러 스피틀러가 경찰에 신고한 적 있다고 말했다. 하지만 스피틀러는 금시초문이라며 펄쩍 뛰었고 신고가 접수된 기록도 없었다.[13] 자녀가 레이에게 학대를 당했다고 확신하는 부모가 많았지만, 전혀 믿지 않는 부모들도 있었다. 그들은 자녀가 학대를 당했을 것이라는 경찰의 이상한 고집에 분노를 표했다. 한 부모는 가을 동안 경찰의 전화를 10번이나 받았던 사실을 기억했다. 경찰은 다른 아동의 증언에 딸 이름이 계속 나온다고 전했다. 그녀는 경찰의 요청에 따라 딸에게 수없이 질문을 했지만 딸은 레이가 이상한 짓을 안 했다는 대답뿐이었다. 어머니는 딸을 믿었다.[14] 이런 상황에서 맥마틴 유치원에서 무슨 일이 있었는지 내부적으로 일관성 있는 이야기를 구성하려던 수사팀은 엄청난 난관에 봉착했을 것이다.

일부 부모들이 유치원 운영진의 무죄를 지지한다고 해서 특별히 적극적으로 나서지는 않았다. 10월 6일 버키 가족의 변호사 돈 켈리는 45명이었던 맥마틴 원생이 불과 15명으로 줄어들었다고 알리는 성명서를 냈다. 일주일도 되지 않아 버키 일가는 맨해튼비치 경찰과 시 당국을 상대로 가족의 명예가 실추되고 사업에 피해를 입었다며 450만 달러 소송을 제기했다.[15] 그러는 동안에도 수사는 계속 확대되어 이제는 맨해튼비치를 넘어 로스앤젤레스 검찰에까지 진출했다.

당시 로스앤젤레스 지방검사였던 로버트 필리보시안Robert Philibosian은 재선에 도전했지만 인지도가 낮아 당선 가능성은 높지 않았다. 경쟁자는 로스앤젤레스 시 변호사인 정치인 아이라 라이너Ira Reiner였다. 캘리포니아에서 라이너의 인기가 급속도로 치솟자 지방검사직은 그가 따 놓은 당상이라는 여론이 우세해졌다. 필리보시안과 참모들은 어떤 선거운동 쟁점을 선점할지 찾던 중 놀라운 여론조사 결과를 발견했다. 로스앤젤레스 시민이 가장 우려하는 범죄가 무엇이냐고 묻는 여론 조사에서 아동학대가 마약과 나란히 상위권을 차지한 것이다.[16] 필리보시안은 맨해튼비치 경찰과 별개로 로스앤젤레스 지방검사 사무실에서 독자적으로 맥마틴 유치원을 수사하기로 결정했다. 그리고 지방검찰청 성범죄수사대를 이끄는 진 마투신카Jean Matusinka에게 수사 지휘권을 맡겼다. 마투신카는 우선 중요한 결정을 내렸다. 국제아동협회CII: Children's Institute International라는 지역단체에 연락해 키 맥팔레인Kee MacFarlane을 부른 것이다.

키 맥팔레인은 애리조나 주 투손에서 방치된 아동을 돌보는 시설에서 일하던 1970년에 아동학대 문제를 처음 접했다. 그녀는 갓 대학을 졸업한 23세의 미술학도였다. 하지만 애리조나 보육원에서의 경험은 맥팔레인의 인생을 완전히 바꾸었다.[17] 아이들을 만나며 마음이 움직인 맥팔레인은 메릴랜드 대학교 사회복지학과에 입학했고, 1970년대 초반 볼티모어와 뉴저지에 새로 생긴 '익명의 부모 모임' 지부를 세우는 등의 활동을 한다.[18] 1976년에는 월터 먼데일의 아동학대법에 의거해 신설된 국립아동학대및방치예방센터NCCAN: National Center for Child Abuse and Neglect에 아동 성학대 전문가로 참가하기도 했다. 연방정부의 후한 지원을 받으며 맥팔레인은 열정을 다해 보조금을 분배하고 전국에 있는 전문가들의 연락망을 구축했다. NCCAN이 설립되었을 무렵, 맥팔레인은 심리요법으로 아동학대 문제를 해결하는 분야에 마음을 빼앗겼다. 1982년까지 일을 계속하던 맥팔레인은 레이건 정부 들어 예산이 삭감되면서 정리해고를 당하자, 그해 1월에 짐을 싸서 나라 반대편인 로스앤젤레스로 이사했다. 그녀는 책을 쓰고 싶었다.

워싱턴의 NCCAN은 당시 미개척 상태였던 분야에서 중요하고 혁신적인 역할을 했다. 하지만 정부의 재정지원을 받는 만큼 감시도 뒤따랐기 때문에 열정을 마음껏 발휘하기는 힘들었다. 캘리포니아는 달랐다. 캘리포니아는 1970년대 초 이후로 아동학대, 특히 아동 성학대에 대한 제도가 새로 생기면 반응을 시험하는 곳이 되었다. 1973년 청문회에서 공화당 의원들에게 호소했던 졸리 케이가 만든 '익명의 부모 모임'도 캘리포니아에 기반을 두었고, 실리콘밸리를 중심으로 한 근친상간 피해가족을 위한 자립 모임 '부모연합Parents United'도 마찬가지였다. 캘리포니아 남부의 전문가들은 근친상간에 대처하고 피해자의 상처를 치유하는 방법을 개발했고 이는 곧 전국으로 뻗어나갔다. 치료 프로그램은 주로 근친상간이 벌어진 이후 가족의 결속을 다지는 식으로 진행되었다. 괜히 법에 의존했다가 가족이 서로 분리되는 상황을 피하자는 의미였다.

로스앤젤레스 카운티 위생국에서 아동학대방지 프로그램을 운영하던 의사 마이클 더피Michael Durfee는 아동학대 감지와 치료 방법이 발전하는 데 여러모로 중요한 역할을 했다. 더피는 영아의 사망기록을 검토해 사고사나 자연사로 사인을 잘못 분류한 사례를 찾아 나섰다. 『미셸 기억하다』가 출간된 이후에는 트라우마로 인한 해리성장애와 다중인격장애에 관심을 보였고 어린 시절 잔악한 사탄교 조직에 아동학대를 당한 기억이 떠올랐다는 여성과 일하기 시작했다. 여성은 더피의 도움으로 의식 중에 살인이 있었다고 미 연방수사국FBI에 신고했지만 증거는 나오지 않았다. 무엇보다도 더피는 특히 미취학 아동의 성폭력 피해 가능성이 높다는 인식을 퍼뜨리려고 노력했다. 1980년대 초, 그는 지역에서 활동하는 학대 전문가들을 불러 모아 '미취학아동을 대상으로 한 아동학대 전문가 모임Preschool-Age Molested Children's Professional Group'을 결성했다. 그들은 매년 여섯 번씩 만나 지역 법원이나 병원, 의회의 관심을 끌 방법을 모색했다. 키 맥팔레인도 로스앤젤레스에 도착하자마자 이 모임에 참가하기 시작했다.[19]

모임에서 내세우는 주장은 일리가 있었다. 이들은 아동학대 피해자가 수사 과정에서 반복적으로 강도 높은 심문을 받으며 트라우마를 경험한다는 사실을 알아차렸다.[20] 아동은 먼저 아동보호기관에서 인터뷰를 한다. 이후 의사와 상담해 병력을 수집하고 진찰을 받는다. 다음으로는 경찰이 몇 번씩 찾아와 대배심이나 공판에서 이야기를 다시 해달라고 부탁한다. 그래서 맥팔레인과 더피 박사가 속한 모임에서는 첫 번째 인터뷰를 녹화하는 방법을 고안했다. 신중하고 공정한 방법으로 진행한다면 이론적으로는 녹화한 인터뷰만으로 여러 부서 수사관의 요구를 충족할 수 있고, 아이도 형광등을 밝게 켠 정부 건물에서 낯선 어른과 대면하지 않아도 된다.

맥팔레인과 동료들은 당시 개발 중이어서 위험 부담이 큰 방법도 받아들였다. 경찰에게는 생소할지 몰라도 심리치료사들은 오래 전부터 아동 환자와 가까워지고 아이가 마음을 열게끔 다양한 놀이를 활용했다. 심각한 심리치료에 들어가기 앞서 잠깐 그림을 그리거나 색칠을 하며 분위기를 가볍게 할 수 있고, 휴식 시간에는 장난감을 가지고 놀 수도 있다. 손가락인형도 자주 이용했다. 맥팔레인은 이런 기법이 아동학대 피해자의 '범죄수사' 인터뷰에 도움이 될 것이라 보았다. 보통 범죄수사 인터뷰에서는 아이의 행복은 뒤로 하고 사건을 정확하게 기억하는 것만 중요하게 여겼다.[21] 맥플레인은 더피 박사의 전문가 모임에 합류한 직후, 국제아동협회[CII]라는 비영리단체에서 일하기 시작한 덕에 이론을 시험할 기회를 잡을 수 있었다.

맨해튼비치에서 맥마틴 학부형들은 호그 형사가 지나치게 공격적으로 심문한다며 경찰 수사에 불만을 드러냈다. 마투신카 지방검사보는 '트라우마를 유발하지 않는 환경'에서 아이들을 인터뷰할 수 있도록 CII가 인터뷰를 진행해달라고 요청했다. 선의에서 우러나온 요청이었지만 CII 치료사들에게는 골치 아픈 문제가 되어 이후 재판에서 많은 논쟁을 낳았다. 공판 기록을 보면 마투신카와 맥팔레인을 비롯해 CII 측은 저마다 생각하는 인터뷰 목적이 달랐다.[22] 오로지 치료를 목적으로 하는 의사나 사회복지사는 바깥 세상에 실제로 존재하는 진실보다 환자가 심리적이나 감정적으로 진실이라 생각하는 것을 우선시하는 경우가 많다. 반면 범죄수사 인터뷰는 형사법원에서 판사와 배심원에게 제시할 수 있는 진술을 이끌어내고자 한다. 이전에도 맥팔레인과 CII가 지방검찰청을 대신해 아동학대 피해자들을 인터뷰한 적은 있었지만(한 지방검사보는 그들의 작업이 훌륭했다고 평가했다) 이처럼 규모가 큰 사건은 처음이었다.[23] 맥팔레인이 검증되지 않은 방법으로 심리치료와 범죄수사라는 두 가지 목적의 인터뷰를 '결합하려는 시도'를 함에 따라 CII는 완전히 새로운 차원에서 사건을 맡았다.[24]

맥팔레인은 마투신카의 요청을 받자마자 빠르게 준비하기 시작했다. 상담실을 장난감과 소품으로 가득 채우고 벽은 환한 페인트로 칠했다. 촬영장비를 담당하고 인터뷰를 진행할 조수를 고용했고 다 같이 화려하고 유치한 의상을 차려 입혔다. 아이가 너무 무서워서 "끔찍한 비밀"을 이야기하지 못하겠다고 하면, 팩맨 인형이나 악어 인형, "강아지 탐정"이라는 강아지 인형을 통해 전달하라고 했다. 마지막으로 맥팔레인은 신체구조를 보여주는 인형을 사용하기로 했다. 이러한 인형은 아동용과 성인용으로 나오고 음경, 질, 가슴, 음모까지 달려 있었다. 그들은 인형을 이용해 아동에게 학대당했을 때를 설명해달라고 했다. ("나쁜 아저씨가 어디를 만졌는지 인형에 보여주겠니." 같은 뻔한 표현이 여기서 출발했다.) 맥팔레인은 마투신카의 편지를 받은 지 2주 만에 모든 준비를 완료했다.

맨해튼비치 형사들은 하루 빨리 인터뷰가 시작되기만을 손꼽아 기다렸다. 주디 존슨은 10월 내내 호그 형사에게 기상천외한 주장을 구체적으로 쏟아냈다. 존슨이 9월 30일에 신고한 내용을 기록한 경찰 보고서에는 "매튜와 이야기를 더 해본 결과 변기에 얼굴을 박고 레이에게 강간을 당했다고 한다. 또 레이가 가면을 썼다는 말도 어머니에게 언급했다."라고 적혀 있다.[25] 존슨은 매튜가 여러 차례 직접 행동을 보이며 설명했고 그 과정에서 존슨을 묶으려 했다고 호그 형사에게 말했다. 10월 17일 존슨은 경찰서에 다시 전화를 걸었다.

> 주디 존슨은 (보고서를 작성한 경찰에게) 매튜가 추가로 말한 정보를 제공했다. 매튜는 피해자로 거론된 아이들의 성기를 빨고 나서 레이먼드 버키가 "피터, 피터, 펌킨 이터"라는 노래를 불렀다고 설명했다. 매튜는 레이에게 수음手淫을 당했다. 레이는 매튜를 벽장 높은 칸에 올려놓았다. 매튜는 숨바꼭질 놀이를 한 후, 매튜에게 폭행을 당했다…… 진술에 따르면 레이는 매튜의 혈압을 쟀고 때로는 혈압 측정기에 자기 성기를 댔다. 매튜는 레이에게 주사를 맞았다…….[26]

존슨은 10월 19일 다시 호그 형사에게 전화를 걸었다. "매튜는 어머니에게 레이가 망토를 입었다고 말했다. 레이의 무릎에 앉았을 때 고통을 느꼈다고 한다. 레이가 직장에 공기 펌프 같은 물건을 삽입했다고 설명했다." 다음 날은 레이가 성직자 차림을 하고 자기 아들을 학대했다고 연락했다.[27] 맥마틴 유치원 사건을 맡은 수사팀은 별로 의심을 드러내지 않았지만 호그가 10월 17일 보고서에 "진술에 따르면"이라는 표현을 쓴 것으로 보아 조금은 불신했는지도 모른다. 수사에 손을 쓰지 못할 지경이 되기 전에 누군가는 이런 주장을 정리하고 확인해야 했다.

1983년 11월 1일 키 맥팔레인이 첫 번째 맥마틴 피해아동과 인터뷰를 했다. 그녀는 엘라 볼드윈Ella Baldwin이라는 4살짜리 여자아이에게 공들여 신뢰감을 얻었다. 둘은 가볍게 애완동물 이야기를 했다. 엘라는 집에서 키우던 뱀과 강아지가 죽었다고 말했다. 맥팔레인이 "어머. 나이가 많았니?"라고 묻자 엘라는 고개를 끄덕였다. 맥팔레인은 이렇게 대답했다. "원래 강아지는 나이를 먹으면 죽는단다." 다음에는 엘라에게 자기 고양이 이야기를 들려주었다.[28] 한동안은 이런 식이었다. 색칠놀이를 하고 방에 있는 장난감 이야기를 하고 엘라의 유치원 같은 반 친구들에 대해 질문했다. 인터뷰 녹취록 33페이지에 이르러서야 맥팔레인은 사건에 대해 언급했고, 그마저도 에둘러서 표현했다.

Q. 있잖아, 너희 선생님이 남자니?

A. 네.

Q. 그래, 이름이 뭐야?

A. 레이예요.

Q. 레이…… 그렇구나. 선생님 좋아? 잘 가르치니?

A. 아니요.

Q. 아니야?

A. 나쁜 사람이에요.

Q. 아, 나쁜 사람이구나. 무슨 짓을 했길래? 왜 나쁜 사람이야?

A. 왜냐하면 우리, 우리 엄마가 그러는데 애들을 묶는대요.[29]

이미 이 대목에서부터 맥마틴 같은 사건을 수사하는 어려움이 극명하게 드러났다. 레이가 범행을 저질렀다는 첫 번째 진술을 하자마자 아동은 자기 경험이 아니라 엄마에게 들은 말을 전하고 있었다. 맥팔레인은 엘라처럼 11월에 진행한 인터뷰에서는 신중하게 접근했다. 적어도 처음에는 그랬다. 맥팔레인은 레이가 아이들을 묶는 모습을 봤냐고 4번 물었고, 엘라는 4번 모두 부인했다. 맥팔레인은 대화를 일단 접고 신체구조 인형을 꺼냈다. 그리고 엘라와 함께 인형의 옷을 벗기며 특별한 기능을 하나씩 짚었다. 맥팔레인은 여자 인형의 다리를 벌리며 말했다. "여자아이는 아래에 구멍이 있어. 여기 작은 구멍 보여? 너랑 똑같지?"[30] 다음은 남자 차례였고 남자 인형을 찬찬히 뜯어보며 몰두한 엘라에게 질문을 던졌다. "유치원에서 아이들이 옷을 벗은 적 있니?" 엘라는 "아니요."라고 말했다. 이번에도 맥팔레인은 자기주장을 고집하지 않았다. 이어서 더 많은 놀이를 했다. 엘라는 성인 남성 인형을 들고 아빠 목소리를 흉내 내며 다른 인형에게 저녁을 먹고 목욕을 하라고 말한다. 맥팔레인은 물었다. "학교에서 목욕을 한 사람 있니?" 엘라는 "아니요."라고만 대답하고 레이에 대한 몇 가지 질문을 무시했다.

엘라는 잠깐 맥팔레인이 관심을 보일만 한 발언을 하는 듯했다. 엘라에게 "그 얘기는 하지 말자."라고 말한 선생님이 레이라고 지목한 것이다.[31] 하지만 엘라가 말하는 "얘기"는(레이가 옷을 벗겼다는 얘기) 이미 인터뷰 초반에 그런 적 없다고 부인한 바 있었다. 맥팔레인은 엘라에게 인형을 같은 반 친구들이라고 생각해보라고 부탁했다. 엘라는 5명의 이름을 언급했지만 엘라와 같은 반에는 그런 이름이 한 명도 없었다. 이후 "아무도 안 묶였어요."라고 대답했는데도 맥팔레인이 화제를 바꾸지 않자, 엘라는 묶이긴 했지만 장소가 교실 밖 운동장이었다고 말했다. 참고로 맥마틴 유치원 운동장은 맨해튼비치에서 가장 통행이 잦은 거리와 붙어 있었다.[32] 엘라는 옷을 입고 묶여 있는 동안 레이가 아무 행동도 하지 않았다고 말했다. 엘라가 일관성 없이 갖가지 진술을 한 이유는 기억을 하는 것이 아니라 단순히 놀이를 하고 있었기 때문이다. 본질적으로 맥팔레인은 장난감으로 가득한 방에서 엘라에게 놀이를 요구하고 있었다. 맥팔레인이 한 번이라도 옷을 벗긴 적 있냐고 묻자 엘라는 여자아이

2명의 옷을 벗겼다고 대답했다. 이번에도 장소는 교실이 아니었다.[33] 엘라는 묶인 아이 인형을 레이 인형이 만지는 행동을 보였다. 맥팔레인은 드디어 빛이 보인다고 생각했다. 하지만 이어진 대화는 다음과 같았다.

A. 엄청, 엄청나게 커다란 엄마가 들어왔어요.
Q. 커다란 엄마가 교실로 왔어?
A. 네. 엄마는, 엄마가 와서…… 선생님을 묶었어요.
Q. 그게 사실이니?
A. 아니, 그냥 이야기예요.
Q. 아, 그냥 이야기구나. 줄리아는 어때? 그 부분은 사실이니?
A. 전부 다 이야기예요.[34]

이후 맥팔레인은 다시 돌아와서 레이가 엘라의 질에 손가락을 넣었냐는 질문으로 남은 인터뷰를 진행했다. 엘라가 결국 인정하기는 했지만 직접 본 적은 없다고 말했다. "우리 엄마가 봤을 거예요. 어떤 사람이 했는지 엄마가 말해줬거든요."[35] 엘라는 지방검사의 기소장에 정식 원고로 이름을 올리지 못했다.

맥팔레인은 11월 동안 14명을 더 인터뷰하며 인터뷰 기술을 갈고닦았다. 마이크를 '비밀 기계'라고 부르자 많은 아이들이 호기심을 보였다. 그녀는 맥마틴 유치원에서 겪은 '끔찍한 비밀'을 기계에게 털어놓으면 다 사라진다고 했다. 맥팔레인은 한 소년에게 "우리는 비밀 기계에 진실을 말해야 해."라고 말했고 갈수록 말투도 달라졌다.[36] 엘라 볼드윈에게는 질문을 자주 반복하기는 했어도 답을 정해두지 않은 중립적인 태도였지만, 11월 이후부터는 인터뷰 방식이 달라졌다. 야한 놀이를 하지 않았고 레이가 친구 옷을 벗기는 모습을 못 봤다는 아이들에게는 맥마틴에 다닌 형제나 친구가 "이미 말했다."고 말했다.[37] 그렇게 새로운 방법을 썼는데도 한 5살 소년은 아무도 벌거벗은 놀이를 말하지 말라고 협박하지 않았다고 끈질기게 주장했다. 그러자 맥팔레인은 아주 노골적으로 나왔다.

Q. 네게 나쁜 일이 생긴다고 말한 사람이 없다고?
A. 없어요.
Q. 엄마 아빠한테 나쁜 일이 생긴 적 없어?
A. 없어요.
Q. 없어?
A. 없어요.
Q. 왜 유치원에서 있었던 일을 선생님한테 말하기 싫어?
A. 나를 때리려고 해서 때리지 말라고 했어요. 벤치에 앉아서요. 그랬더니 "무슨 상관이야 난 널 때릴 거야."라고 했어요.

(소년은 다른 '아이'와 운동장에서 다퉜던 날을 말하는 듯하다. 그날 소년은 싸움이 커진 후 '타임아웃*' 벌을 받아서 벤치에 앉아야 했다.)

Q. 무서워서 레이 선생님 얘기를 못 하는 거지.
A. 안 무서워요.

---

* 일정 시간 한 자리에 생각하게 하는 훈육방법

Q. 그런데 왜 말을 안 해?

A. 가서 엄마한테 말할 거예요.

Q. 여기서 말해…… 레이 선생님이 다른 아이들을 어떻게 했니?

A. 몰라요.

Q. 걔들 몸을 만졌어?

A. 아니요.

Q. 벌거벗은 놀이를 했을 때는 어때? 비밀이야?

A. 아니요.

Q. 비밀이 아니라고?

A. 아니, 나쁜 비밀이니까 버려야 돼요.

Q. 이제 나쁜 비밀을 없애자.

A. 비밀이 다 사라졌어요?

"비밀이 다 사라졌어요?"라는 마지막 말은 의미가 애매모호하다. 일단 소년이 말은 그렇게 했어도 정말 겁을 먹었다고 해석할 수 있다. 머뭇머뭇 속마음을 털어놓으며 맥팔레인에게 확인을 바라고 있었다. 하지만 다르게 해석할 여지도 있다. 나쁜 비밀을 꼭 버려야 한다고 고집하던 맥팔레인에게 이제 만족하냐고, 인터뷰를 끝내도 되냐고 묻고 있는 것이다.

Q. 레이 선생님이 나쁜 행동을 한 적 있니?

A. 몰라요. 내가 어떻게 알아요?

Q. 선생님이 나쁜 행동을 했다는 거 알아?

A. 아니요.

Q. 다른 애들에게 어떤 행동을 하는 모습 봤어?

A. 한 번도 못 봤어요.

Q. 선생님 성기 본 적 있어?

A. 아니요. 성기가 누구예요[원문 그대로 옮김]?

Q. 레이 선생님…… 레이 선생님과 다른 애들하고 벌거벗은 놀이를 했어? 혹시 그때 안 좋은 일이 있었니? 다른 애들은 다 기억하고 너도 거기 있었대. 그때 기억이 안 나?

A. [아니라고 고개를 젓는다.]

Q. 무서워서 그러지.

A. 아니, 아니에요.

Q. 너는 그냥 겁쟁이야. 겁쟁이가 아니라면 왜 말을 안 하겠어?[38]

맥팔레인은 아이들이 협박을 받았기 때문에 말을 하지 않았다고 진심으로 믿었다. 하지만 거의 폭력 수준인 인터뷰 기법을 택한 그녀는 수확이 없자 점점 짜증이 늘어가고 있었다. 11월에 인터뷰한 아이들 중에서 유죄를 입증하는 진술을 해 공식으로 원고가 된 아동은 겨우 3명이었다. 그러나 맥팔레인은 11월에 인터뷰한 아이들 대부분 진짜로 학대를 당했다고 확신했다. 맥팔레인과 경찰은 사건의 규모가 갈수록 커지고 있다고 보았다.

주디 존슨은 11월 30일 오후 다시 호그 형사에게 전화를 했다. 매튜가 더 자세한 학대 사실을 털어놓았고 레이뿐만 아니라 다른 교사들도 가담했다는 것이었다. 매튜는 바벳 스피틀러에게 배를 밟혀서 구토를 했고 처음 보는 할머니가 유치원에 와서 매튜가 강간을 당하는 동안 스피틀러가 발을 붙잡았다고 했다. 또한 유치원 원장인 페기 맥마틴 버키에게 강제로 구강성교를 해주어야 했다. 호그 형사의 보고서에 따르면 매튜는 존슨에게 "아주 먼 목장 같은 곳으로 끌려갔다. 그곳에는 말이 있었고 옷을 벗고 말을 탔다."라고 말했다. 레이는 약을 먹고 자기 몸에 주사를 놓았다. 개를 죽이고 고양이를 '끓는 물'에 넣기도 했다.[39]

12월이 되었지만 맥팔레인과 CII의 인터뷰는 조금의 진전도 보이지 않았다. 12월에 인터뷰한 아이들 18명 가운데 1984년 5월 지방검사가 형사고발을 했을 때 원고로 이름을 올린 것은 겨우 2명이었다. 두 아이도 최종 재판에는 모습을 드러내지 않았다. 맥팔레인의 노력이 부족하지는 않았다. 맥팔레인은 어떻게 학대를 당했는지 세세한 부분을 말하지 않으려는 아이들을 이제는 참아내지 못했던 것 같다. 주관식 질문은 버리고 아이들이 언급하지 않아도 '묶기 놀이'와 '벌거벗은 영화배우 놀이' 이야기를 꺼냈다. 또 다른 아이에게도 '겁쟁이'라 불렀고, 그럼에도 아이가 학대 사실을 부인하자 아이의 어머니를 불러 그녀에게 질문을 했다.[40] 유쾌한 분위기를 강조했던 초창기와는 완전히 성격이 바뀌었다. 그리고 아이가 상상 속의 놀이를 말할 때도 확실하게 학대 사실을 인정했다고 받아들였다. 제레미 모스Jeremy Morse라는 소년에게서 학대 당했다는 이야기를 이끌어내려고 집요하게 노력하던 12월 9일에는 거의 제정신이 아니었다. 동시에 서너 개의 놀이를 하느라 소년의 말에서 사실과 허구를 구분할 도리가 없었다. 맥팔레인은 인터뷰 내내 누가 아이들의 사진을 찍었냐고 물었다. CII가 맥마틴 유치원에서 아동 포르노를 제작했다고 의심하기 시작했기 때문이다. 맥팔레인과 제레미의 대화 녹취록은 애보트와 코스텔로* 쇼를 보는 느낌이다.

---

* 미국의 코미디언 듀오

Q. 여기 카메라 있어. 자, 누가 사진을 찍었어?

A. 이 남자. [플라스틱 켄 인형을 가리킨다].

Q. 이 남자가 누군데?

A. 이 남자 누구예요?

Q. 나는 몰라. 사진을 찍었던 사람인가?

A. 페기 선생님.

Q. 페기 선생님이 사진을 찍었어?……

A. 아저씨가 사진을 찍을 거예요.

Q. 뱀 선생님? 교실에서 놀 때 사진을 찍은 건 누구야?

A. 뱀.[41]

인터뷰는 잠시 중단되었고 제레미는 뱀 인형에게 긴 끈과 인형 바지를 먹이며 놀았다. 소년이 장난감 경찰차 사이렌을 큰소리로 틀자 맥팔레인은 다시 인터뷰에 집중하도록 주의를 끌었다. 비밀 기계에 비밀을 말하고 싶냐고 묻자 제레미는 말했다. "저 차 소리가 듣고 싶어요."[42] 제레미는 결국 레이가 자기 성기를 만졌다고 인정하는 듯했지만 설명을 덧붙였다. 제레미 인형은 사실 제레미의 친구 벤자민이고 레이 인형이 제레미라는 것이다.[43] 엄밀히 말해 제레미 '자신'이 언젠가 '벤자민'의 성기를 만졌다는 뜻으로 한 말이었다. 하지만 맥팔레인은 굴하지 않았다. 인터뷰가 끝날 무렵, 제레미가 장난감 주사기로 '레이' 인형의 성기를 때리자 맥팔레인은 말했다. "저 고추가 많은 사람을 만졌지?"[44] 12월 말까지 30명도 넘는 아이들이 CII에서 인터뷰를 했다. 맥팔레인과 동료들이 인터뷰한 인원은 총 375명이 넘었다.

12월에 인터뷰한 아이들은 이미 11월에 나온 이야기를 되풀이할 뿐이었고, 이후 소수만이 형사소송과 재판에 정식으로 참여했다. 그럼에도 이들은 사건이 전개되는 데 중요한 역할을 했다. 맥팔레인은 정식 원고든 아니든 2개월 동안 만난 아이들이 대부분 아동학대 피해자였으며 레이의 '고추'가 '많은 사람을 만졌다'라고 굳게 믿었다. 그러다 12월에는 주디 존슨처럼 레이 외의 교사들도 범죄에 가담했고 일반적인 아동성폭력 수사의 수준을 훨씬 넘어섰다고 믿게 되었다. 맥팔레인이 방 한가운데 앉아 아이들에게 질문을 하는 동안, 카메라맨은 촬영일지를 작성했다. (일지 덕분에 사후 전체 녹취록을 일일이 뒤지지 않아도 특정한 대화를 찾을 수 있었다.) 촬영일지는 맥마틴 교사들이 아주 기괴하면서 교묘하게 학대를 했다는 CII의 확신이 점점 커져가는 과정을 기록으로 남겼다. 페기는 레이가 학생을 괴롭히는 모습을 보고만 있었다고 한다. 베티 라이더는 벌거벗은 영화배우 놀이를 하면서 사진을 찍고, 교실에서 옷을 벗고, 아이를 묶어 어디인지 모를 집으로 데려가 사진을 더 많이 찍었다. 바벳 스피틀러는 벌거벗은 영화배우 놀이를 만들었을 뿐만 아니라 직접 참가했다. CII 치료사들은 아이들이 실제로 말한 적 없는데도 위와 같은 주장을 인터뷰를 요약하는 기록에 끼워 넣었다.[45] 이후 12개월 더 인터뷰를 계속하며 맥마틴에서 아동학대가 있었다는 CII의 확신은 더욱 굳어져 갔다.

CII 인터뷰로부터 30년이 지나는 동안, 많은 사람이 맥팔레인의 실수를 변호했다. 1980년대에는 성폭행 의심 피해자를 대할 때 그런 방식이 최선이었다는 것이 근거였다. 당시에는 체계가 잡힌 범죄수사 인터뷰가 아직 완벽하게 발달하지 못했고, 정신의학계에서도 아동 상대의 범죄수사를 연구하는 경우가 드물었다. 로스 차이트는 최근 출간한 저서 『마녀사냥 이야기』에서 CII의 일부 방식이 "현재로서는 부적절하다고 보인다."라고 인정했다. 하지만 "현재로서는"이라는 표현은 맥팔레인을 비판하기보다는 그녀의 무죄를 증명하기 위해서 사용한 듯하다. 맥팔레인이 과학적으로 발달하지 않은 시대의 불운한 희생양이라는 의미로밖에 해석되지 않는다.[46] 하지만 그런 말로는 맥팔레인의 인터뷰 방식이나 일지를 작성할 때 치료사의 질문을 아동의 답변으로 잘못 쓰는 촬영담당의 실수를 설명할 수 없다.

맥팔레인은 아이들이 "아니요"라고 대답했을 때, 교사들의 협박만 아니었다면 "네"라고 대답했을 것이라 믿는 경향이 있었다. 이러한 믿음의 원천에는 지역 정신과 의사인 롤랜드 서미트Roland Summit가 있었다. 서미트는 토런스 인근 하버-UCLA 의료센터에서 일했고 명실공히 지역사회를 대표하는 정신과 전문의였다. 1970년대 졸리 케이를 도와 '익명의 부모 모임'의 첫 번째 이사회를 개최한 서미트는 경찰 등의 조직에서 자문 역할로 학대 피해자와 가해자를 모두 대면했다. 임상연구 논문에서는 아동 성학대를 분류하려는 시도도 했다. 서미트는 근친상간을 비뚤어진 가족애의 일종으로 설명했다. 그는 1978년 논문에 이렇게 썼다. "일요일 아침, 추운 날씨에 이불 속으로 파고들어 아이들과 껴안는다. 이는 가족의 가장 행복한 순간 중 하나라고 할 수 있다. 여성은 몸에 닿았던 아버지의 온기와 애정을 좋은 기억으로 간직할 것이다."[47] 서미트는 이러한 애정이 가족의 한계를 넘어설 때 문제가 발생한다고 썼다. "자녀를 자녀로 보지 않고 다른 사람의 대용품으로 보는 때가 있다."[48] 이때 '다른 사람'은 십중팔구 아동의 어머니였다. "그녀는 더 이상 남편의 자아욕을 받들지 않고 싫증난 부부관계에서 굳이 쾌락을 얻으려고 노력하지도 않는다." 어머니는 '직장이나 교회, 모임'에 빠져 '딸에게 자기 역할을 맡기며 의지'할 수 있다. 한편, 근친학대는 보통 사춘기에 접어들 때 겪기 쉽다. 사춘기란 "갓 피어난 여성이 사회가 요구하는 매혹적인 분위기를 발산하는 법을 배우는" 발육 단계이기 때문이다.[49] (서미트는 미사여구로 말을 꾸미는 습관이 있는데, 논문의 주제를 감안하면 유감스러운 일이다. 한 신문 인터뷰에서는 근친상간 가해자 아버지의 관점을 대신 설명하며 아동을 '군침 도는 작은 생명'으로 묘사한 적도 있다.)[50]

서미트는 근친상간이 심각하게 관심을 받지 못하는 사회문제라는 페미니스트 집단의 주장을 초창기부터 지지했다. 하지만 그가 생각하는 근친상간의 원인은 페미니즘이 탄생하기 이전으로 거슬러 올라가 정신의학 이론에 뿌리를 두고 있다. 감정전이*나 오이디푸스 콤플렉스는 물론, 자기도 모르게 어른을 유혹하는 아이와 불감증을 앓는 무뚝뚝한 아내의 조합이 그 예다. 또한 서미트는 절대 가족이 깨지지 않게 보호해야 한다는 정신의학 이론에 동의했다. 자신의 행동으로 가정을 산산조각 낸 가해자 아버지를 가정으로 되돌려놓는 연구를 진행하기도 했다. 서미트는 건강한 가족생활은 한계 안에서 이루어지며, "아버지가 한계를 넘어야겠다고 느끼고 어머니가 그 사실을 눈 감는 쪽을 택할 때 근친상간은 시작된다."라고 믿었다.[51] 서미트는 얼마 전 로스앤젤레스로 이사한 키 맥팔레인과 정기적으로 교류하기 시작했다.

서미트는 아동 환자를 받은 적이 없고 아동 성학대에 관해 동료평가를 거친 독자적인 연구를 실시하지도 않았다. 하지만 1970년대 말 그는 캘리포니아 남부 전역에서 아동 성학대 전문가로서의 입지를 공고히 다졌다. 1979년 서미트는 『아동성학대순응증후군*CSAAS: The Child Sexual Abuse Accommodation Syndrome*』라는 논문으로 해당 분야에 가장 영향력 있는

---

* 환자가 과거에 어떤 대상에게 품었던 감정을 치료사에게 전이시키는 것

업적을 남긴다.[52] "대개 아이의 진술을 믿지 못하기 때문에 의심 많은 보호자는 전문가에게 의존한다…… 아동에 비해 성인의 신뢰도가 크게 우세한 현실에서 모든 임상의는 아동의 입장을 이해하고 분명히 표현할 수 있어야 한다." 서미트는 이해를 돕기 위해 CSAAS를 제안했다. 사실상 이 논문은 아동이 학대 사실을 밝히거나 밝히지 않는 과정을 묘사한 이야기였다. 1980년대 대규모 아동 성학대 사건에 관여한 치료사, 수사관, 검사는 CSAAS를 찬송가처럼 줄줄 읊었다. 전반적으로 묘하게 자기애가 드러나는 이 논문은 우리 사회에서 아동 성학대 문제가 양지로 나오려면 정신의학 전문의들이 안내자 역할을 해야 한다고 말한다.

아동성학대순응증후군의 '유형'은 다음의 다섯 가지다.

1. 비밀 엄수
2. 무력감
3. 인정과 순응
4. 폭로의 지연과 갈등, 의구심
5. 진술 번복

처음 세 가지 유형은 공교롭게도 아동이 학대를 당했을 당시의 경험과 관련이 있다. 서미트는 첫 번째 유형을 설명하며 아동학대가 "성인과 아동 단둘이 있을 때만 발생하고 절대 다른 사람이 개입하지 않는다."라고 썼다. 그는 가해자 성인이 아동에게 비밀을 꼭 지켜야 한다고 강조하며 하는 말들을 예로 들었다. "아무도 네 말을 안 믿을 거야.", "다른 사람에게 말하면 ⓐ 더 이상 너를 사랑하지 않을 거야, ⓑ 엉덩이 맞을 줄 알아, ⓒ 네 강아지를 죽일 거야, ⓓ 너를 죽일 거야." 서미트는 전문 학회와 심포지엄에서 다른 임상의들로부터 얻은 보고서와 일화를 바탕으로 "아이가 비밀을 털어놓으려고 하면 침묵하자고 약속한 성인이 반격을 할 것이다."라고 주장했다. 그런 상황에 직면하면 아동 피해자는 자연히 CSAAS의 두 번째 유형인 무력감 단계로 이동한다. 서미트는 성인과 아동이 성적으로 접촉할 때는 반드시 힘의 불균형이 존재한다고 말했다. 몸집과 완력도 차이가 있지만, 본질적으로 힘의 불균형은 성인이 보호자 또는 권위자 역할을 맡는 데서 나온다. "어린아이는 위협에 저항할 수 없을 때 경찰을 부르지 않는다. 대개 아이들은 밤에 공포를 조용히 견디는 법을 배운다. 이불은 마법 같은 힘으로 괴물을 물리치지만 인간 침입자에게는 대적이 되지 못한다."

엄청난 힘과 권위를 휘두르는 사람과 폭력적인 관계를 지속할 수밖에 없는 아이는 서미트증후군의 세 번째 단계 '인정과 순응'으로 진입한다. 학대행위가 즐거워서가 아니다. 학대를 당한 소녀(이 논문은 남아 피해자에 대한 객관적인 임상 데이터를 얻기 힘들다는 이유로 오로지 여자아이들을 피해자로 언급한다.)가 생존할 길을 찾아야 하기 때문이다. 아이는 시간이 흐르면서 강도가 높아지는 학대에 순응할 뿐만 아니라, 이 행위가 잘못되었다는 인식도 받아들인다. 자기 욕구를 충족하느라 아버지 역할을 포기한 가해자에게 배신감을 느낀다. 서미트는 이처럼 버림받았다는 감정이 아동의 정신이 평생 사라지지 않는 아주 깊은 상처를 남긴다고 설명했다. 인정과 순응은 이후 청소년기 또는 성인기에 앓게 되는 정신질환의 원인이 된다.

이 부분의 심리묘사는 다소 과장스러웠지만 이후 수많은 카운슬러, 심리치료사, 사회복지사가 현장에서 관찰한 사항과 대체로 일치한다. 그러나 세 번째 유형의 설명을 마무리하면서 서미트는 더 극단적인 의견을 제시한다. 그는 순응을 한 결과 아동의 정신이 파괴된다고 여러 차례 강조한다. 그러면서 "이 과정에서 정신이 분열되거나 조각난다."라는 다른 연구자의 말에 동감을 표한다. 사기혐오가 아동의 현실 감각에 '수직적 분열'*을 일으킨다고 말한 서미트는 몇 문단 뒤에 가서 학대를 경험하면 도덕적 가치관이 "불가피하게 분열할 수밖에 없다."라고 설명했다. 서미트의 논문은 『시빌』보다 뒤에 나왔지만 『미셸 기억하다』보다는 앞서 발표되었다. 따라서 서미트는 아동 성학대의 피해자가 한편으로는 분노를 감당하기 위해, 다른 한편으로는 입을 다물고 비밀을 지키기 위해 "다중인격으로 발전할 수 있다."라고 쓴 최초의 의사가 되었다. 학대 도중에 경험하는 끔찍한 공포를 회피하기 위해 피해자의 정신이 신체에서 '분리'되는 경우도 많다고 했다.

CSAAS의 네 번째 유형은 '폭로의 지연과 갈등, 의구심'이다. '지연'은 피해자가 학대 사실을 남에게 말하지 않으려는 마음, '갈등'은 상황을 파악하려는 다른 가족 구성원의 욕구, '의구심'은 피해자가 드물게 비밀을 털어놓았다 해도 사법제도의 도움을 받지 못하는 더 큰 범위의 사회적 실패를 의미한다. (당시에도 지금처럼 아동학대 실제 발생 건수보다 신고 수가 현저히 적었다.) 이런 심리작용도 아동학대와 정신의학 전문가들이 공공연히 인정하는 사실을 요약한 것에 불과하다. 그러나 서미트는 한 발 더 나아가 피해자가 비밀을 폭로하는 극적인 상황에서 가장 적절한 치료사의 역할이 무엇인지 설명한다. "정신과 의사나 상담 전문가는 학대를 초기에 감지하고 치료에 관여하며 반드시 전문적인 조언으로 법정에서 도움을 주어야 한다." 우선 정신과 의사는 폭로하기를 망설이는

* 정신적 내용이 분리되어 있어도 경험을 인식할 수 있는 유형

아동과 만나고, 마침내 진실이 드러났을 때 아동의 말을 믿기 힘들어하는 부모나 판사와 대면한다. 이때 진상을 밝히고 사실임을 뒷받침하는 임무를 고스란히 떠안아야 한다. 서미트는 심리치료사들에게 말 그대로 수사관과 지방검사와 같은 역할을 하라고 요구했다. 이 시기 서미트가 쓴 글이 다 그렇듯 『아동성학대순응증후군』도 세상을 바꾸려는 구세주 같은 느낌이 있었다.

서미트는 논문 마지막 장에 이렇게 썼다. "아동 성학대 사건에 관여하는 심리치료사와 수사관 사이에는 금언이 있다. 아이들이 최초 진술이나 수사 과정에서 성학대의 유형을 상세히 이야기했다면 절대 거짓이 아니라는 것이다." 심리치료계에 흔히 통용되는 상식처럼 표현했지만 사실 이 말은 서미트의 주장 가운데 가장 획기적인 것이었다. 그는 학대당했다는 주장을 꾸며내거나 과장한 아동은 1,000명 중 겨우 2~3명꼴이고, 실제를 왜곡한 아이들도 진실을 '축소'할 뿐이라고 썼다. 즉, 서미트는 학대를 당했다는 아동의 주장이 항상 진실이라고 말하고 있었다. 서미트는 CSAAS의 마지막 단계인 '진술 번복'도 상당히 공격적으로 설명했다. "아동은 성학대 진술을 한 후 말을 뒤집을 가능성이 있다." 서미트는 이 문장을 직접 기울임꼴로 강조하기까지 했다. 그는 학대 사실을 폭로한 아동이 주위에서 강력한 심리적 압박을 받을 수 있다고 주장했다. 아버지는 네가 가정을 무너뜨린다고 원망할 것이다. 어머니는 너를 키워주고 보살펴준 아버지에게 어찌 감히 그런 말을 하느냐고 물을 것이다. 그 결과 아동은 '정상적인 과정'에 따라 자신의 이야기가 거짓이라고 인정하고 만다. 서미트는 '인정'이라는 단어를 따옴표로 강조함으로써 아동이 진술을 번복하는 순간만큼은 그 말의 진실 여부를 의심해도 된다는 의미를 담았다.

롤랜드 서미트는 말년에 발표한 논문에서 일부 심리치료사, 검사, 경찰 수사관이 그의 CSAAS를 잘못 이용했다고 개탄했다. 하지만 그 이유로 비난받을 사람은 서미트뿐이다. 서미트는 심리치료사를 용감무쌍한 형사로 만들었다. 아이가 가장 은밀한 비밀을 털어놓도록 설득하는 데 심리치료사보다 적합한 사람은 없다고 했다. CSAAS 논문에서 그는 아동이 성학대 사실을 폭로하면 경찰의 역할은 끝난 것이나 다름없다고 썼다. 만약 아동이 심리적으로 성학대에 대해 거짓말할 수 없는 상황이라면 구태여 심리치료사가 이미 알고 있는 진실에 증거를 보탤 필요는 없다는 것이다. 만약 과열되거나 강압적인 인터뷰 같은 이유로 아동이 진술을 번복한다 해도 심리치료사는 골치를 썩이지 않아도 된다. 서미트의 주장에 따르면 진술 번복은 진실을 밝힌 후 당연히 뒤따르는 과정이었다. 그러니 심리치료사는 아동이 말을 바꾼다면 최초 진술이 진실이라고 '지지'하면 된다.

맥팔레인을 비롯한 CII 심리치료사들은 롤랜드 서미트의 이론을 실전에 옮겼다. 1984년 1월이 되자 아이들이 인터뷰 중에 끔찍한 비밀을 감추고 진실을 부정하고 있다는 의혹은 확신으로 굳어졌다. 1월 24일 키스 도허티Keith Doherty라는 소년의 인터뷰는 간단히 해석할 수 있다. 키스는 맥마틴에서 안 좋은 일이 일어나지 않았고, 벌거벗은 놀이를 하거나 레이와 화장실에 간 일이 없다고 줄기차게 말했다. 맥팔레인은 몇 번이고 다른 대답을 요구했다. 그녀와 키스는 손가락인형을 끼고 인터뷰를 진행했다. 아이가 어느 정도 심리적인 거리를 유지해야 사건에 대해 자세히 할 수 있다고 생각했기 때문이다. 맥팔레인은 인터뷰 초반에 키스에게 인형을 보여주며 용도를 설명했다.

> 지금부터 우리는 인형과 비밀을 알아내려고 해. 여기서 그걸 할 거야. 이 마이크는 비밀 기계란다. 우리가 여기에 비밀을 말하면 전선을 타고 내려가서 상자에 들어가. 그 다음에는 텔레비전으로 돌아가서 완전히 사라지는 거지. 그렇게 하면 되는 거야……. 듣자하니 네가 다녔던 유치원에 비밀이 있다며. 이 인형들은 비밀을 알아내려고 열심히 노력하고 있어. 유치원에 다녔던 다른 아이들도 다 와서 이야기했어. 인형이 말할 수 있게 도와줬지.[53]

키스는 가장 먼저 포그혼 레그혼이라는 수탉 캐릭터를 골랐다. 인형을 손에 끼고 있는 아이에게 맥팔레인은 인터뷰의 주제라 할 수 있는 질문을 했다. 맥팔레인이 포그혼 인형에게 물었다. "너 아는 비밀이 있니? 너는 똑똑해? 멍청해?"[54] 그러자 키스는 똑똑하다고 분명히 말했다. 키스는 CII에서 인터뷰한 아동 중에 나이가 많은 편이었다.. 맥팔레인은 다른 애들이 "너무 어려서 말을 못하더라. 걔들은 아기잖아."라고 하면서 키스와 더불어 몇몇 친구의 이름을 언급하며 "우리는 조금 더 큰 친구들하고 말할 거야."라고 말했다. "왜냐하면 유치원에서 제일 똑똑하니까 동생들을 도와줄 수 있거든. 우리 놀이를 알아보자. 네가 똑똑하다면 금방 알 수 있을 거야."

"응, 난 똑똑해." 키스가 말했다.[55] 또한 맥팔레인은 키스 부모님과 했던 대화 내용을 전했다. 부모님은 키스가 비밀을 말했으면 좋겠지만 그럴 만큼 "기억력이 좋은지 모르겠다."라고 말했다고 했다.

키스는 이렇게 대답했다. "나는 기억력이 좋아서 괜찮아."[56]

하지만 맥팔레인이 구체적으로 놀이와 학대행위에 대해 묻자 키스는 동의하지 않았다. 레이는 아이들을 말처럼 타고 다니지 않았고 옷을 다 벗고 말 타기 놀이를 하지도 않았다. 이 시점에서 맥팔레인은 키스에게 악어 인형으로 바꾸자고 말했다. "좋아요, 악어 선생님." 새 인형으로 바꾼 맥팔레인이 인형을 통해 물었다. "선생님은 멍청하게 굴 건가요? 아니면 똑똑하게 우리를 도와줄 건가요?"

"음, 나는 똑똑할 거야." 키스가 말했다.

맥팔레인은 악어 인형을 보고 벌거벗은 영화배우 놀이를 설명해달라고 했다. "그 놀이를 기억하나요, 악어 선생님? 아니면 머리가 너무 나빠서 기억 못 하나?"[57] 키스는 벌거벗은 영화배우 '놀이'는 기억하지 못한다고 대답했다. 기억나는 것은 반 친구 하나가 부른 "벌거벗은 영화배우, 벌거벗은 영화배우"라는 가사의 '노래'뿐이었다. 맥팔레인은 악어 인형에게 "멍청한 척하지 마세요."라고 쏘아붙였다. 키스가 '벌거숭이 영화배우'라는 놀이를 본 적 없다고 다시 부인하자 맥팔레인은 이렇게 말했다. "너는 잘하는 게 뭐니? 너는 정말 멍청하구나."[58]

인터뷰가 끝날 즈음, 키스는 항복하고 레이가 아이들을 건드렸다는 맥팔레인의 말을 인정했다. 하지만 실제 경험한 것이 아니라는 의사를 똑똑히 밝히려 했다. 서로에게 인형을 통해 말하며 맥팔레인은 키스에게 도와줘서 고맙다고 말했다. "뭘요, 키스가 말해준 거예요." 인형을 대신해 말하던 키스가 한마디 덧붙였다. "키스가 엄마 아빠한테 들은 얘기를 나한테 들려줬어요." 마침내 인터뷰가 끝낼 때가 되자 키스는 방금 한 말을 걱정하기 시작하는 듯했다. "어떤 건 잊어버렸어요. 근데 그 다음은 기억나요. 나도 잘 모르겠어요."[59] 맥팔레인이 말을 잘랐지만 키스는 한 번 더 말을 꺼냈다.

A. 내가 까먹은 게 있으면…… 실수로 잘못 말했으면 어떡해요.

Q. 왜 잘못 말했다고 생각해?

A. 어떤 건…….

Q. 너는 진실을 말했지?

A. 음, 몇 가지는요…… 잘 모르겠어요.[60]

수사를 시작하고 4개월이 지나자 맨해튼비치의 교회, 식료품점, 가정집에서도 무성한 소문과 추측이 쏟아져 나왔다. CII에서 인터뷰한 아이들은 처음부터 부모에게 레이가 나쁜 짓을 했다는 말을 들었다고 자주 언급했다. 연도가 바뀌고부터는 키 맥팔레인이 아이들에게 듣는 이야기가 한층 더 기상천외해졌다. 한 소년은 알몸 말 타기 놀이를 만든 선생님이 페기 버키이고, 페기가 옷을 벗고 아이들의 등에 올라탔다고 진술했다.[61] 레이가 학대를 했냐는 질문은 부정했지만 버지니아 맥마틴이 학교에서 동물들을 죽였다고 말했다. 경찰 속기사가 목격자나 피의자의 가정에서 이루어지는 대화까지 기록하지는 않았기 때문에 누가 소문을 퍼뜨렸고, 누가 소문에 살을 붙여서 전했는지, 누가 통화 내용을 잘못 들었는지 정확히 파악하기는 불가능했다. 하지만 CII에 점점 심각한 이야기가 쏟아지면서 장기 수사는 불가피해 보였다. 모든 인터뷰를 마무리할 무렵, 맥팔레인이 만난 아이들은 맨해튼비치에 악마가 숨어 있다고 굳게 믿는 부모, 이웃, 친구들 사이에서 1년 가까이 보냈다. 1월에 버지니아 맥마틴이 교실에서 키우는 동물을 죽였다고 한 소년은 선생님들에게 유치원 밖으로 끌려가 여러 장소에서 성폭행을 당했다고 말했다. 차를 타고 호텔, 세차장, 교회 같은 곳을 돌아다녔다고 했다. 3개월 후, 지방검사의 기소장에는 소년의 이름이 있었다.

CII에서 인터뷰를 시작하고 3개월 사이, 키 맥팔레인이나 그녀의 조수와 인터뷰한 아동은 63명이었다. 2월 2일 처음으로 뉴스를 터뜨린 ABC 지역방송의 탐사 저널리스트는 피해자로 확인된 아동이 '최소' 60명이라고 보도했다.

자녀가 맥마틴 수사에 참여한 KABC 동료 덕분에 웨인 새츠Wayne Satz는 맥마틴 사건을 초기부터 지켜볼 수 있었다. 그는 몇 달 동안 정보를 수집했다. 주디 존슨이 경찰에 처음 신고하고 거의 반 년이 지나도록 맥마틴 사건을 보도한 신문이나 방송은 단 한 곳도 없었다. 새츠는 가을과 겨울이 지나는 동안 키 맥팔레인과 가까워졌고, 가장 중요한 정보원이었던 맥팔레인은 훗날 그의 여자친구가 된다. 새츠는 뾰족한 코와 갈색 머리가 특징이었고 다소 가는 목소리로 부드럽게 말을 했다. 카메라 앞에서는 황갈색 재킷을 입었고 당시까지는 남성이 수염을 기르고 뉴스에 출연할 수 있었기에 덥수룩하게 수염을 길렀다. 처음 사건을 보도한 방송에서 새츠는 말했다. "맥마틴 유치원생 20명 정도가 (키 맥팔레인에게) 고백한 이야기입니다. 범인은 아이들을 학교 밖으로 끌고 가 성폭행을 하고 사진을 찍었다고 합니다. 아마 아동 포르노로 판매하기 위한 것으로 짐작됩니다. 이와 같은 학대를 상상도 할 수 없는 방법으로 지속했다고 합니다."[62] 새츠는 신중을 기해 '범죄'나 '피해자', '학대' 같은 말을 하기 전에 '주장에 따르면'이라는 표현을 사용했지만 그의 보도에는 의심의 여지가 없었다. 이제는 경찰이 얼마나 많은 피해자를 찾을 것이며, 얼마나 많은 성인이 기소될 것인가 하는 문제만 남아 있었다. 맥팔레인은 새츠에게 이렇게 말했다. "아이들이 경험하는 고통의 깊이를 과소평가해서는 안 된다고 생각해요. 이 분야에서 13년을 일했지만 이런 사건은 듣도 보도 못했다니까요."

새츠가 맥마틴 사건을 보도한 후에야 필리보시안 지방검사는 사건을 대배심에 넘겼고 대배심에서 기소 결정을 내린 후 사건을 공식 발표했다. 대배심이 사건을 심의하기 6주 전부터 다른 기자들도 KABC를 따라잡으려고 서둘러 움직였지만 노력은 수포로 돌아갔다. 새츠는 정보원과 사건의 내막을 혼자서만 독점했다.

첫 번째 보도에서 새츠는 CII에서 진술을 모으고 있을 뿐만 아니라 벤투라의 의사가 학대의 의학적 증거를 발견했다고 말했다. "브루스 우들링Bruce Woodling 박사는 학대를 받은 아동에게서 포착하기 힘든 흔적도 찾아내는 전문가입니다. 이번 유치원 사건의 피해아동을 진찰한 후 혐의를 증명할 만한 증거를 찾았다고 하는군요."[63] 새츠의 말이 사실이라면 검찰은 크나큰 수확을 얻은 셈이다. 강간 같은 성폭력은 몸에 증거를 남기지만 폭력을 가하지 않고 지속적으로 학대를 할 경우에는 흔적이 남지 않는다. 그 사실로 검찰과 경찰은 오랜 세월 수사를 하면서 힘들어했다. 부모가 계속해서 아이를 희롱해도 흔적은 전혀 남지 않기 때문이다.

브루스 우들링은 의사 생활을 하는 내내 이 문제를 극복하는 방법을 연구했다. 1972년 서던캘리포니아 대학교 의과대학을 졸업한 우들링 박사는 벤투라 카운티 병원에 정착하자마자 로스앤젤레스 지방검사의 부름을 받았다. 지방검사는 강간 피해자를 검사하는 일에 관심이 있느냐고 물었다. 우들링은 비록 돈벌이는 안 되지만 열정과 목적의식을 갖고 그 일을 맡았고, 금세 캘리포니아 남부에서 성범죄 전문가로 이름을 알렸다. 1970년대 중반, 우들링은 아동에게서 만성 학대의 증거를 찾는 방법을 연구하고 있었다.

그는 마침내 두 가지를 발견했다. 어느 쪽이든 의사가 전보다 피해자를 더 세심하게 검사해야 한다는 생각을 바탕으로 한다. 첫째, 우들링은 동성 간의 섹스가 신체에 남기는 흔적에 대한 빅토리아 시대의 이론을 아이들에게 적용했다. 이 점은 보육기관 성학대 사건과 집단 패닉을 다룬 책에서도 데비 네이선과 마이클 스네데커가 잘 설명한 바 있다. 19세기 의사들은 법정에서 동성애자를 식별할 방법을 열심히 찾아다녔다. 그중에서 주기적으로 항문성교를 하는 환자의 직장을 검사하면 정상적인 항문은 수축하지만 해당 환자의 항문은 자연스럽게 벌어진다는 믿음이 우세했다. 이는 브루스 우들링이 의대에 입학했을 무렵 이미 신빙성을 잃었다. 하지만 여전히 많은 의사가 그 이론을 믿었고 우들링은 아이들에게도 통하지 않을 리 없다고 생각했다. 그는 아동 환자의 항문 부근을 면봉으로 건드려 이때 항문이 벌어지면 아동이 항문성교를 경험했다고 결론 내렸다.[64] 벌어지는 정도가 클수록 학대를 더 자주 경험했다고 판단했다. 우들링은 이 검사에 '윙크 반응wink response'이라는 이름을 붙였다.

우들링이 아동 성범죄 수사에서 두 번째 제시한 혁신은 도구였다. 우들링이 윙크반응을 발표한 시기에 『미국법의병리학저널*American Journal of Forensic Medicine and Pathology*』에 실린 한 논문은 콜포스코프라는 새로운 검사 도구를 선전했다. 기본적으로 필름카메라나 비디오카메라에 연결하는 확대경으로, 최근 브라질 범죄수사에서 처녀성을 검사하는 용도로 도입된 물건이었다(브라질에서는 법적으로 이전에 성 경험이 없는 여성만 강간이 인정된다).[65] 우들링은 콜포스코프를 구해 아이들을 검사하기 시작했고, 콜포스코프를 통해 보이는 것들을 칭하는 용어를 정리했다. 확대경을 통해 혈관, 가벼운 찰과상이 보였고 조금씩이지만 여아의 처녀막 크기와 형태가 다양하다는 사실을 발견했다, 우들링의 보고서는 어느새 '미세손상*microtrauma*'(확대경으로만 보이는 상처), '유착synechiae'(흉터

조직) 같은 단어들로 채워졌다. 또한 우들링은 처녀막이 4밀리미터 이상 벌어졌다면 성폭행을 의미한다는 이론도 받아들였다(현재는 인정되지 않는 이론이다). 이로써 맥마틴 사건 수사를 좌우할 성범죄 수사 이론이 완성되었다.

CII에서 수사 인터뷰를 받은 맥마틴 아동은 이어서 의사에게 진찰을 받았다. 우들링은 CII에서 직접 검사를 하지 않았지만 검사를 담당한 아스트리드 헤거Astrid Heger에게 방법을 전수해 주었다.

아스트리드 헤거는 1983년부터 CII에서 일했다. 약 10년간 소아과 의사로 활동했지만 성폭행 피해자를 검사해 본 경험은 별로 없었다. 그래서 몇 년 동안 연구를 지켜본 우들링에게 연락해 범죄수사용 검사 방법을 가르쳐달라고 부탁했다. 헤거는 미세손상과 4밀리미터 처녀막을 비롯한 우들링의 이론을 배우고 콜포스코프도 받았다. 처음 CII에서 맥마틴 아동을 검사하기 전까지 헤거가 지속적인 학대의 피해아동을 검사할 기회는 10번 남짓이었다. 그마저도 경험 많은 동료의 지도를 받아야 했다.[66] 헤거는 맥마틴 아동들을 검사해 키 맥팔레인이 인터뷰에서 이끌어낸 결론이 정당하다고 확인했다. 검사한 아동 150명 가운데 80퍼센트가 학대를 받았다는 결론을 내릴 수 있었다.[67] 진단의 근거는 대부분은 우들링의 미세손상과 처녀막 변형 이론이었지만 헤거는 별다른 증거를 발견하지 못한 경우에도 성폭력을 진단했다. 롤랜드 서미트처럼 굳은 믿음이 있었기 때문이었다. 헤거는 의사로서 아동학대 사건을 이 세상에 공개해야 한다는 특별한 임무가 있다고 믿었다.

헤거는 키 맥팔레인이 유도심문으로 확보한 주장을 지적하거나 반박하지 않고 오히려 인정했다. 몸에서 아무런 이상이 발견되지 않은 아이에게도 "성폭행을 당했다는 징후와 일치한다."라고 설명했다.[68] 학대를 당한 피해자의 상처나 흔적은 의사가 감지할 수 없는 유형이 많으므로 엄밀히 말해 거짓은 아니다. 하지만 이런 표현은 검찰에 분명 도움이 되었을 것이다. 헤거는 맥마틴 아동들을 검사한 직후, 학대 진단법을 소개하는 '교육용' 영상에 출연한다. 영상에서 헤거는 검사를 하는 동안 재판을 염두에 두어야 한다고 강조한다. 그리고 "(진료기록을) 소송절차에 포함된다고 생각하고 준비해야 한다."라고 말했다.[69] "아동 성학대를 인식하려면 그러한 가능성을 받아들일 수 있다는 의지가 필요하다."라는 말도 했다. 헤거는 CII에서 일하며 이런 주장을 극단적으로 받아들인 듯했다. 그녀는 개개인이 학대 가능성을 부정하지 말아야 우리 사회가 인식할 것이라고 결론을 내렸다. 헤거도 그렇고, 검찰 직원과 공동으로 '윙크반응'에 대한 논문을 쓴 헤거의 스승 브루스 우들링도 그렇고 검찰과 지나치게 가까워지면 연구 결과가 달라진다는 걱정은 별로 하지 않은 모양이다. 헤거는 소아과 의사인 동시에 의사 가운을 입은 수사관이었다.

CII는 1984년 봄까지 캘리포니아 주에 한 건당 455달러를 청구하며 인터뷰와 진찰을 계속했다.[70] 맥팔레인처럼 아스트리드 헤거도 성학대 병력을 고백하지 않으려는 환자를 용납하지 않았다. 헤거는 말을 하지 않는 소녀에게 이런 말을 했다. "이젠 '아니요'라는 말은 듣고 싶지 않아. 유치원에서 모든 아이들이 너랑 같은 일을 당했어."[71] 이 시점에서 수사팀은 거의 모든 교사가 사건에 연루되었다고 믿었다. 주디 존슨은 여전히 맨해튼비치 경찰에 틈만 나면 전화해 3살 된 아들 매튜가 주장했다는 주장을 제보했다. 경찰의 신고 기록을 보면 존슨은 둘 중 하나였다. 그녀는 분명 갈수록 도를 벗어나는 아들의 주장을 의무감에 그냥 신고하고 있거나, 아니면 정신건강이 악화되고 있었다.

> 매튜는 L.A. 국제공항에서 비행기를 타고 팜스프링스로 갔다고 느낀다…… 매튜는 무기고로 들어갔다…… 그곳에는 반은 염소, 반은 사람인 자가 있었다…… 의식을 치르는 듯…… 교회에서는 페기가 아이의 팔과 겨드랑이 아래 드릴을 박았다. 마술쇼 같은 분위기. 레이가 하늘로 날아갔다…… 페기, 바벳, 베티는 마녀 옷을 입었다. 베티가 매튜를 땅에 묻었다. 관에는 구멍이 없었다. 바벳의 손에 이끌려 조금 더 큰 여자아이와 기차를 탔고 정장 차림의 남자들에게 폭행을 당했다. 레이가 잘 가라고 손을 흔들고…… 페기는 매튜에게 관장을 했고…… 매튜의 귀와 젖꼭지, 혀에 철심을 찍었다. 바벳은 매튜의 귀에 가위를 넣고…… 동물을 토막 내…… 매튜는 사자의 공격을 받았다. 코끼리와…… 염소가 계단을 높이 올라갔고 악당이 계단 아래로 던졌다…… 전부 다 검은색인 초가 한가득…… 레이가 오른쪽 검지를 세우고…… 염소의 항문에 넣었다…… 할머니가 피아노를 치고…… 목을 베서 뇌를 태웠다…… 페기는 교회에 있던 가위로 매튜의 머리카락을 잘랐다. 매튜는 아기의 피를 억지로 마셨다. 레이는 매튜에게 침을 뱉어달라 했다.[72]

맨해튼비치 경찰이 이런 주장을 전부 다 무시하지는 않은 것 같다. 구체적으로 염소 인간이나 목 잘린 아기 사체를 찾아다니지는 않았다. 하지만 3월 즈음 수사팀은 맥마틴 교사 외에도 이 지역 성인들이 범죄에 가담했다 믿고 사우스베이에 있는 주택 11채에 수색영장을 발부했다. 3월 내내 정신없이 바쁜 나날들이 이어졌다. CII는 정기적으로 맥마틴 학부모 모임을 열어 새로 발견된 사실들을 전달했다. 2주 동안 로스앤젤레스 대배심(KABC 웨인 새츠의 보도로 세상에 알려졌다)은 CII에서 인터뷰한 아동 18명의 증언을 들었다. 이후 대배심은 레이 버키부터 페기 맥마틴 버키, 페기 앤 버키, 베티 라이더, 바벳 스피틀러까지 맥마틴 교사 다섯 명을 105가지 혐의로 기소했다. 버지니아 맥마틴은 KABC 전화 인터뷰에서 손자가 아이들을 성적으로 건드렸냐고 생각하냐는 질문에 버럭 화를 내며 말을 잘랐다. "우리 손자 녀석 잘못은 단 한 개도 없습니다. 나무랄 데 없이 반듯하고 아이들 마음을 이해하는 능력을 타고난 아이요."

"그럼 단순히 누명을 썼다고 생각하시나 보죠?" 기자가 물었다.

"당연히 누명이지, 말이면 다인 줄 아나." 버지니아가 대답했다. "그렇게 생각하는 게 아니라오. 그게 사실이야!"[73] 버니지아도 곧 교도소에 수감된다. 유치원 교사였던 메리 앤 잭슨도 뒤를 이었다.

이 무렵, 레이는 대니 데이비스Danny Davis라는 변호사를 새로 선임했다. 데이비스와 맥마틴-버키 일가는 돈 켈리 변호사 사무실에서 처음 만났다. 켈리는 수임료를 조금만 받고는 점점 불길한 조짐을 보이는 사건에서 손을 떼기로 결심했다. 데이비스는 켈리의 전화를 받았을 때 로스앤젤레스 서부에 있는 집 뒷마당에서 여자친구와 휴가를 계획하고 있었다. 데이비스는 지난 5년 동안 주로 마약을 '재배'하는 부유한 청년들을 변호했다. 얼마 전에는 코카인 600킬로그램을 밀반입하다 걸린 파일럿을 변호해 승소하기도 했다. 데이비스는 그 사건에 대해 이렇게 말했다. "대성공이었죠. 다들 결과에 아주 만족했습니다." 데이비스는 아동학대 사건을 맡은 경험이 없었다. 하지만 맥마틴 사건 수사에 대해 조금 들어서 알고 있었고 마침 그가 선호하는 마약 사건이 점점 줄어들던 참이었다. 거대 마약 조직에 밀려 소규모 재배자는 설 자리가 없었기 때문이었다. 데이비스는 "이미 혀끝에 '좋아요, 하죠.'라는 대답이 걸린 채" 켈리의 사무실로 차를 몰았고 맥마틴-버키 가족을 만났다. 그들을 본 데이비스는 뉴스 보도에서 묘사하는 모습과 똑같다고 생각했다. "덩치가 크고 범죄자처럼 얼굴선이 굵었다. 유죄인지 무죄인지 모르는 상황에서, 나는 경험으로 미루어 일단 그들이 범죄를 저질렀다고 추정했다." 검사는 이론적으로나마 죄 없는 피의자를 기소할 마음이 없다. 하지만 형사사건을 맡은 변호사는 의뢰인이 실제로 범죄를 저질렀을 가능성을 열어둔다. 데이비스는 말했다. "그러니까 무고한 사람이 우리 사무실 앞에 줄은 서는 일은 별로 없다는 말이죠."[74] 데이비스가 새 의뢰인과 앞으로의 계획을 짜는 동안, 맥마틴 사건의 다른 피고인 여섯 명도 각자 변호사를 구하러 나섰다.

4월 초 어느 날 밤, 누군가 맥마틴 유치원의 담장을 뛰어 넘어 건물에 불을 질렀다. 화재는 1만 달러에 이르는 피해를 남겼고 방화범은 운동장과 학교 회벽에 스프레이로 메시지를 썼다. "이제부터 시작이다." 이 소식은 『이지 리더*Easy Reader*』와 『데일리 브리즈*Daily Breeze*』 같은 지역 신문은 물론, 『로스엔젤레스 타임스』에까지 실렸다. 대배심이 정식으로 기소장을 제출한 후 사건은 라엘 루빈Lael Rubin이라는 검사에 배당되었다. 지방검사 로버트 필리보시안도 드물게 법원에 직접 등장해 검사석 끝에 앉았다. 맥마틴은 이제 로스앤젤레스 모든 신문의 1면을 장식했다.

맨해튼비치에서는 끔찍한 뉴스를 보도하며 도시 전체에 보육기관의 안전을 의심하는 분위기가 커지고 있다고 덧붙였다. 『타임스』 지 기사는 "아동학대범은 아이에게 입을 다물라고 위협한다."고 했다.[75] 1980년대 초부터 무허가 유치원과 보육시설을 엄중히 단속하려는 시도가 있었지만, 다른 매체는 허가가 있다고 "안전이 보장되는 것은 아니다."라고 보도했다. 사회복지 분야의 전문가들은 대다수 학대범이 머리가 좋아서 들키지 않고 오래 범행을 계속한다고 주장했다. 복지부 면허국의 감독관 하나는『타임스』에 이런 의견을 밝혔다. "시설에 방문해도 학대를 발견할 수는 없습니다. 다들 판단력이 뛰어나서 우리가 도착할 때쯤 구타나 학대를 멈췄을 거예요."[76] 맥마틴 사건은 이러한 위협에 직면했을 때 사회복지기관이 도움을 줄 수 없는 현실을 완벽하게 보여주었다. 한 맥마틴 학부형은 주 면허국을 가리켜 이렇게 평가했다. "보육시설이 무슨 버거킹인 줄 알아요. 면적과 문 너비를 측정하고 교사 수를 세고 미끄럼틀에 나무 조각이 있는지 확인하면 뭐해요. 그동안 우리 아이들은 학대를 당하고 있다고요."[77]

이제 아이들을 보호하는 유일한 희망은 경찰 같아 보였다. 로스앤젤레스 전역의 경찰서에 부모들의 신고가 쏟아졌다. 5월에는 맨해튼비치에서 1번 태평양고속도로로 약 15킬로미터 거리에 있는 페닌슐라 몬테소리학교가 아동학대 의혹을 받고 문을 닫았다. 7월 말 경찰은 맨해튼비치의 맨해튼랜치 유치원에 수색영장을 발부했다. 이어서 허모서비치의 칠드런스패스 유치원이 10월에, 러닝게임 유치원이 12월에 문을 닫았다. 그 무렵 맨해튼랜치 유치원에서 일했던 17세 마이클 루비Michael Ruby가 재판에 회부되었고, 이듬해 봄 세인트크로스 성공회교회 부설 유치원이 폐업했다. 아직 문을 열어둔 유치원 교사들도 남성 교사에게 아이를 맡기기 꺼리는 학부형들의 거부감을 알아차렸다. "맥마틴은 바로 그런 곳이었어요. 가족 중심의 폐쇄적인 공간이었죠." 맥마틴 유치원에서 위생 수업을 했던 치과조무사가 말했다. 그녀는 당시 아무런 의심을 하지 못했다. "우리는 왜 깨닫지 못했던 걸까요?"[78]

3

검사들

맥마틴 사건은 시작부터 전국적인 현상 중 하나에 불과했다. 뉴스에서 맥마틴 사건을 집중 보도하기 전부터 캘리포니아 중부와 미네소타 주 미니애폴리스 교외에서도 어린아이 수십 명이 성학대를 당했다는 주장이 제기되고 있었다. 한 사건은 맥마틴보다 1년여 먼저 터지기도 했다. 1984년 봄, 로스앤젤레스 지방검찰청에서 맥마틴 사건의 기소 절차를 마무리하고 있을 때였다. 북쪽으로 약 200킬로미터 올라가면 주로 정유산업과 농업에 종사하는 노동자 도시인 베이커즈필드가 나온다. 그곳에서 배심원단이 평결을 내렸다. 앨빈 매쿠언Alvin McCuan과 데비 매쿠언Debbie McCuan 부부, 스콧 니픈Scott Kniffen과 브렌다 니픈Brenda Kniffen 부부는 동네 모텔에서 자녀에게 성매매를 시키고 천장 고리에 아이들을 매달아 학대했다는 혐의로 유죄 선고를 받았다. 네 사람의 징역형을 모두 합치면 정확히 1,000년이 나왔다.

비슷한 시기에 미네소타 주의 작은 마을 조던에서는 또 다른 부부 두 쌍의 재판 날짜가 결정되었다. 이들은 지난여름 2세에서 11세 사이의 자녀들을 학대한 죄로 붙잡혀 기소되었다. 이로써 지난 몇 달 사이 스콧 카운티에서 비슷한 죄로 체포된 사람이 총 22명에 이르렀다.[1] 수사팀은 은밀한 파티를 열어 숨바꼭질 놀이를 하다가 난잡한 학대행위를 벌이는 아동 성학대 비밀 조직 2~3개가 적어도 작년까지 활동했다고 믿었다. 인구가 약 2,700명밖에 되지 않는 조던은 보수적인 기독교 공동체였다. 주민이든 전국의 기자들이든 이곳을 표현하라면 '전형적인 미국의 시골 마을'이라는 말이 절로 나왔다.[2] 수사가 확대되면서 조던 주민들은 답답함을 느끼고 지역 신문『인디펜던트*Independent*』지에 기고를 했다. "이 상황에서 가장 슬픈 사실은 그렇게 많은 아이들이 학대를 당하는 동안 아무도 눈치를 채지 못했다는 것이다! 자기 일에 너무 바빠서 주위를 둘러볼 시간도 없었던 것일까?"[3]

매쿠언 부부와 니픈 부부 사건을 담당한 베이커즈필드 지방검사는 아동범죄를 전담하며 경력을 쌓고 현재의 자리까지 올랐다. 에드 재글스Ed Jagels는 1979년 4월 의욕이 넘치지만 이름 없는 컨 카운티 검사 시절, 14살 소녀 데이나 버틀러Dana Butler가 칼에 찔려 사망한 채 고속도로 갓길에서 발견된 사건을 맡았다. 수사가 시작되자마자 글렌 피츠Glenn Fitts라는 남성이 확실한 용의자로 지목되었다. 목격자 증언이나 피츠의 집 카펫에서 채취한 혈액 샘플, 버틀러의 시신에서 나온 음모는 모두 피츠를 범인으로 가리켰다. 그리고 글렌 피츠가 정기적으로 십대 청소년들을 집에 초대해 술과 마약 파티를 벌인 것은 베이커즈필드에서 잘 알려진 사실이었다. 적어도 청소년들은 모를 수가 없었다. 그런데 글렌 피츠는 하필 컨 카운티 경찰학교의 교관 출신이었다. 그에게 교육을 받았던 경찰학교 출신 경찰들이 몇 주가 지나도록 피츠를 체포하지 못하며 파문이 일었다. 그 일로 컨 카운티 지방검사는 재선에 도전하지 않기로 결심했다.[4] 에드 재글스는 글렌 피츠를 하마터면 놓칠 뻔하게 만든 경찰의 부패와 컨 카운티가 보호하지 못한 아이들을 선거운동의 핵심 쟁점으로 삼았다. 재글스는 그가 통제하는 한 무슨 일이 있어도 범법자는 처벌을 받을 것이라고 약속했다. 그는 방송기자와의 인터뷰에서 이렇게 말했다. "더 많은 범죄자를 더 오랫동안 감옥에 넣어야 합니다."[5]

약 2,900킬로미터 떨어진 미네소타 주 스콧 카운티에도 열정과 카리스마가 넘치는 검사가 있었다. 캐서린 모리스Kathleen Morris는 먼 길을 돌아 법조계에 들어왔다. 서던일리노이 대학교에 다닐 때는 학생회실에서 피노클 카드놀이만 하던 그녀는 샘페인어배너로 이사해 고등학교 교사로 일하기 시작했고 이피당*에 가입하고 나서는 공동체 생활을 했다. 그곳에서 직장인은 모리스뿐이었지만 개의치 않았다. "다들 각자 할 수 있는 일을 기여해야 한다고 했습니다. 내가 할 수 있는 일은 돈을 버는 것이었죠."[6] 그러다 교단과 이피당 공동체를 떠나 햄린 대학교에 진학했다. 법학도 시절 미네소타 대법원에 경범죄 사건의 상고를 진행했고, 1978년에는 카운티 검사보로서 고등학생 마약 사건을 담당했다. 1981년 모리스는 처막 일가 여섯 명을 기소해 주 전체의 관심을 한 몸에 받는다. 형제와 각자의 배우자, 형제의 나이든 부모까지 6명이 자녀를 비롯한 아이들에게 성학대를 한 사건이었다. 처막 형제는 각각 40년 형을 받았고, 모리스는 처막 가족의 높은 형량 때문에 검사의 주된 목적이 복수라는 인상이 남았지만 사실과 다르다고 했다. 모리스는 범인의 처벌보다도 아동학대 가해자와 피해자 모두가 심리치료를 받기를 원했다. 하지만 치료를 한다고 아동을 가해자에게서 보호할 수는 없다고 생각했다. "그냥 집 앞에 '여기 변태가 산다'는 표시를 붙여놨으면 좋겠어요." 모리스의 말이다.[7] 처막 가족이 수감되었을 즈음, 모리스는 미네소타 주에서 가장 전도유망한 정치인으로 떠올랐다. 언론과 검찰은 모리스가 장차 주 검찰총장에 출마할 재목이라고 보았다.

* 1960년대에 활동했던 반체제 청년 집단

컨 카운티 지방검사 에드 재글스는 모리스와 달리 아동 성범죄자의 재활 심리치료에는 관심이 조금도 없었다. 하지만 당시 여론에 동감하며 정치적 이익까지 노린 점은 모리스와 다르지 않았다. 당시 중산층 사이에서는 아동보호가 절실하고 성범죄의 위협이 가장 심각하다는 인식이 점점 커지고 있었다. 또한 사법부, 특히 판사 때문에 일반인이 자녀를 안전하게 보호하기 힘들다고 생각했다. 이런 인식은 1970년대 아동학대에 대한 관심이 증폭하고 1960년대의 저항운동과 사회적 무질서로 인해 범죄율이 높아졌다는 두려움에서 출발했다. 선거운동 내내 베이커즈필드 어머니회Mothers of Bakersfield라는 학부형단체는 재글스에게 흔들림 없는 지지를 보냈다. 단체 회장인 질 하다드Jill Haddad는 아동 포르노의 위험에 대해 의회에서 증언한 적도 있었다. 미국 검사로서는 최초로 범죄피해자 집단과 손을 잡은 재글스는 강력범의 조기 가석방을 허가한 판사들에게 공세를 퍼부었고 법원 계단까지 나가 캐묻는 사진기자들 앞에 섰다. 그리고 사리사욕에 얽매이지 않고 범죄로부터 대중을 보호하는 데 전념하는 유일한 법조인에게 더 많은 권력을 부여겠다고 약속했다. 바로 검사를 의미하는 말이었다.

재글스는 약속을 지켰다. 직원들도 재글스만큼이나 혁신적인 변화에 열정을 바쳤고, 툭하면 검찰 전체가 사건 수사와 심리 과정에서 공격적이라며 판사들의 비난을 받았다. 주 항소법원 배심원 하나는 무장강도 사건 재판 중 재글스의 행동을 가리켜 "직권남용이 상당했다."고 말했다.[8] 항소법원은 재글스가 제출한 확증을 전부 기각했다. 어차피 목격자 두 명의 확실한 증언을 비롯해 피고에게 불리한 증거가 너무 많았기 때문이다. 다시 말해 재글스의 "호통, 발광, 거듭되는 사과, 피고 측 변호인과 이의 제기에 대한 평가, 인신공격, 부적절한 주장, 피고 측 증인 공격, 부적절한 질문, 판결 불복, 법원의 지속적인 경고" 같은 일련의 과정이 없어도 피고는 유죄 판결을 받을 수 있다는 뜻이었다.[9] 재글스는 어려 보이는 얼굴에 입이 작은 편이었고 정치인으로서 이상적인 머리 모양을 했다. 법정에서 판사와 대결을 즐겼던 것처럼 언론의 관심도 즐겼다. 재글스는 아주 유능한 개혁가였다. 세계 최대의 수감 시스템을 갖춘 미국에서 캘리포니아는 다른 주보다 인구비례 수감된 죄수가 많았다. 그런데 재글스가 선출되고 몇 년도 지나지 않아 컨 카운티는 캘리포니아 내에서도 인구에 비례해 투옥된 죄수가 가장 많은 카운티가 되었다.

검사가 개혁가, 그것도 저명하고 유능한 개혁가가 될 수 있다는 것은 1980년대 초반 미국 정치에 새로 나타난 특징이었다. 1968년 범죄단속 및가두안전종합법Omnibus Crime Control and Safe Streets Act을 계기로 1970년대까지 미국 의회와 주 의회는 피고인에게 있던 법적 권력을 검 · 경찰과 피해자 등 피고인의 투옥을 바라는 이들에게 넘기는 무수한 법을 통과시켰다. 20세기 중반까지 미국 사법제도와 미국 정부를 대표하는 존재는 판사였다. 정치적 중립성을 지켜야 하는 판사는 법정 안팎에서 존경을 받았다. 1950년대와 1960년대에 대법원이 연이어 인권과 관련한 사건에 기념비적인 판결을 내린 것도 높은 도덕적 사명감에 부응한 결과라 볼 수 있다. 다시 말해 국가는 판사를 통해 헌법에 보장된 약속을 실현할 수 있었다.[10]

그러나 1970년대 이후, 훗날 범죄와의 전쟁으로 알려지는 일련의 정책개혁은 사법제도 내에서 판사의 위치를 완전히 바꾸어놓는다. 과거 대중은 판사가 공평하게 법을 행사하는 중개인이라 생각했다. 하지만 이제는 보수파를 위시로 많은 사람이 판사를 책임감 없는 비선출직

공무원 집단으로 보기 시작했다. 그들은 판결권을 남용해 위험한 범죄자를 봐주는 판사가 많다고 주장했다. 이 문제를 해결하려면 판결권을 판사에게서 빼앗아 검사에게 넘겨주어야 했다. 예를 들어 1970년대만 해도 재판에서 미성년자 피고인을 성인으로 대우하는 결정은 판사가 내렸다. 하지만 오늘날에는 거의 모든 주에서 검사가 결정한다.[11] 법정에서 유죄 판결을 받으면 짧게라도 의무적으로 징역을 살아야 한다는 법이 도입되며 판사의 재량권을 더욱 약해졌다. 죄인의 형량을 결정하는 핵심 요인이 판사의 정황 판단이 아닌 검사의 기소 결정이 되었기 때문이다. 이처럼 많은 변화가 일어나며 1980년대 미국의 수감률은 급증했고 전국 공직 후보자의 선거공약과 연설도 달라졌다. 시장 후보도, 의회 의원 후보도, 대통령 후보도 자신이 검사인 것처럼 "범죄에 강하다"고 호소했다.

에드 재글스는 컨 카운티 지방검사 선거를 치르며 누구보다 먼저 이런 정치 연설의 달인이 되었다. 그는 선거운동 중에 무책임한 판사가 대중의 안전을 위협한다는 쟁점을 가장 많이 이용했다. 한 토론회에서 질 하다드는 재글스의 지시로 방청석에 앉아 상대후보인 상급법원 판사 마빈 퍼거슨Marvin Ferguson을 공격했다. 퍼거슨이 학대를 당한 4세 여자아이를 가해자인 부모에게 돌려보낸 후 소녀가 죽음을 맞이했다는 것이다. 얼마 후 기사를 통해 당시 지방검찰청의 실수로 검사가 청문회에 나타나지 않아 퍼거슨이 소녀를 부모에게 돌려보낼 수밖에 없었다는 사실이 알려지기는 했다. 하지만 이미 늦어서 퍼거슨에게는 도움이 되지 않았다.[12] 재글스는 기자회견을 열어 법정에 제출할 증거를 불법으로 얻을 수 있는 법을 폐지한 캘리포니아 상급법원의 결정에 분통을 터뜨렸다. "이런 식으로 살해된 피해자가 주유소 직원이나 목장 일꾼, 귀

금속 가게 점원이 아니라 검은 법복을 입은 사람이었다면 다른 결정을 내렸을 겁니다. 장담해요."[13]

재글스의 지방검사 임기가 아직 몇 년 남은 1977년, 메리 앤 바버라는 여성은 의붓손자들의 안전을 걱정하기 시작했다. 메리 앤은 진 바버 Gene Barbour와 결혼하기 전 산전수전을 다 겪고 불행하게 살았다. 교통사고로 아버지를 잃었고, 메리 앤 본인도 한번은 달리는 차에서 떨어지는 사고로 머리에 금속을 박아야 했다. 어머니는 사별 후 두 번 재혼했고, 메리 앤은 14살 때 집을 나왔다. (정확한 가출 사유는 알려져 있지 않다.) 진 바버를 만났을 무렵에는 두 번의 결혼으로 세 자녀를 낳아 키우고 있었다. 진 바버에게도 전처소생의 딸이 2명 있었다. 그중에서 데비는 12살 때에 엄마를 떠나 아버지와 살고 싶다고 찾아 왔다. 새아버지인 로드 펠프스Rod Phelps에게 성추행을 당할 뻔했다는 것이 이유였다. 데비는 몇 년 후 앨빈 매쿠언과 결혼했다.

데비와 앨빈은 보비와 달라라는 두 딸을 두었다. 손녀를 끔찍이 아끼던 메리 앤은 1977년부터 1980년 사이 보비와 달라가 펠프스에게 학대하고 있다는 믿음을 키웠다. 손녀들의 성기를 살펴볼 때마다 붉게 부어 있었기에 메리 앤은 데비에게 펠프스에게 아이를 맡기지 말라고 경고했다. 1980년 1월, 메리 앤은 소아과에 전화를 걸었다. 보비가 펠프스에게 학대를 당했다는 사실을 또래 친척에게 말했다는 내용이었다. 보비를 진찰한 소아과 의사는 성교 흔적이 있다는 의견을 낸다. 며칠 후, 진 바버는 데비 매쿠언이 10대일 때 펠프스에게 성폭행을 당할 뻔했다는 이야기를 아내에게 들려준다. 데비는 그런 일이 없었다고 말을 바꾸었지만 데비가 딸을 지나치게 걱정하는 증거는 틀림없이 있었다. 1979년 데비는 소아과 의사에게 보비의 멍든 '음부'를 봐달라고 부탁한

적이 있었다. 의사에게는 철조망에서 떨어진 상처라고 했지만 의사는 그런 이유로 이런 멍이 들 수 없다고 말했다.[14] 이 사실을 안 메리 앤은 화를 참지 못하고 며칠 집을 나갔다가 1월 14일 새벽 4시에 돌아왔다. 진은 보안관 사무소에 전화해 메리 앤이 이상하다고 고민을 토로했다. 그녀는 잠도 자지 않고 남편을 협박하고 있었다. 같은 날 경찰이 바버 부부의 집에 도착해보니 진이 메리 앤을 못 움직이게 붙잡았고 주방 조리대 칼이 놓여 있었다. 진은 메리 앤이 그를 죽이겠다며 칼로 위협했다고 주장했다. 이후 메리 앤과 대화한 경찰은 메리 앤이 복지과에서 그녀를 잡으러 온다는 등의 심각한 과대망상 증세를 보인다고 판단했다. 메리 앤은 단기간 병원에 입원해 항정신병약을 먹어야 했다.[15] 보비와 부모를 인터뷰한 사회복지사 벨다 무리요Velda Murillo는 펠프스가 한 차례 보비의 속옷과 질에 손을 넣었다는 보비의 진술을 확보했다. 경찰은 펠프스를 추적해 심문했고, 앨빈과 데비는 펠프스의 접근을 차단하고 딸들이 치료를 받게 하겠다고 약속했다.

메리 앤 바버는 퇴원하자마자 복지국에 있는 지인을 찾아가 데비 매쿠언의 보육시설 허가증을 취소해달라고 부탁했다. 하지만 기습 조사를 실시한 결과 아무 문제도 발견하지 못했다. 이 시점에서 메리 앤은 질 하다드에게 연락을 취했다. 훗날 에드 재글스의 정치 경력에 아주 중요한 역할을 하게 되는 질 하다드는 '피해자의 권리를 주장하는 단체 학대 가해자에 대한 엄격한 처벌법을 촉구하는 모임SLAM: Stronger Legislation Against Molesters' 지부장으로 활동했다. 하다드는 컨 카운티 경찰의 성범죄 체포 기록을 전부 받아보고 지방검찰청 내에 '성폭력 사건 조정자' 자리를 만들었다. 그녀는 메리 앤의 사연을 친구처럼 들어준 후, 빠르게 몸집이 커지고 있는 컨 카운티 성범죄 수사국과 연결해 주었다. 1981년

10월 보호관찰관을 찾아간 메리 앤은 앨빈과 데비 맥쿠언이 약속을 지키지 않고 로드 펠프스에게 두 딸을 맡겼고 학대가 또 시작되었다고 말했다. 벨다 무리요는 보비와 달라를 다시 인터뷰했다. 그리고 자매가 펠프스는 물론이고 아버지 앨빈 매쿠언도 학대범으로 지목했음을 보고했다. 앨빈은 즉각 체포되었다. 예비심문에서 자매가 어머니에게도 학대를 당했다고 말하면서 데비도 체포되었다. 소년법 절차에 따라 1982년 2월 자매의 양육권은 진과 메리 앤 바버에게 넘어갔다.[16]

이때까지 컨 카운티 경찰은 가정 내에서 벌어진 평범한 학대 사건을 수사하고 있다고 생각했다. 상황이 달라진 것은 메리 앤 바버가 보비와 달라의 양육권을 얻고 몇 달이 지난 후였다. 4월 2일 메리 앤은 벨다 무리요를 만나 전날 밤 손녀들에게 들은 몇 가지 충격적인 주장을 전달했다. 메리 앤은 난교파티가 있었다고 말했다. 자매는 악몽을 꾸고 불을 두려워했다. 스너프 필름*을 보고 눈앞에서 다른 여자아이가 살해당하는 모습을 봐야 했기 때문이었다. 파티에 참가한 사람 중에는 스콧 니픈과 브렌다 니픈 부부도 있었다. 니픈 부부와 매쿠언 가족은 1년에 몇 번씩이나 모여 담소를 나누고 카드놀이를 하는 친구들이었다. 앨빈이 재판을 앞두고 스콧에게 성격증인**을 부탁할 정도로 가까웠다. 스콧은 체포를 위해 직장에 들이닥친 경찰을 보고 처음에는 '축하 노래 서비스' 같은 장난인 줄 알았다고 했다.[17] 스콧과 브렌다의 두 아들은 곧바로 고아원에 보내졌다.

컨 카운티 지방검찰청은 장난감 상자와 사탕 그릇으로 장식한 특별

* 실제 살인을 촬영한 포르노

** 법정에서 피고의 인품에 관해 증언하는 사람

한 방에서 아이들을 인터뷰했다. 니픈 형제는 모텔에서 난교파티를 벌이고 현금 다발이 오고갔다는 메리 앤의 주장이 맞다고 인정했지만 현금으로 실제 물건을 샀는지 여부는 확인하지 못했다. 그 대신 한 소년은 알몸의 성인 여섯 명이 돈다발을 움켜쥐고 주차장으로 달려 나가는 장면을 믿기 어려울 정도로 상세히 묘사했다. 담당 형사는 그들이 스콧과 브렌다 니픈에게 주려고 돈을 들고 나왔다는 이론을 세웠다. 하지만 증거가 없었기에 수사팀은 이런 주장을 선뜻 믿지 못했다. 매쿠언 부부는 하루아침에 가정폭력범에서 전국 규모의 성학대 조직 일원이 되었다.

다음으로는 로스앤젤레스에서 키 맥팔레인과 아스트리드 헤거에게 성학대 증거를 의학적으로 진단하는 법을 전수한 브루스 우들링 박사가 검찰 측 증인으로 나왔다. 니픈 형제를 진찰한 우들링은 '윙크 반응' 테스트에 대해 설명한 후, 아이들 몸에서 학대를 당한 증거가 드러났다고 증언했다. 18개월 동안 위탁가정에서 생활한 니픈 형제도 배심원단 앞에서 증언했다. 그들은 부모가 "손님"이라 부르는 낯선 사람들에게 몸을 팔게 했다고 말했다. 1984년 봄, 피고인 4명 모두 최소 240년의 징역형을 받았다.

처음으로 기소된 앨빈 맥쿠언은 75가지 혐의로 268년형을 받았다. 그는 훗날 이렇게 말했다. "그 후로 확실히 사법제도를 보는 눈이 바뀌었습니다."[18] 법원 서기가 550쪽 판결문에서 무려 345개 평결을 읽는 데만 2시간 반이 걸렸다. 하지만 배심원단이 판결을 내리는 데는 이틀도 걸리지 않았다.[19] 재판이 끝나고 한 달 후, 『베이커즈필드 캘리포니안*Bakersfield Californian*』에 실린 기고문은 그 점을 지적했다. "(배심원들이) 먹고 자고 화장실을 다녀온 시간을 빼면 평결 하나당 약 2분이 걸렸다는 계산이 나온다."[20] 유죄 평결 한 건마다 형량은 8년씩 늘어났다. 재글스 지방검사는 매쿠언-니픈 재판에서 캘리포니아 역사상 가장 긴 징역형이 나왔을 때 베이커즈필드가 가장 찬란한 순간을 맞이했다고 표현했다. 브렌다 니픈은 희대의 살인마 찰스 맨슨Charles Manson과 살인을 함께한 여성들을 수용하기 위해 지은 교도소에 수감되었고, 스콧 니픈은 로버트 케네디Robert Kennedy를 암살한 서한 서한Sirhan Sirhan과 종종 체스를 두었다.[21] 니픈 부부와 매쿠언 부부가 징역형을 받으며 컨 카운티 성학대 조직 수사의 1막은 끝이 났다.

미네소타의 캐서린 모리스는 에드 재글스만큼 열정적으로 유죄 판결과 징역형을 따내려 하지는 않았다. 재글스는 형사사건의 피고인이 유권자의 지지를 크게 흔들 수 있는 존재이며, 무조건 처벌을 내리고 경멸해야 할 집단이라고 보았다. 하지만 피해자는 달랐다. 범죄와의 전쟁 시대의 검사는 범죄자의 처벌을 정치적으로 이용하기 위해 피해자와 손을 잡고 그들을 동원할 필요가 있었다. 피해자들의 삶은 미국 사회가 위험하고 검사에 정치권력을 넘겨줘야 한다는 사실을 극적으로 보여주고 있었다. 모리스는 시작부터 미네소타 주 최초의 여성 지방검사로 관심을 끌었다. 하지만 모리스가 미네소타에서 유망한 정치 후보로 떠오르는 가장 큰 이유는 범죄 피해자들을 열렬히 대변했기 때문이었다. 오늘날 여성 정치 후보자는 유권자를 소외하거나 위협하지 않으면서도 강한 면모를 보이기 위해 아이를 보호하는 어머니처럼 말하고 행동하는 전략을 사용한다. 모리스도 같은 전략으로 1983년과 1984년 조던을 휩쓴 성학대 조직 수사에서 자신을 표현했다. 사무실도 그렇게 장식

했다. 경찰이 난교파티에서 학대를 당했다고 판단한 아동의 인터뷰는 대부분 모리스의 사무실에서 진행되었다. 모리스는 아이들의 고사리 같은 손을 제록스 스캐너로 스캔했다. 그래서 신문기자들이 취재차 방문할 때 책상 앞이나 뒤쪽 벽이나 손바닥 모양 장식을 내걸었다.[22] 하지만 그녀가 의도하는 효과는 나오지 않았던 것 같다. 수많은 아이들이 손을 뻗어서 창문을 닫으려는 모습처럼 보였기 때문이었다.

베이커즈필드처럼 스콧 카운티 성학대 조직 사건도 비교적 평범한 주장으로 시작되었다. 1983년 9월 크리스틴 브라운Christine Brown이라는 25세 여성은 자녀들이 이웃에 사는 제임스 러드James Rud에게 학대를 당하고 있다고 경찰에 신고했다. 경찰이 러드를 체포해 수사하고 보니 러드는 이미 아동 성폭력으로 2번이나 유죄 판결을 받은 전력이 있었다. 군 시절 버지니아에서 한 건을 저지르고 '불명예스럽게' 전역한 후 미네소타 주 애플밸리로 이사해 그곳에서도 범죄를 저질렀다.[23] 조던으로 와서는 밸리그린 이동주택촌에서 살며 환경미화원으로 일했다.

조던은 역사 깊은 농업 도시였고 수년간 맥주공장 두 곳을 운영했다. 미네소타 강의 남쪽에 자리해 아름다운 느릅나무 고목으로도 가득했다.[24] 마을 생활의 중심에는 제2차 세계대전 이전까지 독일어로 미사를 진행했던 루터교회 위스콘신 시노드와 세인트존스 가톨릭교회가 있었다.[25] 그러나 러드가 체포되기 몇 년 전부터는 미니애폴리스 근처에서 간간이 새로운 주민들이 도착하는 변화가 일어났다. 일부 원주민들은 조던이 대도시 교외 마을로 전락했다며 불만을 품었다. "20년 전에는 길에서 만나는 사람 95퍼센트를 알았습니다." 한 지역 의사가 기자에게 한 말이다. "서로 아주 친했죠. 이제는 그런 사람이 10에서 15퍼센트나 될까 싶네요."[26] 주로 빈민층이나 노동자 계층이 사는 이동주택촌은 거주자가 자주 바뀌는 특성상 조던의 변화가 가장 극명하게 드러난 곳이었다. 이동주택촌과 조던 중심지 사이에는 169번 주립고속도로가 있었다. 마을을 반으로 가르는 이 도로는 그토록 많은 외부인을 데려온 장본인이기도 했다. 조던 토박이들(지역 고등학교 미식축구팀 이름을 따서 자신들을 "허브먼Hubmen"이라 불렀다)은 러드의 체포로 지난 몇 년 동안 품었던 의심이 확실해졌다고 생각했다. 한 노인은 이동주택촌 자리가 예전에는 '배설물'로 뒤덮여 있었다고 말했다. 이는 하수의 분뇨를 말하는 것이었다. 노인은 그 땅에 예전처럼 계속 옥수수나 길러야 했다고 했다. "밸리그린은 똥밭이라고 할 수 있지. 똥 위에 똥이 있는 거야."[27]

캐서린 모리스는 1983년 11월에 러드 사건을 맡았다. 경찰은 러드에게 유죄 판결을 내리기 충분한 증거를 확보했다. 몇 달 동안 러드는 동네 아이들과 친분을 쌓고 아이들의 부모에게 자신을 베이비시터로 고용해달라고 요청했다. 아이들은 가끔씩 러드의 집에서 잠을 잤다. 경찰은 처음에 신중하고 노련하게 인터뷰를 실시해 러드의 이동주택에서 무슨 일이 있었는지 밝혀냈다.

Q. 자, 여기 왜 왔는지 아니?

A. 네.

Q. 좋아, 그때 일을 말해줄 수 있어? 무슨 일이 있었는지?

A. 아니요.

Q. 못 하겠어? 다시 물어볼게. 질문을 바꿔보자. 아저씨가 너를 만졌니?

A. 네.

Q. 네 몸에서 부끄러운 곳을 만졌어?

A. 네.

Q. 그래, 언제 그랬어?

A. 아저씨 집에 있을 때요.[28]

아이는 러드의 이름과 주소, 러드에 집에 머물렀던 날짜를 댔다. 또 러드와 낮부터 저녁, 다음 날 아침까지 무엇을 하며 보냈는지 아주 자세히 설명했다. 아이들은 러드를 동네 볼링장 오락실에서 만났다고 했고 (오락실에서 아이들에게 25센트 동전을 주었다) 이 점은 러드 본인도 인정했다.[29] 이 와중에 최소 1명의 아이 엄마는 러드의 소아성애 편력을 알고 있던 것으로 밝혀져 충격을 주었다. 러드가 딸을 다른 방으로 데려가는 동안 집 안에 있었는데도 러드를 막거나 학대 의심 신고도 하지 않았다. 그녀와 다른 1명도 체포되었다.[30]

인터뷰를 계속하던 경찰은 얼마 지나지 않아 로스앤젤레스에서 키 맥팔레인이 사용하게 될 여러 가지 방법을 동원하기 시작했다. 러드의 집에서 야한 놀이를 했냐는 질문에 아이가 "몰라요."라고 대답하자 조사관은 "아저씨가 네 속옷을 벗겼니?"라고 물었다. "'네'라고 말할 수 있어? '네'라고 해봐."[31] 또 다른 소년은 친구들과 러드의 마당을 지나갔을 때 러드가 밖으로 나와 소년의 고추를 때리고 "너는 게이야."라고 말하더니 집으로 들어가 텔레비전 앞에 앉았다며 주장했다. 이후에는 러드가 『플레이보이*Playboy*』 잡지를 찢어 가슴과 성기 부분을 자르고 그 위에서 펄쩍펄쩍 뛰었다고 말했다. 소년은 그 모습을 이렇게 설명했다. "완전히 미쳤어요. 진짜 웃기게 웃으면서 '하아아아 하아아아' 소리를 내고 여자들 얼굴 같은 데를 칼로 찔렀어요."[32] 11월 말에는 밸리그린 이동주택촌 주민 2명을 포함해 5명이 추가로 체포되었다. 그중에는 러드를 처음으로 신고한 사람도 있었다. 경찰서장 앨빈 에릭슨Alvin Erickson은 말했다. "지금까지 얻은 진술로 미루어 볼 때 모든 아이들이 피해를 입었다고 믿습니다. 2년 전부터 범행이 계속되었다고 추정하고 있습니다." 신문에서는 미네소타 주 역사상 가장 규모가 큰 성학대 조직 수사라고 주장했다. 연루된 여성이 전부 이혼했거나 남편과 별거 중이라는 사실에도 주목했다.[33]

"왜 이런 일이 생겼을까요?" 모리스는 질문을 던졌다. "세상물정 모르는 아이들에게 네 몸이 놀랍고 특별하며 아름답다고 말했기 때문입니다. 섹시하다고 말했겠죠. 아이들은 겁도 나고 협박이 무서워 가만히 있었고요."[34] 이제 경찰은 로드와 공범자들이 적어도 아동 30명을 학대했다고 믿었다. 수사팀이 추가 피해자를 찾아 인근 마을에서 탐문 조사를 실시하는 동안, 마을의 긍지에 깊은 상처를 입은 조던 주민들은 감정을 추스르려 노력했다. '이동주택 할머니'라는 애칭으로 불렸던 마가렛 듀크Margaret Duke라는 여성은 핼러윈이면 친근하게 문을 두드리던 아이들의 수가 올해 눈에 띄게 줄었다고 말했다. 한 여성은 이렇게 말했다. "미니애폴리스 같은 데라면 몰라요. 하지만 여기처럼 작은 마을에서는 상상도 할 수 없는 일이에요."[35]

많은 주민은 조던에 어떤 문제가 있어서 러드가 범행을 저지른 것이 아닐까 걱정했다. 그렇지 않다는 사실을 이 세상에 보여주고자 모든 인적 · 물적 자원을 동원하여 아동학대와의 전쟁을 벌이기 시작했다. 그중에는 마을에 1대뿐인 컴퓨터도 있었다. 12월『인디펜던트』는 "스콧 카운티가 주 전역에 퍼진 대규모 성학대 조직 사건 수사를 위해 수사 비용과 피해자, 가해자를 기록하는 프로그램을 컴퓨터에 재설정했다."라고 보도했다. 카운티 회계관리자는 프로그램 재설정 비용이 그리 비싸지 않았으며 프로그래머 2명이 주말 사이에 처리했다고 밝혔다.[36] 이처럼 인력과 자원이 투입되자 조던 주민들은 안심했고 시장은 조던이 아동학대 사건이 터져서가 아니라 아동학대 방지를 위해 특별히 노력한 덕분에 언론의 주목을 받았다는 의미의 말을 했다. "우리 조던이 그토록 대중의 관심을 많이 받은 이유는 경찰이 어느 지역보다 성실하게 수사하고 가해자들을 법정에 끌고 가 유죄 판결을 받게 노력했기 때문입니다."[37]

또한 조던 주민들은 어쩌다가 이 세상이 갑자기 아이들에게 위험한 곳이 되었는지 원인을 찾으려 노력했다. 한 여성이 『인디펜던트』에 기고한 내용을 보자. "진정한 문제는 가족의 타락이다. 이곳 작은 마을까지 온 나라가 더 나은 생활수준을 위해 가족을 희생하고 있다."[38] 실제로 아동학대 사건은 가해자가 대부분 직계 가족이나 가까운 친구로 가정 '내부'에서 일어난다. 하지만 그때도 지금도 미국에서는 아동학대범이 후줄근한 옷을 입고 버스정류장이나 운동장 주위를 어슬렁거리는 낯선 중년 남자라고 믿는다. (강간범의 이미지 하면 여성을 골목길로 끌고 가는 낯선 남성을 떠올리는 것도 비슷한 오해다. 사실 강간범 대부분이 피해자와 면식 관계에 있다.) 한편으로는 이런 믿음이 있었기에 스콧 카운티 성학대 조직 사건이 그토록 커질 수 있었다. 조던 경찰이 여덟 번째 용의자를 체포하고 더 많은 가해자를 체포할 것이라 약속한 11월, 캐서린 모리스는 러드 사건이 처막 일가 사건보다 더 규모가 크다고 설명했다. 『인디펜던트』도 이 사실을 보도했다. "처막 가족은 주로 집 안에서 아이들을 학대했다. 이번 사건의 경우 학대행위가 이루어진 곳은 주로 가정 외부다."[39] 러드는 단지 1명의 아이가 아니라 주민들의 생활 전체를 위협했다. 한 주민은 이렇게 썼다. "우리가 우선순위를 바로잡고 가족 규범을 개선하고 강화하지 않는 한 성범죄자와 포르노 제작자는…… 우리 사회의 중심을 좀먹을 것이다."[40]

1984년 1월이 되자 밸리그린 이동주택촌이 아닌 곳에서도 경찰에 체포되는 사람들이 나왔다. 로버트 벤츠Robert Bentz와 로이스 벤츠Lois Bentz 부부가 체포되어 아동 성학대 혐의로 기소되었다. 조던 경찰인 그렉 마이어스Greg Myers와 아내 제인 마이어스Jane Myers도 마찬가지였다. 당시 11살이었던 부부의 아들은 다른 두 형제와 시설로 보내졌다. 아들은 그때를 이렇게 기억했다. "그 사람들은 내가 학대를 받았다고 계속 우겼어요. 그날 밤 거의 2시간 동안 질문을 받았어요."[41] 3개월 동안 조사가 이어졌고 수사와 심리치료, 위탁보호의 삼박자가 딱딱 맞아떨어졌다. 사건에 관여된 많은 아동을 인터뷰한 심리치료사 수전 핍스 요나스Susan Phipps-Yonas는 말했다. "모든 정보를 캐서린 모리스 사무실로 보고하라는 요청을 받았습니다."

핍스 요나스는 요즈음의 정신과 의사는 치료와 수사의 목표가 다르기 때문에 그 둘은 반드시 구분해야 한다는 중요한 사실을 이해한다고 말했다. "그때는 뭐가 뭔지 구분이라는 게 없었어요. 범죄수사 인터뷰를 하랴, 전문 참고인 노릇도 하랴 아주 엉망진창이었죠."[42] 이처럼 수사와 치료의 경계가 흐렸던 탓에 그렉과 제인 마이어스의 아들은 1년 반 동안이나 부모님을 볼 수도, 연락을 할 수도 없었다. 그는 바로 그 이유에서 학대 이야기를 거짓으로 꾸미기 시작했다고 말했다. "쉴 새 없이 질문을 받는 것도 신물이 났어요. 어차피 다시는 집에 돌아갈 수 없다고 생각했어요…… 평생 이렇게 살아야 한다면 차라리 마음이라도 편하자고 생각했죠."[43] 그는 부모님이 숲속에서 난교파티를 열었다고 진술했다. 이 무렵 한 지역 신문은 스콧 카운티에 "심각할 정도로 위탁부모가 모자라다."라는 현상을 보도했다.[44] 경찰의 체포는 여름까지 계속된다.

베이커즈필드의 상황은 수습할 수 없는 지경에 이르렀다. 매쿠언 부부와 니픈 부부에게 유죄 선고가 내려진 후, 컨 카운티 곳곳에서 새로운 대규모 학대 사건이 터져 나왔다. 컨 리버 유전 서쪽에 붙어 있는 교외 마을인 오일데일에서, 치열한 양육권 다툼을 벌이던 한 여성은 의붓자녀들이 친모와 의붓아버지에게 학대를 받았다고 확신했다. 아이들이 그런 일 없다고 부인하자 때리고 굶겨서 원하는 대답을 얻어내고 경찰에게 신고했다.[45] 존 스톨John Stoll이라는 남자는 몇 주 동안이나 그에게 학대를 당했다는 아이가 새로 나올 때마다 며칠에 한 번씩 법원의 부름을 받아 청문회에 출석해야 했다. "이제는 전부 다 한 덩어리가 되었습니다. 온 동네가 거대한 학대집단이에요."[46]

조금 더 평범한 소아성애 사건도 있었다. 피고 한 명과 소수의 고소인으로 시작했던 이 사건은 점점 커지더니 지역 전체를 아우르게 되었다. 1985년 경찰은 확실한 성학대 조직을 무려 8개 색출했다고 믿었고 스콧 카운티에서 아동 성학대로 체포된 사람의 수는 주 평균의 2배를 넘어섰다.[47] SLAM과 베이커필즈 어머니회에 이어 '아이들도 사람이다 Kids Are People Too'라는 학부모단체도 가세했다. 이 단체 회원들은 스톨의 재판 당일 법원 밖에서 항의 시위를 했다. 뉴스는 네다섯 살도 채 되지 않은 소년이 "도와주세요! 아동학대범을 막아주세요!"라는 피켓을 들고 있는 자료화면을 보여 주었다. 존 스톨이 말했다. "마을에는 믿음이 있었어요. 하늘에서 아동학대범 떼거리가 뚝 떨어졌다고 말이죠."[48]

카운티 보안관 사무소의 소장 도니 영블러드Donny Youngblood는 경찰이 사건을 찾아다니지 않았다고 말했다. "우리 앞에 그냥 떨어진 겁니다."[49] 그러나 주 검찰총장 사무실에서 이후 기록한 내용을 보면 영블러드의 말이 진심이었다면 아주 순진한 생각이었음을 알 수 있다. 다음은 컨 카운티 사회복지사와 용의자 사이에 오간 대화다.

Q. 아이들이 말이죠, 아이들이 경찰이나 아동보호단체에 말을 할 때…….

A. 으흠.

Q. ……어떤 사람에 대해 말하면 우리는 아이들을 믿어요.

A. 으흠.

Q. 특히 아이들이 연관된 사건은, 아, 얼마 없지만 이런 경우에는 당신도 알다시피 애들 나이가 네 살, 네다섯, 여섯 살이죠.

A. 으흠.

Q. 그래서 아이들은 이런 일을 몰라요. 알아서도 안 되고요. 그런데 얘들이 아는 게 많단 말이죠. 구체적으로 아주 자세하게 알아요. 크림을…… 로션으로 사용했다던가.

A. 혹시 말입니다, 요즘 텔레비전 보셨어요? 부모들이 애들에게 어떤 걸 보여주는지?

Q. 그래요, 텔레비전 탓을 하는 사람도 있죠. 그래도 아이들이 자기 멋대로 성학대를 상상하지는 않아요. 자기 아빠를 함부로 지목하지도 않고요.

A. 으흠.

Q. 알았어요?

A. 으흠……

Q. 다른 건 다 제쳐두고라도 이 아이들은 기분이, 기분이 안 좋아요. 그게 잘못되었다는 걸 알고 있어요.

A. 으흠.

Q. 그래요, 있잖아요, 어떤 애들이 상상한다고 하면 자기 아빠에게 화가 났을 때 '신체적인' 폭력을 당했다고 말해요.

A. 으흠.

Q. 하지만, 음, 성폭력을 당했다고 말하지는 않죠.

A. 으흠.

Q. 그런 일은 절대 없어요.

A. 으흠.

Q. 그래서 우리는, 우리는 아이들을 믿어요.

A. 으흠.

Q. 자, 그리고 당신이 이 사건과 관련이 있다고 믿죠.

A. 그렇다면 내가 무슨, 무슨 말을 하든 중요하지 않다는 겁니까?

Q. 뭐, 당연히 중요하지만 우리 입장은 아이들을 믿는다는 거예요.

A. 으흠.

Q. 무슨 일이 있어도요. 왜냐하면 그게 우리 일이고 그게, 그게 우리 믿음이니까요.[50]

로스앤젤레스에서도 그랬듯 이런 믿음을 가지려면 아이 스스로 학대를 당했다고 말해야 한다. 한 여성은 이렇게 말했다. "몇 시간 동안 그런 일은 없었다고 말한 기억이 나요. 피곤해 죽을 것 같았어요. 집에 가고 싶어서 그 사람들이 원하는 말을 한 거예요."[51] 브라이언 니픈Brian Kniffen은 부모님의 재판을 담당한 검사 앤드류 긴데스Andrew Gindes가 하도 괴롭혀서 거짓 증언을 했다고 기억했다. "검사가 책을 쾅 내리쳤어요. 우리가 협조하지 않는다 싶으면 소리를 질렀고요."[52] 그리고 많은 사람은 보안관 대리 한 사람을 유독 생생하게 기억했다. 컨 카운티 성학대 조직 사건의 여러 피고인을 변호한 마이클 스네데커에 따르면, 이 보안관 대리는 학대당한 기억이 없다는 소년에게 "최면을 거는 듯 속삭이며 몇 번이나 성행위를 자세히 묘사했다." 다른 어머니는 검찰 조사관이 학대 사실을 부인하는 딸의 입을 손바닥으로 때렸다며 재글스의 사무실로 항의 전화를 걸었다. 소녀의 동생도 강요를 받았다고 했다. 아까는 꾸며내서 말한 것이라고 고백하자 조사관은 소녀의 팔을 비틀고 "거짓말이지!"라고 외쳤다. 그러고는 성행위를 '아주 상세하고 저속하게' 묘사했다. 그는 소녀가 말을 바꾸기 전까지 팔을 놔주지 않았다.[53]

1970년대 페미니스트 운동가와 저술가는 성인에게 성폭행을 당했다는 아동의 주장이 상상일 뿐이라는 프로이트 유사 이론을 비판했다. 당시로서는 정당한 비판이었다. 오늘날까지도 "마음 깊은 곳에서는 사실 원하고 있었다."라는 말이 "상상에 불과하다."라는 말에서 나왔다는 인식이 남아 있다. 그러나 1980년대 초에는 성폭행 주장이 상상이라는 연결 관계가 묘하게 바뀌었다. 아는 사람에 대해 끔찍하고 무서운 이야기를 하는 것이 신이 나서 하는 아이들도 몇 명 있었지만, 컨 카운티 성학대 조직이 존재한다고 상상해 고발한 것은 대부분 아이가 아닌 '성인'이었다. 불만에 찬 양부모 1명의 양육권 싸움으로 시작한 '피츠' 조직 사건은 1984년 여름이 되자 피고인이 7명으로 늘었다. 이들은 매주 3평쯤 되는 방에서 최대 13명의 아이들과 난교파티를 벌이고 사진촬영을 했다는 혐의로 기소되었다. 재판에서 앤드류 긴데스는 몇 번이나 성경을 인용하고 예수 그리스도는 아이들의 주장을 믿었을 것이라 배심원단에게 말했다. 이 재판에서 피고인 7명이 받은 징역형을 다 합치면 2,500년이 넘었다. 어째서 형기가 기냐는 질문에 게리 프리드먼Gray

Friedman 판사는 그런 판결이 나올 만한 범죄였다고 말했다. 직접 학대 현장을 사진으로 보았고 "온갖 변태행위가 이루어졌다."고 소감을 밝혔다.[54] 그러나 프리드먼이 말한 사진은 단 한 장도 공개되지 않았다. 혐의를 입증하는 확실한 증거가 있다면 검찰 측이 재판에서 사용하지 않았을까?

사회에 불안과 공포가 감당하기 어려울 정도로 넘칠 때 집단 히스테리가 발생한다. 그 결과 히스테리 자체도 극단으로 치달아 무수한 위기 상황과 거짓 주장을 이용하다가 내부의 모순이 충돌하면서 전부 다 무너지고 만다. 그러나 에드 재글스는 유능한 정치인이자 관리자였다. 그래서 재글스가 성범죄자들을 추적하기 위해 만든 수사기구는 그 정도 부담이야 감당할 수 있었다. 피츠 조직 관련자들이 유죄 판결을 받은 직후, 사태는 급속도로 번져 나갔다.

브래드 달링Brad Darling은 컨 카운티 경찰 소속 경위로, 성학대 조직 사건을 열심히 수사했고 아이들의 주장을 전부 다 믿었다. 그것도 모자라 정도를 벗어난 주장까지 믿었다. 달링은 성학대 사건 관련 『베이커즈필드 캘리포니안』 연재기사에서 피고인들이 아동 포르노를 제작해 유럽에 수출하고 있었다고 주장했다.[55] 달링의 아내로 지방검찰청에서 성폭력 사건 조정자로 일한 사회복지사 캐롤 달링Carol Darling은 조직 사건으로 피해를 입었다는 아동 여러 명을 인터뷰했다. 캘리포니아 법무부 조사 기록을 보면 브래드 달링은 컨 카운티 학대 조직이 사탄교의 영향을 받았고 아동보호기관, 보안관 사무실, 그 밖의 공공기관에서 일하는 사람들이 사탄교 신도의 음모대로 움직이고 있다고 믿었다.[56] 아직 피해자 인터뷰가 계속 진행되던 1985년 봄, 사회복지사 몇 명이 교육세미나에 참석했다가 『미셸 기억하다』를 손에 넣었다. 『미셸 기억하다』는 세미나에서 아동학대에 사탄숭배가 어떤 영향을 미치는지 참고하는 자료로 사용되고 있었다.[57] 이들 사회복지사 중 하나는 피해자로 추정되는 아이들이 컨 카운티 경찰에 의해 부모와 분리된 후 생활하는 샬리마라는 기관에서 일하고 있었다. 세미나에 참가했다가 돌아온 사회복지사는 달링에게 전화해 샬리마 아이들 다수가 사탄숭배를 강요당했다고 신고했다. 달링은 신고 내용을 모아 지방검사에게 11명을 기소할 것을 요청했다.[58]

사실 사탄주의 학대를 처음 주장한 아이는 노크스 가족이 이끄는 성학대 조직을 수사하던 경찰의 눈에 먼저 띄었다. 소녀는 '나쁜' 교회에서 학대를 당하는 동안 제물로 바친 동물의 피를 억지로 마셨다고 진술했다.[59] 검은 옷을 입은 가해자들이 거꾸로 뒤집힌 십자가를 머리 위로 들고 '아기 곰, 아기 늑대, 아기 새'를 찌르라고 시켰다 주장하는 아이들도 있었다.[60] 이런 주장이 처음은 아니었다. 수사팀은 전에도 학대 가해자가 동물을 해치는 방법으로 피해자를 위협해 입을 다물게 한 이야기를 들은 적 있었다. 그러나 사탄교 의식 중에 살인을 저질렀다는 주장은 처음이었다. 여성들이 악마 제단에서 아이를 낳고 신생아의 내장을 꺼내 구덩이에 던졌다는 치료사들의 신고도 접수되었다. 한 아이에 따르면 하룻밤 사이 아기 16명을 죽여 먹었다고 한다. 경찰은 컨 카운티 주변에서 아기의 시체 수십 구를 찾아야 한다는 계산에 이르렀다. 브래드 달링을 주축으로 공식적인 의식학대 사건 기동대가 조직되어 수색이 시작되었다.

"얼마나 난리를 떨었는지 모릅니다." 존 스톨이 말했다. "굴착기로 땅을 파서 적외선 탐지기를 들고 시체를 찾아다녔어요."[61] 달링의 기동대는 사태가 긴급하다는 사실을 뼈저리게 느끼며 컨 카운티 전역을 수색했다. 경찰은 사탄교 신자들이 제물을 버렸을 법한 곳에 건설 장비를 투입해 3번이나 땅을 팠지만 전혀 성과가 없었다. 잠수부도 호수 2곳을 살펴보았지만 결과는 다르지 않았다.[62] 수사에 더 심각한 문제는 따로 있었다. 첫째, 희생을 당했다고 지목된 사람 중에 실종 신고자와 일치하는 이름이 한 명도 없었다. 둘째, 희생자 다수가 멀쩡하게 살아 있었다. 이렇게 실망 일색인 상황에서 컨 카운티가 엄청난 위험에 직면했다는 기동대의 믿음은 더욱 굳건해졌다. 사회복지사와 심리치료사가 아이들을 세뇌했다는 피고 측 변호사의 비난을 몇 달째 일축하던 경찰도 자기들 나름대로 세뇌이론을 세웠다. 한 경찰은 사탄교 조직에서 아이들이 이상한 이야기를 하도록 계획해서 주입했거나 살인을 하는 척 꾸며서 아이들을 속였다고 추측했다.[63]

세뇌이론은 일부 아이들이 사탄교 조직원으로 의식학대 기동대원까지 지목하기 시작한 이유를 설명할 수도 있다. 하지만 내부에서는 의견이 갈렸다. 브래드 달링은 조직원들이 컨 카운티 경찰에 잠입했다는 이론이 더 설득력 있다고 생각했다. 로스앤젤레스에서 맥마틴 사건 수사팀을 만난 달링은 경찰이 이제 의사, 보안관 대리, 시체안치소 주인, 목사 2명을 조직원으로 의심한다고 말했다. 그는 대대적인 은폐 공작이 진행 중이라고 생각했다.[64]

에드 재글스는 기동대 대원들의 입에서 나오는 과대망상적인 이론들에 분노했다. 앞으로 몇 달 후면 여러 조직 사건이 재판에 회부될 것이다. 신생아를 대량 학살했다는 소문을 뒷받침할 시체가 나오지 않으면 그의 사무실에서 아무리 노력해도 지역 언론과 주민들이 등을 돌릴 것이 뻔했다. 기동대는 3월부터 언론의 눈을 피해 수사를 진행하고 있었다. 성학대 조직 사건을 맡았던 검사의 말에 따르면 재글스는 사탄주의 의혹이 대중에 알려질 경우 정치인으로서의 명성에 큰 타격을 입을지도 모른다고 걱정했다. 이 문제를 해결하고 사탄주의 학대가 언론에 알려지지 않도록 지방검찰청은 완벽한 방법을 생각해냈다. 검사들은 가상의 용의자와 그의 이름이 붙은 서류함을 만들어 사탄교 조직과 관련된 모든 문서를 그곳에 넣었다. 사무실 외에서는 가상의 용의자를 아는 사람이 아무도 없었기 때문에, 실제 용의자를 대신해 자료 요청을 하는 피고 측 변호사가 사탄교 관련 문서를 얻을 길이 없었다.[65] 그 때문에 피고인, 피고 측 변호사는 물론 가장 중요한 배심원단조차 컨 카운티 경찰의 수사 범위와 의혹을 완전히 파악하지 못했다.

하지만 영원한 비밀은 없었다. 1985년 여름, 언론이 의식학대 기동대의 존재를 알아차리고 보도를 시작했다. 컨 카운티 대배심은 조직 사건과 관련한 검찰의 실수를 독자적으로 조사를 시작했다. 캘리포니아주 검찰총장 존 밴 디 캠프John Van de Kamp는 아동학대 수사 보고서를 작성했다. 기동대의 활동을 신랄하게 비판하기는 했지만 앞으로 감독과 훈련을 강화해 발전하고 개혁하라는 미적지근한 권고가 끝이었다. 검찰총장의 보고서가 발표된 후, 재글스는 몇 명에 대한 기소를 취하했다. 이렇게 우여곡절이 있었지만 재글스는 지방검사 임기 27년 중 초반에는 검사로서 굉장한 성공을 거두었다. 50명 이상이 조직원이나 사탄교 의식학대 가담자로 기소되었고, 기소를 면한 12명도 의혹을 씻지 못해 여전히 자녀와 격리되었다. 최소 28명이 징역형을 받았고 무죄라는 여론이 형성되었을 때도 몇 년은 출소하지 못했다.

캐서린 모리스가 스콧 카운티 법원에서 재판을 준비하는 동안, 검찰 수사팀은 피해아동의 주장을 실제로 입증할 증거를 열심히 찾아다니고 있었다. 베이커즈필드와 맨해튼비치에서 발생한 초창기 보육기관 성학대 조직 사건을 담당한 검사들도 같은 문제로 골치를 썩었다. 그러다 1984년, 미네소타 주 조던에서 한 성인이 모든 사실을 증언할 준비가 되었다고 말했다.

증인 제임스 러드는 사건의 핵심 피고인이기도 했다. 그는 장장 나흘 동안 3명의 수사관에게 지난 2년 동안 참가한 난교파티를 묘사했다. 파티에 참가한 성인과 아동의 신원을 확인해주고 여러 가지 성적 놀이의 '규칙'을 설명했다. 이를 진술하고 다른 피고인들의 재판에서 증언을 하는 대가로 모리스는 러드에 걸려 있던 108가지 혐의 중 98가지를 기각했다. 러드는 남은 혐의 10개는 유죄를 인정했다. 모리스는 말했다. "아이들을 위해서 정말 잘 된 일이에요. 아이들의 말이 거짓이라고 믿고 싶은 사람이 많겠지만 여기 아이들이 거짓말을 하지 않는다고 말하는 어른이 있습니다."[66]

조사관들은 러드에게 스콧 카운티에 오기 전에 저지른 범죄에 대해 물으며 인터뷰를 시작했다. 러드는 말을 돌리지 않고 짧고 단순하게 대답했다. 조금은 확실하지 않고 드문드문 기억이 사라진 부분도 있었지만 몇 년이 흘렀으니 예상 가능한 결과였다. 그러나 최근 조던에서 저지른 성범죄에 관한 질문으로 넘어오자 러드의 답변 방식은 눈에 띄게 바뀌었다. 자신과 아이들의 성관계뿐만 아니라 목격한 장면도 장황하면서 구체적으로 묘사했고, 나름대로 경찰과 비슷하다고 생각하는 말투와 언어를 사용하기 시작했다. 러드는 말린 저먼슨Marlene Germundson과 그녀의 자녀를 부모님 댁에 데려간 날을 묘사했다. "이 날 말린이 우리 어머니를 만났던 것으로 추정됩니다. 벌써 집에 와서 대화를 하고 있었지요. 무슨 얘기를 했는지는 모르겠군요." 다음으로는 집에서 말린의 딸과 성행위를 한 장면을 묘사했다. "게임을 10분 정도 하고 나서 VK의 바지 단추를 풀었습니다. 옷 안에 손을 넣고 음부를 만지기 시작했어요…… 그때 감정을 설명하자면 흥분했다고 말할 수 있습니다."[67] 침실로 나와 보니 전에 계획이나 의논을 하지 않았는데도 러드의 부모님이 말린과 다른 아이들과 성행위를 하고 있었다고 한다.

> 주방 쪽으로 가니 부모님은 소파에, 말린은 바닥에 앉아 있었습니다. 아버지가 어머니와 아주 불타오르고 있었고 기억이 정확하다면 쌍둥이도 말린과 같이 바닥에 앉아 있었습니다. 둘 다요. 그때 말린이 정확히 무엇을 했는지는 모르겠습니다. 보이지 않는 위치에 있었거든요. 조금 가까이 다가가자 말린이 쌍둥이를 바닥에 눕혔습니다. 쌍둥이는 바지를 내리고 있었어요. 아니, 정정하죠. 침실에서 나왔을 때 우리 아버지와 말린이 소파에 있었고 어머니는 쌍둥이와 바닥에 있었습니다. 방에서 나오니 말린이 팬티와 브라 차림이었고 어머니는 등밖에 보이지 않았지만 옷을 입고 있었던 걸로 보입니다. 앞모습은 보이지 않았어요.

불과 15분 전에 만난 부모님과 말린, 쌍둥이 자매가 자발적으로 집단난교를 벌이고 있었다. 과연 러드는 어떻게 반응했을까? "조금 당황한 것처럼 행동했지만 그렇게 놀라지는 않았어요. 우리 부모님과 말린이 이 정도로 잘 맞을 줄 몰랐죠."[68] 러드는 경찰에 가능한 한 많은 도움을 주고 싶었다. '구강성교'를 정의해달라는 요청에 이렇게 말했다. "동성이든 이성이든 다른 사람이 내 물건을 입에 넣고 자위 비슷하게 해주는 것이죠."[69] 그는 처음부터 끝까지 얼버무렸고 "이 무렵", "잘 보이지 않았다", "한 5분쯤, 더 오래 걸렸을 수도 있다" 같이 조건을 붙여 말을 했다. 나흘간 거짓 증언을 하는 동안 지나치게 직접적으로 말을 하면 모순이 드러나지 않을까 하는 우려에서 나온 전략인 듯했다. 그러나 러드는 실수를 해도 얼른 아무렇지 않게 수습했다. 증언 첫째 날이 끝나갈 즈음, 러드는 아이들과 아버지 사이에 "어떤 종류든 성적 접촉이 있었느냐"는 질문을 받았다. 러드는 아니라고 말했다. 확실하냐는 조사관의 질문에 그렇다고 답했다. 이어진 대화는 다음과 같다.

> Q. 짐, 조금만 더 기억을 더듬어봐요…… 아까 설명한 사건 말입니다. 내가 알기로 그날 당신 가족이 집에서 나오기 전에 아이들 중 하나가, 한 여자아이가 아버지와 관계를 했다는 말을 했어요. 그때를 기억합니까?
>
> A. 네, 지금은 기억나네요.[70]

다음 날, 러드는 난교파티를 묘사하기 시작했다. 대규모 파티에 3번 참석하는 동안 캐서린 모리스가 용의자로 지목한 이들을 거의 다 보았다. 러드는 파티 시작 시간을 "6시 조금 지나서 시작했어요. 6시쯤이요."라고 설명했고 그곳에서 아이들 11명을 봤다고 기억했다. 어떤 시점에서(러드는 정확히 언제인지 기억할 수 없었다) 이제 게임을 시작할 때라는 말이 오가기 시작했다(정확히 무슨 게임인지는 기억할 수 없었다).

> 아, 게임 규칙은요, 일단 우리가 했던 방법은 아이들을 집 주변의 경계

> 선을 넘어가지 못하게 하는 거였어요. 집 안이나 바깥에 경계선이 있었어요. 애들이 숨는데 정말로 꼭꼭 숨지는 않았어요. 발견하기 쉽거나 골라낼 수 있는 장소에…… 이제 어른들이 온 집을 뒤지며 찾으러 나섰어요. 그리고 남자애든 여자애든 일단 찾으면, 애가 자기 친척이거나 말거나 원하는 곳 어디로든 데려갈 수 있었습니다. 침실도 되고, 욕실도 되고, 다른 사람과 같이 있을 수도 있었어요. 자기들만 있든 다른 커플과 있든 방에 들어가면 성행위가 시작되었습니다. 성행위를 한 후에는 찾는 데 얼마나 오래 걸렸든 중요하지 않았어요. 보통은 한 5분에서 10분 사이로 제한했습니다.[71]

러드의 자백 전문을 읽으면 이상하게 홀리는 듯한 느낌이 든다. 하지만 진술을 하나하나 살펴보면 도저히 앞뒤가 맞지 않는다. 앞에서 러드는 아이들이 어떻게 숨어야 하는지 방법을 설명했다. 이제 한 무리의 어른들이 어린아이들에게 이런 말을 하는 모습을 상상해보자. “각자 밖으로 나가서 숨을 장소를 찾으렴. 안에 남아도 되고. 하지만 밖으로 나갈 거라면 눈에 보이지 않는 경계선 밖에는 숨으면 안 된단다. 그리고 너무 꼭꼭 숨지는 말고. 우리가 어렵지 않게 너를 보거나 찾을 수 있을 만한 장소를 고르는 거야. 자, 출발.”

러드는 아이들이 숨고 어른들이 찾는 게임이 “늦어도 8시 반, 그쯤”까지 계속되었다고 말했다. 알몸으로도 게임을 할 수는 있었지만 어른들이 집 밖에서는 대부분 옷을 입었다고 했다. 그래서 옷을 다 벗은 사람들이 마당에서 아이들을 쫓아다니는 장면을 아무에게도 들키지 않은 모양이다. 러드는 게임이 끝나면 다들 옷을 입었다고 말했다. 그러고 나면 어른들 중 하나가 바비큐에 불을 붙였다. 러드를 담당한 조사관은 누가 음식을 제공했는지 알고 싶었다. "각자 먹을거리를 가져왔습니까?"[72]

러드가 이후 이틀 동안 묘사한 장면은 마치 찝찝한 꿈처럼 느껴진다. 러드는 누가 무슨 말을 했는지 전혀 기억하지 못했다. 자연스럽게 난교파티를 열었다가 자연스럽게 뿔뿔이 흩어졌다. 다들 암묵적으로 동의를 했고, 아이들도 내내 말이 없었다. 아이들은 망설임이나 혼란 따위를 보이지 않았고 어른들도 별 갈등 없이 아이들을 주고받았다. 경찰과 보내는 날이 늘어갈수록 러드가 말할 때 보이는 여러 가지 습관도 확연히 드러났다. 러드는 누군가 옷을 벗는 것을 묘사할 때, 대개 바지를 무릎 아래로 반쯤 내렸다고 구체적인 진술을 했다. 러드가 복잡한 난교 장면을 묘사할 때면 한 단계에서 다른 단계로 물 흐르듯 넘어가며 묘하게 질서정연한 느낌이 든다. 파티가 끝나면 일제히 허기를 느끼고 저녁을 먹었다. 러드의 몽환적인 진술이 충격적인 이유는 조사관들의 행동에 있다. 그들은 유죄가 확정된 아동학대범 러드에게 근 일주일 동안 마이크에 대고 상상의 나래를 펼치게끔 부추기고 있었다. 그들은 상상을 기소 근거로 만든 후 러드에게는 대가로 형량을 줄여주었다.

러드가 진술을 하고 2주도 되지 않아 로버트와 로이스 벤츠 부부의 재판이 시작되었다. 스콧 카운티 성학대 조직 사건이 벌어진 후로 배심원이 입회한 첫 번째 재판이었다. 대중의 관심이 폭발하는 바람에 판사는 어쩔 수 없이 재판이 진행될 곳을 인근 카버 카운티로 이동하라는 명령을 내렸다. 월요일에 러드를 증인으로 부른 모리스는 러드에게 우선 피고인 식별을 요청했다. 러드는 로이스 벤츠를 알아보았지만 로버트는 식별하지 못했다. 얼 그레이Earl Gray라는 멋진 이름의 피고 측 변호사는 반대심문에서 다른 변호사를 가리켜 보였다. "이 사람이 로버트 벤츠인가요?" 아니라는 러드에게 그레이가 물었다. "로버트 벤츠가 누구죠?" 러드는 누구인지 알지 못했다. 다시 질문할 차례가 된 모리스는 다수의 범행이 일어난 시기로 추정되는 1983년 9월 당시 로버트 벤츠의 생김새를 묘사하라고 했다. 러드의 대답은 "지금은 말할 수 없습니다." 였다. 그날 오후 기자들을 만난 모리스는 러드가 피고인을 몰라보는 것이 놀랍지 않다고 말했다. "내가 내 사건을 모른다고 생각해요?"[73]

벤츠 부부가 결국 무죄 선고를 받은 이유는 여러 가지가 있지만 그중에서도 가장 큰 이유는 단순하다. 캐서린 모리스가 법정에서 형편없는 실력을 선보였기 때문이었다. 첫째 날 검사 측에서 실수를 한 후, 사실심 판사는 러드의 증언을 전부 기각한다고 결정했다. 모리스는 그래도 사건에는 아무 영향이 없을 것이고, 오히려 아동의 증언으로 벤츠 부부의 유죄 판결을 이끌어낼 기회라고 말했다. "제가 계속 주장하는 것은 하나입니다. 이제 아이들에게 귀를 기울여야 한다는 거죠. 아이들을 믿느냐, 믿지 않느냐 하는 문제예요."[74]

언론은 물론 사무실 내에서도 난폭한 태도를 보였던 모리스는(훗날 지나친 공격 성향으로 주 위원회에 회부되어 여러 직원에게 신체적 · 언어적 학대를 가한 사실이 드러난다)[75] 법정 안에만 들어가면 한없이 작아졌다. 모리스는 랄프 언더웨이저Ralph Underwager의 반대심문을 거부했다. 전문가 증언을 위해 나온 심리학자이자 루터교회 목사인 언더웨이저는 아이들의 증언에 대한 배심원의 믿음을 흔드는 핵심 인물이었다. 나중에는 로버트와 로이스 벤츠에게도 반대심문을 하지 않았다. 피고인들에게 질문을 단 하나도 하지 못한 모리스는 이렇게 말했다. "이게 무슨 〈페리 메이슨〉*인 줄 아나 본데요. 나는 일어나서 멋진 말이나 줄줄 늘어놓

* 1960년대 법정 드라마

는 방법으로 그들을 무너뜨리지는 않을 겁니다."[76] 벤츠 부부의 변호사도 도덕적으로 의심스럽고 이해할 수 없는 몇 가지 전략을 선택했다. 배심원단 앞에 선 배리 보스Barry Voss는 전갈의 본성이 사람을 쏘는 것처럼 아이들의 본성은 거짓말을 하는 것이라 말했다.[77] 얼 그레이는 증언하러 나온 소녀가 거짓말을 녹음할까 봐 불안해한다고 말해 소녀를 울리고 말았다. 소녀는 이렇게 말했다. "변호사님은 밥과 루이스가 이 아동학대에서 빠져나오게 돕고 있잖아요. 거짓말하는 사람은 내가 아니에요. 당신들이지. 내 말은 진실이에요. 저 사람들이 우리를 해쳤어요."[78] 배심원단은 소녀의 격분에 납득하지 못했는지 사흘간 숙고한 끝에 벤츠 부부에게 무죄를 선고했다.

기자들 앞에 선 모리스는 배심원단이 "유죄가 아니다."라고 평결한 이유를 도통 모르겠다고 말했다. "저희는 아직 아이들을 믿습니다. 이제 아이들에게 가서 어른들이 너희 말을 믿지 않는다고 이야기해야겠지요…… (나는) 아이들을 믿지 않는 사람들을 볼 때마다 놀라움을 금치 못합니다…… 이제야말로 우리는 아이들을 믿어야 해요."[79] 모리스는 벤츠 부부가 세 자녀를 위탁가정에서 찾아오지 못하도록 맞서 싸우겠다고 약속했다.

모리스에게는 재판을 기다리고 있는 피고인이 21명 더 있었다. 도널드 버컨Donald Buchan과 신디 버컨Cindy Buchan 부부의 재판 개시일은 한 달도 남지 않았다. 그러나 발언을 하기 위해 일어난 겔 터커Gehl Tucker 검사는 버컨 부부가 저질렀다고 하는 범죄 사실을 이야기하지 않고, 부부에 대한 기소를 취하한다고 선언했다. 그날 오후 모리스 사무실은 성학대 조직 피고인 '전원'의 기소 취하를 발표했다. 형사소추를 포기하는 대신 가정법원에서 아이들을 부모와 떼어놓겠다고 밝혔다. 모리스는 여전히 모든 부모의 유죄를 믿는다고 말했다.

성명서에서 모리스는 갑작스러운 국면 전환의 이유를 설명했다. 더 큰 성학대 조직 사건에서 승리를 얻기 위해 기소를 취하했다는 것이다. "대대적으로 활발하게 수사 중인 다른 사건과 관련한 민감한 자료를 공개하라는 명령이 내려왔다." 자료 요청에 동의한다면 "아동 증인에 더 큰 스트레스와 트라우마를 안겨줄 것이다." 그렇다면 앞으로 "아이들을 형사소송 절차에 개입시키지 말고 보호하는 것"이 최선이라 판단했다고 주장했다.[80]

곧 언론은 벤츠 부부의 재판 도중 얼 그레이와 아동 증인의 대화에서 자료 요청의 근거가 나왔다는 사실을 보도했다. 재판 8일째, 아이는 경찰과 만났을 때 형사가 질문을 하며 계속 메모를 했다고 언급했다. 벤츠 부부의 변호인단은 이전에 검찰이 갖고 있는 피고 측에 유리한 모든 자료와 정보를 요청했지만 전부 타자로 친 서류들만 받았다. 손으로 적은 메모는 어디에도 없었다.[81] 이후 주 위원회 조사로 밝혀진 사실이지만, 모리스는 이런 문서를 갖고 있으면서도 피고 측 변호인단에 일부러 제공하지 않았다. 경찰의 자필 메모는 가상의 용의자 서류함을 만든 컨 카운티 의식학대 기동대처럼 모리스도 현실과 동떨어진 수사를 했음을 분명하게 보여주는 증거였다.

벤츠 부부가 재판을 받기 1년 전인 1983년 말, 10살짜리 소년은 '새까만 마스카라'를 칠하고 '다 비치는 옷'을 입은 여자가 파티에서 아이들에게 채찍을 휘둘렀다고 말했다. 소년은 파티에 참가한 어른들이 "모두 '귀염둥이'라고 불렀어요. 다들 그냥 미쳤어요."라고 진술했다. 그리고 제임스 러드와 '카메라 수백 만 대를 가진 남자'가 자기를 검은 리무진으로 끌고 간 상황을 묘사했다.[82] 한 소녀는 자기가 출연한 포르노 영화가 팔린다는 사실을 알고 있었다. "그걸로 용돈을 다 받으니까요."라는 이유에서였다. 소녀는 한 피고인이 다람쥐, 여우는 물론 애완 게르빌루스쥐의 내장까지 강제로 먹였다고도 말했다. 고양이의 '털과 모든 것'도 먹어야 했다. 살인을 목격했다는 아이들도 있었다. 천으로 싼 시체를 트럭에 싣고 어디론가 이동했다는 것이다.[83] 이런 주장이 대중에 알려진다면 검찰 수사에 불리하게 작용할 것이다. 일부 수사관과 심리치료사는 그 점을 잘 알면서도 아이들의 말이 진실이라고 굳게 믿었다. "나는 이 아이가 살인 장면을 실제로 봤다고 믿습니다." 아이가 그 장면을 얼마나 자세히 묘사했는지 모른다며 한 조사관이 한 말이다.

항간에서는 아이들이 비밀을 발설하지 못하게 위협하려고 피고인들이 사람 죽이는 '연기'를 했을 뿐이라는 가설이 제기되었다. 하지만 심리치료사 수전 펍스 요나스는 생각이 달랐다. 그녀는 시신을 유기하는 연기를 믿을 만하게 하기가 어렵다고 설명했다.[84] 아이들이 두려움을 표출하고 범인들 사이에 오고간 구체적인 금액("천 달러가 넘는 때도 있었어요.")을 기억하고 있다는 것은 연기가 아닌 실제 살인에 겁을 먹었다는 뜻이었다. 펍스 요나스를 비롯한 심리치료사들은 보안관 사무소가 왜 아직도 미적거리며 스콧 카운티에서 시신을 수색하지 않는지 이해할 수 없었다. "이 사건과 관련된 치료사들은 '도대체 왜 안 하는 거야?' 라고 외치고 있어요. 우리는 왜 수색을 하지 않는지 직접적으로 묻겠습니다. 이런 말을 한 아이들이 한두 명이 아니에요. 수색을 하면 시신이나 구체적인 증거를 찾는 데 도움이 될 거란 말입니다."[85] 결국 펍스 요나스의 바람대로 스콧 카운티 보안관 대리들은 어부로 위장해 미네소타 강기슭을 샅샅이 훑으며 시신이 매장된 곳을 찾아다녔다. 익명의 제보자는 이렇게 말했다. "우리는 어린 애들 시체를 찾고 있었단 말이죠.

너무 깊게 관여한 게 아닌가 싶습니다."[86]

이런 의혹이 제기된 직후, 미네소타 주 검찰총장 허버트 험프리 3세 Hubert Humphrey III가 캐서린 모리스에게서 수사 지휘권을 넘겨받았다. 다가오는 2월 험프리는 범죄검거국과Bureau of Criminal Apprehension과 FBI가 공동수사를 실시한 결과 스콧 카운티에서 아동 포르노를 제작했다거나 살인 사건이 있었다는 증거를 찾지 못했다고 발표했다. 추가적인 기소도 없을 것이라 밝혔다. 미니애폴리스 방송국 WTCN과의 인터뷰에서 러드는 다른 사람들과 공모했다는 진술이 거짓말이라고 말했다. 그로부터 1개월 후에는 숲속의 기이한 모임에서 사람을 죽였다고 진술한 두 소년도 거짓말을 인정했다. 1985년 1월 러드는 징역 40년형을 선고받았다.

『조던 인디펜던트』는 일부 데이터가 일치하지 않기는 해도 카운티 컴퓨터가 성학대 조직 수사의 비용으로 총 251,266.87달러를 계산해 냈다는 사실을 보도했다.[87] 앞으로 추가 형사소추가 이루어질 가능성은 사라졌지만, 스콧 카운티가 자초한 혼란은 여기저기에 남아 있었다. 카운티를 상대로 민사소송을 건 피고인들을 몇 달이나 헛되이 사법부에 계란으로 바위 치기를 했다. 아이들을 가정으로 돌려보내는 가정법원의 판결도 못지않게 오래 걸렸다. 위탁가정에서 18개월을 보내고 74차례 인터뷰에 시달렸던 11세 소년은 진술을 철회한 직후 공황상태에 빠져 병원에 6주간 입원해야 했다. 롤랜드 서미트는 소년이 "부모와 어떤 식으로든 접촉하는 상황을 지독히 두려워했다."라고 옳은 분석을 했지만 소년이 두려워하는 것은 학대가 아니었다. "그때 집에 가고 싶지 않았던 이유는, 그러니까, 내가 한 말들 때문이었어요. 그때는 다시는 집으로 돌아갈 수 없다고 생각했어요. 그래서 우리 부모님이 성폭행을 하고 살인을 했다고 말한 거예요. 그건 사실이 아니었어요. 영화에 나오는 것처럼 진짜가 아니었단 말이에요. 다 거짓말이었어요."[88]

수사 때문에 가정이 완전히 무너진 아이들은 또 있었다. 로버트와 로이스 벤츠는 무죄 판결을 받은 직후 이혼했다. "우리는 법정에서 결혼 15주년을 맞이했어요." 로이스가 말했다. "사법제도에 분풀이를 할 수 없으니 서로에게 할 수밖에요."[89]

수사 종료 후 『스타 앤드 트리뷴*Star and Tribune*』 지에는 이런 기사가 실렸다. "소식통에 따르면 모리스는 지방검사와 수사관 역할을 동시에 했다. 심리치료사는 경찰이 되었고 경찰은 심리치료사가 되었다. 사회복지사도 수색대와 같이 다녔다."[90] 많은 지역에서 검사는 주민 생활의 성격과 방식에 어느 누구보다 직접적인 영향력을 발휘하는 존재였다. 모리스는 자신의 권한을 확대하고 검사와 형사, 심리치료사의 구분을 없앴다. 그 결과 조던 사람들은 사회와 이웃, 아이들을 다른 시선으로 보게 되었다. 모리스는 수사에 도움을 주는 전문가를 수사 도구로만 활용했다. 그리고 아이들과 어른들에게 일상 속에서 아무리 사소한 것이어도 범죄의 가능성이 있는지 유심히 살펴보라고 가르쳤다. 수사가 절정에 달했을 무렵, 학교에서는 좋은(적절한) 접촉과 나쁜(학대적인) 접촉의 차이를 설명하는 새로운 교육을 실시했다. 『스타 앤드 트리뷴』 기자가 어린이집 아이들의 반응을 직접 관찰했다.

> 예를 들어 (교사 캐시 보스Kathie Voss가) 이렇게 설명한다. "엄마는 우리가 더러워지면 몸을 씻겨줘요." 보스는 아이가 목욕을 하는 그림을 꺼낸다.
>
> "이게 뭘까요?"

"거품!"

"여기 있는 아이는 무엇을 하고 있죠?"

"물에 빠졌어요!"

"아니죠. 이건 욕조예요. 목욕할 때 엄마 아빠가 도와줘야 할까요?" 대답은 '네'와 '아니요'로 갈린다.

"당연히 엄마 아빠가 도와줘야죠. 여러분은 거품 목욕을 좋아하나요?"

"네!"

"엄마가 도와주면 좋아요?"

"아니요!"

"얘들아, 제발!"[91]

이날 수업의 주제는 '만지기'였다. 축구를 할 때 태클은 괜찮다. 단, 남자라면. 친척이 아닌 어른이 껴안으려고 해서는 안 된다. 아이들은 언제는 만져도 괜찮고, 언제는 만지면 안 되는지 그 미묘한 차이를 쉽게 이해하지 못했다. 하지만 이 수업의 진정한 학생인 부모들은 어떤 의미인지 아주 잘 이해했을 것이다.

4

맥마틴 유치원-예비심문

1984년 말까지 국제아동협회CII에서 인터뷰한 아동은 400명을 넘어섰다. 그중 지방검사의 기소장에 고소인으로 이름을 올린 아동은 41명이었고, 예비심문에서 증언을 한 아동은 13명에 불과했다. 그러나 대다수 검찰 관계자는 기소장 내용이 어떻든 수백 명의 아동이 맥마틴 유치원에서 학대를 당했다고 굳게 믿었다. 1984년 봄, 그 아이들의 부모 수백 명도 힘을 모으기 시작했다.

주디 존슨이 경찰에 처음 신고한 뒤로 약 1년이 지났지만 수사는 영 지지부진했다. 분노와 걱정을 해소할 기회를 찾던 학부형들은 머리를 맞대고 수사에 협조할 방법을 찾기 시작했다. 그들은 아이들이 끌려갔다고 진술한 40곳의 장소 목록을 검찰로부터 받았다. 한 아버지가 『로스앤젤레스타임스』에 말했다. "우리는 딕 트레이시*가 된 것처럼 움직였습니다." 이들은 수색대를 조직해 자동차 뒷좌석에 아이들을 우르르 태우고 온 마을을 돌아다녔다. 그래서 아이들이 가게나 주택 외관을 보고 기억을 떠올리기를 바랐다. 처음 밝혀진 용의자 7명 이후로는 체포 소식이 하나도 들리지 않은 점도 의문이었다. 그들은 서로 정보를 공유하고 수사팀과도 긴밀히 교류했다. 레스토랑 밖에서 수상한 자동차가

* 동명 만화의 형사 주인공

보이면 차량번호를 받아 적고 남의 집 쓰레기통을 뒤졌다.[1]

학부형 중에는 밥 커리Bob Currie라는 부동산중개업자가 있었다. 1972년에서 1981년까지 자녀를 맥마틴 유치원을 보낸 커리 부부는 학대 의혹이 처음 수면 위로 떠올랐을 때 아이들을 데리고 키 맥팔레인을 찾아갔다. 커리의 두 아들의 진술은 그리 신빙성이 없었는지 정식 고소인이 되지 못했다. 하지만 주디 존슨을 제외하면 적극적으로 맥마틴 사건 수사에 참여한 학부형의 자녀 가운데 정식 고소인은 단 한 명도 없었다. 커리가 재판에서 배제되었기 때문에 사건에 개입할 다른 방법을 찾았던 것인지는 잘 모르겠다. 하지만 한 지역사회 안에서 범죄수사가 진행되면 재판이 전부는 아니다. 맥마틴 사건으로 커리는 인생 자체가 바뀌었다.

커리는 FBI에 건물 외관, 용의자, 자동차 번호판의 사진을 보냈다. 순찰대를 조직하고 정찰을 다니기도 했다. 1984년 말에는 경찰과 주기적으로 연락을 주고받으며 자신이 새로 알아낸 사실들을 전하는 역할도 맡았다. 커리는 아이들이 팔로스버디스에 있는 소럴레인 거리로 끌려갔다고 말했다. 소럴레인에서도 정확히 어디가 범행 현장이었는지는 모르겠지만 7번지나 9번지, 18번지, 20번지 중 하나라고 했다. 커리는 아들이 농장에 끌려갈 때 낡았지만 아주 깨끗하게 수리된 포드 머스탱 컨버터블을 탔다고 말했다. 그의 믿음에 따르면 레이는 캘리포니아 주를 벗어난 곳에서도 범행을 저질렀다. 그래서 커리는 러시모어 산 공원 경비대에 연락해 근처에 버키 가족의 농장이나 별장이 없는지 확인을 요청했다. 6인승 비행기를 타고 로스앤젤레스를 떠났다는 아이들의 말을 듣고 호손 공항에서 망을 보며 비행기 등록번호를 기록하기도 했다. 남쪽으로 약 15킬로미터 떨어진 토런스 공항에서는 파일럿들을 감시했

다. 그중 '레즈비언으로 보이는 여성 파일럿'에 특히 주목했다.[2]

맥마틴 유치원 사건과 연관된 모든 학부형이 이런 음모론에 동의하지는 않았다. 유치원에서 학대행위가 있었다는 사실을 믿지 않는 사람들도 있었다. 일부는 자녀를 CII에 보냈지만 키 맥팔레인이 밝혀낸 비밀을 듣고는 말이 되지 않는다고 판단해 이후로는 수사관의 연락을 차단했다. 이들은 수사 초기 단계에 목소리를 내지 않고 잠자코 있었다. 침묵하는 사람들은 맨해튼비치의 떠들썩한 분위기에 묻혀 존재감이 없었다. 그사이 밥 커리는 어마어마한 관심을 받고 있었다. 1985년 3월, 커리는 다른 학부형들과 맥마틴 유치원 운동장을 찾았다. 지난 몇 달 동안, 교사들이 토끼, 새, 고양이 따위의 학급 동물을 죽여 아이들을 협박했다는 소문이 돌고 있었다. 커리는 소문을 뒷받침할 증거를 찾고자 굴착기를 동원해 유치원 옆 공터를 팠다. 그래도 나오는 것이 없자 학부형들은 직접 삽을 들고 땅을 팠다. 토요일 오후 학부모 약 50명(아이들 20명도 데려왔다)이 가세해 주위를 어슬렁거리며 추가 작업을 했다. 그때 한 사람이 땅에서 거북이 등껍질을 발견했다. 커리의 아내는 발굴 현장에 취재차 온 기자에게 말했다. "우리가 조작한 건 하나도 없어요."[3] 이후 수사팀은 더 전문적으로 공터를 조사했다. 전문 측량기사들은 '뚜껑, 터널, 지하실, 감춰진 문'을 찾아내지 못했다.[4]

보통 지역 부동산중개인은 카메라 앞에 설 기회가 없다. 하지만 커리는 언론을 이용할 줄 아는 재능을 뒤늦게 발견하고 십분 활용했다. 그토록 잔인한 아동학대가 우리 사회에 만연하다는 사실을 믿지 않는 사람들을 어떻게 생각하느냐는 질문에 커리는 대답했다. "아우슈비츠로 간 군인들도 시신 600만 구를 발견할 것이라 예상하지 못했습니다."[5] 1985년 커리는 공공장소에서 장전된 총기를 불법 소지해 체포되었다.

그는 단서를 쫓아 이스트 로스앤젤레스에 있는 피코리베라에 온 것이며 학부모단체 소속 운동가인 재키 맥걸리Jackie McGauley에게 총을 빌렸다고 말했다. "(총이) 없는 것보다는 있는 게 낫죠."[6] 커리의 언론 인터뷰나 그 밖의 행동에 진절머리를 내는 사람들도 있었다. 한 칼럼니스트는 안타깝지만 커리와 추종자들이 "경찰과 대부분의 언론에 괴짜나 광신도로 무시당한다."라고 지적했다.[7] 그러나 괴짜라 부른다 해서 그에게 관심을 주지 않았다는 말은 아니다. 기자들은 맥마틴 유치원에서 수년간 비밀리에 집단학대가 벌어졌다는 믿음을 공유한다 해도 커리를 무시할 수 있었다. 하지만 그렇게 하지 않았다. 집단 패닉 속에서 객관적이고 이성적인 다수를 설득하기 위해 소수의 극단주의자를 언론에 비출 필요가 있다고 생각했던 모양이다.

부모들이 이처럼 열심히 활동한 이유는 자녀를 보호하지 못한 과거를 속죄하고 싶어서였다. 자녀가 범죄 피해자가 되었다는 소식을 들은 부모는 자연히 걱정과 슬픔에 빠진다. 하지만 맥마틴 학부형들은 그토록 오랜 세월 학대행위가 이루어졌다는 사실에 더욱 충격을 받았다. 허모서비치 시의회 의원이자 맥마틴 학부형이었던 존 초피John Cioffi가 말했다. "아동학대는 꿈에도 상상하지 못했습니다."[8] 초피를 비롯한 학부형들은 어째서 눈치를 채지 못했는지 이해할 수 없었다. 일부는 지방검사의 말처럼 정말 범인들이 계획적이었다면 그나마 설득력 있는 이유는 부모의 무관심이라고 느꼈다. "부모가 아이들의 말을 듣지 않았던 겁니다." 한 학교 교장이 말하자 다른 유치원 원장도 동의했다. "가능한 이유는 부모의 무관심밖에 없어요."[9] 하지만 밥 커리는 죄책감 때문에 공항에서 레즈비언으로 추정하는 사람들을 신고한 것이 아니다. 커리와 많은 맥마틴 학부형들은 수사를 경험하며 열정을 키웠다. 하루 종일 친구와 어울리고 집안일을 하던 어머니들도 개인의 생각과 정치관이 바뀌었다. 열렬한 운동가가 될 기회를 잡은 것이다. 이미 시의원으로 정치계에 몸담고 있던 초피는 이와 같은 위기상황에서 신속하고 단호하게 행동해야 한다고 생각했다.

더 나아가 맥마틴 사건을 계기로 가정교육이 위대하다는 인식이 덧붙었다. 1980년대 초 미국 중상류층의 사회적 무질서와 이기심이 문제라는 주제는 일요일 자 신문 사설에 단골로 등장했다. 맨해튼비치는 부유한 도시였지만 그 안에 권태와 불안이 공존했다. 하지만 맥마틴 사건으로 맨해튼비치는 180도 달라졌다. 이제는 평온하고 안락한 생활방식을 지키기 위한 전쟁이 벌어졌다. 학대반대사회연맹Society's League Against Molestation은 새로 유입된 회원들에 힘입어 학대방지 워크숍을 개최했다. 한 어머니는 징역형 의무화 운동, 학대에 대한 인식고취운동을 벌이고 피해자를 돕는 직통전화를 자기 집에 개설했다. 『로스앤젤레스 타임스 *Los Angeles Times*』는 이러한 운동을 하는 사람들이 학대범을 세 가지로 구분한다고 소개했다. 첫째는 맥마틴 교사들, 둘째는 샌퀀틴 주립교도소 사형수 독방에 갇힌 사이코패스 성범죄자였다. 그리고 마지막 유형은 '남성 베이비시터'를 의미했다. 베이비시터를 고용할 때는 되도록 남성을 피하고 여성을 택해야 했다. 이 기사는 통계적으로 가족 구성원이 아동학대를 할 가능성이 가장 높다는 사실을 언급하지 않았다. 학대를 근절하기 위해 노력하는 부모들에게 찬사를 보냈을 뿐이다. 로스앤젤레스 부모들은 자녀를 성범죄 위협으로부터 지킬 사람은 부모밖에 없다고 생각했다. 한 어머니는 이렇게 말했다. "학대를 당한 아이에게 부모의 사랑과 위로는 얼마를 줘도 부족하지 않습니다."[10]

맥마틴 사건이 조직적이고 생각보다 규모가 크다는 밥 커리의 주장에 모든 사람이 동의한 것은 아니다. 하지만 학부형들은 도저히 있음직하지 않은 가설을 세우기 시작했다. CII 치료사들은 아이들과의 인터뷰에서 낯선 사람과 카메라장비 같은 이야기를 유도했다. 그에 따라 1984년 11월 학부모 및 지지자들은 '아동학대에 반대하는 학부모 모임PACA: Parents Against Child Abuse'를 창립하고 첫 번째 기자회견을 열었다. 그리고 "현재 기소된 피고 7명의 유죄를 입증할 수 있도록 맥마틴 아동이 1명이라도 나오는 아동 포르노 증거"를 발견하는 사람에게 현상금을 1만 달러를 주겠다고 발표했다.[11] 맥마틴 유치원만 이상한 별종이 아니라는 주장을 뒷받침하듯, 1984년이 되자 지역 유치원과 어린이집이 줄줄이 문을 닫았다. 기자회견에서 PACA는 앞으로 성인 가해자가 무려 200명은 더 밝혀질 것이라고 말했다.

이런 주장은 정도의 차이가 있을 뿐 공식 수사팀의 주장과 크게 다르지 않았다. 초창기 공판을 진행한 판사는 경찰이 기소되지 않은 용의자 30명을 확보했다고 공개적으로 발표했다. 물론 30명이 300명만큼 대단하지는 않지만 그래도 조직적인 음모가 있었음을 암시하는 숫자였다.[12] PACA의 아동 포르노 현상금이 비현실적이라면 수사팀의 행동은 더 심했다. 그들은 증거를 찾아 포르노 가게를 불시 단속하고 페기 앤 버키가 1983년 여름 동안 일했던 사우스다코타 국립공원을 찾아갔다. 여동생을 방문한 레이가 공원 어딘가에 아동 포르노를 숨겼을지 모른다고 생각했기 때문이었다.

1984년 다수의 학부모가 잘못된 수사를 근거로 경찰에 민사소송을 제기했다. 그들은 맨해튼비치 경찰이 자극을 받고 수사 속도를 높이거나 추가 협조를 요청하게 만들고 싶었고 그 방법은 성공했다. 경찰은 FBI 로스앤젤레스 지부에 협조를 요청했고 연방 수사관들이 몇 주 동안 가가호호 방문하며 사건 관련자들을 심문했다. 경찰은 수사에 반드시 필요한 물적 증거가 곧 나타날 것이라고 확신했다. FBI 요원들은 맥마틴 유치원 보조교사로 일했던 사람과 이야기를 나눌 수 있었다. 그녀는 레이가 여자와 데이트했다는 말이 없어 이상했다고 기억했다. 레이의 집에 갔을 때는 레이의 침대 위에 이상한 '피라미드 구조'도 있었다.[13] 레이가 몇 년 전 음주운전으로 체포되었던 것을 기억하는 학부형들은 그때 레이가 어머니의 지시로 지역 목사와 상담했다고 증언했다(페기 맥마틴 버키는 어머니의 영향으로 어려서부터 독실한 크리스천 사이언스* 신도였다).[14] 어쩌면 며칠의 과음이 아니라 더 충격적인 일로 상담을 받을 것이 아닐까?[15]

FBI를 만난 주디 존슨은 수사를 확대하기 위해 학부형들이 합심해 노력하고 있다고 분명하게 밝혔다. FBI 수사관은 보고서에 썼다. "존슨은 다수 학부형과 접촉하고 있다. 이들은 자녀의 사진을 찍은 카메라에 관해 아주 구체적인 정보를 갖고 있다." 존슨은 아이들이 "로스앤젤레스를 벗어나 라스베이거스, 네바다나 팜스프링스 같은 지역으로" 끌려간 확증이 있다고 수사관에게 말했다.[16] (의도는 아니었겠지만 존슨은 증거를 제시하지 않고 넌지시 암시하기만 했다. 이는 오래 전부터 전해 내려오는 음모론의 특성이다.) 존슨의 FBI 진술서를 읽으면 수사 과정에서 정신건강이 심각하게 악화되었음이 눈에 띈다. 존슨은 매튜 외에 다른 자녀도 몇 년 전 다른 유치원에서 성추행을 당했다고 말했다.

로스앤젤레스 학부형들은 주로 맥마틴 사건 수사에 영향력을 행사하려고 노력했지만, 캘리포니아 주 새크라맨토의 학부형들은 주 차원

---

* 병을 기도만으로 치유할 수 있다고 믿는 기독교 교파

에서 사건에 영향을 미칠 법안을 추진하기 시작했다. 이들은 자녀가 조간만 법정에 출두해 한때 선생님이었던 피고인 앞에서 증언을 할 것을 알았다. 그렇게 된다면 가뜩이나 트라우마가 상당한 아이들이 더 큰 충격을 받을 것이다. 이 문제의 중심에는 미국 수정헌법 제6조의 대면조항이 있었다. 즉, 형사사건의 피고인은 불리한 증언을 하는 증인과 직접 대면할 권리가 있다는 조항이었다. 학부형들은 14세 이하 아동이라면 예외적으로 법정이 아닌 곳에서 폐쇄회로 텔레비전을 통해 증언하게 허용해달라고 요청했다. 그들은 아트 토레스Art Torres라는 주 상원의원과 손을 잡고 상원 법안 SB46을 만들어 주 의회에 제출했다. 토레스는 SB46 법안이 헌법을 무시하지 않는다고 말했다. 다만 사법제도에 '현대에 맞는' 수단을 갖추자는 의도가 전부라고 했다. 미국 헌법제정자들이 "오늘날 전염병처럼 확산되는 아동학대를 결코 예상하지 못했을 터"이니 말이다.[17]

1985년 2월, SB46은 찬성 28표 대 반대 8표로 상원에서 통과되었다. 마지막 표가 나오고 의장이 의사봉을 치는 순간, 로스앤젤레스에서 달려온 부모들은 회의장 뒤쪽에서 끌어안고 환호했다. 가을이 오기 전에 다른 법안들도 통과되었다. 전부 트라우마를 겪는 아동을 보호한다는 미명하에 피고 측 변호사에게 있던 실질적인 권한을 검사에게로 이양했다. 이제 피해자를 살해한 아동학대범은 사형을 당할 수도 있었다. 아동이 8세 이하라면 전문증거도 법정에서 효력이 생겨 자녀가 피고에게 당한 행위를 부모가 대신 배심원단에 증언할 수 있었다. 16세 이하 아동의 경우는 법정에 나오지 않고도 사전증언을 녹화한 비디오테이프를 법정에서 틀면 되었다. 방금 설명한 3가지 조치는 모두 하나의 법안에서 나왔다. 이 법안은 논쟁을 일으키지 않고 만장일치로 상원에서 통

과되었다.[18]

증언대에 서는 경험이 아이들에게 트라우마를 준다는 것은 기록으로 증명된 사실이라기보다는 심리치료사와 부모들의 믿음에 가까웠다. 실제로 맥마틴 예비심문과 그 밖의 로스앤젤레스 보육기관 성학대 사건 재판을 취재한 기자들은 아동 증인의 경험이 그렇게 단순하지 않다고 보았다. '은밀한 부위'를 설명해달라는 요청에 울음을 터뜨린 소녀는 한참 휴식을 취하고 돌아와서는 어린이집 선생님이 자신에게 구강성교를 했을 때 '물구나무'를 섰다고 웃으며 증언했다.[19] 생생하게 증언을 해놓고는 반대심문에서 아무 일 없었다고 순식간에 말을 바꾼 아이도 있었다. 또 다른 아이는 겁에 질리기보다는 따분한 듯한 표정을 보였다.[20]

하지만 이후 맥마틴 사건을 담당하게 될 검사 라엘 루빈은 워싱턴으로 날아가 미국 상원 분과위원회 앞에서 "수정헌법 제6조에 의거하면 증인이 피고에게 위협을 느끼는데도 피고가 반드시 출석해야 한다는 헌법상의 권리는 없습니다."라고 증언했다.[21] 그리고 아이가 증언대에서 트라우마를 경험하지 않는 것처럼 보여도 심리적 충격이 언젠가는 반드시 겉으로 드러난다고 했다. 롤랜드 서미트는 맥마틴 사건 예비심문에서 별 어려움 없이 증언한 아이들에 대해 이렇게 말했다. "왜 증상을 보이지 않는지 확실하지는 않습니다. (그러나) 아동학대 사건으로 법정에서 증언하는 상황은 의심의 여지없이 비극입니다. 내 존재가 만천하에 드러나지 않습니까."[22]

판사 앞에서 진행되는 예비심문은 실제 무죄인지 유죄인지를 결정하는 절차가 아니다. 예비심문에서 검찰은 기소 내용이 정식 재판을 받을 만큼 중요하다고 증명하고자 한다. 대다수 형사사건에서 예비심문은 형식적인 재판 절차에 지나지 않는다. 1984년 8월 7일에 맥마틴 예비심문이 시작하자 많은 사람들은 빠른 시일 내에 끝나리라 보았다. 예비심문이 몇 달 이상 진행된다는 말을 들어본 캘리포니아 주민은 거의 없었다.

그러나 앞선 수사처럼 맥마틴 예비심문도 전혀 진전이 없어 보이는 때가 종종 있었다. SB46으로 혼란이 생겨 지연된 면도 없지는 않았다. 하지만 일차적인 원인은 피고 측의 계획이었다. 레이 버키의 변호사가 맥마틴 예비심문을 최대한 길게 끌고 가기를 원했기 때문이었다.

대니 데이비스는 직접 고안한 집단 패닉 이론을 바탕으로 대부분의 전략을 세웠다. 그의 이론은 패닉을 몇 가지 단계로 구분했다. 첫 번째 단계인 '사회적 사건'은 패닉을 일으킨 일련의 조건이나 상황을 말한다. 데이비스는 맥마틴 사태를 불러일으킨 것은 풍족한 베이비부머 세대가 여유롭게 생활하며 자녀양육을 게을리 한 자신들에 죄책감을 느꼈기 때문이라고 믿었다. 두 번째 단계 '책임 전가'로 이동하면 사회는 실제 비난을 받아야 할 사람들의 책임을 떠안을 희생양을 찾는다. 이 사건에서 희생양은 레이 버키였다. 마지막으로 희생양에게 벌을 내리며 헛되이 에너지를 소모한 후에는 '참회' 단계에 도달한다. 이제 사람들은 자신의 실수를 깨닫고 지금껏 무모하게 벌인 행동을 후회한다.[23] 데이비스는 배심원단이 평결을 내려야 할 때가 오기 전에 로스앤젤레스 서남부를 '참회'단계로 이끌고 싶었다. 그는 그 목적을 위해 예비심문에서 적극적 항변을 하겠다고 발표했다. 데이비스는 검사 측이 맥마틴 교사들에 불리하게 사건을 설명하는 동안 옆에 가만히 앉아 있지 않고, 배심원이 선발되기도 전에 증인을 반대심문하고 검찰의 자료를 요청했다. 데이비스는 예비심문을 오래 끄는 사이 맨해튼비치의 집단 패닉이 가라앉기를 기다렸다. 시간을 끌수록 재판 개시 전에 양측이 증거와 서류를 공개하는 증거제시제도를 즉석에서 활용할 기회가 생길 것이고, 보통 형사소송이 아니라 민사소송에서만 허용되는 사전 증언 대신 법정에서 반대심문을 할 수 있었다.

이런 방식으로 예비심문을 연장하면 아동 원고들이 정확히 언제 맥마틴 유치원을 다녔는지 파악할 시간을 확보할 수도 있었다. 그 결과 일부 아이는 유치원에서 레이 버키가 한 번도 돌보지 않았다는 사실이 드러났다. 예비심문은 "장기적이고 연속적이며 포괄적인 사전 증언"이 되었다.[24] 그러자 데이비스는 다른 맥마틴 교사의 변호사 여섯 명에게도 적극적 항변을 하라며 설득했고, 예비심문을 관장하는 신참 판사인 아비바 밥Aviva Bobb에게 피고 7명의 혐의를 따로 따로 보지 말고 하나의 거대한 사건으로 처리하라고 설득해냈다. 그 덕분에 변호사 7명은 1명의 피고와 관련된 모든 증인에게 1명씩 반대심문을 할 자격이 생겼다.

변호사 7명은 법정에 있거나 맨해튼비치 경찰의 수사 보고서를 꼼꼼하게 읽지 않을 때는, 자기만의 방식으로 의뢰인을 보살폈다. 경험 많은 국선변호사 포레스트 라티너Forrest Latiner는 레이 버키의 여동생 페기 앤을 변호했다. 그는 언론과의 인터뷰에서 의뢰인을 대신해 무성한 콧수염으로 분노를 제대로 표출하는 능력이 있었다. 상대적으로 차분한 딘 기츠Dean Gits는 레이의 어머니 페기 맥마틴 버키를 변호했다. 두 변호사는 수감 중인 의뢰인의 안전을 걱정했다. 하루는 수감자들이 페기 앤의 머리에 불을 붙이려 한 적도 있었고, 페기 맥마틴 버키는 전선에 걸려 넘어져 경미한 부상을 입었다. 그래서 우선 두 사람을 보석으로 꺼내는 데 주력했다. 마침내 1984년 5월 판사는 페기 앤의 보석금을 25만 달러로 정했다. 어머니 페기 맥마틴 버키의 보석금은 100만 달러였지만 레이 버키의 보석 신청은 기각되었다.

데이비스는 거의 매일 밤 레이에게 CII 인터뷰를 보고 옮겨 적게 함으로써 집중할 거리를 주었다. 또한 교도소에서 레이의 체력이 약해지지 않도록 심혈을 기울였다. 레이는 완벽하게 건강한 상태를 유지해야 했다. 데이비스는 레이에 대해 말했다. "웬만해서는 채식만 했습니다. 과일과 채소 즙을 먹어야 하고 섬유질을 거르지 않는 편이 좋다는 주관이 뚜렷했습니다. 매사에 세세한 규칙이 있었고요." 데이비스는 길고 복잡한 재판 과정에 피고인 본인이 기여할 일은 별로 없다고 생각했다. 하지만 단 하나의 예외는 있었다. "최고로 건강한 상태를 유지하는 것입니다…… 그렇게 되려면 잠을 자야 합니다. 휴식을 취해야 하죠. 스트레스 관리를 하면 내 몸을 통제할 수 있습니다." 데이비스는 러닝머신 2대를 구입해 맨해튼비치 경찰서에 기증했다. 하나는 경찰들을, 하나는 레이를 위한 것이었다.[25]

법정에서 데이비스가 사용한 전략은 더 광범위한 전략의 일부였다. 『이지 리더*Easy Reader*』의 칼럼니스트 존 잭슨John A. Jackson이 데이비스의 태도를 묘사했다.

> 변호사의 독특한 변론 방식은 사람을 미치게 한다. (대니 데이비스의) 반대심문을 견디고 있노라면 마치 지도도 없이 러시아를 침공하는 기분이다. 내내 길을 잃고 있다가 정신을 차려보면 눈밭에 목까지 파묻혀 있는 것이다.
>
> 지난 주 30분간의 변론에서 데이비스는 19가지 주제에 대해 질문을 했다. 그는 두서없이 이 질문을 했다가 저 질문으로 화제를 돌렸다. 이따금씩 같은 피고 측 변호사조차도 데이비스의 질문이 애매하다, 관련성이 없다, 근거가 없다는 등의 이유로 이의를 제기한다. 데이비

스는 나지막한 목소리로 느릿느릿 말을 해 듣는 이의 머릿속에 뿌연 안개를 드리운다. 그는 기분 좋게 햇볕을 쬐는 방울뱀처럼 늘어져 있다. 그러다 방심한 틈을 타 공격을 한다.

데이비스를 믿으려면 그 전에 참고 견디는 법을 배워야 한다.[26]

잭슨은 법정에 항상 자리했던 기자 몇 명 중 하나였다. 언론의 관심과 1984년 하계 올림픽으로 혼잡해진 교통사정을 피하기 위해 예비심문은 북서부에 인접한 밴나이즈로 장소를 옮겼다가 8월 말 로스앤젤레스 시내 상급법원으로 돌아왔다. 장소를 옮겨도 기자들을 저지하지는 못했다. 1년 가까이 실제 법정에서 오고가는 말을 기사로 쓸 날을 기다린 그들은 이제 매일 같이 구체적인 기사를 작성했다. 『로스앤젤레스 타임스』는 로이스 팀닉Lois Timnick을 파견했다. 수년 간 수감생활이 정신건강에 미치는 영향, 아동의 자살, 힐사이드 스트랭글러Hillside Strangler*의 심리 프로파일링 같이 범죄심리학 분야를 취재한 팀닉은 맥마틴 사건을 전담하게 되었다. 토런스 지역신문 『데일리 브리즈*Daily Breeze*』는 언론 최초로 꾸준하게 검찰을 비판하는 목소리를 낸 매체였다. 일부 분노한 맥마틴 학부형은 토런스까지 운전해 항의 시위를 벌였다. 맥마틴 재판은 비주류 언론의 관심도 끌었다. 폴 에벌리Paul Eberle와 셜리 에벌리Shirley Eberle 부부는 모든 재판을 지켜보고 그 경험을 400쪽짜리 책에 담았다.[27] 부부가 이전에 출간한 책은 포르노 잡지 『핑거*Finger*』와 『푸시캣 아줌마의 모험*The Adventures of Mrs. Pussycat*』이라는 동화였다.

처음으로 파란을 일으킨 것은 존 잭슨의 칼럼이었다. 칼럼 「맥마틴

---

* 1977~78년 로스앤젤레스를 두려움에 떨게 한 연쇄살인범의 별칭

워치」는 연재를 시작하자마자 맥마틴 학부형들이 꼭 읽어야 할 기사가 되었다. 1984년 가을 잭슨은 이렇게 썼다. "외면하지 말아야 할 첫 번째 진실은 실제로 의심할 여지없이 성학대가 일어났다는 것이다."[28] 잭슨은 맥마틴 교사들이 유죄라고 믿었다. 하지만 맥마틴 가족의 징역형을 예상하며 고소해하는 검사들에 동조하지 않았다. 오히려 그런 생각을 하면 괴롭기만 했다. 잭슨은 유치원 안에서 일어난 비극이 불러온 모든 상황을 가슴 아파했다. 존슨이 고뇌에 차서 멜로드라마 같은 비유를 늘어놓자 독자도 그의 고통을 자신의 감정인 양 느낄 수 있었다. 짧게는 며칠, 길게는 몇 주 동안이나 제자리걸음을 하는 예비심문의 속도는 특히 잭슨을 미치게 만들었다.

> 오늘로 지방법원 판사 아비바 밥이 관장하는 7주차 예비심문이 막을 내린다. 출석한 피고 7명에 대해 지금까지 겨우 2명 증언을 마쳤는데, 둘 중 하나는 비밀리에 증언했다. 나머지 증인 약 98명도 소환될 예정이다…….
>
> 법정에 앉아 있으면 시간도, 형체도 없는 공간에 갇힌 기분이다. 사소한 문제를 시시콜콜 따지고, 높낮이가 없는 단조로운 목소리로 영문 모를 법정 용어를 늘어놓는 소리를 들으면 마치 고대사 강연을 듣는 듯하다.
>
> 겉모습만 봐서는 모르는 법이다. 법정에서 맥마틴 유치원의 77세 설립자 버지니아 맥마틴은 무심하게 가로세로퍼즐을 풀고 있다. 그러나 조금 더 들여다보면 헤아릴 수 없이 깊은 인간의 고뇌를 법이라는 자그마하고 깨지기 쉬운 그릇에 담으려 하는 모습이 보인다.[29]

첫 번째 칼럼이 나오고 일주일도 되지 않아 「맥마틴 워치」는 『이지 리더』를 대표하는 칼럼이 되었다. 독자의견란을 가득 채운 팬레터가 존 잭슨에게 쏟아졌다.[30]

지역신문에 보도된 사실들은 초기부터 전국적인 관심을 받았다. 그러나 1984년 말에서 1985년 초 사이, 맥마틴 사건을 특징짓는 분위기(난무하는 의혹으로 모든 것이 다 위험하다는 생각이 퍼지고 무조건적으로 정의를 추구해야 한다고 믿는다)도 전국으로 뻗어 나갔다. 시작은 키 맥팔레인이 또다시 의회에서 증언하기 위해 워싱턴DC로 갔을 때였다. 민주당 의원 찰스 랭글Charles Rangel을 비롯한 아동청소년가족 분과위원회 소속 의원들 앞에서 맥팔레인은 "저는 워싱턴에 있었던 5년 반 내내 이 문제에 대해 의회와 정부를 향해 목이 터져라 외쳤습니다."[31] 맥팔레인은 그녀가 워싱턴을 떠나 4,800킬로미터 떨어진 곳에서 새로운 삶을 시작하고 나서야 연방정부가 아동학대 방지에 관심을 보인다는 아이러니를 지적했다. 하지만 맥팔레인은 워싱턴에 있는 동안 미취학 아동의 성학대 문제에 대해 별로 들어본 바가 없었다. 그보다는 연령이 높고 학대를 자주 당하는 아동과 청소년에 관심이 집중되어 있었다. 하지만 CII에서 일하면서 맥팔레인은 '폭풍의 눈'에 들어갔다.[32] 맥팔레인은 미취학 아동이 '완벽한 피해자'라고 말했다. 왜냐하면 "남을 잘 믿고 성 관념이 약하며 어른 권위에 순순히 복종합니다. 발달단계상 마술적 사고*를 하기에 완벽한 시기라 무엇이든 설득할 수 있죠."[33] 맥팔레인은 1976년 이후로 유죄가 입증된 아동학대 기록이 매년 2배씩 증가하고 있다고 말했다. 그리고 범죄에는 "인종, 경제, 지리적 경계가 없다."라는 주장과 함

---

* 말이나 행동이 현실을 바꿀 수 있다는 믿음

께 남자아이들도 여자아이들만큼 위험에 노출되어 있다고 강조했다.

맥팔레인은 그렇게 증언을 시작했다. 이어진 발언은 다음 날 『뉴욕 타임스』를 비롯한 주요 매체에 실렸다.[34]

> 이 문제가 얼마나 널리 퍼져 있는지는 모릅니다. 연방정부의 관심을 얼마나 받아야 마땅한지도 모르겠습니다. 하지만 저는 여러분들이 알아야 한다고 생각합니다. 지금 우리 앞에는 다름 아닌 범죄 음모가 놓여 있습니다. 이 아동학대 조직은 들키지 않게 철저히 계획하고 법망을 완벽하게 피해 활동합니다.
>
> 우리나라 유치원 몇 곳은 상상 이상으로 규모가 큰 아동범죄 조직의 위장이라는 사실을 여러분이 아셔야 합니다.
>
> 이런 조직이 포르노와 성매매까지 손을 댔다면 그 어느 정부기관보다도 재정적, 법적, 사회적 자원이 우세할 가능성이 있습니다.[35]

맥팔레인은 그녀의 이론이 쉽게 믿을 수 없다는 사실을 잘 알고 있었다. 그래서 확신을 보탰다. "이런 말들을 믿지 못하겠다는 분도 계실 겁니다. 당연합니다. 저희도 상상할 수 없었으니까요."[36] 맥팔레인은 맥마틴도 평범한 사건으로 시작했음을 강조했다. 처음에는 아이 5명과 5번 인터뷰를 했을 뿐이었다. 하지만 3개월도 지나지 않아 CII는 '이성을 잃은 가족 300개의 명단'을 확보했다.[37]

전국 언론도 편집증적으로 맥마틴 사건을 보도했다. 1985년 1월 텔레비전 시사프로그램 〈20/20〉는 "왜 침묵하는가?" 편으로 섬뜩한 몇 시간짜리 방송을 내보냈다. 이 프로그램은 맥마틴 사건의 유죄를 신봉하는 이들이 오랫동안 품어온 의문을 제기했다. 만약 교사들이 정말로 잔혹한 학대를 했다면 무슨 수로 긴 세월 동안 많은 아이들을 침묵하게 만든 것일까? 톰 재리얼 기자는 교사들이 마인드컨트롤을 이용했다고 설명했다. "교사 7명이 실제로 아동학대를 저질렀다고 가정해보죠." 재리얼은 방송국이 명예훼손 소송을 당하지 않도록 가정이라는 조건을 달았다. "교묘한 행동수정 기법을 연습한 것으로 보입니다…… 아이들의 주장을 보고 있으면 묘하게 과거 전쟁포로에 사용한 세뇌 기법과 패턴이 일치하기 때문이죠."

재리얼은 이러한 주장을 뒷받침하기 위해 '세뇌에 관한 한 미 육군 최고 권위자' 제임스 롤James Roll 대령을 인터뷰했다. 소수 미군의 수치스러운 행위의 원인을 찾으려 했던 한국전쟁 이후로 마인드컨트롤의 공포는 이따금씩 미국 사회에 불쑥 고개를 들이밀었다. 롤은 마인드컨트롤은 피해자의 주요 신념과 가치를 노려 "길들이는 과정"이라고 설명했다. 방송 중 재리얼은 전문가들이 '행동수정의 8가지 유형'이라고 부르는 시각자료를 보여주었다. 19세기 골상학에 사용된 그림처럼 겁에 질린 아동의 옆모습을 나타낸 이 자료는 뇌를 '가족', '고립', '약물', '고문', '종교와 애국심' 등 8개 영역으로 나누었다. 재리얼은 맥마틴 아동 3명의 인터뷰 영상을 통해 각각의 영역을 설명했다. 예를 들어 '종교와 애국심'을 설명하고 나면 아동의 인터뷰 영상으로 화면이 바뀌는 식이었다. 얼굴은 가리고 목소리를 변조한 아이는 교사들이 성찬식 제병을 땅에 묻으라고 시켰다고 설명했다. 또 다른 아이는 미국 국기가 달린 깃대로 강간을 당했다고 말했다.

교사들은 부활절 토끼가 이제는 너희를 사랑하지 않을 것이라고 말했다. 아이들을 냉장고에 가두었고, '은밀한 부위에서 나온 것'들을 '게걸스럽게 먹으라'고도 강요했다. 〈20/20〉에서 상세하게 선보인 학대 이야기는 너무도 끔찍하고 설득력이 없어서 방송을 진행하는 앵커조차도 귀를 의심하는 듯했다. 이것은 잘 알려져 있지 않은 집단 히스테리의 특징이다. 대니 데이비스의 '참회' 단계에 도달하고 나서야 미친 소리라고 생각하는 것이 아니라, 당시에 주장을 믿던 사람들도 상황을 쉽게 이해하지 못했다. 보도가 끝나고 화면이 스튜디오로 돌아왔다. 바바라 월터스Barbara Walters는 재리얼에게 아이들이 의외로 수준 높은 어휘를 사용하는 점을 지적하며 질문했다. "이 어린이들이 사용하는 말은 어떤가요. "이를테면 '구강성교'나 음…… '우리를 탐닉했어요.' 같은 말은 전혀 어린아이들이 쓸 만한 언어가 아닌데요." 월터스는 아이들의 말에 감정이나 진실성이 없었고 느꼈다. 이처럼 집단 히스테리는 내부의 모순이 너무 강력해서인지 슬며시 진실을 저절로 드러내는 특징을 보인다. 재리얼은 대답했다. "아니요, 이해합니다. 이 어린이들은 심리치료를 받으면서 철두철미하게 리허설을 했다고 보시면 됩니다. 이야기를 몇 번이고 반복해서 들었죠. 치료사들은 무슨 일이 있었는지 아이들이 이해할 수 있는 언어로 설명하기를 원했기 때문입니다."[38]

로스앤젤레스에서는 〈20/20〉 뉴스를 볼 수 없었다. 이 방송을 계기로 "방송에서 아동 증인이 보편적으로 이용될 것이다."라는 학부형들의 우려 때문이었다. 그래서 KABC의 반대에도 불구하고 그들은 KABC 지역방송이 다른 방송을 대신 내보내도록 설득했다.[39] 1985년에 접어들면서 예비심문을 둘러싼 상황이 이상하게 돌아가기 시작한다. 우선 『미셸 기억하다』를 쓴 로렌스 패저와 미셸 스미스(미셸 프로비의 가명) 부부가 맨해튼비치로 와 맥마틴 학부형들과 경험담을 주고받았다. 세인트크로스 성공회교회에서 사탄교 의식이 열렸다는 소문이나 지역 뉴스 보도가 있었지만, 패저는 부모들과 이야기한 후 맥마틴 사건과 '정통파

사탄교'는 관련이 없을 것이라는 결론을 내렸다.[40]

몇 달 동안 부모들이 증언한 끝에 드디어 아이들도 증언대에 서기 시작했다. 사건에 대한 언론의 관심이 또다시 폭발했고 다른 문제들도 나타났다. 아이들이 폐쇄회로 텔레비전으로 증언할 수 있는 상원 법안이 최종 통과되기까지는 몇 달이 남았다. 따라서 새트라맨토 법정의 검사들은 증인의 마음을 편하게 할 방법을 찾아 나섰다. 우선 아이들에게 위로가 될 '후원자'를 법정으로 부르기로 했다. 검사 측의 요청을 처음 수락한 후원자는 방송과 경기장에서는 미스터 T라 불렸던 레슬러 로렌스 투로드Laurence Tureaud였다. 변호인단이 끊임없이 이의를 제기한 덕분에 투로드가 법정에서 아동 증인들을 격려할 기회는 없었다.[41]

그러나 1985년 봄이 되자 유명 방송인을 법정에 입회시키려 시도한 쪽은 대니 데이비스였고 이번에는 검사 측이 이의를 제기했다. 갈등의 중심에는 4월에 증언한 10세 소년이 있었다. 대부분의 아동 증인이 치료사와 부모의 강한 압박에 못 이겨 이야기를 거짓으로 꾸며냈다. 하지만 적극적으로 거짓말을 한 아이들도 몇 명은 있었다. 이 10세 소년도 그 몇 명에 속했다. 며칠씩이나 괴로운 반대심문이 이어지는 동안 소년의 입에서 나온 주장은 갈수록 놀라워졌다. 그는 대니 데이비스를 비롯한 변호사들에게 공동묘지로 소풍을 가서 무덤을 팠다고 말했다. "거의 매일" 칼과 주삿바늘로 학급 동물을 죽여야 했고,[42] 멍이 들고 피가 나고 일어날 수 없을 때까지 두들겨 맞은 날도 많았다고 했다. 평소 기자들에게 화만 내던 포레스트 라티너도 휴정 중에 폭소를 하며 인터뷰를 했다. "훤한 대낮에 꼬맹이 7명이 곡괭이를 들고 묘지로 행진하는 모습을 상상해 보십시오. 전혀 말도 안 되는 얘기죠." 글렌 스티븐스Glenn Stevens 검사는 소년을 지원할 수밖에 없었다. "증인은 협박을 받고 공동묘지로 끌려갔습니다. 그리고 그곳에서는 끔찍한 일들이 벌어졌습니다."[43]

하지만 스티븐스는 소년의 다음 증언 이후로는 기자들에게 아무 말도 하지 못했다. 그 대신 복도를 말 그대로 '전력질주'해 자기 사무실로 들어가 문을 잠갔다. 그날 대니 데이비스는 소년에게 성공회교회와 공동묘지에 있었다고 계속 언급되는 낯선 사람들에 대해 몇 가지 질문을 했다. 데이비스는 사진 여러 장이 붙은 커다란 판을 들고 이 사진 중에서 교회와 묘지에 있던 사람을 알아보겠냐고 물었다. 소년은 "네, 있어요."라며 사진 2장을 가리켰다. 하나는 당시 로스앤젤레스 지방검사 후보 제임스 케네스 한James Kenneth Hahn이었고, 다른 하나는 액션영화 스타 척 노리스Chuck Norris였다.[44] 데이비스는 이 10세 증인과 관련된 기소를 전부 취하하지 않으면 한과 노리스를 증인으로 소환하겠다고 주장했다. 당시에는 검사, 변호사, 판사, 기자 모두 정식 재판까지 적어도 1년을 기다려야 한다고 추측하고 있었다. 그래서 데이비스와 맥마틴 변호팀은 검찰 측 주장에 작은 의혹도 제기하지 않았다. 그들의 주장을 우스워보이게 만들 뿐이었다. 데이비스의 전략은 먹혀 들어가고 있었다.

예비심문이 장기전으로 들어가며 검찰이며 피해자를 지지하는 사람들, 맨해튼비치 전체는 지독한 인내심 테스트를 하는 기분을 느꼈다. 형사재판은 무조건 양측이 대립하는 성격이다. 따라서 아무리 고결한 마음으로 무고한 사람을 위해 노력하는 변호사라도 사건을 법정까지 끌고 온 검찰을 후회하게 해주겠다며 비열한 방법도 불사한다. 존 잭슨은 이런 전략을 누구보다도 예민하게 받아들었다. 잭슨은 수십, 수백, 수천 명의 아이들이 범죄 피해자가 되었다는 믿음을 고수하고 있었다. 그가 1985년 연재를 시작한『이지 리더』칼럼을 쭉 보면 막대한 비용을 들여도 재판으로는 사우스베이의 정의가 바로 서지 못할 것이라 의심하게 되는 과정이 눈에 보인다. 1985년 봄에 쓴 칼럼의 내용이다. "맥마틴 사건은 번개처럼 내리쳐 영혼을 파괴한다. 관련된 모든 사람이 내리막길을 굴러 가는 바위처럼 더 큰 파멸을 향해 치닫고 있다."[45] 검찰 측의 주변 인물 다수와 마찬가지로 잭슨도 이 사건이 어떤 중대한 이유로 실패할 것이라 믿었다. 인간이 실수를 하거나 증거가 부족해서가 아니라 근본적으로 사법제도에 이런 끔찍한 사건을 처리할 수단이 없기 때문이었다. "맥마틴 예비심문이 진행되는 법정 안, 한결같이 단조롭게 울려 퍼지는 소리 아래로 가끔씩 다른 소리가 들린다. 마치 베이스 반주처럼 깊은 울림으로 계속되는 그 소리는 바로 사법제도가 무너져 내리는 소리다."[46] 그런 생각만으로 잭슨은 두려움에 떨었다.

"울고 있는 아이를 달랠 수도, 볼 수조차 없는 나는 그 아이의 공포가 얼마나 대단한지 냉정하고 공정하게 가늠해보려 하고 있었다. 그동안 두려움 따위 없는 어른들은 아이의 뼈를 노리는 짐승처럼 사방에서 몰려들어 다투었다." 이 칼럼을 쓴 1985년 중반 무렵 잭슨의 두려움은 절망으로 바뀌었다. 잭슨은 이 사회가 아이를 학대에서 보호하지 못했을 뿐만 아니라, 피도 눈물도 없는 사법제도에 아이를 던져놓는 더 큰 실수를 저질렀다고 생각했다. 그가 의도하지는 않았지만 잭슨의 생각은 반은 맞고 반은 틀렸다. 몇 시간 동안 심리치료사와 인터뷰를 하고 부모의 질문을 받고 경찰 조사를 견디다 자신이 사탄주의자에게 강간을 당했다는 믿음을 키운 아이들, 진실을 알면서도 거짓말을 한 아이들은 분명 '무언가'의 피해자였다. 여러 가지 면에서 사법제도에 문제가 많았다는 것 또한 사실이다. 그러나 그해 9월 잭슨은 밥 판사가 오전에만 대니 데이비스의 질문 114개 중 81개가 "관련 없음, 애매함, 이미 대답함, 부적절함" 같은 이유로 기각했다고 보도했다.[47] 오전 내내 적절한 질문을 겨우 33개만 한 변호사도 문제였지만 판사도 못지않았다. 그녀는 법정을 제대로 통제하지 못하고 변호사의 부절적한 질문들을 제대로 차단하지 못했다.

잭슨은 맥마틴 사건에 대해 계속 칼럼을 쓸 수 있을지 자신이 없었다.

> 사회적 책임감이 강하지 않은 사람은 방관하고 거들게 될 것이 분명하다. 끔찍한 이야기에 흥분을 느끼며 남에게 전하고 그에 따라 공범이 된다…… 내게 불신과 좌절은 고질병이 되었다. 더는 검찰의 능력과 진실을 추구하려는 충심을 믿지 않는다. 정의를 기대하지 않으며, 우리 사회와 피해아동의 상처가 치유될 것이라 기대하지도 않는다. 날이 갈수록 그것이 얼마나 중요한지 뼈저리게 느끼는데도 말이다. 인간으로서 나는 인간의 손길이 혐오스럽고 두려워지고 있다.[48]

11월이 되자 잭슨은 지칠 대로 지쳤다. 『이지 리더』 편집부는 더 회의적인 관점으로 보도해줄 사람이 필요했다. 잭슨은 마지막 칼럼에 이렇게 썼다. "예비심문은 최종 목적지가 아니다. 하지만 무언가를 거르는 깔때기라 할 수 있다. 비유하자면 한쪽으로 들어간 정보는 독이 되어 반대편에서 나온다."[49]

예비심문은 17개월 만인 1985년 1월 9일에 끝이 났다. 밥 판사는 피고 7명 전원이 135가지 혐의로 재판을 받을 것이라는 판결을 내렸다. 그러나 불과 8일 후, 지방검사 아이라 라이너는 레이와 페기 모자만 재판을 받는다고 발표했다. 버지니아 맥마틴, 페기 앤 버키, 메리 앤 잭슨, 베티 라이더, 바벳 스피틀러에 대한 혐의는 전부 기각되었다. 2년하고도 하루 수감 생활을 한 페기 맥마틴 버키는 보석으로 풀려나 집으로 돌아갔다.

존 잭슨이 말한 독으로 피고인과 가족, 경찰 조사 이후 재기하지 못한 그들의 사업, 세인트크로스 성공회교회의 목사와 신도들은 분명 피해를 입었다. 그러나 이 사건에서 가장 심하게 무너진 사람은 다름 아닌 주디 존슨이었다. 그녀는 수사 과정을 감당하지 못했다. 1985년 정신 건강이 급격히 악화되며 주량이 늘었다. 집에 찾아온 친척을 현관문 앞에서 엽총으로 위협한 후 제 발로 병원에 입원해 정신감정을 받은 일도 있었다. 존슨은 심각한 망상형 정신분열증 진단을 받았다. 두 자녀의 양육권은 워싱턴 주에 살고 있던 존슨의 아버지에게 넘어갔다.[50]

예비심문 직후 사건에서 자의나 타의로 손을 뗀 검사 중에는 지방검사보 글렌 스티븐스가 있었다. 라엘 루빈, 크리스틴 존슨Christine Johnson과 함께 맥마틴 사건을 담당했던 그는『데일리 브리즈』기사가 터진 후 물러나게 되었다.『데일리 브리즈』는 스티븐스가 지방검사 사무실 내에서 맥마틴 아이들의 주장을 의심한다는 말을 했다고 보도했다. 스티븐스는 젊고 인기가 높았다. 언론과도 사이가 아주 좋아 그날 재판이 끝나면 기자들에게 둘러싸여 있는 경우가 많았다. 하지만 검사 측은 굳은 확신을 드러낼 필요가 있었기에 스티븐스를 잘라야 했다. 그는 지방검찰청에 사직서를 내고 형사사건 전문 로펌에 취직했다. 1986년 말에야 알려지는 사실이지만, 이후 스티븐스는 봄과 여름 내내 저명한 할리우드 극작가의 집에서 저녁 시간을 보내며 과거 동료들이 맥마틴 사건을 실제로 어떻게 생각하는지 30시간 이상 떠들었다. 극작가 부부는 글렌 스티븐스의 말을 모두 녹음했다.

애비 맨Abby Mann은 〈뉘른베르크의 재판*Judgment at Nuremberg*〉으로 아카

데미 각본상을 탄 작가였다. 그 영화에서 배우 스펜서 스테이시Spencer Tracy는 제2차 세계대전이 끝난 후 열린 미국 군사재판의 재판관을 연기했다. 애비는 그 후에도 작품에 연극 같은 재판을 이용했다. 1970년대 말에서 1980년대 초 사이 발생한 애틀랜타 아동 살인사건을 다룬 텔레비전 영화 각본을 썼고, 맥마틴 사건에서 균열이 보이기 시작하면서 또 다른 기회를 잡았다. 애비는 여러 관련자에게 이야기를 듣고 싶다고 연락했고 요청을 받아들인 글렌 스티븐스는 계약서에 서명을 했다. 스티븐스는 긴장과 설렘이 공존하는 마음으로 애비 맨과 아내 마이라 맨Myra Mann의 집에서 와인잔을 기울이며 대화를 했다. 하루는 이런 질문을 했다. "그나저나 마이라, 이 테이프 내용을 옮겨 적은 다음에는 어떻게 해요? 다 지워버리나요?"

마이라는 대답했다. "네, 물론이죠."[51]

스티븐스는 앞으로 하려는 말이 공개되면 법조인으로서 그의 장래를 쥐고 있는 사람들과의 관계가 끝장난다는 사실을 그때 깨달았어야 했다. 하지만 그럴까 봐 불안했어도 걸출한 할리우드 극작가들이 만든 영화에서 진실을 이야기하는 주인공이 될 수 있다는 기대감이 더 컸다. 애비와 마이라 맨은 유명배우가 스티븐스 역을 맡을 것이라고 넌지시 힌트를 주었다. 마이라는 이렇게 말했다. "남편 말대로 갈등을 겪는 면이 남자 주인공으로 완벽하죠."[52]

스티븐스는 오랫동안 의심 때문에 괴로웠다고 말했다. 검사들은 맥마틴 교사들의 집이나 다른 지역에 대한 경찰 수색을 조직하고 협조하는 일을 맡기도 했다. 이때 스티븐스는 누구보다 먼저 물적 증거를 직접 조사했다. 증거가 나와야 하는 곳을 몇 번씩 뒤져도 아무것도 나오지 않았다. 그는 맥마틴-버키 가족이 찍은 가족영상을 전부 보아야 했다. "정말이지 테이프를 끝도 없이 봤어요. 시답잖은 멕시코 여행기였죠. 왜 있잖아요, '바다에서 우리 가족' 같은 비디오 말이죠." 다음으로는 버지니아의 일기장을 읽고 하나같이 '평범한 내용'에 실망했다. "'오늘 페기가 사우스다코타에서 전화를 했다.' 이런 부모자식 얘기였어요. 아니면 '오늘 NCAA 남자농구 챔피언십에서 UCLA가 루이스빌에 졌다. 망할, 화가 난다.' 이런 내용이든가요. 장담하는데 그 여자는 레이커스 팬일 겁니다."[53]

스티븐스에 따르면 수사 초반부터 맥마틴-버키 가족은 변호사가 늘 주장했던 모습과 정확히 일치했다고 한다. 그들은 서로 돈독했고 노부인이 이끄는 유치원에 일생을 바치는 가족이었다. 버지니아는 전날 LA 에인절스 야구경기에 대해 배심원들과 수다를 떨다가 판사에게 질책을 받은 일도 있었다. "평범한 살인사건과 딴판이었어요. 그런 사건은 밖에 나가서 증인 몇 명을 인터뷰하면 되고 모든 단서가 증거로 연결되어 있죠. 이 사건의 단서는 뭐 하나 내놓는 것이 없었어요. 단서를 쫓으면 또 단서가 나오는 식으로 꼬리에 꼬리를 물었습니다."[54] 물론 증거가 없음에도 지방검사는 기소를 밀어붙였다. 어느 날 라엘 루빈은 예비심문 중 판사 앞에 서서 이렇게 말한 적 있었다. "우리가 유치원에서 발견한 공포는 분명 우리 아이들 세대 전체를 병들게 할 것입니다." 스티븐스는 맨 부부의 집에서 그날을 떠올리며 말했다. "증명된 건 아무것도 없었어요."[55] 그는 대배심에서 재판으로 넘어가는 동안 어디선가 진짜 증거가 나타날 것이라는 지방검찰청의 확신을 전했다. 그리고 그와 동료들이 이토록 자신만만했던 것은 야심 때문이라고 말했다. 필리보시안은 '인지도 상승'을 노렸고 라엘 루빈은 '맥마틴 사건을 발판으로 스타 검사가 되겠다고 생각했다'는 것이다.[56] 스티븐스에 따르면 검찰 내에서 라엘의 야망은 공공연한 비밀이었다. 그녀와 일하지 않는 게 상책이라고 경고하는 동료들도 있었다. 하지만 당시에는 스티븐스도 나름의 야심이 있었다. "그러니까 저는 맥마틴 사건으로 얻고 싶은 게 무엇인지 잘 알았어요. 유죄 판결을 끌어내려고 열심히 노력하고 싶었고 음, 궁극적으로는 지방검찰청 내에서 승진을 하고도 싶었고 판사 같은 길로 나아가고 싶었죠. 내 경력을 키워줄 디딤돌 같았던 겁니다."[57]

애비와 마이라 맨은 자신감 넘치는 스티븐스를 보며 약간의 의심을 보였던 것 같다. 그는 맨 부부가 선택한 주인공이었다. 부부가 명백한 오심이라고 생각하는 사건에 대해 검사였던 그가 거리낌 없이 이야기하고 있었다. 스티븐스가 진심으로 맥마틴 사건을 "히스테리"의 산물로 생각했다면 왜 그토록 오래 침묵을 지켰을까? 왜 공개적으로 의심을 표하지 않았을까? 귀가 얇아서? 자기 이익만 생각해서? 스티븐스는 의혹을 부인할 필요가 있었다. 그래서 그는 어떤 측면에서 보면 맥마틴 사간이 그렇게 이상해 보이지 않는 시기가 있었다고 주장해야 했다. "맨해튼비치와 허모서비치 전체를 거의 다 수색했는데도 빈 손이었습니다." 하지만 스티븐스는 다른 관점을 제시했다. "그러니까 초동수사가 너무 어설퍼서 (피고들이) 증거를 감추고 없앨 기회가 충분했다는 거죠." 게다가 아이들 문제도 있었다. 스티븐스는 CII에서 많은 아이를 세뇌했다는 말을 전혀 믿지 않았다. 할 수 있는 방법이라고는 "부지런히 증언을 이끌어내고 부지런히 수사를 진행해서 음, 결과를 지켜보는 것뿐이었습니다."[58]

주디 존슨을 비롯한 부모들 이야기도 나왔다. 스티븐스는 맨 부부와 대화하며 검찰이 맥마틴 학부형을 증인이자 지지와 찬성을 얻어야 하는 집단으로 생각한다며 상세히 설명했다. 한편 지지하지 않는 부모는 정적으로 여긴다고 했다. 1984년 4월에 맥마틴 사건에 참여한 스티븐스의 첫 번째 업무는 부모들이 전화로 신고한 단서를 확인하고 수색영장을 발부할 가치가 있는 단서를 결정하는 일이었다. 이 단서들은 가관이었다. "맥마틴 유치원에 딸을 보냈던 맥도널드 부인이 스미스 부인에게 한 얘기를 전해 들었어요.", "우리 애가 집에 와서 말했던 기억이 나요. 페기가 아이들을 차에 태우고 미세스구치 식료품점에 갔댔어요."[59]

스티븐스는 이렇게 맥마틴의 사건의 혼란스러운 의혹과 암시를 정리하려던 중 처음으로 주디 존슨을 만났다. 1984년 봄 루빈은 스티븐스에게 일명 '주디 J'에 대해 이렇게 말했다. "진짜 독특한 사람이야." 정확히 어떤 면이 이상하냐고 묻자 루빈은 "뭐, 만나보면 알 거야."라고 대답했다. 지방검찰청에서는 존슨이 골칫덩어리라는 분위기가 빠르게 퍼지고 있었고, 그녀의 집으로 운전하는 길에 스티븐스는 걱정이 태산이었다. "주디가 증언해야 하나? 다들 생각하는 것처럼 정신이 이상한 사람일까?" 하지만 존슨을 만나자 불안은 잠시 가라앉았다. "말을 돌리지 않고 딱 부러지게 대답을 했어요. 별로 감정적이지도 않았고요." 하지만 존슨의 아들과 인터뷰를 시작하자 불안감은 다시 커졌다. "앉아서 '안녕, 매튜.'라고 인사하면 고개를 들고 웃기만 해요. '나는 글렌이야. 네 변호사지. 아저씨가 엄마와 법정에 갈 건데, 네가 겪은 일들에 대해서 이야기하려고 왔어.' 그랬더니 아무 말이 없어요."[60]

분명 매튜는 그가 했다고 하는 주장을 스티븐스에게 이야기할 수 없었다. 애초에 매튜가 주장을 했다는 것조차 전해들은 말에 불과했다. 스티븐스는 아들이 유치원에서 겪은 이야기를 존슨이 정확하게 전달하고 있음을 믿어야 했지만 날이 갈수록 존슨이 경찰에 이상한 신고를 한다는 소문이 떠돌면서 고충은 더욱 심해졌다. "항상 걱정이었어요. 제정신이 아닌 채로 법정에 출석해서 말도 안 되는 증언을 할 것 같았습니다."

수사가 마무리되고 예비심문을 시작하면서 스티븐스는 정기적으로 존슨을 찾아갔고 존슨은 결국 증언대에 섰다. 스티븐스는 맨 부부에게 말했다. "어디에 있는지 파악하기는 어렵지 않았어요. 하지만 그때 정신이 어디 가 있는지 알아내는 건 고역이었죠…… 몸과 마음이 서로 다른 공간에 있었기 때문이에요." 존슨은 법정에서 밥 판사에게 비교적 문제없이 증언을 했지만 이후 몇 달 사이 존슨에 대한 스티븐스의 걱정은 더욱 커졌다. 증언 2주 후, 존슨은 집에 강도가 들어왔다고 신고를 했다. 스티븐스의 기억에 따르면 존슨은 이렇게 말했다. "훔쳐간 물건은 없어요. 그런데 매튜가 강간을 당했어요."[61] 존슨는 탈영한 해군이 방충망을 뜯고 집에 들어왔다고 했다. 범행 장면을 직접 보지는 못했지만 매튜의 항문이 붉어져 있었다. 그러니 경찰이 즉각 출동해야 한다는 것이다.

"이 여자의 정체가 무엇이고 지금 상황이 어떻게 돌아가는지 정확하게 분석하는 사람이 없었어요."[62] 맨 부부는 주디 존슨의 정신건강에 대해 라엘 루빈과 이야기한 적 있냐고 물었다. 스티븐스는 "그럼요, 주디 덕분에 실컷 웃었죠."라고만 할 뿐, 존슨의 정신상태가 맥마틴 사건의 피해아동과 피고인에게 미치는 영향은 전혀 논의하지 않았다고 했다. 대화를 하지 않은 이유를 설명하지는 않았지만 형사재판의 효율성 문제가 크게 작용했던 것 같다. 주디가 재판장에 나타나는 한, 그녀의 문제는 검사 측에게 별 의미가 없었다. 맨 부부의 거실에 있는 스티븐스도 그가 아는 사실들이 재판 결과에 영향을 줄 이유가 없다고 믿는 듯했다. 대화 내내 스티븐스는 배심원이 평결을 내리기 전까지는 그가 한 말들이 절대 공개되어서는 안 된다고 강조했다. 사건에 대한 의심 때문에 갈등하다가 다른 사람에게 폭로할 수밖에 없는 검사의 심정은 이해할 수 있다. 하지만 스티븐스는 이미 몇 달 전 사직서를 써서 검사로서 사건 결과에 영향을 줄 리 없는데도 당당히 폭로하지는 않았다. 어느 날은 자신이 맨 부부의 영화에 도움을 준 사실을 재판이 끝날 때까지 비밀로 묻어달라고 말했다.

스티븐스. 애비, 내가 한 마디 할게요. 솔직히 이 사람들이 유죄 판결을 받을 가능성이 있다고 생각하지 않죠?

마이라 맨. 유죄 판결을 받을 리 없어요.

스티븐스. 절대로…….

마이라. 그래서, 그 이유로 이 비겁한 사람들이…….

스티븐스. 그래서…….

애비 맨. 뭐, 우리 작품 얘기라면…….

스티븐스. 그러니까 그때까지 기다려야 해요.

애비. 우리 작품을 위해서 유죄를 받지 않는 편이 좋죠.

스티븐스. 맞아요, 우리 작품을 위해서요. 무죄 선고를 위해 건배합시다.[63]

스티븐스와 맨 부부의 대화가 세상에 공개되지 않고 재판이 끝날 때까지 맨 부부가 영화 제작을 미루는 한, 글렌 스티븐스가 느끼는 양심의 가책으로 직접 득을 보는 사람은 글렌 스티븐스 한 사람뿐이었다. 맨 부부에게 자문을 하며 돈을 받았을 뿐만 아니라 스티븐스는 자신이 어떤 역할을 했는지 이야기하며 가끔씩 마음을 무겁게 짓눌렀던 부담을 털어버릴 수 있었다.

스티븐스는 특히 주디 존슨에 관해 자세하고 생생하게 묘사했다. 1984년 중반 주디 존슨이 시애틀에서 연락을 해왔다. 병원에 있지만 그 이유를 모른다고 했다. “아이들과 자기 폭스바겐 승합차를 타고, 어, 시애틀로 운전을 하고 있었대요. 그리고, 음, 해군들이 탄 차가 뒤를 쫓아오고 있었다고요.” 이후 소식이 없던 존슨은 며칠 후 다시 전화해 사실은 병원에 있지 않았고 쭉 친구 집에 있었다고 고백했다. 로스앤젤레스로 돌아올 때도 캘리포니아 북부 어디에선가 스티븐스에게 전화해 해군들이 또 쫓아온다고 말했다. 스티븐스는 수사관의 도움을 요청했을까? “주디, 저기, 일단 로스앤젤레스로 돌아오는 게 어때요.” 존슨은 스티븐스의 말대로 행동했다. 그러더니 이번에는 자기 아들이 로스앤젤레스 카운티 교육위원회 위원 로버타 와인트라웁Roberta Weintraub에게 학대를 당했다고 신고했다. 존슨은 이렇게 말했다고 한다. “매튜가 그 여자를 텔레비전에서 봤어요. 그러고는 ‘엄마, 저 아줌마가 나한테 성희롱을 했어.’라고 말하지 뭐예요.” 스티븐스는 왜 이날의 통화가 유독 선명하게 기억나는지 이유를 알 수 없었다. 하지만 그때 처음으로 존슨의 정신에 문제가 있다는 사실이 피부에 와닿았다고 했다. 스티븐스는 맨 부부에게 말했다. “갑자기 그 입에다 양말을 쑤셔 넣고 싶었어요.”[64]

한여름이 되어서야 글렌 스티븐스와 맨 부부의 대화는 마무리되었다. 그로부터 반 년 후 판사가 레이 버키의 보석 요청을 거부한 바로 그날, 경찰은 자택 침실에 숨져 있던 주디 존슨을 발견했다. 사망 원인은 내출혈이었다. 오래 전부터 존슨이 궤양으로 고생했다는 친구들의 증언으로 미루어 보아 몇 달 사이 알코올에 의존하는 정도가 심해지면서 증세가 악화되었을 가능성이 있었다. 존슨과 친했던 밥 커리는 이렇게 말했다. “주디는 맥마틴 사건을 존재하게 한 사람입니다.”[65] 경찰이 그녀를 발견했을 때 찬장에는 먹을 것이, 쓰레기통에는 빈 술병이 있었다. 그리고 우체통에는 대니 데이비스가 넣어둔 소환장이 있었다.

5

FBI, DSM, XXX

1980년대 중반이 되자 온 나라가 집단 패닉에 휩싸였다. 맥마틴, 컨카운티, 조던을 시작으로 의식학대가 있었다는 기괴한 주장이 여러 지역에서 터져 나오며 수사가 진행되었다. 텍사스 주 엘패소의 경우, 미셸 노블Michelle Noble과 게일 도브는 YMCA 이스트밸리 지부에서 파트타임으로 일하고 있었다. 두 여성은 돌보던 아이들을 노블의 집으로 데려가 학대했다는 혐의를 받았다. 검사 측 주장에 따르면 학대에 가담한 남성도 있지만 아이들이 괴물과 늑대인간으로 변장한 모습밖에 보지 못해 그 남성의 신원을 확인할 수 없었다.[1] 브롱스에서는 남자 5명이 마을 어린이집을 돌아다니며 아동학대를 했다고 유죄 선고를 받았다. 그중 한 사람은 3살짜리가 몇 시간이나 이어진 경찰 인터뷰에서 한 증언만으로 유죄 판결이 났다. 수사는 결국 14개 보육시설로 확대되었다. 북쪽으로 몇 시간 거리에 있는 매사추세츠 주 피츠필드의 19세 보조교사 버나드 배런Bernard Baran은 아동 5명을 학대한 혐의로 유죄가 선고되어 몇 백 년에 이르는 징역형을 받았다. 배런은 커밍아웃한 게이였다. 재판 중 검사는 배심원단을 향해 어린이집에 게이 남성을 고용하는 것은 "사탕가게에 초콜릿 중독자를 집어넣는 것과 같다."라고 주장했다.[2] 이런 어린이집 사건들은 게이가 아동학대 기질을 타고 났다는 케케묵은 동성애 혐오 사상에 새롭게 불을 붙였다.

매사추세츠 주 몰든과 뉴브레인트리에서도 의식학대와 배설물, 아동 포르노가 관련된 학대 의혹이 제기되었다. 뉴저지 주 메이플우드의 아이들은 낮잠 시간에 켈리 마이클스라는 여성에게 학대를 당했다고 증언했다. 성기에 땅콩버터를 발라서 핥고 주방도구로 강간했다는 것이다. 마이애미에서는 지방검사 자넷 레노(훗날 클린턴 정부 법무장관이 된다)가 쿠바 이민자인 프랭크 퍼스터와 일리나 퍼스터 부부를 기소하는 데 성공한다. 컨트리워크라는 작은 교외 마을에 살던 부부는 집에서 아이들을 돌보았다. 두 사람 모두 가학적인 의식으로 아이들을 학대하고 정체 모를 향정신제를 먹였다는 혐의를 뒤집어썼다. 10년형을 받은 일리나는 3년 반 후 고향인 온두라스로 추방되었고, 프랭크는 6회 연속 종신형을 받아 계속 복역 중이다. 테네시 주 멤피스, 미시건 주 나일스, 오하이오 주 스펜서타운십, 일리노이 주 시카고, 메릴랜드 주 클라크스빌에서도 갖가지 사건들이 터져 나왔다. 뉴욕 주 웨스트포인트에 있는 육군사관학교 어린이집도 예외는 아니었다.

모든 사건에 공통점이 있었지만 크고 작은 차이점 또한 셀 수 없이 많았다. 일부는 유죄였고 일부는 무죄였다. 법정으로 가기 전에 검사 측에서 기소를 철회한 사건들도 있었다. 피고인 절반 이상은 여성이었다. 60대와 70대도 있었고 십대 청소년도 몇 명 포함되었다. 피고인의 출신은 노동자 계층, 대도시, 부유한 교외 등 다양했다. 대부분 완전히 무고하다는 것이 밝혀져 혐의를 씻었지만 과장된 의식학대 의혹에 묻혀 드러나지 않은 실제 학대행위도 있다. 그것들이 다른 의혹에 비하면 '정상적인 학대'라는 말로밖에 설명할 수 없음이 슬플 따름이다. 피츠필드에서는 4살 소년이 정말로 성병에 감염되었고 이후 소년의 어머니는 버나드 배런을 경찰에 용의자로 지목했다. 그러나 사회복지사와의 인터뷰에서 소년은 엄마의 남자친구에게 학대를 당했다고 불분명한 태도로 주장했다. 그 남성은 영영 기소되지 않았다.

이처럼 세세한 사정이 다르고 사회적·법적 환경도 다양했기 때문에 사건마다 결과는 극과 극이었다. 하지만 상상으로 시작된 보육기관 성학대 사태는 전국 무대로 뻗어나가면서 전혀 다른 양상을 띠게 되었다. 늘 그렇듯 지역뉴스는 도움이 되다가도 문제를 악화시켰다. 끝없이 우려와 불안을 표현하는 가운데 중요한 사실들을 놓칠 때도 있고, 그렇지 않을 때도 있었다. 그러나 의식학대가 보통 규모를 넘는 충격적인 현상이라는 인식을 키운 것은 전국적인 언론이었다. 기사에는 "갈수록 증가하고 있다."라는 표현이 많이 사용되었다. 조던 성학대 조직을 다룬 『피플』지 기사, 키 맥팔레인의 상원 증언을 정리한 『뉴욕타임스』 기사, "대체 누가 아이들을 보살피는가?"라는 "참담한" 질문을 던진 『타임』지 커버스토리는 정도의 차이는 있을지언정 핵심은 똑같았다.[3] 〈20/20〉의 맥마틴 사건 보도와 〈아멜리아의 비밀*Something About Amelia*〉 같이 학대 트라우마를 주제로 한 텔레비전 영화도 내용을 자세히 보충해 주었다. 테드 댄슨Ted Danson과 글렌 클로즈Glenn Close 주연의 〈아멜리아의 비밀〉은 최고 시청률을 기록했다.

항상 커다란 문제가 생길 때마다 우리는 언론에 책임의 화살을 쉽게 돌린다. 하지만 문제를 시간 순서대로 늘어놓고 보면 집단 패닉을 퍼뜨렸다고 언론에만 손가락질을 해서는 안 된다. 대체로 수사와 재판은 전문 뉴스에 보도되기 '이전'에 발생한다. 신문이나 방송에서 의식학대가 발생한 마을에 도착했을 때는 추가 사건이 이미 발생한 후다. 학대 의혹이 제기되고 신빙성이 있다고 판단한 경찰은 1명이든 10명 이상이든 용의자를 설정하고 수사를 개시한다. 피해자 인터뷰를 맡은 치료사나 수사관은 경찰이나 학부형이 상상조차 할 수 없었던 규모의 범죄를 밝혀낸다. 학부형들은 수색대를 조직하고 활동단체를 만든다. 지역사회 모임을 주최하고 법 개정을 촉구한다. 그사이 대배심은 시·카운티 검찰에 산더미 같은 기소문서를 전달한다. 언론이 지속적인 관심을 보내기 한참 전부터 전문기관, 입법부와 사법부, 친구, 이웃, 시민단체가 전부 힘을 합쳐 각 지역에 집단 패닉을 퍼뜨렸을 것이다. 언론은 과대망상에 빠져 공포 분위기를 조장하는 소수의 이야기를 다듬어 내보냄으로써 히스테리를 전달하고 증폭한다. 하지만 히스테리가 완전히 뿌리를 내리는 시점은 정부, 사법부, 학교, 의학계처럼 우리 사회에서 가장 중요한 영역까지 진출한 후다. 이제 히스테리는 다른 문제와 마찬가지로 작용하며 사람들의 힘을 모으고 사회변화를 불러오는 것이다.

1980년대 중반, 전국의 경찰이 의식학대를 더 심각하게 받아들이기 시작하면서 학회 보고서와 경찰발표에 자주 언급된 인물이 한 명 있었다. FBI의 케네스 래닝Kenneth Lanning은 수 년 동안 현장요원으로 일하다 1981년 FBI 행동과학부BSU: Behavioral Science Unit에 들어갔다. 1972년 버니지아 주 콴티코 기지에 있는 FBI 아카데미에 설립된 BSU는 정치·사회·범죄·심리 분야에 유망한 요원을 훈련하는 곳이었다. 이 부서는 특히 연쇄살인범과 아동학대범에 대해 연구했고, 캘리포니아에서 찰스 맨슨Charles Manson과 옥중 인터뷰를 하고 다양한 범죄 유형 '프로파일링' 작업을 했다. 범죄소설로 히트를 치고 영화로도 만들어진 〈양들의 침묵*The Silence of the Lambs*〉에서 주인공 클래리스 스털링Clarice Starling이 BSU 요

원으로 나온 이후로 BSU는 유명해지고 선망의 대상이 되었다. 하지만 래닝은 BSU에서 훈련과 연구 중심으로 활동했다.[4]

래닝은 FBI 국립아카데미에서도 교육을 했는데, 학생은 예비 연방요원이 아닌 지역 경찰이었다. 1935년에 창설된 국립아카데미는 1960년대 말과 1970년대 초 정부의 재정지원이 쏟아지면서 규모가 크게 확장되었다. 매년 4회 전국의 지역 경찰서장은 앞으로 지도자로 키울 만한 경찰 인재를 추천해 콴티코에서 10주 과정 수업을 듣게 했다. 전 과정은 대학원까지 수료한 사람들(최소 석사 학위 소유자)이 가르쳤고 수업의 목적은 경찰의 특수화와 전문화였다. 그때까지 미국에서 경찰이란 보안관의 친구 아들이면 될 수 있는 직업이었다. 국립아카데미 학생들은 강도와 수준 높은 교육을 경험한 후 새로운 자격증과 그에 따르는 특권을 안고 고향으로 돌아갈 수 있었다. 주로 연구를 하고 아직 단련되지 않은 FBI 신입 요원들을 훈련하던 래닝과 동료들은 국립아카데미 학생들에게서 현장 경험과 후일담, 과거의 사건들에 대해 전해들을 수 있는 기회를 만끽했다. 그 덕분에 지금까지 연구한 이론을 시험하고 타당성을 판단할 수 있었다.

1980년대 초 국립아카데미에서 뜻밖의 성과가 나왔다. FBI는 학생별, 클래스별로 경찰들의 전국적인 연락망을 구축했다. 아카데미 출신 경찰들은 은사를 찾아가 자기 지역의 다른 경찰들에게도 가르침을 달라고 요청하곤 했다. 까다로운 사건이 있으면 전화를 걸어 자문을 해달라고도 부탁했다. 1983년 무렵 래닝은 감당할 수 없을 정도로 많은 전화를 받았다. 연구와 교육 외에 해야 할 자문 업무가 너무 많았다. FBI가 교실을 넘어 현장에서까지 미국 경찰에 영향을 주게 된 것이다. 흥미롭게도 사회학이나 정치학 분야 동료들은 자문 요청을 받는 일이 별로 없었다. 지역 경찰들은 범죄학자나 심리학자와 상담하기를 원했다. 래닝은 그때를 계기로 FBI 내에서 두 학문을 구분하는 경계가 서서히 사라졌다고 말한다.

래닝이 의식학대에 관한 전화를 처음 받은 것은 1983년 초였다. 전화를 건 경찰은 최근 한 여성과 인터뷰를 했는데, 그녀는 어렸을 때 부모님을 포함한 집단으로부터 학대를 당했다고 설명했다. 래닝은 이렇게 말했다. "끔찍한 사건이었습니다. 사람을 죽이고 시신을 훼손하고 피를 마시는 행위가 이루어졌어요." 경찰은 래닝에게 비슷한 범죄를 본 적 있냐고 물었다. 래닝은 FBI 요원으로서 여러 가지 기막힌 사건을 접했지만 이 정도로 기괴한 사건은 처음이었다. "이런 사건은 어디서도 들어본 적이 없었습니다." 몇 주 후 전화를 건 또 다른 경찰은 한 여성이 어린 시절 경험했다는 기이한 학대 이야기를 전했다. 래닝은 생각했다. "세상에, 저번에 들었던 사건이잖아!"[5] 하지만 두 사건은 비슷하게 들릴 뿐이었다. 학대를 경험한 여성이며 사건과 관련된 사람들은 서로 달랐다. 몇 주 후에는 어린이집에서 아동학대가 있었다는 비슷한 전화가 걸려왔고 9개월 사이에 의식학대 수사에 조언을 구하는 경찰의 수는 20~30명에 육박했다.

전화를 받은 래닝은 어찌할 바를 몰랐다. 여러 사람을 고문하고 죽인 집단이 몇 십 년씩이나 세상에 드러나지 않았다는 사실이 믿기 어려울 뿐이었다. 하지만 그때는 이런 의혹을 드러내지 않았다. 그 대신 다른 전문 분야와 공동연구를 할 수 있는 BSU 제도를 이용해 심리학자 등 아동 성학대를 연구하는 다른 동료들에게 연락을 취했다. 래닝은 롤랜드 서미트도 만났다. 근친상간을 비롯한 학대 연구에 경력이 많은 사회복지학 전문가 존 콘테Jon Conte와 루시 벌리너Lucy Berliner와도 상담했다.

또한 1984년『아동 포르노와 성학대 조직*Child Pornography and Sex Rings*』이라는 책을 엮은 페미니스트 연구자 앤 버지스Ann Burgess와도 이야기를 나누었다. 이 전문가들은 의식학대가 어서 해결책을 찾아야 할 문제라고 주장했다. "다 같은 말을 했다는 건 아닙니다." 래닝은 말했다. "하지만 밑바탕에는 '반드시 아이들을 믿어야 한다.'라는 생각이 있었어요.[6] 그런 취지가 대부분이었다고 생각합니다." 래닝에게 자문 요청이 쇄도했지만 BSU에서 지원할 수 있는 자금은 많지 않았다. 그래서 래닝은 직접 컨퍼런스를 개최하기로 결심했다.

1985년 2월 '보육기관과 사탄교 아동 성학대Day Care Center and Satanic Cult Sexual Exploitation'라는 세미나가 나흘간 열렸다. FBI 요원과 경찰은 물론, 변호사, 사회복지사가 참가했고, 브롱스, 미시건, 캘리포니아 같이 멀리에서도 학자들이 찾아왔다. 글렌 스티브스 검사도 그중 한 명이었다. 지난 몇 년 동안 사이비 종교집단의 위험을 경고해 왔던 샌프란시스코 경찰청 정보경찰 샌디 갤런트Sandi Gallant도 마찬가지였다.[7] 다양한 참석자들은 수사 진행 과정을 비교적 상세하게 안내하는 팸플릿과 인쇄물을 나누어 주었다. 수 년 후, 래닝은 의식학대 의혹이 과연 진실인지 의심스러운 마음을 달랠 요량으로 세미나를 열었다고 말했다. 그러나 글렌 스티븐스라면 모를까, 세미나에 참석한 사람들에게는 의심 따위 없었다. 그들은 한시라도 빨리 의식학대 문제가 실제로 얼마나 심각한지 듣고 싶었다.

한 문서에는 전국에 400개가 넘는 '오컬트조직' 목록이 실려 있었다. 캘리포니아가 95개로 가장 많았고 델라웨어, 하와이, 몬태나, 뉴햄프셔, 오클라호마, 유타, 아칸소는 1개씩만 이름을 올렸다. 이런 집단의 규모나 현황, 역사에 관한 정보는 없었다. 폭력적인 사탄교 집단과 최소

1960년부터 미국 전역에 존재했던 반체제적 종교단체를 구분하려는 노력조차 하지 않았다(이를테면 미네소타 주가 근거지인 페미니스트 점성술사들의 모임인 위민스코프Womynscope도 목록에 포함되었다). 어떤 유인물은 아동 성학대 사건을 수사할 때 신속하게 수색영장을 얻어야 한다고 구체적으로 설명했다. 소아성애자는 "성적으로 노골적인 사진, 잡지, 영화, 비디오테이프, 책, 슬라이드 같은 자료를 수집하고 그를 통해 성적 만족을 얻는다."라는 사실을 밝히며 "특별한 요청이 없는 한, 다른 소아성애자에게 받은 편지를 없애지 않는다."라고 주장했다.[8]

세미나에서 가장 주목을 받은 팸플릿은 샌디 갤런트의 의식학대 수사 지침이었다. 여기 실린 설문지를 이용하면 잔혹하고 기괴해서 '겉보기'에는 의식학대와 비슷해 보이는 살인과 실제 의식학대를 구분할 수 있다고 보장했다. "피해자에게 훼손한 시신을 먹였는가?" 같은 질문에 '그렇다' 또는 '아니다'로 체크하면 된다. 이 팸플릿은 주요 오컬트 축제가 열리는 날짜를 목록으로 정리하며 의식학대가 역사적 배경을 모방한다고 설명했다(2월 2일, 성촉절* 또는 오멜릭Ormelc**) 그리고 동그라미는 인류의 가장 오래된 상징이라고도 설명했다. 그러나 가장 인상적인 것은 '의식의 징후' 목록이었다. 갤런트는 고맙게도 더 상세히 분류해주었다.

A. 의식에 사용하는 물건/상징

카메라 솔로몬의 열쇠

* 성모마리아의 순결을 기념해 촛불 행렬을 하는 축제
** 고대 켈트족 축제

초	가면/페이스페인팅
솥	별표
성배	예복
성스러운 원	만자무늬
거꾸로 뒤집은 십자가	심볼
보석	

B. 속박구/무기

사슬	칼
약물	밧줄
총	검

C. 의식 활동

방혈	탈의
기도	제물 희생
통곡	비명
사탄 소환	노래[9]

실제 의식학대에서 사용되는 행위나 물건 및 무기의 수가 구체적으로 나와 있지는 않았다. 전형적인 편집증을 드러내는 이 팸플릿은 위와 같이 정리하고 분류하면서 평범한 요소(노래, 밧줄, 보석)도 불길해 보이게 만들었다.

하지만 팸플릿 내용보다 더 중요한 것은 이 팸플릿이 미국에서 가장 권위 있는 법집행기관인 FBI에서 배포되고 있다는 사실이었다. 다양한 지역에서 의식학대를 수사한 참가자들은 서로 발견한 사실을 주고받았다. FBI의 도움이 없었더라면 여기저기 흩어져 있던 소문이 한데 모여 공식적인 사실이 되어버리는 일은 없었을 것이다. 글렌 스티븐스는 라엘 루빈 등 지방검찰청 상관들에게 제출할 목적으로 세미나에서 배운 사실들을 노트에 적었다. 스티븐스의 기록을 보면 이 세미나에서 사람들은 언제나처럼 믿기 힘든 의혹(대부분 곧이곧대로 믿었다)을 장황하게 설명하고 정치적으로 보수 성향을 띠었다. 샌디 갤런트는 사탄주의자가 주로 지적 능력을 갖춘 평범한 노동자층 남성과 여성이라고 말했지만 능력이 부족해 출세하지 못하기 때문에 사탄교에 빠진다고 분석했다. "항상 그랬듯 그 사람들은 성공하지 못합니다." 그들은 좋은 배경이 있어도 평범하기 짝이 없는 삶을 살 운명이라고 했다.[10] 갤런트는 사탄교가 보수적인 기독교를 향한 전 방위적이고 극단적인 사회적 공격이라는 통념에 무게를 실었다. "기독교에서는 믿음을 찾습니다. 권력을 얻으려고 하지 않죠." 그러나 사탄교는 기독교 예배에 사용하는 상징을 일부러 왜곡한다(거꾸로 뒤집힌 십자가가 대표적이다). 왜냐하면 자기 삶에 부족한 권력을 더욱더 많이 불러와야 하기 때문이다. 갤런트는 사탄주의자의 유일한 목적은 "하느님과 예수님의 이름을 더럽히기 위한 것"이라고 믿었다.[11] 범죄처벌과 치안유지가 주 목적인 법집행기관 FBI는 오래 전부터 정치적으로 보수적인 편이었다. 에드 재글스처럼 카리스마 있고 법과 질서를 엄격하게 지키는 검사들이 등장하며 1980년대 레이건 정부 시절 FBI의 보수성은 더욱 확고해졌다. 래닝은 여전히 의식학대를 전적으로 믿지 못했다. 하지만 그가 속한 FBI와 범죄학계, 그리고 그가 세미나로 콴티코에 불러 모은 개개인은 가해자들을 어서 감옥에 집어넣는 것을 최우선 과제로 보고 있었다.

훗날 래닝은 개인적인 의심과 전문가로서의 연구를 다시 접목하려 했다. 그는 의식학대라는 개념을 둘러싼 갈등의 원인은 전문주의가 부족했기 때문이라고 책임을 돌리는 논문을 썼다. 래닝은 의식학대를 진심으로 믿은 사람은 '마녀사냥'을 했고, 의심을 공개적으로 밝힌 사람은 '반발'을 했다고 썼다. 두 집단의 사고방식은 서로 정반대에 위치했기 때문에 비슷한 전략을 사용했다. "양쪽 모두 복잡한 문제에 '모 아니면 도'식의 접근법을 취하는 경향이 있다…… 원초적인 감정에 크게 의존한다…… (그리고) 자신들이 사용하는 용어에 알맞은 정의를 내리지 않는다."[12] 래닝은 양쪽 다 '음모론'으로 착각을 했다고 비난했고, 자신은 중간에서 편견 없이 증거 중심의 관찰을 하는 인물로 내세웠다. 래닝은 그가 일하는 분야에 감도는 편집증적인 분위기가 누그러지기를 바랐다.

래닝이 제안한 해결책은 단순했다. "마녀사냥이나 반발을 우려하는 아동 성학대 사건 관련자들은 양쪽의 전략을 모방하지 말고 전문주의로 반응하는 것이 최선이다." 그 말은 곧 정보를 객관적으로 평가하고 타협안을 찾아야 하며 상대방의 악의를 비판하고 싶은 마음을 경계하는 동시에 자기비판을 해야 한다는 뜻이었다.

래닝의 원칙은 공식적인 토론을 할 때야 유용한 지침이 될 수 있다. 하지만 전반적으로 그가 정의하는 전문주의는 이상하고 커다란 허점이 있다. 우선 이상한 이유부터 살펴보자. 조직적으로 사탄교 의식학대를 저지르는 문제에 어떻게 타협안을 찾을 수 있단 말인가? 전국적인 사탄 숭배 조직이 '일부' 존재하지만 많지는 않다고 하면 되나? 그리고 허점이 있는 이유는 다음과 같다. 전문주의는 능력과 전문성을 나타내는 자격증을 부여하는 과정을 뜻하는 말이기도 하다. FBI는 1970년대와 1980년대에 경찰에 자격증을 부여했다. FBI는 전문주의의 바로 그런면 때문에 지역 경찰들의 의식학대 믿음을 인정하고 말았다. 래닝은 FBI의 전문주의를 알아차리지 못하는 것이 분명했다.

래닝의 세미나에서는 경찰 수사 외의 주제를 발표한 사람들도 있었다. 한 참석자는 아동 피해자에게 의학적 증거를 얻는 방법을 소개하며 브루스 우들링과 아스트리드 헤거가 맥마틴 아동 검사에 사용한 콜포스코프를 설명했다. 많은 주장을 이끌어내 수사를 가능케 한 심리치료 인터뷰에 관한 발표도 몇 개 있었다. 미네소타 범죄검거국에서는 대표 2명이 나와 조던 아이들이 지나칠 정도로 인터뷰를 많이 했다고 말했다.

그러나 조던의 인터뷰 방식을 만든 심리치료사들의 믿음은 일절 언급되지 않았다. 이런 믿음에는 성적 트라우마를 입었을 때의 정신적 경험, 학대가 아동 피해자에 미치는 영향, 트라우마와 기억 사이의 관계 등이 핵심이었다. 시작은 1970년대로 거슬러 올라간다. 프로이트 이론이 학대에 대한 미국인의 생각을 지배하던 그때, 반체제적인 정신과 의사, 사회복지사, 운동가들은 프로이트에 도전하기 시작했다. 그리고 콴티코 세미나를 계기로 FBI와 경찰이 의식학대에 대한 믿음을 공식적으로 받아들이며, 트라우마와 학대에 대한 새로운 사고방식이 미국 정신의학계의 주류로 나아가게 되었다.

헨리 켐프가 피학대아증후군에 대한 논문을 발표하고 10년도 되지 않아, 학대가 아동의 정신건강에 심각한 위협을 가한다는 여론이 떠올랐다. 하지만 아동학대가 심각한 정신문제를 초래한다는 이론이 의학계에 채택된 것은 한참이 지나서였다. 월터 먼데일의 아동학대예방및치료법 발의로 역사에 남을 청문회가 열리고 꼬박 2년이 지난 1975년에도 거의 3,000페이지에 육박하는 『종합정신의학교과서*Comprehensive*

Textbook of Psychiatry』에는 학대 피해아동의 정신건강에 관한 내용을 찾아볼 수 없었다. 부녀간의 근친상간이 정신병을 유발할 수 있다는 가능성도 언급하지 않았다.[13]

아동학대와 정신질환 사이의 관계는 외부 전문가들이 밝혀야 했다. 공교롭게도 심리학계와 정신의학계는 다수의 외부인을 받아들이는 중이었다. 1970년대에 정신분석학 기관은 의사가 아닌 심리치료사, 일명 '아마추어' 정식분석가를 키우기 시작했다. 편협하고 정확성이 부족하고 점점 사라지고 있다는 인식이 강한 학문에 새로운 피를 수혈하려는 시도였다. 이로써 의학 학위가 없고 정신분석학 교재를 탐독하지 않은 사람들에게도 새로운 기회가 열렸다.[14] 정신분석학이 아닌 영역에서도 대인관계치료[IPT] 같은 기법이 개발되며 보통의 심리치료센터에 정신과 간호사와 사회복지사의 역할이 급격히 커졌다. IPT는 경미하거나 보통 수준의 우울증과 그 밖의 일반적인 질환을 앓는 사람들이 짧은 기간(보통 12~16주) 집중적으로 치료하는 방법을 말한다. 이런 환자를 치료할 때는 지속적으로 감정을 이입해 관심을 주거나 감정을 다스리는 법을 알려주는 등의 강력한 개입이 필요하지 않았다. 다시 말해 사회복지사들이 늘 하고 있던 일에 약간의 치료 목적을 더할 수 있는 심리치료사가 필요해졌다는 의미였다.

사람들이 일상생활의 모든 문제로 치료를 받기 원하면서 미국에서 정신의학의 역할은 점점 커져가고 있었다. 초창기에는 뚜렷한 정신질환이 있는 사람들을 상대로 여러 가지 치료법을 적용했고, 정신분석은 부유하고 교육 수준이 높은 대도시 사람들만의 몫이었다. 그러나 1960년대 이후 정신의학의 범위가 넓어지며 더 많은 문제와 경험을 끌어안기 시작했다. 가정이나 직장 문제로 우울과 불안을 느끼는 사람들은 의사의 도움이 필요하다고 느꼈다. 아무 문제가 없는 사람도 정신과 상담이나 심리치료를 받으면 잠재력을 최대로 발휘할 수 있지 않을까 생각했다. 1950년대 말에서 1980년대 말 사이 미국심리학회American Psychological Association의 회원 수는 16배나 증가했다. 이마저도 같은 시기에 치료사로 진출한 수천 명의 카운슬러, 간호사, 사회복지사는 포함하지 않는 수치였다. 심리치료계는 몸집이 불어나면서 스스로 규제를 풀었다. 이제 대부분의 주에서는 아무 자격증이 없어도 사무실을 임대해 '심리치료'라는 간판을 달 수 있었다.[15]

이런 사회복지사 중에 플로렌스 러시도 있었다. 러시는 1971년「페미니스트의 관점으로 보는 아동 성학대」라는 연설을 통해 대중에게 새로운 아이디어를 던져 주었다. 그녀는 프로이트가 사회에 아동 성학대가 심각하게 퍼져 있다는 사실을 발견한 후 겁을 먹고 계획적으로 은폐했다고 주장했다. 키 맥팔레인도 러시처럼 그때 심리치료사가 되었다. 맥팔레인은 메릴랜드 대학교 사회복지학 석사학위를 따고 그와 관련된 경력을 쌓았다. 이들 심리치료사는 긴급 강간상담센터나 학대 여성과 아동을 위한 보호소의 사회복지사, 여성운동가와 함께 주류 정신의학의 변두리에서 활발하게 움직였다. 그들은 기억에 묻힌 학대를 심리치료요법으로 찾기 위해 노력했다. 그러나 본격적으로 성과가 나온 것은 다중인격장애를 재발견한 정신과 의사가 개입한 후부터였다.

『시빌』로 코넬리아 윌버는 의사로서 이름값이 높아졌다. 평범한 화학도였던 그녀는 다중인격장애라는 희귀하고 흥미로운 질병을 발견했고, 가학적인 학대를 당한 사람에게 다중인격장애가 나타난다는 사실을 밝혔다. 그 덕분에 윌버는 다양한 학회와 전문가 모임에 초대를 받았다. 단상에 선 윌버는 다중인격장애가 흥미롭고 강력한 질병이며 그것을 치료하며 학자로서 모험을 경험했다고 말했다. 그녀는 셜리 메이슨의 다른 인격들을 구슬려 끄집어낸 과정을 묘사했다. '그들'이 그린 그림을 보여주고 다른 인격에게 화가나 작가의 재능이 있다고 말해주었다. 이는 시빌이 치료 과정에서 인상적인 동반자였음을 의미했다.[16] 윌버는 다중인격장애를 발견한 이야기에 덧붙여 그 증상이 나타나는 주원인이 아동학대, 특히 아동 성학대라고 거듭 설명했다. 윌버가 이런 주장을 하도 끈질기게 제기해 동료들 사이에서 '후기 윌버주의 패러다임'이라는 말이 나왔을 정도였다.[17] 그러나 윌버는 학회와 심포지엄에 자기 이름이 등장하는 것만으로 만족할 수 없었다. 그녀는 다중인격장애를 정신의학 교재에 올리고 싶었다.

1952년에 출간된 『정신질환진단및통계요람*DSM: Diagnostic and Statistical Manual of Mental Disorders*』은 1968년에 개정되었다. 초판과 개정판 모두 140쪽도 되지 않았고 정신의학 전문가를 주된 독자층으로 삼았기 때문에 지극히 전문적인 언어를 사용했다. 그러나 1974년 미국정신의학회는 정신의학계의 급격한 변화를 반영해 DSM의 새로운 개정판이 필요하다고 결정했다. 이제 정신의학은 수백만 명의 일상에까지 범위를 넓혔고 약물이 정신과 치료의 기본 요소로 사용되었다. 미국정신의학회 위원회는 6년 동안 DSM 제3판을 준비했고, 마침내 1980년 세상에 나온 494쪽 분량의 DSM 제3판은 265가지 진단유형을 포함했다. 제3판은 정신의학 분야에 진출하고 있는 사회복지사나 비의료 심리치료사를 겨냥해 일상적인 언어를 사용했고 혁신적인 진단 시스템을 도입해 출간과 동시에 널리 보급되었다. 정신의학 역사에 있어 중요한 분수령이라 말할 수 있었다. 그리고 '다중인격장애'는 진단번호 300.14.18번을 부여받았다.[18]

DSM 제3판은 다중인격의 핵심 특징을 이렇게 설명한다. "한 사람 안에 2개 이상의 뚜렷한 인격이 존재하고 각 인격이 지배하는 시기는 서로 다르다…… 보통 한 인격에서 다른 인격으로 빠르게 전환되며 사회심리적인 스트레스가 원인이다." 대부분의 환자는 '하위인격'의 존재를 인지하지 못하지만 하위인격은 서로를 알고 있다. 윌버 박사의 『시빌』과 마찬가지로 DSM 제3판도 전형적인 다중인격 환자는 특정 기간의 기억을 망각하기 때문에 알 수 없는 공백을 경험한 후 정신을 차려보면 낯선 동네에 있다고 설명했다. "열에 아홉 각각의 인격은 모순을 보이고 때로는 정반대의 특징을 드러낸다. 예를 들어, 조용하고 내성적인 미혼 여성이 어느 날 밤에는 화려하고 문란한 술집 단골로 변할 수 있는 것이다."[19] 물론 "장애의 발생은 극히 드물다." 하지만 문서로 기록된 사례가 일부 있었기에 아동기에 겪은 아동학대 등의 극심한 감정적 트라우마가 발병 원인으로 요람에 오르게 되었다.[20] 300.14번은 치료사가 보험사에 청구서를 쓸 때 기입하는 번호였다.

다중인격이 DSM 제3판에 처음 등장한 직후, 다중인격장애로 진단을 받는 환자가 급속도로 증가했다. 1970년까지 다중인격장애와 비슷한 질병으로 진단받은 사람은 전 세계를 통틀어 200명도 되지 않았다. 하지만 1980년 심리치료에 최면술을 많이 이용한 정신과 의사 하나가 논문에서 최근 밝혀낸 14개 사례를 소개했다.[21] 다중인격장애의 정식 진단법을 인정받는 데 성공한 윌버 박사는 이 학회, 저 학회를 다니며 기초의와 임상의에게 다중인격장애를 전공하라며 설득했다. 그런 노력도 성공을 거두었다. 1984년에는 국제다중인격및해리성장애연구회ISSMP&D: International Society for the Study of Multiple Personality and Dissociation가 창립되었다. 실제 자격증을 발부하지는 않았지만 소속 회원은 전문 자격을 갖춘 것과 비등한 대우를 받았다. 연구회는『분열*Dissociation*』이라는 저널을 창간했고 가입한 회원들에게 의사면허와 비슷한 디자인의 증서를 수여했다. 첨부된 전단지의 문구는 다음과 같았다. "전문가로서 기량을 마음껏 펼치세요. 다중인격장애와 분열장애에 헌신하는 당신이 자랑스럽습니다." 추가로 18달러만 내면 '멋진 회원 명판'도 받을 수 있었다.[22]

ISSMP&D의 창립자 베넷 브라운Bennett Braun 박사는 1984년 약 1,000개의 사례가 확인되었다고 발표했고, 1986년에는 전국에서 손꼽히는 시카고 러시 세인트 루크 장로병원에 다중인격장애를 전담하는 병동을 세웠다. 1984년 발표된 책『진실을 공격하다*The Assault on Truth*』도 힘을 보탰다. 저자 제프리 매슨은 프로이트가 아동학대를 발견한 후 비겁하게 행동했다며 비판한다.[23] 파라스트로스앤드기룩스 출판사에서 나온 이 책은 비슷한 시기 매슨에 대한 2부작 인물탐구 기사가 잡지에 실리며 사장될 위기에 처했다(기사를 쓴 자넷 말콤Janet Malcolm은 매슨을 카리스마는 있지만 아는 것이 없는 바람둥이로 묘사했다). 그럼에도『진실을 공격하다』는 페미니스트 월간지『미즈*Ms.*』의 기사 "100년의 은폐"를 비롯해 여러 주요 매체에 소개되었다.[24] 매슨은 다중인격장애 운동의 역사를 정리했다. 앞으로 더욱 번성하려면 꼭 필요한 작업이었다. 매슨은 10년 넘게 미국 페미니즘에서 제기한 비판을 상세히 설명했고 지난 세기 내내 아동학대, 특히 아동 성학대의 발생 빈도와 심리적 악영향이 무시된 것은 프로이트 때문이라고 했다. 그는 다중인격장애 지지단체, 사회복지사, 정신과 간호사, CII 심리치료사 같은 사람들을 혁명적인 선구자로 만들었다. 그들의 발견은 단순히 학문적인 모험심이 아니라 정치적인 용기에서 나왔다고 했다.

하지만 매슨이『진실을 공격하다』에서 주장하는 바는 역사적으로 정확하지 않다. 프로이트의 환자들은 실제로 성학대를 당했다고 말한 적이 없었다. 아동학대 기억이 억압되었을 때 히스테리가 발생한다는 이론은 이 환자들이 근친폭력을 신고하기 전부터 이미 발달해 있었다. 프로이트는 가벼운 최면에 걸린 환자들의 조각난 기억과 느낌을 모아 학대 이야기로 끼워 맞췄을 뿐이다.[25] 한 환자는 프로이트에게 말했다. "방금 무슨 일이 일어났어요. 하지만 선생님이 제 머리에 넣은 것이겠죠."[26] 프로이트는 『히스테리 연구*Studies on Hysteria*』에서 그 사실을 인정했다. 치료에 저항하는 어려운 사례의 경우는 "몇 가지 정보를 환자에게 공들여 주입했다."라고 말했다.[27] 매슨은 프로이트의 여성 환자가 아버지를 학대 가해자로 지목한 것처럼 이야기했지만 사실과 다르다. 가해자는 대부분 보모, 형제자매, 하인, 가정교사였다. 가해자가 남성일 경우에는 남자형제처럼 환자보다 많아야 몇 살 위였다. 프로이트가 처음으로 유혹이론을 발표한 『히스테리 원인론』 어디에도 아버지는 언급되지 않는다.

프로이트는 자신이 적극적으로 환자의 이야기를 만들었다는 사실을 숨기지 않았다. 그는 중간 단계를 훌쩍 뛰어넘고 환자 스스로 절대 하지 않을 분석을 내놓았다. 한 환자가 자기 전에 침대에서 발길질을 하는 습관은 이를테면 하녀에게 폭행을 당할 때 '그녀를 덮친 사람을 발로 찬 기억'을 의미한다고 썼다.[28] 프로이트의 추측대로 학대를 당했다고 인정한 환자들조차 "그런 장면이 기억하지는 않는다."라고 했고 프로이트에게 '불신을 강조'했다.[29] 하지만 매슨과 추종자들은 꺾이지 않았다. 다중인격장애 치료사들은 자신들이 프로이트의 첫 번째 학대 이론에 왜 이끌렸는지 깨닫지 못하고 있었다. 그 이유는 프로이트의 강압적인 치료법이 그들의 치료법과 매우 흡사했기 때문이었다. 유혹이론을 부활시키려는 움직임에 추진력이 붙고 다중인격장애가 전문 분야로 자리잡으며 치료사들의 믿음을 더욱 굳건해졌다. 다중인격장애를 주장한 사람들은 동료평가로 서로의 발견을 인용하고 검증하면서 폐쇄적인 환경을 만들었다. 1986년 코넬리아 윌버는 다중인격장애의 발달의 핵심 요인이 아동기 트라우마라고 주장한 논문에서 스티븐 마머Steven Marmer의 논문을 인용했다. 하지만 마머가 1980년에 쓴 논문을 보면 그러한 내용은 없었다. 마머는 '초창기' 다중인격장애 사례 일부가 아동기 트라우마의 관련성을 암시했다고 썼을 뿐이다. 마머가 인용한 것은 다름 아닌 코넬리아 윌버가 처음 발견한 사례들이었다.[30]

치료사들은 다중인격장애 환자에게서 10개가 넘는 인격을 발견했다. 나중에는 수백 개 인격이 있는 환자도 나왔다. 인격의 숫자가 증가할수록 다중인격을 야기한 학대도 더욱 폭력적이고 잔인해졌다. 유명한 주창자 가운데 다중인격과 의식학대의 관계를 처음 공개적으로 이야기한 사람은 코넬리아 윌버였다. 1984년 ISSMP&D 회의에서 윌버는 『다중인격장애와 아동학대 원인론*Multiple Personality Disorder and Child Abuse: An Etiologic Overview*』이라는 논문을 발표하며 온 가족이 잔혹한 인종차별단체 회원이었던 환자를 소개했다. "유아기와 아동기부터 여러 건의 살인에 노출되었다면 어떻게 될까요? 할아버지가 처음으로 KKK단을 만들고, 아버지가 두 번째 KKK단을 만들고, 사실상 가족이 마을을 지배했다면 어땠을까요? 이 아이가 얼마나 많은 살인을 목격했는지 모릅니다. …… 가족은 그들의 영역에 들어온 흑인을 모조리 죽였다고 합니다."[31] 그 환자는 가족이 떠돌이 백인 농장일꾼들과 아이들도 죽이는 장면을 보았다고 했다.

1986년 워싱턴 대법원에서 '타이슨 대 타이슨Tyson vs. Tyson' 사건의 재판이 열렸다. 어린 시절 아버지에게 성폭행을 당한 기억이 억압되어 있다가 성인이 되어 회복된 최초의 사건이었다. 법원은 결국 기각 결정을 내렸지만 이 재판의 소수의견은 이후 몇 년 동안 무수한 법정에서 펼쳐질 논리를 제시했다. 다수에 반대한 판사는 이렇게 썼다. "억압되었던 아동기 성학대 기억을 성인이 되어 회복했다면 근본적인 공정성에 따라 디스커버리 법칙*을 확대 적용할 필요가 있다."[32] 1987년 전국 ISS-MP&D 학회에서는 의식학대를 주제로 한 논문 11개를 선보였고, 같은 해 DSM 제3판의 개정판도 다중인격장애가 얼마나 발전했는지 보여준다.[33] 우선 분류체계가 바뀌면서 '해리성장애(혹은 히스테리성 신경증 해리형)'라는 표제어 바로 아래에 다중인격장애가 실려 존재감이 커졌다. 1980년판과 개정된 요람의 설명 부분을 나란히 놓고 보면 다중인격장애 자체가 훨씬 흥미로워졌음을 알 수 있다. 다중인격장애의 전형적인 사례는 여전히 '2개 이상의 뚜렷한 인격'이 특징이지만 개정된 요람은 "성인의 경우 인격의 수는 2개에서 100개까지 다양하며 극도로 복합적일 때도 있다."라고 보충했다.[34] 또한 다중인격장애의 원인이 갈수록 확실해지고 있는 현실과 급격히 환자가 늘어가고 있다는 불안감도 반영했다. 저자들은 썼다. "다수의 연구 결과, 아동기 (성)학대를 비롯한 정신적 트라우마로 인해 발병한 경우가 대부분이었다." 그리고 이렇게 덧붙였다. "우리가 흔히 생각하는 것만큼 희귀한 질환이 아니라는 보고가 최근 들어 늘어나고 있다."[35]

개정판에서 달라지지 않은 대목은 "조용하고 내성적인 미혼 여성이 어느 날 밤에는 화려하고 문란한 술집 단골로 변할 수 있다."뿐이었다.

---

* 확인 시점부터 공소시효가 진행되는 법칙

페미니즘의 학대 이론에 감사해야 할 전문가 집단이 이처럼 구시대적이고 여성차별적인 성녀-창녀 콤플렉스(이 또한 여성혐오가 깊었던 프로이트가 처음 제안한 개념이다)를 생각 없이 받아들였다는 점은 어째 납득하기 힘들다. 비슷한 관점에서 다중인격장애로 진단을 받은 환자의 90퍼센트가 여성이라는 사실도 이해하기 어렵다. 1960년대와 1970년대의 페미니즘은 정신의학계가 여성혐오가 만연한 사회에서 여성이 겪는 문제를 정신건강 문제로 치부해 여성 개인에게 책임을 돌린다며 비난했다.[36] 그런데 여성만이 앓는 정신질환이 또 나타났다. 그것도 짧게는 몇 달, 길게는 몇 년씩 값비싼 치료를 받고 주기적으로 입원을 하며 심신을 지치게 하는 병이었다. 성학대 피해자 중 남자아이는 전국적으로 약 40퍼센트를 차지한다. 그래서 다중인격장애 연구자 몇 명은 의무감에 '사라진' 남성 다중인격 환자를 찾아 나섰지만 그리 열심히 노력하지는 않았다. 코넬리아 윌버는 남성 환자를 교도소에서 찾을 수 있다고 의견을 냈다. 아동기 트라우마로 인해 전부 범죄자가 되었을 것이라는 이유였다.[37]

다중인격장애는 일부 특성 때문에 이상하고 복잡한 페미니스트 활동으로 보일 수 있었지만 보수파를 끌어당기는 힘도 만만치 않았다. 다중인격장애에 적극적으로 목소리를 높인 복음주의 개신교 세력은 1980년대 중반 그 어느 때보다도 정치적 영향력을 뻗치며 활발히 활동했다. 15년 동안 계속된 풀뿌리운동인 포커스온더패밀리Focus on the Family나 모럴머조리티Moral Majority 같은 복음주의 단체가 미국에서 가장 강력한 정치집단으로 떠올랐고 여러 보수적인 가톨릭교 교파가 우익 운동에 참여했다. 1970년대 초부터 복음주의자들은 사탄숭배집단에 열렬한 관심을 보였다. 마이크 원커의 『사탄을 팔다』 같은 책은 선량한 기독교인이 약물에 빠져 사탄을 숭배하다가 회개하는 과정을 묘사했다.[38] (1990년대 초반 한 기독교 잡지는 원커의 주장이 터무니없다고 비판했다.)[39] 일부 복음주의 치료사는 다중인격장애와 학대, 특히 사탄교 의식학대를 연결 짓지 않을 수 없었다. 이들은 환자가 '융합integration'(주 인격이 나머지 인격을 전부 재흡수되는 것)에 이르는 기나긴 과정이 죄를 저지른 후 험난한 영적 재탄생을 거쳐 회개와 평화에 이르는 복음주의 신앙탐구 과정과 비슷하다고 생각했다. 의식학대의 위협에 직면한 복음주의 치료사들은 자신들이 종교전쟁을 치르고 있다고 보았다. 여기서 적은 사탄이고 무기는 기억회복 치료법이었다.

복음주의 치료사는 대부분 의사가 아니었다. 다중인격장애를 연구하는 정신과 의사는 종교 문제를 개입시키지 않았기 때문에, 다중인격장애가 의식학대와 관련이 있다는 논문과 발표를 의심하고 공개적으로 비난했다. 의사들도 FBI의 케네스 래닝처럼 일반적인 학회에 과대망상적인 음모론을 허용한다면 사람들이 강도 높은 검토를 요구하거나 회의론을 불러일으킬 것이라 짐작했던 듯하다. 학자들의 입장에서 생각하면 의식학대 이론의 소위 '진정한 신봉자'가 다중인격장애 운동의 중심에 그토록 오래 머물렀다는 현실을 이해하기 힘들다. 의학이라는 학문은 새로운 이론을 시험하고 합격점을 받지 못한 이론을 폐기한다. 다중인격장애는 쉽게 폐기할 수 있는 이론이었다.

하지만 의학계도 다른 전문 분야처럼 정치적 이해관계를 감안하기 마련이다. 강한 정치적 압력과 변화를 견디기 위해서라도 다중인격장애 내에 아동학대 이론을 계속 두는 것이 최선이었는지도 모르겠다. 가장 먼저 성학대 반대운동을 펼쳤던 페미니스트 집단도 로널드 레이건이 대통령에 당선되었을 무렵에는 정치적 압력으로 표현 방식을 바꾸었다. 1970년대 페미니스트들의 주요 화두는 아동학대보다 강간이었다. 수전 브라운밀러Susan Brownmiller를 비롯한 다수의 저술가와 운동가는 강간이 가부장적인 사회의 여성에게 주는 메시지라고 했다. 강간은 여성을 하급계층으로 무시했고 남성에게는 여성의 신체에 접근할 권리가 있다고 이야기했다. 강간은 사회가 규정한 역할을 따르지 않는 여성에게 내리는 형벌이었다. 보수주의자들은 이러한 설명을 반대했고 강간이란 정신이상자가 저지르는 범죄라고 이해했다. 하지만 수잔 브라운밀러가 『의지에 반하여*Against Our Will*』를 발표한 1975년, 50개 주 전체에는 부부간의 강간이 불가능하다고 말하는 법이 있었다. 섹스는 가정주부가 평생 따라야 할 의무라는 의미였다. 1975년 이후 법이 바뀌기 시작하고 직장 내 성희롱에도 법적 조치를 취할 수 있었다. 페미니스트가 이런 사안에 목소리를 높일 수 있었던 것은 그들 뒤에 어마어마한 문화적 · 정치적 힘이 있었기 때문이었다. 1960년대 이후로 해방운동이 불어 닥치며 미국의 성 계급과 인종 계급은 전복되었다.

그러나 1980년대 중반의 정치적 상황은 전혀 달랐다. 보수파는 조직적이고 본격적으로 여성운동에 저항하고 있었다. 포커스온더패밀리와 모럴머조리티가 번창했고, 동성애 반대와 핵가족 보호 같은 사회 문제를 핵심 가치로 내세운 복음주의 기독교 세력도 페미니즘 반대운동에 열을 올렸다. 이런 집단은 역대 대통령 가운데 복음주의의 힘을 제일 환영한 로널드 레이건을 등에 업었다. 입법부는 성인 여성을 대상으로 한 성폭력의 원인이 인종이니 계급이니 하는 논쟁을 차단했다. 문화 전반에 퍼진 분위기도 다르지 않아서, 특별한 사람이나 장소를 대상으로 하지 않는 한 사회가 강간 등의 폭력을 묵인하고 용인한다는 주장에 귀를 막아버렸다.

거의 모든 페미니즘 의제를 거부하던 입법부와 지식층이 여전히 들고자 하는 단 하나의 의제가 있었다. 그것은 미국 아이들이 위험에 빠졌다는 주장이었다. 1970년대 보수파는 위험에 빠진 아동이라는 개념을 정치와 수사에 이용했다. 국가와 시민의 사고방식에 그런 식으로 접근하면 대규모 정책을 추진하는 데 효과를 얻을 수 있었다. 보수파는 청소년이 로큰롤을 들으면 가족생활을 무시하게 된다며 기성사회에 저항하는 반反 문화를 반대했다. 마약 중독자 여성과 그들이 낳는다는 '악동', '크랙베이비'에 대한 도시전설에 인종적인 색채를 가미해 마약과의 전쟁을 벌였다. (훗날 크랙베이비라는 전염 현상은 괴담에 불과한 것으로 드러난다.)[40] 가수 애니타 브라이언트Anita Bryant는 '우리 아이들을 구하자Save Our Children'라는 캠페인을 이끌며 데이드 카운티 공립학교에 동성애자를 채용하면 안 된다고 주장했다. 이런 캠페인들은 아이들이 범죄 피해자가 되거나 타락해 사회에 등을 돌리기 쉽다는 두려움을 공통으로 갖고 있었다. 사회는 아이를 가르치고 키우는 곳이어야 했다. 그리고 보수적인 페미니스트 반대자들은 어차피 의식학대가 없었어도 다중인격장애에 관심을 보였을 것이다. 이 병을 이용한다면 아동기가 진정 중요한 시기라고 주장함으로써 여성이 성인기에 겪은 일들을 전부 외면할 수 있었기 때문이었다.

레이건 시대에도 정치활동을 계속하기를 바란 일부 페미니스트는 이런 보수파의 표현 방식을 서서히 흡수하기 시작했다. 1970년대에 포르노그래피를 반대하는 페미니즘 단체는 대중매체가 여성을 성적 대상으로 표현하고 성 산업이 여성 종사자에게 부당한 처우를 한다며 시위를 벌이고 논문을 발표했다. 1979년 뉴욕시에 설립된 '포르노그래피에 반대하는 여성들의 모임WAP: Women Against Pornography'은 유명 페미니스트들이 가입하고 타임스퀘어 핍 쇼peep show*나 포르노 극장을 견학하는 악명 높은 활동으로 유명했다. WAP는 급진 페미니스트들의 주장과 믿음에 근본적으로 동의했지만 사무실에는 존경을 보낸다는 보수적인 기독교 단체의 편지가 쏟아졌다. 다른 지역의 포르노 반대 운동을 어떻게 벌이면 좋을지 조언을 구하기도 했고, 뉴욕 견학을 예약하기도 했다. 플로렌스 러시는 게이와 레즈비언을 반대하는 사우스캐롤라이나 감리교 신도들에게 답장을 썼다. "사랑하는 동지 여러분. 관심과 지지를 보내주셔서 정말 감사합니다. 여러분의 편지를 읽으며 열심히 노력한 보람을 느낍니다."[41] 이렇게 보수파와 가까워지는 것에 포르노 반대 운동을 벌이는 페미니즘 내부에서도 당황스러운 반응이 흘러나왔다. 처음부터 포르노그래피를 전면에 내세우지 말았어야 한다고 생각한 페미니스트들은 불안감을 표시했다. 그러나 복음주의자들의 지지로 정권을 잡은 레이건 정부는 페미니즘의 집단입법 시도를 이미 여러 차례 좌절시켰다. WAP는 최대한 많은 세력과 손을 잡아야 한다고 믿은 듯했다.

이런 불편한 동맹은 전국의 포르노 반대단체가 대중매체의 선정성을 규제하는 법을 통과시키려 하는 과정에서 완전히 수면 위로 드러났다. 캐서린 모리스가 성학대 조직 수사를 준비하던 1983년 말, 미네소타 대학교에서 강의를 하던 페미니스트 변호사 캐서린 매키넌Catharine MacKinnon은 저술가 겸 운동가인 안드레아 드워킨Andrea Dworkin과 협력해 여성이 포르노 제작자와 판매자를 인권침해로 고발할 수 있는 법안을 마련했다. 12월, 미니애폴리스 정부활동위원회는 며칠간 그 법안에 관한 공개청문회를 열었다. 매키넌은 이렇게 발언을 시작했다. "포르노그

* 작은 구멍을 통해 에로틱한 사진이나 공연을 보는 쇼

래피를 성 불평등의 핵심 요인, 구체적으로 여성혐오의 핵심 요인으로 인정하는 법안을 고려해 주시기를 제안합니다."[42]

인디애나폴리스, 매사추세츠, 로스앤젤레스에서도 비슷한 청문회가 열렸다. 로스앤젤레스에서 포르노 반대 청문회가 진행된 곳은 맥마틴 예비심문이 열리고 있는 재판장과 불과 몇 블록 거리였다. 포르노 반대 운동은 성학대 조직 및 보육기관 사건의 수사나 재판과 직접적인 연관은 없었지만 양쪽의 이해관계에는 공통점이 많았다. 미니애폴리스 청문회에 증언한 셰리 아른트Sherry Arndt는 일루전극장의 관리자이자 트레이너였다. 그녀는 조던 초등학교 학생들에게 '만져도 되는 경우'와 '만지면 안 되는 경우'에 대한 연극을 공연했었다.[43] 제프리 매슨은 로스앤젤레스 청문회에 등장해 프로이트 유혹이론 연구를 설명하고 "저는 포르노그래피가 성학대 욕구를 표출한다고 생각합니다. 포르노가 판타지라면 이 세상에 판타지는 없습니다. 감사합니다." 매슨은 또한 페미니스트의 슬로건 "포르노그래피는 이론이고 강간은 실천이다."를 수정했다. 매슨은 "포르노부터가 실천입니다."라고 말했다.[44]

이제 포르노 문제는 연방정부로 넘어갔다. 대통령은 포르노가 사회에 미치는 영향을 연구하는 위원회를 법무장관 에드윈 미즈Edwin Meese에게 맡겼다. 일명 미즈 위원회는 존슨 정부가 독자적으로 포르노그래피 조사를 실시한 지 꼬박 15년 만에 탄생한 것이었다. 놀랍게도 1970년 외설및포르노조사위원회 보고서Report of the Commission on Obscenity and Pornography는 포르노에 사회를 망가뜨리는 효과가 거의 없다고 판단했다. "노골적인 음란물을 접한 청소년 또는 성인이 비행이나 범행을 저지른다는 증거가 없다." 또한 시민의 '확립된 성 정체성이나 성 윤리'에 포르노가 영향을 준다는 증거를 전혀 발견할 수 없다고 했다.[45] 위원회는 성인에게 노골적인 음란물 판매를 제한하는 모든 법률을 폐지할 것을 건의했다. 상원은 그 제안이 특히 어처구니없다고 지적하며 찬성 60표, 반대 5표로 위원회의 보고서에 거부권을 행사했다. 레이건 정부는 기존 위원회보다 엄격한 태도를 취했다. 미즈는 포르노가 강력히 규제해야 할 해로운 매체라는 가정을 하고 조사에 착수했다. 그의 목표는 다음과 같았다. "포르노그래피의 특징과 범위, 그것이 미국 사회에 미치는 영향을 정의하고 구체적인 권고안을 만들며…… 음란물 확산을 막을 수 있는 더 효과적인 방법을 찾아야 한다."[46]

1985년부터 1986년 초까지 미즈 위원회는 로스앤젤레스, 마이애미, 휴스턴, 뉴욕, 워싱턴DC 등 주요 도시에서 공개청문회를 열었다. 미즈는 음란물과 검열에 비교적 진보적인 시각을 보이는 위원 3명을 임명했지만, 나머지 위원 9명은 외설죄 사건을 주로 담당하는 검사, 성직자로 구성되어 보수적인 편이었다. 닉슨 대통령 연설문 작성자 출신의 위원은 슬래셔 영화*도 위원회 안건에 부쳐야 한다고 주장했다. 이런 정치적 역학관계는 청문회 증언에도 드러났다.

WAP는 동의 없이 『플레이보이』에 사진이 실린 치어리더와 음란물에 빠진 남편이 폭력적으로 변했다는 여성 등 수십 명이 피해 사실을 증언하도록 도와주었다. 대부분의 증언은 우리 사회에서 음란물이 무시할 수 없는 위치에 있다고 격한 감정을 드러냈다. 그러니 음란물을 더욱 엄격히 규제해야 한다고 볼 수도 있지만, 소수의 위원은 포르노 산업의 막대한 성공에 비추어 보면 그렇게 단순한 결론을 이해하기 어렵다고 지적했다. 2명의 의원이 공동 성명서에 이렇게 썼다. "음란물은 수백 명

* 잔인하게 살인을 하는 공포영화

의 소비자에게 팔리고 만족을 주고 있다." 하지만 연방정부 청문회에 나와 음란물로 얼마나 만족했는지 증언할 사람은 아무도 없었다. "포르노와 음란물을 소비한다고 자신 있게 인정하고 그것으로 만족을 느낀다며 공개적으로 말하는 사람을 찾기란 거의 불가능하다…… 수집한 정보가 한쪽으로 치우친 것이 분명하다."[47]

가장 강력하고 주목을 받은 증언을 한 사람은 안드레아 드워킨이었다. 드워킨은 뉴욕시 청문회에서 증언했는데, 필기록만 읽어서는 그녀의 발언을 완벽하게 실감할 수는 없다. 드워킨은 낮으면서 굵은 목소리로 리드미컬하게 말을 했다. 글에도 비슷한 힘이 있어서 미국 페미니즘의 구약성서라는 평가를 받을 정도였다. 드워킨은 위원들에게 말했다. "저는 미국 시민입니다."

> 그리고 제가 사는 이 나라에서, 여성이 다리를 벌리고 있는 사진이 매년 수백만 장이 만들어지고 있습니다. 우리의 성기를 가리켜 동물을 뜻하는 '비버'라고, '푸시'라고 부릅니다. 사진을 여기저기 갖다 붙이고 남성 독자를 위해 도드라져 보이도록 꾸며냅니다. 그 수백만 장의 사진에서 우리는 복종하는 자세로 삽입을 위해 생식기를 노출합니다. 항문도 삽입을 위해 노출됩니다. 마치 삽입을 위한 성기인 것처럼 목구멍도 노출되어 있습니다. 음, 제가 시민으로서 사는 이 나라에서는 실제 강간 장면을 촬영해 시장에 판매하고 있습니다. 오락용 음란물에서 강간과 폭행 등 능욕을 당한 여성은 이내 기분이 좋았다는 사실을 깨닫고 더 해달라고 요구하고 있습니다.[48]

드워킨은 음란물을 '정치적 박해의 한 형태'라고 불렀다. 포르노 제작사와 유통사에 대해 조직범죄 방지법RICO을 집행할 것을 정부에 요청했고, 연방교도소에서 음란물을 전부 없애야 한다고 주장했다. "그건 테러리스트에게 다이너마이트를 주는 꼴입니다."

포르노 반대 운동가들이 포르노 산업의 폭발적인 성장에 불안감을 드러냈을 때는 결코 과장이 아니었다. 1972년 영화 〈목구멍 깊숙이*Deep Throat*〉가 대성공을 거둔 이후 잡지의 수는 급증했다. 본디지*와 성폭력을 다루는 잡지는 주류 포르노그래피(대개 『플레이보이』, 『펜트하우스*Penthouse*』, 『허슬러*Hustler*』로 정의한다)에 진입하지 못했지만 그럼에도 숫자는 계속 늘어갔다. 하지만 간혹 미즈 위원회 청문회도 같은 시기 미국 전역에서 열린 의식학대와 다중인격장애 학회의 편집증적인 분위기를 띨 때가 있었다. 드워킨은 이렇게 증언했다. "포르노의 중심에는 연쇄살인이 있습니다. 실제로 스너프 필름이 존재하는 것입니다."[49] 드워킨은 포르노 산업의 가장 어두운 구석에 있는 도시괴담을 일컫고 있었다. 연기가 아니라 여성 포르노 배우를 실제로 죽여 끝을 내는 섹스 필름 제작자와 감독의 비밀 조직망이 있다는 소문이었다. 그런 영상이 있다는 증거는 하나도 발견되지 않았다. 하지만 드워킨, 매키넌 등은 스너프 필름을 언급하며 포르노가 곧 여성혐오라고 주장했다.[50] 보육기관 성학대 조직 사건을 수사한 경찰은 교사와 부모들이 범죄 장면을 촬영해 팔았다고 믿은 바 있다. 그때 포르노 영상을 유통했다고 생각한 것이 여기서 말하는 상상 속의 조직망이었다.

괴상하고 불안한 정치적인 기류가 감돌았다. 포커스온더패밀리의 창립자인 제임스 돕슨James Dobson은 위원회의 최종보고서를 위해 제출

---

* 성적 흥분을 위해 구속 및 결박을 하는 행위

한 개인 성명서에서 음란물 규제를 '열렬히' 지지한다고 썼다. 그리고 드워킨을 가리켜 "감동적인 증언"에 감사하고 사람이라면 "그녀의 주장을 무시할 수 없다."라고 밝혔다. 또한 돕슨은 그를 적대하는 사람들이 만든 슬로건을 주창했다. 물론 "포르노그래피는 이론이고 강간은 실천이다."는 예외였다.

바로 이러한 환경에서 보육기관 성학대 사건에 관여한 각각의 전문가들이 한데 모인 것이다. 롤랜드 서미트와 케네스 래닝은 미즈 위원회 마이애미 청문회에서 증언했다. 래닝은 소아성애자와 아동 포르노 수집가의 행동 프로파일링을 발표했다.[51] 위원회의 최종 보고서에 그의 연구가 여러 차례 인용되기도 했다. 마이애미에서는 3살짜리 딸이 유치원에서 학대를 당할 때 포르노 촬영을 당했다는 한 여성이 있었다. 위원회가 그녀의 신원을 감추었기 때문에 맥마틴 학부형인지 판단할 방법은 없었다. 하지만 그녀의 증언은 맨해튼비치에서 떠도는 이야기와 하나도 빠짐없이 일치했다. "딸은 캘리포니아에 있는 유치원을 다녔어요. 입학했을 때 3살이었죠. 유치원이 문을 닫을 때까지 6개월 동안 운동장에서 선생님들한테 몇 번이나 성추행을 당했어요. 유치원 밖 모르는 장소에서 모르는 사람들에게 성폭행을 당했고요. 항상 그러지는 않았어도 거의 다 사진이 찍혔어요. 칼과 총으로 해치겠다고 위협하고 애가 보는 앞에서 동물을 죽였습니다."[52]

마지막으로 다중인격이 등장했다. 『최종 보고서』에는 '학대로 인한 망각과 부인과 억압'을 구체적으로 다루는 항목이 있었고, 다중인격장애 진단을 받은 여성이 적어도 1명은 청문회에서 증언을 했다.[53] 워싱턴 DC 청문회에서 한 증인은 말했다. "속에 곪은 상처처럼 억압된 기억이 폭발하면서 온갖 증상과 불안증이 드러나고 있어요."

> 이 증언을 쓰기까지 참 힘들었습니다. 오늘 증언을 해달라는 부탁을 받고서야 저는 제가 출연했던 포르노를 기억하게 되었습니다. 생생하게 다시 떠오른 건 폭력이었습니다. 그때 극도의 트라우마를 경험하고 분열증이 일어났던 거예요. 감각이 다 사라져서 포르노 사진을 본 기억은 대수롭지 않다고 생각했습니다. 그래서 여태껏 기억할 필요가 없었던 거예요…… 지금 쓴 내용을 읽을 때마다 새삼 놀라고 공포와 트라우마를 다시 느끼고 있습니다. 그래서 포르노 잡지가 제 양아버지의 삶에서 상당 부분을 차지했다는 사실을 밝혀야 한다고 결심한 것입니다.[54]

위원회 성과는 그리 대단하지 않았다. 미즈 법무장관이 하필 정의의 여신상 앞에 서서 조사 결과를 발표하는 바람에 다음 날 신문의 1면은 미즈가 성적 상상력을 비난하는 동안 그의 머리 위에 여신상의 벗은 가슴이 떠 있는 사진이 장식했다. 음란물이 폭력적인 성범죄를 유발한다는 근거 없는 발견으로 진보적인 위원들이 서명을 거부해 『최종 보고서』도 정확한 결론을 내지 못했다. 모든 위원이 동의하는 결론을 요약해 공동논문을 쓰는 대신, 개개인이 여러 논문을 쓰고 서로 논쟁을 벌였다.

그럼에도 『최종 보고서』의 서두에 등장한 '사법부와 법집행기관을 위한 권고Recommendations for the Justice System and Law Enforcement Agencies'로 레이건은 목적의 일부는 달성했다. 권고 11번은 "법무장관은 각 주 지방검사에 지체 없이 음란물을 조사하고 위반자를 색출하고 수사를 시작하고 기소를 하도록 지시해야 한다."는 내용이었다.[55] 권고 24번은 "주 검찰과 지방 검찰은 주류 판매 허가 구역에서 음란행위를 금지하는 주류 규제법을 강화해야 한다."라며 국가 공무원이 손쉽게 스트립클럽의 폐업을 가능케 했다. 권고 89번은 성인의 유흥에 자세히 파고들어 "핍 쇼 부스 내 성적 접촉을 허용하는 업소는 영업 금지에 처한다."라고 규정했다. 간단히 말해 위원회는 가능하다면 성인 산업의 모든 곳의 문을 닫아야 한다고 정부에 권고하고 있었다.

포르노 반대 운동과 미즈 위원회는 정치적 동맹이 있었기에 가능했다. 자연히 이 동맹은 미국 아이들이 위험하다는 믿음을 공유하게 되었다. 미국 정치에서 아동보호는 역사가 깊었다. 민주당과 공화당은 상대 당의 법안과 정책에서 어떤 부분이 아동에게 피해를 주는지 눈에 불을 켜고 찾았다. 그러나 1960년대 성 혁명이 일어나고 미국 사회구조와 성 역할이 전에 없이 변화를 겪으며 수십 년이 흐르는 동안, '가족의 가치'는 오로지 보수파의 몫이 되었다. 그들은 이 나라에 포르노, 게이, 여성이 미친 듯이 날뛰고 설친다고 묘사했고 이처럼 광기 어린 사회에서 남편은 돈을 벌고 아내는 집안일을 하는 전통적인 가정이 피난처라고 주장했다. 따라서 일부 페미니스트가 제임스 돕슨 같은 보수주의 운동가와 나란히 포르노가 여성과 아동에 미치는 악영향을 비판할 수는 있어도, 그에 따른 정치적 혜택은 그리 공평하지 않았다.

이처럼 정치적 혜택이 불공평하게 나누어졌기 때문에 페미니즘 내부에서 포르노 반대 운동에 대한 논쟁이 있었던 것이다. 언론은 여성운동 단체가 하나의 목표를 위해 다 같이 힘을 합쳐 캠페인을 벌인다고 묘사하지만 글로리아 스타이넘Gloria Steinem 같은 주류 진보파와 더 급진적인 페미니스트 사이에는 심각한 의견 불일치가 있었다. 미국 사회의 성 역할과 성적 표현을 둘러싼 이런 불화로 1982년에는 버나드 컬리지에서 열렸던 페미니즘 학회가 분노에 찬 성토장으로 변하기도 했다. 만약 포르노 반대를 주장하는 부류가 1980년대 중반 들어 입지를 공고히 하는 것처럼 보였다 해도 페미니즘 내부의 갈등이 가라앉았다는 뜻은 아니었다. 포르노 반대 운동을 가장 맹렬하게 비판하는 페미니스트들이 지적하듯, 1980년대 미국은 제2차 세계대전 이후로 가장 뚜렷한 보수주의로의 회귀를 경험했다. 만약 페미니스트가 아이들이 위험하다는 불안과 공포 분위기에 기여를 했다면 그야말로 적의 손에 놀아나는 셈이었다.

그와 같은 공포는 보육기관 성학대 조직 사건의 재판으로 완벽하게 드러났다. 하지만 1980년 중반에는 집단 패닉이라기보다 전문가들이 성과를 내는 장으로 보였다. 맥마틴 사건이 그렇게 오래 걸렸던 근본적인 이유는 사건 수사와 재판을 맡은 사람들이 인터뷰 기법이며 법정 전략을 전부 스스로 알아내야 했기 때문이었다. 키 맥팔레인, 아스트리드 헤거, 롤랜드 서미트, 라엘 루빈은 선구자였다. 새로운 분야를 개척하는 사람이 다 그렇듯 그들도 어설픈 실수를 저질러 업적에 먹칠을 했다.

하지만 마이애미 주 검사 자넷 레노는 컨트리워크라는 교외단지에 사는 프랭크와 일리나 퍼스터 부부의 기소를 준비하며 같은 실수를 저지르지 않았다. 35세 쿠바 이민자인 프랭크는 전 부인과 사이에서 이런 아들 노엘을 두었다. 17세 일리나는 온두라스 출신 불법체류자였다. 일리나와 프랭크는 결혼한 지 1년도 되지 않아 집에서 이웃 아이들을 돌보는 놀이방을 운영하기로 결심했다. 프랭크는 이렇게 적힌 명함을 돌렸다. "카운티 워크 베이비시팅 서비스 — 우리 입으로 말할 수는 없지만 사람들은 최고라고 평가합니다."

많아야 6살인 동네 아이들은 퍼스터 부부의 집에서 시간을 보냈다. 반 년쯤 후, 저녁에 집으로 돌아간 한 아이가 엄마에게 자기 '몸'(성기를 의미)에 '키스'를 하겠냐고 물었다. 아이는 말했다. "일리나 아줌마가 내 몸에 키스를 했어. 일리나 아줌마는 아기들한테 다 키스해." 이 말에 소년의 엄마는 당연히 놀랐을 것이다. 하지만 단순한 문화차이 때문일 수도 있다. 일리나가 성장한 온두라스 시골에서는 여성이 어린아이를 달래거나 귀엽다는 표시를 하기 위해 흔히 아이의 성기를 만지고 그곳에 입을 맞춘다.[56] 그로부터 몇 달이 지나, 처음으로 18개월 아기를 하룻밤 놀이방에 맡긴 엄마는 퍼스터 부부가 아들에게 약을 먹였다고 확신하게 되었다. 아이는 지친 기색이 역력했고 집에 와서는 엄마가 빼앗아갈 때까지 블록으로 머리를 때렸다. 컨트리워크 단지에는 일리나가 아이를 이상하게 돌본다는 소문이 퍼졌고 경찰은 요청에 따라 아이 5명을 인터뷰했다. 한 아이는 언어장애가 있었고 나머지는 거의 말을 하지 않았다.

하지만 한 아이는 달랐다. 5세 남자아이는 프랭크가 아이들의 옷을 벗기고 사진을 찍었다고 말했다. 레노 지방검사가 부른 아동발달 전문가 부부 조세프 브라가Joseph Braga와 로리 브라가에게도 몇 주에 걸쳐 같은 말을 반복했다. 브라가 부부는 CII 치료사와 비교도 안 되게 책임감 있는 인터뷰 기술을 사용했다. 모든 인터뷰를 녹화했고 웬만하면 한 아이를 두 번 이상 보지 않았다. 맥마틴 사건 재판에서 많은 문제를 불러온 적대적인 말투도 한 번을 제외하고는 드러내 보이지 않았다. 하지만 브라가 부부도 소년의 말(프랭크에게 강간을 당했고 아이들은 집 안에서 대변을 던지고 바르는 '응가' 놀이를 해야 했다)에서 기괴하고 믿기 힘든 주장을 유도했다. 소년은 어느 날 13살인 '미스 부비'가 놀이방에 들렀을 때 자기만 웃지 않았다고 말했다.[57] 퍼스터 부부는 집에서 사탕처럼 생긴 약을 만들어 아이들에게 먹였다. 또한 소년은 자신도 놀이에 참가했다고 말했다가, 관찰했다고 말했다가, 다른 아이의 말을 들었을 뿐이라며 말을 자꾸 바꾸었다.

Q. 저번에 우리가 왔을 때 노엘 아빠가 노엘 고추를 입에 넣은 걸 봤다고 했지.

A. 맞아요.

Q. 그걸 봤니?

A. 네.

Q. 방금은 놀이를 한 번도 본 적 없다며? 지금이랑 말이 다르잖니.

A. 조금은 봤어요.

Q. 아, 그렇구나. 그럼…….

A. 노엘과 한 놀이. 그건 봤어요.

Q. 노엘과 놀이를 할 때 무엇을 봤는지 말할 수 있겠어? 그 사람들이 어떤 행동을 했는지 말할 수 있니? 여기 인형으로 보여줄래?

A. 어…… 나는 그냥…… 그냥…… 음…… 잠깐 보다가…… 음…… 그 다음엔 나왔어요.

Q. 잠깐 봤을 때 말이야, 잠깐 동안 무엇을 봤어?

A. 음…… 어…… 노엘 입에…… 고추를 넣고 있었어요.

Q. 누가?

A. 흠…… 프랭크 아저씨요.

Q. 프랭크 아저씨.

A. 네.

Q. 일리나 아줌마는 뭘 하고 있고?

A. 아줌마는 나를 집에 보냈어요. 왜냐하면 우리 아빠가 데리러 와서 아줌마가 다 집에 갈 준비를 했거든요.[58]

소년은 다른 인터뷰에서는 안에서 텔레비전을 보는 동안 퍼스터 부부가 밖에서 섹스 놀이를 했다고 말했다. 브라가 부부가 만난 다른 아이들은 첫 번째 인터뷰 때 혐의를 입증할 진술을 하나도 하지 못했다. 하지만 아이들은 몇 주 후 부모 손에 억지로 이끌려 두 번째 인터뷰를 했다. 동네 부모들은 매일 밤 만나 정보를 교환했다. 치료사가 아닌 부모도 아이들에게 압박을 가해 얼마든지 학대 이야기를 끌어낼 수 있었다. 브라가 부부는 아동 31명과 46차례 인터뷰를 진행했다. 그들도 실수가 없었던 것은 아니지만 키 맥팔레인의 노골적인 유도심문에 비하면 제법 훌륭했다.

프랭크의 체포 당시 6살이었던 아들 노엘은 브라가 부부에게 아무 일도 없었다고 말했다. 하지만 이후 의사들이 노엘 목에서 샘플을 채취해 임질 테스트를 하자 양성 반응이 나왔다. 경찰은 무기, 포르노를 찾지 못하고 퍼스터의 집 벽에 대변이 묻은 흔적조차 발견하지 못했다. 다른 아이를 검사해도 성폭행을 당한 의학적 증거를 전혀 발견하지 못한 상황에서, 노엘의 임질 테스트 양성 반응은 컨트리워크 사건 최초의 구체적인 성학대 증거였다. 그리고 1980년대 모든 보육기관과 성학대 조직 사건을 통틀어 처음 나온 증거였다.

몇 년 후, 기자 등 사건을 지켜보던 사람들 사이에서 임질 테스트를 두고 논쟁이 벌어진다. 1988년 질병관리센터Centers for Disease Control 연구자들은 임질 발병률이 낮은 아동 인구에서 거짓양성반응*이 나올 확률이 최대 1/3로 높다고 발표했다. 그리고 노엘이 받은 'RapID NH' 테스트는 호흡기에 원래 존재하는 다른 박테리아와 임질균을 구분하지 못하는 경우가 있다고 경고했다.[59] 이후 연구에서는 당시 테스트의 부정확도가 36퍼센트였다는 결과가 나왔다.[60] 그러나 1984년 의사들은 새로운 테스트에 아주 만족했다. 전에는 결과가 나오기까지 이틀이나 걸리던 시간이 겨우 4시간으로 단축되었기 때문이었다. 이 테스트를 "정확하고 믿을 수 있고, 유용하다"라고 표현한 연구도 있었다.[61] 바로 그 이유 때문에 브라가 부부는 최종 인터뷰에서 노엘에게 다른 아이들과 확연히 다른 태도를 보였을 것이다. 그들은 아이에게 7시간 동안 질문을 했다. "네 아버지가 그랬니?" 조세프의 질문에 로리가 보충을 했다. "네 아빠가 그랬어?" 노엘은 오전 내내 학대를 받은 기억이 전혀 없다고 주장했다. 결국 조세프는 이런 말을 했다. "선생님은 지금 네가 진실을 말하지 않는 걸 알고 있어. 왜냐하면 아무도 네 입에 고추를 넣지 않았다고 말했으니까." 부부는 노엘에게 점심을 먹으면서 다시 생각해보라고 했다. 다시 돌아온 노엘은 프랭크에게 학대를 당했다고 인정했다. 그러다 방을 나가도 좋다는 허락이 떨어지자 또 말을 바꾸었다.[62]

체포된 프랭크와 일리나는 수감 생활을 하는 몇 달 동안 매일 서로에게 연애편지를 썼다. 프랑크가 먼저 재판을 받았다. 검찰 측은 브라가의 인터뷰 테이프를 이용하여 기발하고 확실한 혐의를 여러 개를 만들어냈다. 프랭크에게는 성폭행 혐의 8건, 아동 성추행 혐의 7건이 걸려 있었지만 검찰은 가중폭행이라는 마지막 혐의를 추가했다. 기소장

---

* 질환에 걸리지 않은 사람에게 양성반응이 나오는 것

에는 프랭크가 수차례 괴물 가면을 쓰고 아이들을 위협하고 벽장에 가두고 약을 먹였고 알몸으로 춤을 추고 아이들의 성기를 희롱하고 억지로 대변을 먹였다고 쓰여 있었다. 가중폭행 혐의가 "~했고"로 연결된 탓에 모든 아이들의 기묘한 주장이 하나로 모이는 집결지 같았다. 플로리다 주 형사법에 따르면 배심원이 그중 하나의 혐의만 믿어도 유죄 판결을 내릴 수 있었다.[63]

더구나 프랭크 퍼스터는 형편없는 피고였다. 자넷 레노 사무실은 프랭크가 2번 유죄 판결을 받은 전과가 있음을 발견했다. 하나는 1급 살인이었고, 다른 하나는 더 불길하게도 미성년자 성추행이었다. 1982년 어느 날 밤, 프랭크는 파티 후 차 안에서 9살 여자아이의 옷 위로 가슴과 성기를 만져 유죄를 받았다. 프랭크는 항상 결백하다고 주장했지만 그 사실은 그에게 불리하게 작용했다. 30대에 10대 소녀와 결혼한 사실도 도움이 되지 않았다. 프랭크는 법정에서도 좋은 인상을 남기지 못했다. 변호사의 조언을 듣지 않고 몇 번이나 기자들 앞에서 흥분하며 중언부언하며, 레노, 지방검찰청, 사법제도 전체를 비난했다. 증언대에 섰을 때는 아이들을 추행하고 알몸으로 춤을 추었다는 혐의를 부인하는 데 그치지 않고, 모호한 법 해석을 근거로 일리나가 사실 놀이방을 하지 않았다고 주장했다. 그가 추행했다는 아이들 대부분을 만난 적 없다고 말했고, 아이를 데려다주거나 데리러 올 때 프랭크를 자주 봤다는 부모들에게 거짓말쟁이라 말했다. 하루는 얼굴 위로 수건을 들고 질문에 대답하지 않았다. 마치 긴장증*에 빠진 듯 보였다. 프랭크의 어머니는 난간을 넘어와 아들을 붙잡고 스페인어로 외쳤다. "강해지거라, 프

---

* 정신분열증으로 오래 움직이지 못하는 증상

랭크! 엄마처럼 강해져! 강하게 적들과 맞서 싸워야지."[64]

일리나 사건은 남편에 비해 까다로웠다. 이상하고 허풍을 떠는 데다 아동학대 전과까지 있는 남자의 재판은 별 문제가 없었다. 하지만 수줍고 순진한 10대 소녀라면? 검사 측이 설명하는 대로 학대가 일어났다면 일리나는 반드시 목격했을 것이다. 또 바라가 부부의 인터뷰에 따르면 일리나도 학대에 참여했다. 하지만 몇 달 동안 교도소 독방에 오래 머물다 일반감방으로 잠깐 옮기기를 반복하는 내내 일리나는 무죄를 주장했다. 그녀는 유명한 마이애미 정신과 의사 찰스 머터Charles Mutter와의 인터뷰를 무려 14번이나 견뎠고, 프랭크가 소아성애자이니 그에게 불리한 증언을 해야 한다는 변호사 마이클 본 잼프트Michael Von Zamft의 압박에도 굴하지 않았다. 일리나는 교도소 교회사 셜리 블란도Shirley Blando와 친해져 그녀를 '셜리 엄마'라고 부르기 시작했다. 이후 블란도는 일리나가 자기 변호사를 믿지 못한다는 말을 자주 했다고 법정에서 증언했다. "이 아이는 변호사를 두려워했습니다. 이렇게 말하곤 했죠. '진실이 아닌 말을 하라고 해요.'라고요."[65] 일리나는 블란도와 대화를 하던 중에 프랭크에게 맞은 적이 있다고 시인했다. 본 잼프트 변호사는 일리나가 스스로 프랭크에게 학대를 당한 피해자로 묘사하기를 바랐다.

1985년 여름, 일리나는 일반감방에서 독방으로 돌아왔다. 수년 후, 그녀는 3A1실에서 알몸으로 추위에 떨고 울며 우울증에 빠지는 날이 많았다고 주장했다.[66] 독방에 있는 동안 일리나는 프랭크에게 한 번 이상 맞았다고 말하기 시작했다. 만난 지 얼마 안 되었을 때 강압적으로 성관계를 맺었고 프랭크가 아들 노엘도 때렸다고 인정했다. 비교적 평범한 가정폭력을 묘사하며 시작했지만 7월 말 일리나는 프랭크가 아이들을 추행하는 모습을 본 기억이 없다고 주장했다. 그녀를 검사한 정신과 의사는 "기억상실증 등의 기억장애를 앓고 있지 않다."라고 결론 내렸다. 본 잼프트 변호사는 또 다른 정신과 의사 노먼 라이헨베르크Norman Reichenberg에게 진찰을 부탁했다. 라이헨베르크는 일리나가 근본적으로 심각한 애정결핍에 시달리는 아이로서 폭력적인 독재자 남편에 완전히 복종하고 있다고 판단했다. 이후 피고의 정신능력을 판단하는 공판에서 본 잼프트는 프랭크에 대한 일리나의 심리적 의존도가 매우 높으므로 프랭크와 재판을 받는 동안은 스스로 항변할 수 없다고 말했다. "본 변호인이 생각하건대 피고가 정당하게 항변을 하려면 공동 피고인에 대해 증언할 준비부터 되어 있어야 합니다."[67]

본 잼프트는 일리나의 자백을 약속한 것이나 다름없었다. 이제 일리나는 증언을 해야 했다. 컨트리워크 사건의 성격이 바뀐 것은 바로 이 시점이었다. 처음으로 다중인격장애 치료사들이 고안한 기법을 의식학대 사건의 피고에게 적용한 것이다. 본 잼프트는 행동변화연구소 비헤이버 체인저스Behavior Changers에 근무하는 심리학자 마이클 라파포트Michael Rappaport와 메리 수 하버Merry Sue Haber에게 연락을 했다. 두 사람은 즉시 일리나에 강한 관심을 보이기 시작했다. 훗날 마이클은 플로리다 주에 35~40시간 분량의 비용을 청구했다고 기자에게 털어놓았다. 판사에게는 심리치료 일을 하면서 일리나만큼 많은 시간을 쏟은 환자가 없다고도 했다.[68] 또한 일리나와 상담을 하는 동안 다른 사람은 알아차리지 못한 사실을 이해하게 되었다고 말했다. 프랭크의 사악함이 얼마나 깊으며 아내에게 어떤 영향을 미쳤는지 알 수 있다고 했다. "여러분 자신이 전쟁포로로 잡혔거나, 강제수용소에서 유대인 학살 시 바이올린을 연주하라는 나치의 강요를 받았다고 생각해 보십시오. 강제로 어떤 행동을 할 수밖에 없는 사람의 마음을 이해할 것입니다."[69]

라파포트와 하버는 일리나에게 '진정'과 '시각화' 훈련을 진행했다. 그들은 눈을 감은 일리나에게 아이들의 주장을 설명하고 맞는지 확인해 달라고 요청했다. 일리나는 이렇게 말했다. "선생님들은 아이들 이름을 들려줬어요. 내가 전부 다 기억하지 못하면 다시 고쳐주었죠. 내가 잃었다는 기억을 되찾을 때까지 계속 반복했어요."[70] 일리나는 이 훈련으로 실제 기억을 회복하지는 못했다. 하지만 그녀는 컨트리워크 학대 사건에 대한 생생한 악몽을 꾸기 시작했다. 두 심리학자는 일리나가 악몽에 대해 말하면 기억을 떠올리기 시작하는 징후라고 안심시켰다. 자넷 레노도 몇 번이나 밤중에 방문해 일리나의 확신을 더욱 굳혀 주었다. 레노는 감옥에 오래 있고 싶지 않다면 프랭크에 불리한 증언을 해야 한다고 말했다. 라파포트가 기자에게 말했다.[71] "세뇌의 정반대라 할 수 있습니다. 몇 시간이고 이야기를 해요…… 일종의 조종이죠." 라파포트와 하버는 학대 사실을 인정하고 프랭크에 불리한 증언을 하는 것이 일리나에게 최선이라고 설득했다. "어린아이를 대할 때와 아주 비슷했습니다. 우선 기분을 아주 좋게 만들고 나서 어려운 문제로 넘어가는 것이죠."[72]

일리나는 라파포트와 하버를 만나고 몇 주 만에 자신과 프랭크의 유죄를 처음으로 인정했다. 그런 다음에는 일련의 증언을 했다. 프랭크가 수차례 그녀를 강간했고, 아이들에게 구강성교를 시켰으며, 장전되지 않은 총을 그녀의 성기에 넣고 공포탄을 쏘았다고 말했다. (마지막 주장이 사실이라면 총알이 없었어도 심각한 부상을 남겼을 것이다.) 프랭크는 아이들이 보는 앞에서 일리나를 발로 차고 천장에 매달았고, 어느 날은 샤워를 하는 그녀에게 산성 물질을 뿌렸다. 또한 프랭크는 집에 뱀을 가져와 아이들에게 겁을 주고 일리나의 몸에 뱀을 넣거나 올려놓은 후에야 현관에 있는 양동이에 도로 집어넣었다. 일리나가 증언을 하는 동안 라파포트는 내내 자리를 지켰다. 그리고 두 심리학자는 일리나가 사소한 내용을 기억하지 못하거나 기억할 수 없다고 말했을 때 휴정을 요청하고 별실에서 은밀히 이야기를 나누었다. 다시 법정으로 돌아온 일리나는 자세한 사항을 말할 수 있었다. "그날 밤 피고에게 무슨 일을 당했습니까?" 한번은 이 질문을 받고 대답했다. "지금은 기억이 나지 않습니다."

그러자 라파포트가 끼어들었다. "기억이 나지 않는 건가요? 아니면 기억하고 싶지 않은 건가요?"[73]

일리나는 유죄를 인정했다. 그리고 법정에서 남편에게 불리한 증언을 한 대가로 징역 10년형으로 형량을 경감 받았다. 프랭크의 재판에서는 배심원단이 바라가 부부의 피해아동 인터뷰 테이프를 보았고, 롤랜드 서미트가 증인으로 등장했다. 서미트는 아동성학대순응증후군을 근거로 들며 아이들이 진실 공개를 하도록 격려하려면 유도심문이 필요할 때도 있다고 설명했다. 배심원단은 이틀간의 심의 후 프랭크의 모든 혐의에 유죄를 선고했다. 그는 6회 연속 종신형을 받았고, 가석방 조건을 위반할 경우 15년을 추가하기로 했다. 다시 말해 최소 165년 동안 징역살이를 해야 했다. 자넷 레노는 빠르고 효과적으로 유죄 판결을 이끌어냈다. 그간 법조계 · 의료계 · 정신의학계 전문가들이 많이 배워서 성장했고, 한때 비주류로 여겨졌던 개념이 정식 재판절차에 통합되었음을 여실히 보여 주는 사례였다. 모든 것이 신속하게 진행되었다. 퍼스터가 교도소에 수감되었을 때, 맥마틴 재판은 아직 시작도 하지 않았다.

6

맥마틴 유치원-재판

1986년 11월, 검사 글렌 스티븐스가 극작가 애비와 마이라 맨에게 맥마틴 사건과 주디 존슨의 정신상태가 의심스럽다고 털어놓은 대화가 반 년 만에 공개되었다. 재판은 여전히 안개 속에 있었다. 그때까지 배심원 선정조차 이루어지지 않았다. 사건은 1년 가까이 명령신청과 절차상의 공판에 발이 묶여 있었다. 하지만 맥마틴 사건에 대한 스티븐스의 회의적인 발언은『이지 리더』,『로스앤젤레스 타임스』,『데일리 브리즈』 등의 매체에 대대적으로 보도되었고, 잠시나마 취재진이 몰려들어 초창기처럼 숨 가쁜 분위기를 되찾았다. 마이라와 애비는 스티븐스 테이프에 대한 증인으로 소환장을 받았다. 마이라의 증언은 유독 일관성 없이 애매모호했지만 중요한 사실들은 명백히 드러났다. 맨 부부는 스티븐스에게 보수로 1,000달러를 지불했고 이후 책이나 영화로 수익을 얻으면 5퍼센트를 떼어주겠다 약속했다. 처음에는 테이프를 검찰총장 사무실에 넘기기를 거부했던 부부지만 그들의 변호사는 공무집행 방해죄로 기소될 수 있다고 단언했다. 증언 마지막 날, 마이라는 앞뒤가 맞지 않는 말을 한 점에 사과했다. 전날 밤 테이프를 분석하느라 잠자리에 늦게 들었다는 이유였다. 그녀는 말했다. "머리가 돌로 변했나 봐요."[1]

테이프가 검찰에 일으킨 문제는 단순히 내부 음모나 직장 내 불화가 아니었다. 스티븐스의 테이프를 근거로 검찰은 수사를 개시했다. 라엘 루빈이 수사 초기 단계에 대니 데이비스를 비롯한 피고 측 변호인단에 주디 존슨의 정신 상태를 증명하는 문서를 고의로 내주지 않았는지 밝혀야 했다. 첫 번째 문서는 맥마틴 교사들이 아들의 귀에 철심을 찍고 눈을 가위로 찔렀다는 존슨의 진술서였다. 아들이 로스앤젤레스 국제공항으로 끌려가 외국행 비행기를 탔다고 수사관에게 쓴 편지도 있었다. 루빈이 이 문서들을 받은 시점은 아이들의 주장을 믿을 수 있냐는 논쟁이 한창일 때였다. 지방검찰청은 무죄를 증명하는 증거를 발견했다면 맥마틴-버키 가족의 변호사에게 제공할 법적 의무가 있었다. 하지만 루빈은 진술서를 치워버렸고 맥마틴 변호팀은 주디 존슨의 정신건강 문제를 까맣게 모르고 변론에 착수했다. 루빈은 증언대에서 말했다. "그 문서들을 제출하지 않은 건 제 부주의 때문입니다." 그녀는 "일에 정신없이 파묻히는 바람에" 문서의 존재를 잊었을 뿐이고 전혀 악의는 없었다고 말했다.[2] 판사는 루빈을 믿었고 무효심리를 선언하라는 대니 데이비스의 명령신청을 거부했다. 몇 주 후, 공무집행 방해와 공문서 무단 폐기로 기소될 위기에 처해 있던 글렌 스티븐스는 증언을 하는 대신 부분적으로 형사소추를 면제받았다. 스티븐스는 검찰이 대니 데이비스에게 주디 존슨의 해괴한 주장을 일부러 비밀로 숨겼다고 말하고는 덧붙였다. "이제는 (레이 버키가) 법적으로 유죄라고 믿지 않습니다."[3]

스티븐스의 증언으로 검찰은 악몽 같은 몇 달을 보내야 했다. 11월에는 맥마틴 아이들이 과연 학대를 당했을지 의심하는 전국방송이 처음으로 나왔다. 당시 미국에서 가장 유명한 시사 프로그램이었던 〈60분 *60 Minutes*〉에서 마이크 월리스Mike Wallace는 피고들을 동정하고 검사와 치료사들은 직설적으로 비판했다. 버지니아 맥마틴은 말했다. "미국은 전 세계에서 법이 제일 썩어 빠진 나라입니다. 내 앞에서 러시아니 남아프리카니 운운하지 마시구려. 거기나 여기나 똑같으니까." 바벳 스피틀러는 아이들을 빼앗긴 사연을 고백했고 페기 앤은 교사자격을 돌려받고 싶다고 말했다. 이 방송은 아이라 라이너 지방검사에게는 교묘히 빠져나갈 구멍을 주었다. 1984년 말 로버트 필리보시안의 뒤를 이은 라이너는 전임자가 철저히 수사를 하지 않고 여러 사람을 기소했다고 책임을 돌렸다. "필리보시안이 프로답지 못했다고 하는 건가요?" 인터뷰 중 윌리스가 말하자 라이너는 대답했다. "글쎄요, 그런 말로는 표현조차 할 수 없습니다."[4]

라엘 루빈도 〈60분〉 방송에 등장했다. 그녀의 감정을 가장 잘 설명하는 말은 "궁지에 몰리다"일 것이다. "수많은 아이들이 유치원에서 학대를 당했습니다." 루빈은 라이너가 최초 피고인 일곱 명 중 다섯 명의 기소를 취하하며 사건 규모가 줄어든 사실은 인정하지 않았다. "지금 와서는 50명, 100명, 200명, 300명이 있었다고 말해봤자 의미가 없습니다. 지금으로서는 핵심을 벗어난 말이죠. …… 문제는 아이들이 유치원에서 학대를 당했다는 사실입니다. 두 명이든 백 명이든 중요하지 않아요!" 윌리스는 피해아동 2명과 100명의 차이는 굉장히 크다고 반박했다. 피해아동이 2명이고 성인인 피고가 1명이었다면 지금처럼 언론의 주목을 받지 않았을 것이다. 그런 다음 윌리스는 예비심문 중에 흘러나온 사탄교 관련설에 대해 질문했다. 루빈은 완전히 부인하지는 않았다. "예비심문에 그런 증언이 있긴 했어요. 사탄교 의식으로 볼 만한 행위가 있었다고요."

마지막은 레이 버키 차례였다. 그는 3년여 전 체포된 후 최초로 기자의 인터뷰에 응했다. 레이는 명백히 분노를 표출했다. 라이너가 기소를 취하한 피고인 명단에 그와 어머니 페기만 제외된 이유를 묻자 레이는 담당 변호사가 세운 집단 히스테리 이론의 핵심 용어를 사용했다. "희생양이 있어야 하기 때문이겠죠. 두 사람을 2년 동안 감옥에 가둬뒀습니다. 이제 와서 뒤로 물러나 '미안, 둘도 무죄야.'라고 말하겠습니까? 똑같은 증거, 똑같은 아이들로 7명을 다 기소해놓고 그게 5명에게만 불충분한가 보죠." 윌리스는 자유의 몸이 되면 무엇을 할 계획이냐고 물었다. 버키는 이렇게 말했다. "그 사람들은 내 인생을 망쳤습니다. 앞으로 어떻게 살고 싶은지 아직 안 정했습니다. 하지만 그 사람들은 내게 평생 없애지 못할 주홍글씨를 새겼습니다. 어떻게 살아야 할지 모르겠네요."[5]

〈60분〉이 방송되고 기소가 취하되며 글렌 스티븐스 논쟁이 벌어지자 사람들이 맥마틴 사건을 이야기하고 바라보는 방식이 달라졌다. 하지만 변화의 바람이 그렇게 빨리 불지는 않았다. 변호인단이 험난하리라 예상되는 배심원 선정 과정을 준비하는 동안, 한 대학 교수가 로스앤젤레스 시민들을 대상으로 여론조사를 했다. 그러자 사건에 대해 아는 사람의 97.4퍼센트가 레이 버키의 유죄를 믿는다는 결과가 나왔다(92퍼센트는 페기 맥마틴 버키도 유죄라고 믿었다). 그러는 동시에 42.4퍼센트는 치료사가 아이들의 머리에 생각을 주입했다고 응답했고, 22퍼센트는 사탄주의 주장이 터무니없다고 믿었다.[6] 이런 믿음이 커진 것은 1987년 초 사우스베이 주변에서 새로운 국면이 전개되었기 때문일지도 모른다. 허모서비치 보안관국은 세인트크로스 성공회교회에서 학대를 당했다는 아동 약 40명의 부모들에게 공식적으로 사건 종결을 선언했다. 일부 맥마틴 학부형은 자녀가 한밤중에 세인트크로스 교회로 끌려가 사탄교 의식을 경험했다고 믿고 있었다. 사건을 담당한 지방검사보는 물적 증거와 확실한 증거를 찾지 못해 기소를 포기했다고 밝혔다.

부모들은 실망감을 감추지 못했다. "아직 고통에 시달리고 있는데 어떻게 물러난단 말입니까. 우리 아이들은 그때 겪은 일로 아직까지 밤에 악몽을 꿉니다."[7]

1980년대 중반에 경찰과 치료사들이 공식적으로 인정한 수사 인터뷰 기법은 미국의 다른 지역까지 빠른 속도로 퍼져 나갔다. 마찬가지로 이제는 보육기관 의식학대 수사에 대한 조직적이고 체계적인 의심도 빠르게 번졌다. 이런 사건이 어쩌다 재판까지 이르렀는지 조사하기 시작한 기자들은 수사의 중심에 있는 기관과 법안, 심리치료센터 및 병원을 확인하고 나섰다. 언론은 이해하기 힘든 재판을 대중이 알기 쉽게 설명해 주었다. 예를 들어, 1987년 3월('아직도' 맥마틴 재판의 배심원 선발은 시작조차 하지 않았다) 케빈 코디Kevin Cody는『이지 리더』에 "정의의 전당에 들어간 쥐"라는 표지기사를 썼다. 코디가 취재한 인물 조지 프리먼George Freeman은 1984년 레이 버키와 잠깐 같은 감방에 있던 흉악범이었다. 코디는 예비심문에서 증언을 했고 KABC 웨인 새츠와도 거짓말 탐지기를 사이에 두고 인터뷰한 적 있었다. (미국 법원은 거짓말 탐지기 결과의 비신뢰성을 이유로 증거로 인정하지 않는다.) 코디는 레이가 맥마틴 아이들을 학대한 사실을 인정했다고 말했고, 레이가 사용한 윤활제 상표명도 아주 구체적으로 지목했다. 또한 레이가 포르노를 제작하고 캘리포니아 주에서 아동매춘 사업을 벌였다는 의혹도 사실로 확인했다고 말했다. 프리먼에 따르면 맥마틴 일가는 레이가 14살 때부터 아이들의 사진을 찍고 난 후 전국 각지에 아이들을 버리고 있었다. 웨인 새츠는 저녁 뉴스에서 이렇게 말했다. "저희『아이위트니스 뉴스*Eyewitness News*』는 조지 프리먼 씨를 믿어도 좋은지 아닌지 여부에 관해서 아무런 입장도 취하지 않는다는 점을 밝혀두겠습니다."[8]

조지 프리먼은 다가오는 재판에 그다지 위협적인 존재로 보이지 않았던 모양이었다. 그는 레이 버키와 같은 방을 쓰기 전부터 다수의 유죄 전과가 있었고, 집행유예도 걸려 있어 예비심문 이후 체포되었다. 『이지 리더』에 실렸던 기사는 프리먼 단독 기사가 아니라 지방검사 측 정보원프로그램 전반을 다루고 있었다. 하지만 정보원 7명 가운데 레이 버키의 유죄를 증언할 준비가 된 사람은 프리먼뿐이었다. 코디는 로스앤젤레스 검찰이 주로 조직이나 마약범죄와 관련된 여러 사건에서 정보원의 목격자 증언만으로 유죄 판결을 따냈다고 주장했다. 일부 정보원은 1인당 10개에 이르는 사건에서 증언을 했다. 수많은 강력범죄 사건에서 표면상의 목격자가 된 것이다. 레이 버키가 수감된 직후, 정보원으로 일하는 죄수들이 연신 레이의 감방 주위를 맴돌았다. 대니 데이비스가 레이에게 "다른 수감자와 대화하지 않고 말을 듣지 않는다."라고 적힌 표식을 들고 다니라고 요청할 정도였다.[9] 정보원 입장에서 설명하자면, 코디는 한 국선변호사가 최후의 합법적인 수단은 거짓 자백이라고 했다는 말을 전했다. 변호사는 이렇게 말했다. "카운티 교도소에서는 무슨 수를 써서라도 정보원이 되려고 합니다. 자기 재판이 진행되기를 바라면 정보원이 되어야 하는 것 같더군요."[10] 또 다른 변호사는 언론의 관심을 많이 받고 있는 사건이 특히 문제라고 말했다. "언론 주목도가 높은 사건치고 카운티 교도소에 있는 의뢰인에게 정보원이 붙지 않는 경우가 없다고 생각합니다. 의뢰인 입을 테이프로 막아도 정보원은 손짓이나 쪽지로 자백했다고 말할걸요."[11]

코디는 라엘 루빈이 교도소 정보원을 여러 차례 이용했다는 사실을 기사로 밝혔다. 루빈이 맥마틴 사건 직전에 맡은 재판은 로스앤젤레스 터키영사관에서 외교관을 죽인 혐의로 기소된 남자의 예비심문이었다.

그녀는 아동 여러 명을 살해한 마누엘 코테즈Manuel Cortez에게 증언을 요청했다. 코테즈의 증언은 살인에 정치적 의도가 있었다는 사실을 증명하는 데 유일한 증거였다. 그러나 코테즈가 재판 증언을 요구하면 진술을 철회하겠다고 나오자 얼른 다른 정보원들이 코테즈의 역할을 대신하고 나섰다. 일부 변호사들은 지방검사의 선택에 의문을 품었다. 피고인이 감옥에서 순순히 자기 범죄를 고백할 것이라고 믿는다면 굳이 신뢰할 수 없는 범죄자들과 줄다리기를 할 필요가 있을까? 합법적으로 죄수의 대화를 감시하는 방법은 그밖에도 많았다. 페기 앤의 변호사 포레스트 라티너는 물었다. “지방검사가 정말로 피고의 대화 내용을 알고 싶다면 감방에 도청기를 설치하는 법원명령을 얻으면 되지 않습니까?” 사실 지방검사는 비밀리에 법원명령을 받아 레이와 어머니가 경찰차로 이동하면서 변호사들과 CII 테이프를 보며 대화하는 내용을 녹음했다. 루빈은 코디에게 녹음 증거를 레이의 재판에서 제출할 것이라고 말했다. 실제 제출한 증거는 하나도 없었다.

보육기관 성학대 조직 수사에서 검찰 측을 지지한 사람들은 이런 사건이 난데없이 튀어 나왔다는 믿음을 공유했다. 이처럼 따뜻한 지역사회에서 그런 범죄가 오랫동안 지속되는 것은 비현실적이고 불가능해 보였다. 어떻게 보면 그 이유 때문에 부모들이 자녀의 주장을 이야기할 때 ‘믿음’을 그토록 강조했는지도 모른다. 끔찍한 이야기가 일상을 점령해버린 지금, 평범한 삶의 기억과 전혀 다른 그 기억을 받아들이기 위해서는 맹목적인 믿음이 필요했다. 이 믿음이 없다면 맥마틴 교사들이 전부 유죄라고 생각했던 사람들조차 현실을 이해할 방법이 없었다.

코디의 기사는 조지 프리먼 증언의 실체를 밝힌 것 외에도 중요한 의미가 있었다. 코디는 정보원이라는 사소한 요소가 어떻게 재판에 강력한 영향을 끼쳤는지 보여줌으로써 맥마틴 사건을 이해하기 쉽게 설명했다. 그는 강도, 음주운전 등 일반적인 범죄를 다루며 우리에게 익숙한 지방검찰청이 어쩌다 초자연적 현상이나 다름없는 이야기에 일조했는지 보여주었다. 로스앤젤레스 형사재판에서 정보원 프로그램은 자리를 확실히 잡았다. 지방검찰청에서는 한 카운티 교도소 직원을 '밀고자 연락관'이라고 부르며 수감될 피고인 옆 감방에 누구를 넣을지 지시했다. 『이지 리더』 기사는 맥마틴 사건도 검찰이 선을 넘은 다른 사례와 다를 바가 없다고 묘사했다. 다른 관점으로 맥마틴 사건을 비판할 근거도 제공했다.

부모들은 커져가는 의혹에 재빨리 반응했다. 물론 다 생산적이었던 것은 아니다. 봄이 저물어갈 즈음, '아이들의 진실을 확신하는 사람들의 모임ACT: Affirming Children's Truth'과 '우리는 아이들을 믿는다We Believe the Children'는 집회를 열고 우리 사회가 아동 성학대를 부인한다고 비판했다. 학부형 약 100명이 맨해튼비치 컨트리클럽에 모여 롤랜드 서미트의 연설을 들었다. "여러분의 자녀가 겪은 일에 무관심한 우리 사회의 현실과 비슷한 역사를 찾기란 힘듭니다." 서미트는 프로이트의 유혹이론에 대해 조금 이야기한 후 나름대로의 적절한 분석을 내놓았다. "저는 제2차 세계대전 중 독일이 유대인을 박해했던 게 떠오르는군요." 전쟁범죄를 언급하는 아버지도 있었다. "부인하고 은폐하고 책임을 전가하고 있습니다. 말라이*와 소름이 끼칠 정도로 비슷하지 않습니까?" 「맥마틴 워치」 칼럼 연재를 종료한 존 잭슨도 그곳에 있었다. 『말로 다 할 수 없는 행동*Unspeakable Acts*』의 저자 젠 홀링스워스Jan Hollingsworth도 마찬가지였다.

* 베트남 전쟁 중에 미군이 주민을 대량 학살한 베트남 남부의 시골 마을

홀링스워스의 책은 이후 몇 년 동안이나 컨트리워크 사건의 기소에 찬성하는 입장을 완벽하게 정리했다는 평을 받았다.[12] 단상에 선 잭슨은 회의론을 심각하게 받아들이고 공개적으로 반박해야 한다고 말했다. "맥마틴 사건을 결정하는 것은 법이 아니라 여론일 겁니다. 아이들의 진실을 보호하는 사람으로서 여러분이 여론을 움직여야 합니다."[13]

1987년 4월 배심원 선정이 시작되었다. 학부형들이 법정 뒤에서 "나는 아이들을 믿는다"라는 피켓을 들고 서 있는 동안, 사실심 판사 윌리엄 파운더스William Pounders가 배심원 후보 500명을 읽어 내려갔다. 검사 측과 피고 측 변호인단은 남성 7명과 여성 5명에 최종 합의를 보았다. 7월 13일 모두진술에서 라엘 루빈은 배심원단을 향해 아동 증인들에게 귀를 기울여달라고 말했다. "아이들의 말을 들어주십시오. 이 아이들은 진실을 밝히고 기억을 떠올리고 인정하고 다시 설명하는 길고 힘겨운 과정을 겪었습니다."[14] 다음 날 모두진술에서는 페기 맥마틴 버키의 변호사 딘 기츠가 지난 3년간 있었던 일들을 배심원단에 설명했다. "맥마틴 유치원과 관련된 다른 용의자를 수사하기 위해 보안관 사무소 기동대에 정직원으로 고용된 사람이 22명이었습니다."[15] 기츠는 수사에 동원된 FBI 요원이 얼마나 많은지 알지 못하며 절대 알 수 없을 것이라고 덧붙였다. "하지만 적어도 FBI 요원 7명은 전담으로 이 사건에 매달렸습니다." 이 많은 사람들은 그동안 무엇을 했을까?

> 이들은 주택 21채와 사업체 7곳을 수색했습니다. 제가 사업체 7곳이라고 말할 때는 정말 7곳이라는 뜻입니다. …… 차량 37대와 오토바이 3대, 농장 1곳을 수색했습니다. 여기서 아동 포르노, 누드 사진, 테이프, 일기 등등, 동물을 훼손하거나 죽인 증거, 은행 거래내역, 법의

> 학 분석을 할 증거, 숨은 벽이나 바닥 금고 같은 것들을 찾아다녔습니다. 그런 것들을 수사하고 많은 사람을 인터뷰했습니다. …… 최소 450명의 아이들과 성인 150명을 말이죠.[16]

또 무엇을 했을까? "용의자 사진을 총 49장을 보여주고 다녔습니다. 경찰이 용의자를 만들어내지 않는 이상, 누군가는 49장에서 1명을 골라냈을 겁니다." 또한 교회 4곳을 비롯해 식료품점 2곳, 세차장 2곳, 공항 2곳, 사진 스튜디오 1곳, 헬스클럽 1곳, 그리고 국립공원 1곳 등 82곳을 추가로 수색했다. 경찰은 유치원에서 담요 20장, 아이들 의류 20점, 걸레 9장, 수건 4장, 이불, 속옷, 스펀지 대걸레, 스프링 공책, 토양 시료를 압수했다.[17] 물품 구매기록, 부동산 기록물, 가스 · 수도 · 전기 등의 이용내역을 검토하고 포르노 사진 수천 장을 꼼꼼하게 살폈다. 기츠는 이렇게 수사해서 확실하게 내놓은 증거가 단 하나도 없다고 말했다. "거기 들어간 비용은 아깝지 않다고 봐야겠죠."[18]

기츠는 사탄교 관련설을 비꼬는 말도 몇 차례 할 수 있었다. 모두진술과 최종진술 시에는 변호사가 자유롭게 표현할 수 있기 때문이었다. 그러나 형사재판의 대부분을 구성하는 증인 심문은 일련의 지침으로 제약을 받는다. 아이라 라이너는 맥마틴 피고인 7명 중 5명에 대한 기소를 취하하며, 예비심문 도중 많은 논쟁을 촉발한 아동의 증언과 관련된 기소도 철회했다. CII에서 인터뷰한 아이들 수백 명 중에서 겨우 13명만이 재판에서 증언을 할 예정이어서 검찰은 아이들의 증언에 무척이나 신중을 기했다. 척 노리스가 사탄교 의식 가담했다는 헤드라인 따위는 다시는 나와서는 안 됐다. 한 기사에 따르면 '세기의 범죄' 같은 헤드라인을 내걸던 사건이 이제는 '14세 이하 아동에 대한 추행'을 의미하는 '바

닐라 288(a)'*라 불리고 있었다.[19]

검찰은 기소를 취하하며 지난 3년 동안 매달려온 일부 수사 내용에 대한 언급을 피할 수 있었다. 몇 가지 예외를 제외하면 변호사는 증인과 직접 관련이 있는 혐의에 대해서만 질문을 할 수 있다. 따라서 이제는 맥마틴 수사 내용 대부분이 재판에서 언급될 일이 없었다. 한편으로 아동 13명을 학대한 혐의는 200명이나 400명을 학대한 혐의보다 분명 유리한 상황이었다. 하지만 기소장이 얇아지며 맥마틴 수사를 쉽게 이해할 수 있는 대다수 정보를 배심원단이 들을 기회도 사라졌다. 그렇다면 로스앤젤레스에 빠르게 퍼지고 있는 회의론과 재판이 최대한 분리될 것이다. 재판장은 전혀 별개의 세계였다. 법적인 면에서는 좋은 일이고 적절했지만 그 외에는 별로 도움이 되지 않았다.

재판은 안정적인 흐름을 타기 시작했다. 원고 아동이 1명씩 증언을 했고 이어서 부모들은 자녀의 악몽과 행동 변화를 이야기했다. 한 아이는 강제로 벌거벗은 영화배우 놀이를 해야 했다고 루빈에게 말했다. 루빈이 물었다. "사진을 찍는다고 생각할 만한 소리가 들렸니?" 소녀는 대답했다. "네. 찰칵 소리가 났어요." 아이와 반 친구들은 "거기 카메라가 있었다고 생각했다."라고 말했다. 벌거벗고 놀이를 하는 동안 사진을 찍는 사람을 실제로 본 적은 없지만 소녀는 "가끔씩 렌즈를 확실히 보았다."라고 했다.[20] 그리고 레이가 옷을 벗으라고 시켰다는 구체적인 말을 했지만 렌즈는 보여도 사진을 찍는 사람은 안 보인다거나, 카메라를 본 것이 아니라 카메라가 있었다고 '생각'했다는 그 밖의 증언은 다소 비현실적이었다. 레이에게 협박을 당한 부분도 현실적이지 않았다. 벌거벗

---

* 캘리포니아 형법 288조 a항을 일컫는 말

은 영화배우 놀이 후에, 레이는 교실로 고양이를 안고 들어왔다.

Q. 레이 선생님이 고양이를 교실로 데려와서 어떻게 했어?
A. 음, 데려와서 종이봉투 위에 놓고 선생님이, 음, 그냥 책상에 내려 놨어요.
Q. 레이 선생님이 고양이를 보고 뭐라고 했니?
A. 아니요. 하지만 고양이가 죽었어요. 그 다음에 선생님이 옆을 칼로 잘랐어요.[21]

또한 아이는 처음에 부인했던 이유를 설명하면서 전형적인 기억회복의 특징을 보였다. "그건, 꼭, 마음에 멀리 있는 거 같았어요. 앞으로 나오기 시작했지만 그러지 않았으면 좋겠다고 생각했어요." 루빈이 이유를 묻자 소녀는 대답했다. "왜냐하면 그건, 음, 정말 무섭고 창피하니까요."[22]

며칠간은 의학적 증거를 다루었다. 1983년과 1984년 아이들을 검사한 아스트리드 헤거와 다른 의사들은 콜포스코프로 맥마틴 아동의 성기와 항문 사진을 찍었다고 증언했고 법정 스크린에서는 슬라이드 사진을 볼 수 있었다. 직접심문 시간에 전문가 증인은 거대하게 확대한 항문 사진을 보며 "형태가 크게 변형되었다."고 말했다.[23] 그러고 나서 반대심문에 나선 대니 데이비스는 증인들이 진찰하지 않은 사진들을 보여주고 어떤 점이 변형되었는지 확인해달라고 했다. 똑같이 변형된 항문을 찾아내는 증인은 거의 없었다. 논쟁은 쳇바퀴를 돌았다. 거의 모든 재판을 방청한 폴과 셜리 에벌리라는 기자 부부는 콜포스코프로 찍은 사진들을 몇 시간씩 바라본 때가 가장 인상적이었던 모양이다. 이후 사진 수백 장이 몇 달에 걸쳐 공개되는 동안, 에벌리 부부는 변호사들이 사진을 보며 의논하는 소리에 귀를 기울였고, 옆에 앉은 변호사 하나가 "여기서 진짜 포르노를 찍은 게 누구인지 모르겠군."이라고 중얼거리는 말을 녹음했다.[24] 다소 유치한 말이었지만 그 외에 발견된 맥마틴 아이들의 성기 사진이 없었던 것은 엄연한 사실이었다. 이후 부부의 친구는 옆에 가만히 앉아서 다시 '번쩍이는 거대한 항문'을 바라보며 말했다. "오늘도 항문 인식 고취의 날이로구나."[25]

하지만 사람들은 모든 일에 쉽게 익숙해지기 마련이다. 재판이 시작되고 몇 달도 되지 않아 일부 배심원은 건성으로 증언을 듣고 있었다. 파운더스 판사는 이를 알아챘고 상습적으로 지각을 하는 배심원에게 세금을 낭비한다며 질책하고 주의를 주었다. "검사나 변호사나 그 직원들은 빼더라도 법정과 법원 직원에 들어가는 비용이 얼마인 줄 아시오? 이 재판장을 여는 데만 1분마다 7.7달러가 듭니다."[26] 제시간에 나타난 배심원도 졸음을 참기란 힘들었다. 어느 날 아침은 대니 데이비스가 파운더스 판사에게 말했다. "변론 중에 배심원들이 조는 게 문제 같습니다. 많은 사람이 가져다준 정보를 위해서라도 관심이 집중되어야 한다고 생각합니다."[27] 파운더스 판사는 배심원단을 법정 안으로 불러서 훈계했다. 이것이 결코 마지막은 아니었다.

법정과 로스앤젤레스 밖에서는 여론을 움직이려는 노력이 거세졌다. 뉴욕에서 신문 『빌리지 보이스*Village Voice*』의 편집자로 일하는 급진 페미니스트 엘렌 윌리스*Ellen Willis*는 맥마틴 사건을 다룬 〈60분〉 방송을 보았다. 그 무렵 전국적으로 파급력이 있던 『보이스』는 정기적으로 각지의 수사에 관한 기사를 실었다. 윌리스는 텍사스 주 엘패소에 사는 저널리스트 데비 네이선에게 전화해 맨해튼비치로 가서 취재를 하겠냐고 물었다. 어린아이를 키우던 네이선은 갈 처지가 못 되었다. 하지만 그때는 마침 엘패소 이스트밸리 YMCA에서 일했던 보육교사 2명이 아동을 학대하고 강간한 후 사진을 찍은 혐의로 유죄 판결을 받은 시기였다. 1985년 핼러윈 파티에서 경찰에 체포될 당시 31살이었던 게일 도브는 3회 연속 종신형에 추가 60년형을 받았다. 미셸 '미키' 노블은 도브가 체포된 다음 날 자수했고 종신형에 311년형을 추가로 받았다. 윌리스는 네이선 대신 사건을 취재할 수 있다고 말했다.

이런 사건들은 상당 부분 지역색을 띠는 것처럼 보였다. 할리우드 남쪽으로 불과 20분 거리에서 발생한 보육기관 재판에 전문 극작가들이 중요한 역할을 한 것처럼, 엘패소에서 미셸 노블의 재판을 주관한 판사는 '카우보이'라고 자처하며 카우보이처럼 말을 했다. 한번은 재판의 막대한 비용에 대해 이렇게 이야기했다. "처음 있는 일도 아니지 않습니까. 정의가 최우선이지요."[28] 그렇다고 해도 엘패소에서 일어난 일은 이미 베이커즈필드나 마이애미, 조던에서 일어났던 일과 별반 다르지 않았다. YMCA 오전반에 다니는 아들이 성추행을 당하고 있다고 확신한 한 부모가 경찰에 신고를 했다. 경찰과 사회복지사가 출동했고 인터뷰를 진행했지만 처음에는 쓸 만한 증언이 거의 나오지 않았다(아이들은 서너 살이었다). 경찰과 사회복지사는 굴하지 않고 계속 시도했다. 이내 노블과 도브가 용의자로 지목되었다. 아이들은 차로 노블의 집까지 끌려가 모르는 남자들에게 강간을 당했고 카메라 앞에서 소변과 대변을 누어야 했다고 진술했다. 부모들은 헬프HELP, 즉 '아이들의 교육을 돕는 학부모 모임Help Educate Little People'을 뜻하는 지원단을 꾸려 매주 수요일마다 새롭게 밝혀진 사실들을 교환했다.[29] 지방검사보 데브라 카노프Debra Kanof는 도브와 노블을 따로 재판에 붙였고 두 사람이 했다는 범

죄를 '유년 시절의 살인, 순수함의 살인'이라고 불렀다.[30]

카노프 팀은 앞선 수사들 덕을 톡톡히 보았다. 검사는 학대를 당했다고 처음 주장한 소년에 대한 보고서를 읽는 즉시, 엘패소에도 맥마틴 사건이 있다고 느꼈다. 카노프는 평소 존경하던 키 맥팔레인과 연락을 지속했다. 그녀는 아동의 인터뷰를 믿을 수 없다는 사람에게 19세기에 프로이트가 그의 '히스테리 이론'을 배신한 이야기를 하며 반박했다.[31] 사회복지사 마리나 갤라도Marina Gallardo는 법정에서 인터뷰 기법에 대해 공격을 받자 도를 넘는 실수를 했다고 인정했다. 그녀는 본인이 실시한 인터뷰 영상을 가리켜 "저렇게 형편없는 유도심문은 처음 보네요."라고 말했다.[32] 그런 다음에는 키 맥팔레인이 먼저 사용한 변명을 내세웠다. "그땐 법은 안중에 없었습니다. 진실을 밝혀내기를 원했을 뿐이에요."[33] 비디오카메라 앞에서 인터뷰를 했을 때 주장을 전부 번복한 아이에 대해 묻자, 말을 바꾸는 것은 아이가 기억을 잊으려 하는 욕구를 표출한다고 주장하며 서미트의 아동성학대순응증후군 용어를 빌려 썼다.[34]

다른 이들이 먼저 일구어낸 법제도도 카노프 팀에게 도움이 되었다. 데비 네이선이 마침내 1987년 늦여름에 『보이스』에 쓴 기사를 보면, 1983년에 통과된 법안들로 엘패소에서는 아동이 직접 증언하지 않고 법정에서 아동 인터뷰를 녹화한 영상이 재생되었다.

이것은 검찰에게 혁명이었다. 흔히 부모는 자녀의 욕구와 기분을 가장 잘 이해하고 해석하는 사람들로 여겨진다. 따라서 집에서 나눈 대화의 녹음본을 제공하라거나 인터뷰 규정을 철저히 엄수하라는 요구를 받지 않았다. 차례차례 증언대에 선 부모들이 증언을 시작하고 불과 몇 분 만에 한 맺힌 울음을 터뜨리는 모습도 배심원단의 마음을 움직이는 데 효과가 상당했을 것이다. 네이선은 기사에 이렇게 썼다. "부모들은 자녀들을 대신해 이야기해야 했기 때문에 어린아이 말투를 사용하는 경향이 있었다. 이 말투는 이내 검사에서 기자까지 모든 사람에게 퍼져 나갔다."[35]

변호인단은 미셸 노블이 2년 전 받은 가슴축소 수술 흉터를 증명하기 위해 노블의 가슴 사진을 찍어 공개했고(억지로 노블의 가슴을 빨았다는 아이들은 흉터를 언급하지 않았다), 이제 부모와 검사들은 노블이 YMCA에서 사용한 별칭 '미스 미키'로 노블을 가리키기 시작했다.[36] 한 퇴직 경찰 아버지는 증인석에서 아이의 억양, 말투, 어휘를 그대로 따라 했다. 이후 그는 카타르시스를 느꼈다고 설명했다. "나는 우리 아들이 되려고 했습니다. 아들이 말한 대로 전하고 싶었어요. 그 말을 할 때 우리 아이가 느꼈을 감정을 느끼고 싶었습니다."[37]

검사와 변호사는 피고의 무죄 또는 유죄에 대한 믿음을 배심원단에 본보기로 보여주어야 한다. 대니 데이비스는 증인석에서 가끔씩 레이 버키와 농담을 주고받았다. 편하게 농담 따먹기를 할 수 있는 사람이라면 아이들을 집단으로 성학대할 가능성이 '없음'을 보여주기 위한 행동이었다. 같은 이유에서 검사는 피고에게 혐오감을, 피해자와 그 가족에게는 유대감을 드러내야 한다. 네이선은 데브라 카노프가 이런 연기에 열과 성을 다했다고 자세히 설명했다. 재판 중 피고 측 변호사는 학대 현장이라는 미셸 노블의 집에 크리스마스 장식이 있었다는 아이의 주장을 지적했다. 학대행위가 일어난 시기가 여름이라는 점을 감안하면 이상한 주장이었다. 하지만 찰리 로버츠Charlie Roberts 변호사가 증언대에 세운 노블의 전 직장 동료는 아이들이 본 집이 '자신'의 집이라고 설명했다. YMCA 근처에서 살고 있는데, 12월에 집을 방문한 아이들이 크리스마스트리 앞에서 쿠키를 먹었다고 했다. 카노프는 노블이 일부러 계절에 맞지 않게 거실에 크리스마스트리를 놓았다고 추측했다. 그렇게 하면 이후 아이들이 진실을 이야기하려 해도 거짓으로 치부할 수 있을 터였다.[38] 그리고 카노프는 법정에 제출하지 않은 증거를 근기로 노블이 '캔자스 외부의 전국적인 포르노 조직'에 가담했고 돈을 벌기 위해 아이들의 영상을 찍었다고 기자들에게 말했다.[39] 게다가 노블의 남편 윌리엄이 증언대에 서고 나서야 그도 이제 용의자이니 변호사를 선임할 수 있다고 알리는 일도 있었다. 카노프는 아끼는 이론이 있으면 효과를 극대화할 수 있는 순간까지 아껴두었다. 그녀는 최종진술에서 플라스틱 주사기를 항문에 넣었다는 아이들의 주장을 큰소리로 제기했다. 일부 아이들이 카메라 앞에서 변을 누어야 했다는 말을 언급하며 카노프는 주사기가 플라스틱 관장기일 가능성이 있다고 말했다. 한 부모가 방청석에서 탄식하는 소리가 기자들에게 포착되었다. "오, 신이시여."[40]

도브와 노블의 재판에 의문을 제기한 것은 네이선의 기사뿐이 아니었다. 지역 언론매체도 간혹 실수를 했지만 카노프의 강압성, 아이들의 의심스러운 주장, 갤라도의 유도심문에 대해 이야기했다. 그러나 같은 호『보이스』에 실린 네이선의 두 번째 기사는 어디에서도 보지 못한 내용이었다. 네이선은 "섹스, 악마, 그리고 어린이집"이라는 기사를 통해 보육기관 성학대 사건이 집단 패닉을 불러왔다고 말하고 그 이유를 설명했다. 그녀는 빅토리아 시대에 있었던 놀라운 성폭력 사건, 혁신주의 시대에 벌인 아동방치와의 전쟁, 1960년대 아동학대의 신체적 흔적을 찾으려 했던 의학계의 시도 등을 나열하며 그동안 미국에서 아동학대에 대한 관심이 커졌다가 줄어들었다 반복하던 역사를 간략히 소개했다. 네이선은 아동학대에서 보육기관 학대가 사라지다시피 드물어진 것은 대부분 친척이나 가족처럼 가까운 친구 집에 아이들을 맡기기 때문이라고 지적했다. "구타와 방치를 비롯한 아동학대 신고 중에서 가해자가 혈연관계가 아닌 교사나 고용된 도우미인 경우는 불과 1.7퍼센트였다. 그처럼 적은 수치에서도 성학대가 일어났다고 추정되는 건수는 1/10에 그친다."[41] 마지막 통계는 생각해볼 가치가 있다. 언론에서는 미국 보육기관에서 성학대가 '전염'되고 있다고 불길하게 묘사하지만 사실 성학대는 아동학대 문제의 0.2퍼센트밖에 되지 않는다.

또한 네이선은 왜 이렇게 보육기관 학대 사건에 집착하는지 설명하려 했다. 지난 몇 년 동안 『보이스』의 편집자 엘렌 윌리스는 급진 페미니즘의 입장에서 포르노 반대 운동을 하는 페미니스트들을 비판했다. 그녀의 주장에 따르면 캐서린 매키넌과 안드레아 드워킨 같은 운동가는 여성의 성적 호기심을 부정하고 여성이 무력하고 희생되는 존재라는 이야기를 퍼뜨려 적의 손에 놀아났다. 네이선의 생각도 비슷했다. 그녀는 보육기관을 둘러싼 가상의 공포 때문에 사람들이 진정한 문제에 관심을 두지 않는다고 믿었다.

> 성학대와 가부장제의 핵가족 사이의 확연한 관계를 누구보다 꿋꿋하게 지켜본 것은 페미니스트들이었다. 이들은 가족 내 권력 구조를 연구한 후 아이와 아내를 향한 가정폭력이나 근친성폭력이 가정 밖의 폭력과도 관련이 있음을 증명했다. 그러나 1980년대 레이건주의 페미니스트 집단은 성폭력을 이야기할 때 가족을 비판하지 않았다. 제한적인 법적 해결책을 제시하고 가해자에게 설교할 것을 권할 뿐이었다.[42]

네이선은 가족생활이 변화하고 있다고 썼다. 소비주의, 인공생식기술, 여성의 사회진출에 대한 반응으로 가족은 진화하고 달라지고 있었다. "하지만 가족이라는 개념은 약해질수록 더 신성시되는 것 같다." 보육기관은 완벽한 희생양이었다. "만약 사적인 가정이 신성하다면, 공적인 보육기관은 신성 모독이다. 만약 가정에서 아이를 돌보는 엄마가 신성하다면, 그들이 집에서 탈출했을 때 돈을 받고 아이들을 대신 돌보는 사람은 마녀다."[43]

네이선의 기사로 노블과 도브가 직접 도움을 받았다고 말할 수는 없다. 언론이 재판 결과에 영향을 미치지 못하게 하는 법정 절차가 마련되어 있고, 두 피고는 네이선의 기사가 『보이스』에 실렸을 무렵 이미 유죄 판결을 받았다. 그러나 유죄 판결을 받았다고 이야기가 끝난 것은 아니었다. 1987년 11월 항소법원은 아동 증인의 녹화 영상이 원고를 법정에서 대면할 수 있는 피고의 헌법상 보장된 권리를 침해했다며 노블의 유죄 판결을 뒤집었다. 지방검사 사무실은 재기소를 준비했다. 도브 사건도 유죄가 선고되고 6주도 지나지 않아 혼돈에 빠졌다. 배심원단이 재판에 증거로 인증되지 않은 문서를 봤다는 사실이 한 배심원의 입을 통해 나왔기 때문이었다. 중요하지 않은 문서도 아니었다. 선서진술서에서 배심원 도로시 젠틀맨Dorothy Gentleman은 한 엄마가 쓴 쪽지를 보고 무죄에서 유죄로 평결을 바꾸었다고 말했다. 또한 젠틀맨은 "아이가 했다고 부모가 주장하는 말을 제외하면 증거가 없다."라고 믿었지만 다른 배심원들의 압박을 이기지 못하고 생각을 바꾸었다. "무죄에 표를 던지려니 죄책감이 들었습니다. 아동학대를 용인하는 사람으로 낙인찍힐 것 같았어요."[44] 노블은 같은 달 재심에서 두 번째로 유죄가 인정되고 징역 20년형을 선고받는다.

급진 페미니스트 지식인의 부탁을 받아 전국적인 격주발행 잡지에 기고한 네이선의 분석기사는 정치 스펙트럼에서 가장 왼쪽에 속해 있었다. 그러나 피해자를 중심으로 포르노를 반대하며 페미니스트와 복음주의자가 의견을 같이 했듯, 의식학대에 대한 회의론도 다양한 정치 성향의 지지자를 끌어당겼다. 우선 스콧 카운티 성학대 조직 수사가 개시된 후 미니애폴리스에서 창립된 '아동학대법 피해자들의 모임VOCAL: Victims of Child Abuse Laws'이 있었다. 이 단체를 조직한 사람은 루터교회 목사이자 심리학자인 랄프 언더웨이저와 그의 아내 홀린다 웨이크필드Hollinda Wakfield였다. 부부는 스콧 카운티 사건의 피고 중 두 명의 변호사 밑에서 아동 인터뷰를 분석했다. 1984년 추수감사절, VOCAL은 주 의사당 계단에서 예배를 열었다. 거기서 언더웨이저는 예복을 갖춰 입고 부모와 시위자들을 이끌고 찬송가를 부르며 기도를 올렸다. VOCAL의 보도자료에는 이렇게 쓰여 있었다. "우리 부모들은 아이의 권리를 부모의 권리와 대립하게 만드는 법에 희생되고 있다. 아동보호법을 외치는 사람들의 손에 돌이킬 수 없는 피해를 입고 있다."[45] 이후 몇 년 동안 언더웨이저는 많은 아동학대 사건 재판에서 증인으로 서 회의론을 주장했다. 또 언더웨이저 부부는 『아동학대 고발 문제*Issues in Child Abuse Accusations*』라는 저널을 창간했다. 네이선은 보육기관 사건이 발생한 이유는 아동학대의 공범이 가족이라는 사실을 사회가 받아들이지 못했기 때문이라고 생각했다. 반면, VOCAL은 아동학대 사건 수사를 이유로 정부가 가족의 삶을 공격한다고 보았다.

VOCAL이 탄생한 데 이어 책 두 권이 나왔다. 거의 모든 맥마틴 재판에 참석한 폴과 셜리 에벌리 부부는 1986년 『아동학대의 정치*The Politics of Child Abuse*』를 출간했다. 표지에는 "경찰과 사회복지사가 그저 익명의 전화를 믿고 집에 들이닥쳐 정당한 절차 없이, 정당한 근거조차 없이 아이들을 데려간다면 미국은 어떻게 될 것인가?"라는 카피가 인쇄되어 있었다. 에벌리 부부도 보육기관 재판을 가족에 대한 정부의 공격으로 보았다. 그들은 책에서 다양한 재판의 충격적인 일화를 소개했고, 사이사이 롤랜드 서미트와 페기 앤 버키 같은 사람들의 인터뷰 녹취록을 편집하지도 않고 길게 실었다. 한 인터뷰에서 포레스트 라티너 변호사는 버키 가족이 공화당 지지자라고 지적했다. "이 가족은 보수적인 법질서를 존중하는 투표를 했습니다. 그것이 되돌아와 고통을 안겨주리라고는 꿈에도 상상하지 못했습니다."[46]

에벌리 부부는 버키 가족이 보수주의자라는 사실이 그리 모순적이지 않다고 생각했다. 그들은 1980년대와 1990년대 다수의 아동학대 재판에서 피고를 위해 증언했던 정신과 의사 리 콜먼Lee Coleman과 인터뷰를 했다. 이때 부부는 아동보호 운동가들이 남성혐오 성향을 강하게 드러내는 것이 문제라는 말을 꺼냈다. "지난 3년간 급진 페미니스트들이 아동학대에 대해, 그중에서도 주로 근친상간에 대해 쓴 책을 보면 구구절절 남성을 혐오하고 비난하던데요."[47]

1986년에는 홈스쿨링 지지 운동을 벌이는 메리 프라이드Mary Pride의 저서 『아동학대 산업: 아동학대를 둘러싼 충격적인 사실과 북아메리카 가족을 위협하는 시스템에 대한 저항의 나날들*The Child Abuse Industry: Outrageous Facts About Child Abuse & Everyday Rebellions Against a System That Threatens Every North American Family*』도 출간되었다. 프라이드는 머리말에 질문을 던졌다. "가족을 반대하는 현재의 분위기 속에서 거짓말로 아이를 친부모에게서 빼앗아가는 사회복지사를 막을 방법이 있을까?"[48] 프라이드에 따르면 가족은 시민권이 없는 제도였고 최근 아동학대로 불거진 소란은 단순히 '전통적인 가정을 싫어하는 사람들'의 계획적인 작품이었다.[49] 노동자층과 소수민족 가정이 위협을 받는다는 그녀의 말은 아주 틀린 것은 아니었다. 빅토리아 시대처럼 1980년대에도 아동학대의 공포에 휩싸인 중산층 전문직 종사자들은 사회 변두리에 있는 공동체를 우려의 시선으로 바라보았다. 부유한 가정보다는 빈민 가정이나 유색인종 가정에서 사회복지사에게 아이를 빼앗길 확률이 훨씬 높았다.[50] 그러나 프라이드는 소수 공동체를 변호했고 정부의 편집증적인 공포와 제임스 돕슨을 웃게 만들 남녀 간의 권력관계를 언급하며 보충 설명을 했다. 그녀가 생각하는 아동학대의 '진정한' 근본 원인은 낙태, 포르노그래피, 간통, 쌍방의 책임을 묻지 않는 이혼이었다.[51] 프라이드는 정부가 공립학교에 의무적으로 '죽음에 관한 교육'[52]을 실시해 청소년 자살률을 높였으며, 이러다가는 곧 주 정부가 낙태를 허용할 것이라고 걱정했다.[53]

이처럼 1980년대 말 조직적인 의식학대와 관련해 서서히 확산된 회의론은 정치 성향에 따라 차이를 보였다. 엘패소 사건 기사가 나오고 1년 후, 데비 네이선은 『보이스』로 돌아왔다. 이번에는 메이플우드 위케어 어린이집에서 아동 스무 명을 학대한 혐의로 1988년 유죄 판결을 받은 뉴저지 보육교사 켈리 마이클스를 집중 탐구했다. 마이클스는 대학 시절 잠시 동성인 여성과 연애를 한 적 있었다. 이 사실은 그녀를 법정에서 훨씬 불리하게 만들었다. 마이클스의 변호사는 '시골 마을 사고방식'을 지닌 지역에서 선정된 배심원이라면 동성애와 성범죄를 당연히 연관지을 것이라 믿었다. 그래서 의뢰인의 성품을 증언하는 성격증인은 부를 수 없다고 판단했다. 반대심문을 받을 때 마이클스의 동성애 전력이 드러날 위험이 너무 컸다.[54] 네이선도 그 점에 기사의 초점을 맞추었다. 소아성애자와 아동학대범에 대한 우리 사회의 오해가 그 밖의 성적 불안이나 공포와 직결된다는 것이었다. 그러나 2년 후 『하퍼스*Harper's*』

잡지에 보수적인 비평가 도로시 라비노비츠Dorothy Rabinowitz가 쓴 마이클스 기사를 보면 성 정체성에 관한 이야기는 어디서도 찾아볼 수 없었다. 라비노비츠는 마이클스의 동성애 경험을 언급하지 않았고, 그것이 사건에 미친 결정적인 영향력도 살펴보지 않았다. 라비노비츠는 마이클스의 변호사와 같은 우려를 했던 것 같다. 아동학대로 기소된 사람이 게이거나 한결 같은 이성애자가 아니었다는 사실이 드러나면 사람들이 어떻게 생각할지 걱정한 것이다.

비록 정치 성향은 뒤죽박죽 섞여 있었지만 1987년 말이 되자 의식학대 사건에 대한 회의론은 주류 여론을 점령해가고 있었다. 케빈 코디의 『이지 리더』 기사가 나온 후 로스앤젤레스 지방검사의 교도소 정보원 7명 중 6명이 증인 목록에서 제외되었다. 그나마 혼자 남은 조지 프리먼도 교도소 정보원을 믿을 수 있냐는 사람들의 의심을 가라앉히지 못했다. 예비심문에서 증언한 직후, 프리먼은 마약 거래, 사유지 불법침입 및 강도, 음주운전, 무면허 총기소지, 가석방 조건 위반, 양 절도 등 다수의 범죄로 체포되어 기소되었다. 그리고 프리먼은 재판에서 레이 버키가 했다는 자백에 대해 입도 뻥끗하기 전에, 다른 재판에서 라엘 루빈의 소추면제 제안을 받아들여 위증을 했던 사실을 증언해야 했다.[55] (그 위증에서도 위증을 했다고 인정했다.)[56] 프리먼은 직접심문에서 레이 버키에게 들었다는 이야기를 반복했지만, 다음 날 신문은 그와 대니 데이비스의 대화에 더 관심을 보였다. 데이비스가 프리먼에게 물었다. "대답해보세요. 양을 훔쳤습니까?"

A. 예, 그랬죠.

Q. 그걸로 무엇을 했는지 말씀해 주시죠.

A. 친구 놈하고 사장네 양 네 마리를 훔쳐서 다른 친구 집으로 데려가 팔았어요. 두 마리를요. 남은 두 마리는 바비큐 해먹을 생각이었고요.
Q. 사장, 그러니까 증인의 고용주가 양을 가져가도 좋다고 허락했습니까?
A. 아니, 안 그랬습니다.
Q. 증인이 가서…… 양을 데려왔을 때, 빌릴 생각이었나요?
A. 아니요, 사장은 항상 걔들이 걸리적거린다고 말했어요. 어차피 없애려고 했습니다.
Q. 그렇다면 사장에게 호의를 베푼 것인가요?
A. 뭐, 그렇다고 생각합…….
Q. 양들을 훔쳤을 때, 아마 한밤이었겠죠?
A. 아니요. 사실은 안개가 낀 낮이었어요. 꺼내는 데 고생을 좀 했죠.
Q. 기절시키느라고요?
A. 아, 그렇습니다.

파운더스 판사는 데이비스가 쉴 새 없이 쏟아내던 질문을 가로막았다. "더 우스꽝스러워지면 휴정을 하겠습니다." 프리먼의 증언은 방청객의 웃음소리에 묻혀 잘 들리지 않았다. 데이비스는 양을 기절시킨 다음 어떻게 했냐고 프리먼에게 물었다.

A. 사장 트럭 뒤에 실었습니다.
Q. 이번에도 허락이나 양해는 받지 않았겠죠?
A. 그렇죠. 그분은 호수에 있었으니까요.
Q. 낚시를 하러요?

A. 아니요. 교통사고를 당해서 애들 둘하고 하마터면 죽을 뻔했어요. 거기서 빠져나오고 있었을 겁니다.

이 대목에서 라엘 루빈이 질문을 가로막고 판사석에 다가가 변호사와 협의를 해도 되겠냐고 물었다.[57]

이 사건에서 조지 프리먼, 아니 교도소 정보원 자체를 활용하려는 시도는 검찰에 재앙과도 같았다. 그럼에도 당시 프리먼의 증언은 그리 대단하지 않은 요소로 보였다. 재판은 이미 4년간 진행되었고 적어도 다음 해까지 계속될 예정이었다. 파운더스 판사는 배심원이 그렇게 긴 재판을 견딜 수 있을지 걱정했다. 배심원들은 계속 꾸벅꾸벅 졸았고 쪽지를 주고받다가 경고를 받는 날도 있었다. 한 배심원은 뇌졸중으로 쓰러져 이후 재판에 참여할 수 없었다. 1988년 파운더스는 배심원들이 재판의 예상 기간에 대해 물으면 어떻게 대답할지 검사, 변호사 측과 의논했다. "12개월이 더 걸린다고 말하면 단체로 들고 일어나 우리를 물어뜯을 겁니다."[58] 대강 8개월이라고 얼버무리자는 라엘의 제안에 모두 동의했다.

다음으로는 키 맥팔레인이 증언했다. 배심원단은 처음으로 CII 인터뷰 영상을 보았다. 폐쇄회로 텔레비전을 통한 증언이 헌법에 보장된 피고의 권리를 침해한다는 대법원 판결이 있었고, 아동 3명이 부모 의사로 검찰 측 증인 명단에서 빠지며 27건의 혐의도 기각되었다. 앞으로 어떻게 해야 할지 준비해야 한다는 생각이 모두의 마음을 무겁게 눌렀다. 1987년 가을, 버지니아 맥마틴이 배심원 없는 자리에서 비디오카메라를 앞에 두고 하루 종일 증언을 했다. 그녀는 이제 80살이었다. 이 테이프는 증인으로 소환되기 전 사망할 경우를 대비해 보관되었다.[59]

검사 측의 여론 만들기에 아주 치명적인 허점이 새로 발견된 것인지, 기소가 취하된 사람들이 인터뷰를 하기 시작했다. 1988년 여름『로스앤젤레스 타임스』에 바벳 스피틀러, 메리 앤 잭슨, 베티 라이더의 인물탐구 기사가 동시에 실렸다. 모두 예비심문 전에 기소가 취하된 맥마틴 교사들이었다. 라이더는 정원에서 노닐고 친구들을 집에 초대해 저녁을 차리던 과거를 추억했다. 그녀와 남편은 소송비용을 대기 위해 집을 22만 5,000달러에 팔아야 했다. 라이더는 새로운 아파트에서 키울 수 없어 입양 보낸 고양이 2마리와 강아지 2마리를 그리워했다. 메리 앤 잭슨은 유일하게 집을 잃지 않았지만 그나마 요즈음 와서야 손자들을 데리고 외출했을 때 길에서 의심의 눈으로 수군거리는 사람이 없어졌다고 말했다. 잭슨은 체포된 후로 고통을 견디기 위해 강제수용소 생존자들이 쓴 책을 읽고 신앙에 의지하게 되었다.[60]

바벳 스피틀러는 더 힘든 시간을 보냈다. 체포 후 그녀와 남편은 가명으로 두 자녀를 샌디에이고에 있는 친척 집에 보내려 했다. 하지만 몇 주 만에 맨해튼비치 경찰은 아이들의 위치를 파악하고 사우스베이로 데리고 왔다. 아이들은 CII에서 6시간 인터뷰를 받은 다음, 보호받지 못하는 '불량' 청소년을 위한 카운티 시설로 보내졌다. 나중에 샌디에이고 친척 집으로 돌아가기는 했지만 아이들은 몇 달이나 죄책감에 시달렸다고 한다. 자기가 CII에서 한 말이 엄마와 다른 선생님들에게 안 좋은 영향을 주었을까 봐 두려웠던 것이다. 기소가 취하되고 바벳과 남편이 여러 심리테스트를 통과한 후에야 아이들은 부모의 품으로 돌아왔다. 가족은 무려 2년 동안 생이별을 해야 했다. 집과 저축을 모두 날린 스피틀러 부부는 새 이웃에게 맥마틴 사건과 관련 있다는 사실을 들키지 않으려고 애를 썼다. 잭슨, 라이더와 달리 스피틀러는 악에 맺혀 있었다.

"나는 재판을 받고 싶었어요. 기소를 취하했을 때 그들은 내게 유죄를 선고할 증거가 충분하지 않다고 말했어요. 바벳 스피틀러가 무죄라는 말은 절대 하지 않았습니다."[61]

연민이 드는 사진을 곁들인 인물탐구 기사보다도 대중의 주목을 받은 것은 페기 앤 버키가 교사 자격을 되찾겠다고 한 결정이었다. 그녀가 체포된 직후, 캘리포니아 주 교사자격심사위원회는 페기 앤의 언어장애아동 교사자격을 취소했다. 페기 앤은 2년 반 동안 맞서 싸웠지만 영원히 교단을 떠날 수밖에 없었다. 이후 상급법원에 소송을 냈고 1988년 봄에서 가을까지 위원회는 맥마틴 재판의 축소판과 비슷한 청문회를 열었다. 라이너 지방검사가 그녀에게 걸린 혐의를 전부 취하하고 2년이 지났을 때, 페기 앤은 청문회에서 그녀가 학대했다는 아동 4명의 증언을 들었다. 형사재판은 형식상 무죄를 추정하고 진행하지만, 자격심사위원회 청문회에서는 자신의 무죄를 직접 입증해야 했다. 학대 전문가와 알리바이 증인들이 그녀를 위해 출석했고, 아이들은 농장에서 망아지를 토막 냈다는 법정 증언을 반복했다.[62] 위원회가 최종 결정을 내리기 전날 밤, 페기 앤은 눈보라를 뚫고 주간고속도로 제5호선을 달려 컨카운티로 차를 몰았다. 베이커즈필드가 나오기 직전에 서쪽으로 꺾어 새벽 3시에 새크라멘토에 도착했다. 페기 앤은 승소해 1989년 2월 애너하임 유니언 고등학교 학구에서 다시 교편을 잡았다.[63] 맨해튼비치로 다시는 돌아가지 않을 작정이었다. 교통체증 때문에 어쩔 수 없다면 모를까, 그쪽으로 운전도 하지 않겠다고 말했다.[64]

보육기관 아동학대 사건으로 로스앤젤레스의 일상을 점령했던 집단 패닉은 점점 사라지고 있었다. 언론은 1984년과 1985년에 일어난 일들이 마치 까마득한 과거인 것처럼 집단 히스테리의 절정기를 이야기했다. "맥마틴 아동학대 사건의 여파가 사우스베이 유치원까지 밀려들었던 때로부터 4년이 지났다. 유치원 운영자들은 다시 정원이 찼고 광범위한 성학대 의혹으로 야기되었던 어려움도 시간이 흐르면서 가라앉았다고 말한다." 1988년 봄 『로스앤젤레스 타임스』 기사의 한 대목이다.[65] KABC에서 처음 웨인 새츠 보도가 나오고 몇 달 동안은 입학 원생 수가 곤두박질쳤지만 교사들은 유치원이 안전하다는 부모의 신뢰를 회복할 것이라 믿었다. 실제로 다른 유치원을 겨냥한 의혹 중에서 유죄 판결이 나온 것은 하나도 없었다. 1988년 12월 로미타 어린이집에서 16개월 아이가 질식사했을 때 수사팀은 맥마틴 사건 같은 '세상을 떠들썩하게 하는 추측'은 피하고 싶다고 강경한 입장을 밝혔다.[66] 캘리포니아주 유치원면허국 대변인은 말했다. "맥마틴은 다 지나간 과거입니다."[67]

그러나 공황에 빠졌던 사람들이 진정하기 시작했다는 이유만으로 그 영향력까지 사라지지는 않았다. 1984년과 1985년 사이 학대 의혹으로 문을 닫은 유치원 7곳 중에서 5곳은 영영 다시 재기하지 못했다. 1987년에는 사우스베이 상담센터에서 학대 의혹이 제기되었다. 이곳은 맨해튼비치, 허모서비치, 토런스 등의 보육기관에서 학대를 당했다는 아동을 돌보기 위해 1984년 설립된 기관이었다. 맥마틴 재판에서 증인을 섰던 센터 원장 콜린 무니Colleen Mooney는 학대 주장에 대해 이렇게 말했다. "아이들을 믿었다는 사실을 기억해야 합니다. (아동 성학대는) 언제 어디서든 일어날 수 있습니다."[68]

보육료는 비싸지기 시작했다. 1983년 당시 맥마틴과 비슷한 평판의 유치원은 종일반이 매월 325달러였다(오늘날 인플레이션으로 조정하면 750달러가 넘을 것이다). 한 유치원은 아이가 대변을 본 후 교사가 닦아주면 안 된다는 교칙을 만들었고, 성기가 '아야'하다고 칭얼거리는 아이가 있으면 교사 2명이 돌봐야 했다. 이런 교칙은 교사가 아이에게 신체적인 애정 표현을 삼가기 시작한 현상과 같은 맥락이었다. 아이들을 학대에서 보호하는 목적이 아니라, 교사를 허위 주장에서 보호하려는 목적이었던 것이다. 비슷한 이유로 많은 유치원이 남자 교사를 고용하지 않기로 했다. 유치원 원장들은 남자가 어린아이를 돌보면 부모가 마음을 놓지 못한다고 믿었다.[69] 당시 아동보육은 전적으로 여자의 몫이었다. 돈을 받고 일할 때도 마찬가지였다.

페기 앤 버키가 교사자격을 회복하고 1달 후, 레이는 보석금 150만 달러를 내고 로스앤젤레스 카운티 남자교도소에서 나왔다. 30살인 그는 거의 5년 동안 수감 생활을 했다. 어머니는 페기 버키는 레이보다 몇 달 앞서 29만 5,000달러 보석금으로 석방되었다. 레이는 진을 친 기자들을 뚫고 대니 데이비스의 차로 말없이 걸었다. 보석 조건에 따라 레이는 여권을 당국에 넘겨주어야 했다. 또한 혈연이 아닌 이상 14세 이하 아동과 단둘이 접촉할 수도 없었다.[70]

7

두 가족 이야기

1988년 유명 황색언론 기자 제랄도 리베라Geraldo Rivera는 핼러윈을 9일 앞두고 텔레비전 스페셜 방송 〈악마 숭배: 사탄교 비밀조직을 폭로하다*Devil Worship: Exposing Satan's Underground*〉를 진행했다. 2시간 분량의 방송은 경고문으로 시작했다. 성우의 내레이션이 흘렀다. "본 프로그램은 악마 숭배와 사탄교를 다루고 있습니다. 프로그램 주제와 민감한 소재 특성상 부모님의 시청지도가 필요합니다."[1]

〈사탄교 비밀조직을 폭로하다〉의 시작부터 끝까지 중심에는 부모가 있었다. 리베라는 중간광고로 쉬어가기 전, 이후 방송될 내용이 잔인하므로 자녀를 거실에서 내보내달라고 부모들에게 부탁했다. (하지만 청소년은 부모님과 '같이' 봐달라고 했다. 이 프로그램으로 위험성을 인식해 사탄교에 빠지지 않기를 바랐다.) 리베라가 악마 숭배 의식으로 살인을 해 종신형을 받은 18세 소년과 인터뷰한 후, 화면은 소년의 어머니로 넘어갔다. 리베라는 어머니에게 아들이 범죄를 저지르기 몇 달 전 상황을 설명해달라고 했다. 소년의 어머니는 말했다. "피트는 날이 갈수록 가족과 시간을 보내지 않았어요. 아마 그 점이 가장 눈에 띄었던 것 같아요. 심지어 우리와 밥을 먹지도 않았어요."

부모들은 이 프로그램에서 도덕적 책임감을 강조하는 목소리를 냈다. 한 아버지는 사탄교 신도에게 군 복무를 허용해도 되냐는 질문에 의견을 밝혔다. "글쎄요, 올해 선거에서 가치관 이야기가 많이 나왔다고 생각합니다, 제랄도. 아이들 이야기도 많았죠. 어린아이들이 국기에 대한 맹세를 해야 한다고요." 그는 이어서 말했다. "하느님의 뜻에 반대하고 오로지 하느님에 맞서 싸우려 하는 사람이 대령으로 전투에서 우리 병사들을 이끈다는 건 상상도 할 수 없습니다." 이 특집방송은 심리치료사, 수사관, 찰스 맨슨, 퇴직 FBI 요원의 인터뷰를 중심으로 진행되었지만 리베라는 가장 중요한 시청자층을 결코 잊지 않았다. 그는 마지막 광고 전에 말했다. "부모님 여러분, 잠시 후 나올 경고문을 잘 봐주시기를 바랍니다."[2]

리베라는 보육기관 사건에 많은 시간을 할애해 사탄교와 이 세상에서 가장 잔혹한 범죄인 아동 성학대 사이의 연관성을 설명했다. 방송 분량의 2/3가 지났을 때는 맨해튼비치의 한 가정과 위성 생중계로 연결했다. 거실에는 맥마틴 학부형 11명이 두 줄로 앉아 카메라를 보고 있었다. 리베라가 소개를 했다. "아동학대를 주장하는 부모와 자녀가 있다는 사실은 많이들 알고 계실 겁니다. 하지만 그중 일부가 사탄교 단체가 벌인 의식학대였다는 사실을 아는 사람은 얼마 없습니다." 이날 출연한 사람들은 맥마틴 재판에 증언을 요청받은 부모들이 아니라, 지방검사의 공식 원고 명단에 들어가지 않은 아이들의 부모들이었다. 그들은 정식 재판에서 제외된 실망감을 만회하려는지 맥마틴 유치원에서 사탄교 의식학대가 있었다는 가설을 누구보다 열정적으로 부르짖었다. 제랄도는 단체 대변인인 밥 커리에게 왜 사탄교 의식학대였다고 믿는지 설명을 부탁했다. 카메라를 앞에 둔 커리는 잔뜩 흥분했다. 지나치게 큰 목소리로 속사포처럼 말을 쏟아냈다.

> 그 질문에 가장 간단한 이유는 아이들이 진실을 이야기하기 시작했을 때 예복과 촛불이 있다고 말했기 때문입니다. 성공회교회를 묘사했어요. 모든 정황을 좁혀 나가면 사탄교일 수밖에 없습니다. 사탄교에서는 사제의 존재가 무척 중요합니다. 권능을 진심으로 믿기 때문에…… 사탄교는 정말로 피를 사용합니다. 피를 소변과 섞고, 그런 다음에는 진짜 고기, 진짜 살을 이용합니다. 그래서 정말로 사탄교 의식이었다는 거예요. 맨해튼비치에서 학대를 당한 아이들 1,200명이 보안관국에 말한 것과 일치합니다. 이 사건에서 보호를 받지 못한 가여운 아이들이 있다는 사실에 분노를 금치 못합니다. 어, 그리고 맨해튼비치에서 학대를 당한 학교가 1/3이에요. 유치원 8곳이 문을 닫았습니다. 여기는 전 세계 아동학대의 수도라고 할 수 있습니다. 디트로이트에서 문을 닫은 유치원보다 여기가 더 많단 말입니다. 디트로이트에 뭐라고 하는 건 아니지만요.[3]

제랄도는 4명의 맥마틴 아동의 인터뷰를 녹화해 방송했다. 햇살 좋은 오후, 야외에 자리한 제랄도는 한 소녀에게 어떤 뜻으로 선생님이 추행했다고 말했는지 물었다. 아이는 대답했다. “원하지 않는 데를 만지는 거예요. 선생님이 너무 무서웠어요.”[4]

1년여가 지나 그 자리에 있던 아이들 대부분이 부모님과 제랄도의 스튜디오에 다시 등장해 재판에 대한 새로운 소식을 들려주었다. 아이들도 이제 자라서 사춘기에 접어들었다. 화상 인터뷰를 위해 화면에 나온 페기 앤 버키를 보고 분노를 숨기지 못하는 아이들도 있었다. 밥 커리의 아들은 방송 전날 밤 새벽 3시까지 잠을 자지 않고 다른 아이들과 맥마틴 이야기를 했다고 말했다. 페기가 제랄도에게 다시 교단에 섰다고 말하자 방청객 하나가 외쳤다. "저 선생한테 애를 보내면 안 돼요!" 아이들은 회심의 미소를 지었고 다른 방청객들도 환호했다. 사건 전체가 마녀사냥이라는 페기 앤의 말에 한 여성 방청객은 비웃으며 소리쳤다. "그래! 너 같은 마녀를 찾는 게 맞잖아?"[5]

대중의 눈에 부모들은 피해자일 뿐이었다. 그들은 기자와 인터뷰하고 활동단체를 조직했다. 그동안 판사는 아이들 이름을 기사에 쓰지 말라고 기자들에게 명령했다. 하지만 제랄도 쇼에 나온 아이들이 분노와 공포로 치를 떠는 모습을 본 사람들은 집에서 부모가 얼마나 분노를 부추겼을지, 재판 과정에서 그들의 일상이 어떻게 바뀌었을지 궁금해 하기 시작했다. 다른 사람들이라면 악몽이라고 생각할 사건에서 일부 부모는 장점을 발견하기도 했다. 밥 커리는 두 번째로 〈제랄도〉 쇼에 나와 밝게 말했다. "우리 가족이 이 사건을 경험한 건 어떻게 보면 행운이었습니다. 일을 다 그만 두고 진상을 캐는 기쁨을 누릴 수 있었기 때문이죠."[6]

그러나 슬픔과 분노, 불행을 행복으로 바꾼 커리의 마음가짐이 아들에게 어떤 영향을 미쳤는지는 확실히 알 수 없다. 1980년 후반, 연구 심리학자들은 보육기관 성학대 조직 사건의 피해아동을 인터뷰한 치료사와 수사관에 대해 조사하기 시작했다. 그리고 친구가 이미 고백했다는 치료사의 말에 아동의 심리가 어느 정도로 변화했는지, 그러한 피암시성의 한계는 어디까지인지 실험했다.[7] 연구는 녹취록과 비디오테이프가 있었기에 가능했다. 그러나 차량이나 CII에서 한 대화를 녹음한 기록은 전혀 없고, 1984년 사우스베이 지역에서 부모가 아이에게 맥마틴 사건을 캐물을 때 벽난로에 도청기도 설치되어 있지 않았다. 따라서 의식학대 사건이 피해가족에 어떤 영향을 주었는지, 수사 과정에서 그들이 대화하고 생각하는 방식이 어떻게 바뀌었는지 이해하기는 어렵다.

로널드 레이건을 등에 업고 대중에 영합하는 복음주의 보수파의 영향력이 절정에 올랐던 1980년대 중반에서 말까지, 가족의 가치를 강조하는 수사는 정치계를 지배했다. 1970년대에 시작된 신보수주의 운동의 핵심 요소인 이 수사는 공화당이 사회의제를 처리하는 데 가장 효과적인 수단이었다. 따라서 그것에 도전하고 나선 세력은 급진적인 좌파뿐이었다. 그 급진파 세력 중에는 페미니스트도 포함되어 있었다. 엘렌 윌리스는 이렇게 썼다. "우리 문화에는 무정한 이 세상에서 가족이 곧 천국이라는 신화가 존재한다. 그뿐만 아니라 가족은 한 오라기의 욕망을 사랑이라는 금으로 짜게 도와주는 친절한 럼펄스킨*이다."[8] 그러나 이런 비판은 미국인의 삶에서 핵가족이 헌법만큼이나 신성하다는 사회담론에 끼어들지 못했다. 그러나 실생활을 들여다보면 가족으로 얻는 득과 실에는 모순점이 훨씬 많았다. 1960년대와 1970년대를 시작으로 1980년대에 들어서까지 전국 결혼율은 꾸준히 감소세를 보였다. 결혼을 했다 하더라도 남편은 직장에서 돈을 벌고 아내는 집에서 식사를 준비하는 이상적인 외벌이 가정은 지나간 과거였다. 여전히 미국의 부부는 섹스를 하고 자녀를 길렀지만, 한 사람과 결혼해 평생 해로하는 부부는 소수에 불과했다. 1970년대에 태어난 미국인의 40퍼센트가 잠깐이라도 한부모와 산 경험이 있었지만 1980년대 정치인들은 이런 현실을 인식하지 못하고 손가락질하기만 했다.[9]

〈제랄도〉 쇼에서 맥마틴 학부형들이 분노로 외친 아동보호와 엄격한 정의실현은 핵가족의 공개 발언에 사람들이 기대하는 내용과 하나

* 여자에게 금을 짜게 도와주고 나중에는 영혼을 빼앗는 동화 속 난쟁이 마법사

부터 열까지 일치했다. 그러나 다른 보육기관 의식학대 사건의 다른 가족들은 그보다 훨씬 복잡한 경험을 했기 때문에 혼란스럽고 종잡을 수 없는 반응을 보였다. 분노, 죄책감, 희생 같은 감정이 겹쳐서 따로따로 구분할 수가 없었다. 이것이 학대를 당했다는 아이의 가족, 학대를 했다고 주장하는 사람의 가족, 양쪽 모두에 속한 가족의 진정한 현실이었다. 다행히도(결과적으로는 불행하게도) 아주 상세한 기록을 직접 남긴 가족이 있었다.

아놀드 프리드먼Arnold Friedman은 롱아일랜드에서 화학을 가르치기 전, 잠시 음악계에 몸담았다. 20대에 '아니토 레이Arnito Rey'라는 예명으로 캐츠킬 산 리조트에서 라틴 재즈를 연주했고 이후에는 자기 집 거실에서 몇 년 동안 피아노 교습을 했다. 1982년, 아놀드는 음악 수업과 더불어 8비트 코모도어 64s 컴퓨터를 이용해 컴퓨터 수업도 병행하기 시작했다. 당시 새로 나온 데스크톱 컴퓨터 모델이었지만 부유한 동네인 뉴욕 그레이트넥 부모들은 자녀가 최고만을 경험하기 바랐다. 새로운 기술을 잘 익혀두면 앞으로 대학에 지원할 때 도움이 될 것이었다. 곧 아놀드의 수업은 일주일 내내 학생이 꽉 차게 되었다. 아놀드와 아내 일레인 사이에는 세 형제 데이비드, 세스, 제시가 있었다. 형제는 아버지의 피를 물려받아 예술을 사랑했다. 집에 홈비디오 카메라를 갖춰두고 짧은 코미디 쇼나 악기 연주를 했고 집 밖에서도 식료품점 채소를 마이크 삼아 길거리 인터뷰를 진행했다. 세 형제는 이런 비디오 영상으로 우애를 나누었고, 가끔씩 재미로 연극이나 연주에 동참하는 아버지와의 사이도 끈끈했다. 하지만 어머니 일레인은 달랐다. 그녀는 남편과 아들들에 비해 내향적이었고 끊임없이 쏟아지는 농담을 따라잡지 못해 기분이 상하는 날도 많았다. 하지만 그녀와 아놀드는 자신들의 가족이 대체로 행복하다고 믿었다. 1984년부터는 15살이 된 제시가 아버지의 지하실 컴퓨터 수업을 돕기 시작했다. 제시는 집안의 막내였다.

소아성애자와 아동학대자는 같은 말이 아니다. '소아성애자'는 미성년자에게 성적으로 이끌리는 사람을 가리키는 반면, 아동학대자는 실제로 그 욕망을 실행하는 사람을 말한다. 1980년대 후반 아놀드 프리드먼이 아동학대자였느냐 하는 문제는 논쟁의 여지가 많다. 하지만 그가 정말 소아성애자라는 사실은 의심할 수가 없다. 아놀드의 성 도착이 언제, 어디서 시작되었는지 확실히 알기란 거의 불가능하다. 아동기일 수도 청소년기일 수도 있다. 남동생 하워드 때문에 시작되었는지도 모른다.[10] 하지만 처음 범법행위를 한 때가 1984년이라는 것은 잘 알려져 있다. 시작은 아동 포르노를 담은 네덜란드 소포가 그레이트넥에 있는 아놀드 프리드먼의 집에 도착하기 전 우편물 조사관의 손에 들어가면서부터였다. 아동 포르노가 든 우편물을 받았다고 범죄가 성립되지는 않는다. 당국이 그를 체포하려면 아놀드는 무언가를 누군가에게 돌려보내야 했다. 우편물 조사관이 인터뷰에서 말했다. "그때 우리는 아놀드에게 연락해 정말로 법을 위반할 마음이 있는지 판단해야 했습니다."[11] 경찰이 3년간 잡지를 구하는 동료 소아성애자 행사를 하며 편지를 보낸 끝에 아놀드는 아동 포르노가 든 소포를 보냈다(동봉된 쪽지에는 "재미있게 봐!"라고 적혀 있었다). 1987년 연방 수사관들이 수색영장을 들고 프리드먼의 집에 들이닥쳤다. 그리고 지하실 피아노 뒤에서 잡지 한 무더기를 찾아냈다.[12]

컴퓨터 수업을 듣는 학생 명단의 일부도 발견했다. 프리드먼이 주중에 거의 매일 밤 지하실에서 아이들과 보낸다는 사실을 알게 된 경찰은 수사의 방향이 달라졌다고 판단했다. 그들은 당시 나소 카운티 경찰청의 성범죄 수사팀 팀장이던 프랜 갈라소Fran Galasso를 불렀고, 갈라소는 수사팀을 조직해 프리드먼의 전 · 현 제자들을 인터뷰했다.

2003년 앤드류 자레키Andrew Jarecki라는 감독의 다큐멘터리 영화 〈프리드먼 가족 체포하기*Capturing the Friedmans*〉가 개봉했다. 자레키는 아놀드가 체포된 후 인터뷰를 했던 여러 사람을 만났다. 컴퓨터 수업을 받은 아이들은 8살에서 10살이었다. 한 아버지는 이렇게 기억했다. "들어와서 말합니다. '(아들에게) 무슨 일이 생긴 것을 압니다.'라고요. '믿는다'라고 하지 않았어요. '안다'라고 했죠." 아놀드에게 수업을 들었던 론 조저리스Ron Georgalis는 범죄 사실을 극구 부인하면서 경찰과 부모님이 처음 나눴던 대화를 떠올렸다. "경찰이 (무슨 일이 있었는지) 말하는 걸 엿들었던 기억이 나요. 그 말을 들으니 심장이 쿵쾅쿵쾅 뛰었어요." 다른 학생들에게는 다른 보육기관 학대 사건 수사와 같이 계속 묻고 괴롭혔다. 한 학생은 말했다. "다른 애들이 학대를 당했다고 고백했다면서 몇 번이나 같은 말을 했어요. 그 사람들은 나도 학대를 당했고 그렇게 말해야 한다고 진심으로 믿고 있었어요."

갈라소 형사는 아동학대 수사 경험이 많았지만 나머지 팀원은 전문지식이 전혀 없었다. 누아르 영화나 경찰 드라마에서 보고 배웠는지 인터뷰 중 망설이는 아이에게 '똑똑한 친구'라고 하지 않나, 질문지에 "다른 사람이 너를 만진 적 있니?" 따위의 질문을 넣기도 했다.[13] 한 아이는 경찰 인터뷰를 14번 받는 동안 지하실에서 안 좋은 일을 당한 적 없다고 주장했다. 마지막으로 그 아이를 만난 열다섯 번째 인터뷰에서 경찰은 어머니에게 얼마가 걸리든 버티겠다고 단언했다. 프랜 갈라소의 수사팀에 있었던 앤서니 스쿠엘라Anthony Squeglia는 자레키에게 그 아이에 관해서 거의 모든 사실을 인정했다. "많은 아이들과 이야기할 때는 선택지를 주는 게 아닙니다. 우리가 아는 사실을 솔직하게 말하면 그만이에요. 네가 프리드먼 선생님에게 배웠다는 걸 알고, 수업을 몇 번 들었는지 안다고요. 우리는…… 음, 정해진 말을 쭉 하는 겁니다. 선생님이 너를 만졌을 가능성이 있는 걸 안다고 말하죠."

다른 사건과 마찬가지로, 아이들은 인터뷰를 끝낼 방법을 알아냈다. 한 학생은 말했다. "이렇게 생각했어요. '사실은 아니야. 하지만 저 사람들이 괴롭히지 못하게 그냥 말해.'라고요." 그는 열여섯 번 강간을 당했다고 진술했다.[14]

인터뷰가 계속되자 아이들은 아놀드가 등을 두드리고 어깨 부근에 자꾸 팔을 올렸다고 말했다. 아놀드가 야한 컴퓨터 게임과 잡지를 보여줬고 제시까지 합세해 아이들의 옷을 벗겼다고 했다. 경찰은 제시가 한 아이를 다른 방으로 데려간 사이 다른 학생들은 벽 너머로 울고 소리 지르는 소리를 들었다고 믿었다. 아이들이 바닥에 일렬로 줄을 서 있으면 아놀드와 제시가 '등 짚고 뛰어넘기' 놀이를 하며 한 명씩 차례로 강간을 했다고도 믿었다. 지방검찰청은 아놀드에 이어 제시도 243건의 성학대 혐의로 기소했다.

이로써 프리드먼 가족은 1980년대 대규모 학대 수사와 관련된 가족의 3가지 역할을 다 맡았다. 우선 그들은 가해자였다. 적어도 아놀드는 그랬다. 아놀드가 지하실에서 잡지를 탐독하는 사실은 누구도 부정하지 않았다. 두 번째 역할은 분노하는 피고였다. 그들은 전혀 하지 않은 기상천외한 범죄를 이유로 억울하게 기소되었다. 마지막으로 프리드먼 가족은 피해자였다. 검찰이 가족 중 2명을 몇십 년간 감옥에 보낸 것과 더불어, 아놀드의 소아성애가 드러나며 정상적이고 행복한 가족이라는 오랜 믿음이 깨지고 말았기 때문이다. 이때 소년들의 반응은 이해가 될 듯하면서도 이해하기 힘들다. 체포되고 재판을 받기까지 몇 주 동안, 아놀드와 제시는 이 상황을 타개할 방법을 궁리했고 첫째 아들이자 큰형 데이비드는 홈비디오 카메라를 계속 돌렸다.

데이비드가 찍은 25시간 분량의 영상은 앤드류 자레키를 만나기 전까지 옷장에 고이 보관되어 있었다.[15] 데이비드는 재판 전략을 짜는 회의 장면, 울화를 터뜨리는 장면, 혼잣말을 하는 장면까지 가족이 찢어지고 무너지는 모든 장면을 촬영했다. 카메라 속에서 일레인이 복도로 물러나는 뒤로 동생들은 고함을 질렀다. 아놀드의 생일 저녁 식사 동안 카메라는 벽난로 선반에 앉아 온 가족이 싸우는 모습을 지켜본다. 데이비드는 어머니에게 묻는다. "엄마는 아버지를 남편으로서 존경하고 받들고 있어요? 그래서 내가 엄마랑 얘기를 안 한다는 거예요."

"조금 도가 지나친 것 같구나." 아놀드가 상황을 무마해보려 했지만 그는 대개 식탁 상석에 말없이 앉아 투명인간 취급을 받았다. 이런 장면과 교차되어 생일 케이크, 아놀드가 피아노로 재즈를 연주하는 모습 같은 가슴 저릿한 순간들이 짧게 스쳐 지나간다. 수사가 진행되는 동안 아놀드는 자신이 유죄를 인정하면 제시의 무죄 가능성이 높아질지, 오히려 제시에게 역효과를 줄지 머리를 굴리고 있었다. 이때 데이비드는 형제가 아놀드에게 풍선으로 만든 동물 코스튬을 입혀 아버지의 기분을 풀어주는 장면을 촬영했다. 아놀드는 익룡처럼 생긴 코스튬을 입고 "나는 유대인 익룡이다."라고 말했다. 거기다 재치 있게 한술 더 떠서 날개를 퍼덕이며 "멍청이! 멍청이! 멍청이!"라고 깍깍거린다. 그 모습에 아들들은 한바탕 웃음을 터뜨린다.[16] 차마 보기 힘든 영상이었다. 수사가 끝났을 때 당장 없애버려야 했다. 처음부터 만들지 말았어야 했다.

일레인 프리드먼은 남편과 아들들을 이해할 수 없었고, 그래서 이해받지 못했다. 데이비드는 가족의 싸움을 촬영하는 동시에 개인적으로 영상 일기를 썼다. 하루는 가족의 유대가 빠르게 무너지고 있음을 분명히 말했다. "부모님은 알 바 아냐." 데이비드는 하얀 티셔츠 차림으로 침대에 홀로 앉아 있다. "그냥 동생들만 있었으면 좋겠어. 엄마는 진짜 관심 없어. 그건 확실해. 애들은 괜찮은데 엄마는 지옥에나 떨어지든가…… 제시가 유죄를 받으면 아빠는 자살할 거고, 제시는 평생 감옥에서 썩게 되겠지. 세스는 서부로 가버릴 테고."

데이비드 형제는 자식으로서 어머니를 원망하고 비난할 만한 이유가 있었다. 하지만 이 시기에 유독 불만을 품은 이유는 아놀드가 유죄를 인정해야 한다는 일레인의 끈질긴 믿음 때문이었다. 일레인은 그래야 제시가 살 수 있다고 생각했다. 소아성애자 아버지 옆에서 재판을 받으면 배심원단은 '학대의 대물림'을 떠올리게 될 것이다. 그러나 홈비디오를 보면 일레인이 아놀드의 유죄 인정을 원했던 이유는 또 있었다. 일레인은 남편에게 분노를 느낄 수밖에 없었고, 형제는 일레인의 분노로 아버지가 흔들리는 모습에 증오를 느꼈다. 녹음테이프에서 일레인은 "이 사람은 내 남편이야! 네 소유물이 아니야."라고 소리치고 제스도 되받아친다. "내 아버지라고. 당신 소유물이 아니야!" 말문이 막힌 일레인은 풀죽은 목소리로 작게 말한다. "그래, 이제는 누구 소유물도 아니지." 이 말은 단순하지만 진실이었다. 아놀드의 소유권은 주 정부에 있었다. 그러나 아버지를 우상처럼 바라보는 아들들은 아버지의 법적 무죄를 믿었고 일레인은 납득할 수 없었다. "멍청한 할망구야." 세스는 말했다.[17]

결국 아놀드 프리드먼은 유죄를 인정했다. 그것이 제시에게 유일한 희망이라고 생각했기 때문이었다. 그리고 기소된 범죄와는 별개의 문제였지만 그가 컴퓨터 수업 중 부적절한 행동을 했다는 증거가 있었다.

아놀드가 유죄를 인정하기 전, 아놀드의 변호사는 기소장에 원고로 올라가지 않은 학생들에게 아놀드가 부적절한 행위를 하지 않았다는 증언을 부탁했다. 대답은 거절이었다. 그레이트넥의 분위기에 휩싸여 거절한 사람이 있을지도 모른다. 하지만 한 학생은 컴퓨터 수업에서 학대를 당한 적은 없어도 아놀드가 남자아이의 다리를 청바지 위로 쓰다듬거나 오랫동안 어깨에 팔을 두르고 껴안았다는 사실을 기억했다. 한 어머니도 아놀드가 가끔씩 아이들을 무릎에 앉힌다는 말을 들은 후로 아들을 수업에 보내지 않았다.[18] 체포되기 몇 년 전, 아놀드는 소아성애 문제로 심리치료를 받았다. 치료사는 타임스퀘어로 가서 욕구를 해소할 포르노를 사라고 조언했다.[19] 데이비드 프리드먼도『빌리지 보이스』인터뷰에서 어린 시절 동생들과 아버지의 잡지를 발견하고 지하실을 샅샅이 뒤졌다고 말했다.[20] 다른 사건에서는 피고가 분노에 차서 무죄를 외치고 있는 경우가 재판과 항소 과정에서 유리하게 작용했다. 그러나 '유죄가 아니다'는 '죄가 없다' 같은 크기의 분노를 이끌어낼 수 없다. 따라서 프리드먼 가족의 가슴에 쌓인 분노는 서로를 가리켰다.

아놀드가 집에서 보낸 마지막 날 밤, 네 부자는 가장 좋아하는 일은 했다. 간단히 즉흥연기를 촬영한 것이다. 〈프리드먼 가족 체포하기〉에도 등장한 그 영상은 짧지만 감동적이었다. 하나당 0.5초도 안 되는 장면이 20개 넘게 이어졌다. 먼저 아놀드와 제시가 거실 끝과 끝에 서서 마주보고 있다. 다음 장면으로 넘어가자 그들은 여전히 같은 자세로 15센티미터쯤 앞으로 나왔다. 그렇게 반복하다가 코와 코가 맞닿을 때까지 가까워지면 미소를 짓고 서로에게 눈을 떼지 않은 채 원을 그리며 움직인다. 180도 돌아 마치 스톱모션 애니메이션처럼 자리를 바꾼 다음에는 거실의 중앙에서 끝으로 물러나기 시작한다. 그리고 프레임 밖으로 완전히 빠져나간다. 이 좌우대칭 영상을 보고 있노라면 참 씁쓸해진다. 아놀드와 세 형제는 그들이 처한 상황을 아주 명쾌하게 표현했다. 몇 년 동안 비디오 촬영을 한 경험이 있어서인지 실력이 아주 좋았다.

아놀드는 교도소에 들어간 직후 데이비드의 전보를 받았다.

> "아빠, 조금만 참아요. 다 괜찮아질 거예요. 그때 되면 얼마나 행복할지 기억하고 있어요. 엄마는 걱정하지 마시고요. 엄마가 뭐라 하든 제시는 인정하지 않을 겁니다. 진심으로 사랑해요. 아들 데이비드가."[21]

형들은 어머니가 제시의 결정을 좌지우지하지 못하기를 간절히 바랐지만 데이비드는 약속을 지키지 못했다. 제시도 아버지의 실수를 그대로 따라 유죄를 인정하고 말았다. 당시 나소 카운티의 전반적인 재판 분위기를 감안하면 그를 탓하기는 힘들다. 판사는 증언을 듣지도 않고 피고 측 변호사 피터 파라노Peter Parano에게 재판까지 가기로 결정하면 모든 혐의에 유죄 판결을 내려 죽을 때까지 종신형을 살게 할 것이라 말했다. 훗날 판사는 제시의 유죄를 "조금도 의심하지 않았다."라고 인정했다.[22] 아놀드가 위스콘신 연방교도소에 들어간 후, 3형제는 비정상적으로 유대감이 깊어진 듯했다. 제시가 유죄를 인정하러 법원으로 가는 차 안에서도 카메라는 돌아갔다. 조수석에서 데이비드가 과장된 어조로 물었다. "당신은 아동학대범인가요, 제시? 애들이 했다는 행동을 했습니까?"

"저는 아이들에게 손대지 않았습니다." 제시가 대답했다. "우리 아버지가 아이를 만지는 모습도 못 봤습니다."

"좋아." 세스가 애정 어린 말투로 말한다. 잠깐의 침묵이 흘렀지만 데이비드의 말에 삼 형제를 폭소를 터뜨렸다. "그래, 하지만 너는 그 짓을 한 거야."

그날 오후 프리드먼 형제는 법원 계단에서 마지막 공연을 했다. 그보다 앞서 제시는 유죄를 인정하고 자신도 아놀드 프리드먼에게 학대를 당한 피해자였다고 주장해 판사의 동정을 얻으려 했다. 제시는 법정에서 말했다. "아버지 때문에 저는 무엇이 옳고 무엇이 그른지 구분하지 못했습니다. 이제야 모든 것이 얼마나 끔찍한 잘못이었는지 깨달았습니다. 조금 더 빨리 막을 수 있었더라면 얼마나 좋았을까요." 제시가 흐느끼는 동안 파라노 변호사는 요점을 다시 짚어주었다. 파라노는 아놀드 프리드먼을 '괴물'이라 정의하고 제시가 어려서부터 학대를 당한 사실을 참작해 달라고 판사에게 애원했다. "그건 절대 무시할 수 없습니다. 우리는 이 청년을 보고도 그걸 이해하지 못하는 냉혹한 사회에 살고 있단 말입니까." 심리가 끝나고 제시와 형들은 법원 밖으로 나가 희한하고 무모한 연기를 펼쳤다. 이 공연을 목격한 법원 근처의 많은 사람은 몇 년이 지나도 그 장면을 잊지 못했다. 형제는 몬티 파이튼Monty Python*의 쇼 하나를 선택했다. 한 남자가 배우 존 클리즈John Cleese가 연기하는 의사에게 뇌가 아프다고 불평하는 이상한 토막극이었다. 모든 대사를 바보 같은 목소리로 외치는 것이 쇼의 묘미였다. 형들이 찍고 있는 카메라에 대고 제시는 소리친다. "뇌가 아파! 간호사! 간호사!" 이 쇼에는 원작에 없는 대사가 하나 있었다. 형 하나가 제시에게 뇌를 "밖으로 꺼내야 해."라고 하자 제시는 외친다. "하지만 지금 사용하고 있단 말이야!"[23]

---

* 영국의 코미디 그룹

하지만 그때 제시는 뇌를 잘 굴리지 못했다. 그는 유죄 인정을 마음먹기 전, 집에서 언론을 통해 재판을 받는 아이디어를 생각해보았다. 재판을 해도 무죄로 풀려날 가능성이 없다고 판단한 후에는 다른 방법으로 언론을 활용하기로 했다. 유죄를 인정하고 몇 달이 지났을 때 제시는 학대 트라우마에 시달리다 학대 가해자가 된 역할에 더욱 깊이 빠져들었다. 당시 최악의 실수는 1989년 2월 제랄도 리베라의 특집방송 〈아동 포르노 조직 소탕하기*Busting the Kiddy Porn Underground*〉에 출연한 것이었다. 제랄도는 추측을 근거로 아동 포르노 산업에 대해 보도하며 제시에게 어떤 범죄를 저질렀는지 설명해 달라고 했다. 인터뷰 중 제시는 작고 부드러운 목소리로 말했고 데이비드의 홈비디오에서는 볼 수 없었던 흐리멍덩한 눈으로 주위를 슬쩍슬쩍 살폈다.

> 애들을 만졌어요. 나는…… 억지로…… 아버지가 찍은 사진 수백 장에서 야한 포즈를 취해야 했어요. 다른 애들도요. 서로 오럴섹스를 해주고 애들 항문에 내 페니스를 대는 포즈를 했어요…… 나는…… 우리 아빠가 무섭게 협박했거든요…… 걔들 집을 불태운다고…… 나는…… 우리는 그걸 믿었어요…… 우리 아버지가 정말로 걔네 집을 불태울 거라고 생각했어요.[24]

이 인터뷰에서 제시가 한 주장은 말이 되지 않았다. 아놀드나 제시 프리드먼이 집에서 제작한 포르노는 어디에서도 발견되지 않았다. 집에서 가족끼리 연기를 하는 취미를 이용해 대중 앞에서 자신을 변호하는 전략은 경솔하기 그지없는 결정이었다. 연극 무대가 거실에서 법원 계단으로 바뀌자 전만큼 재미있지 않았다. 그의 역할을 안쓰럽게 봐주는 사람도 없었다. 제시는 가족의 취미를 언론에 활용하려다 아주 난감한 입장이 되었다.

소아성애와 그것을 둘러싼 히스테리는 별개의 문제가 아니다. 프리드먼 가족 안에서 소아성애는 이렇게 존재해 왔다. 아놀드는 어린 시절부터 아동에게 성적 끌림을 느꼈고 특히 일상의 스트레스로 욕구가 극에 달할 때 아동 포르노로 욕구를 가라앉히려 했다. 속으로 그런 갈등을 겪는 동안 아놀드는 수상 경력도 많은 인기 교사가 되었다. 컴퓨터를 가르치기 전 학교에서든 피아노 교습을 하는 자기 집 거실에서든 수업 외적인 일로 비난받는 일은 결코 없었다. 아놀드가 학생들에게 잡지를 보여주었다면, 음란성 컴퓨터 게임을 줬거나 묵인했다면, 들키지 않고 아이의 어깨나 등을 얼마나 오래 만질 수 있을지 계산했더라면 분명 처벌을 받았어야 했다. 그러나 아놀드가 한 행동의 진실은 그레이트넥에 소아성애 관련 소문이 퍼지면서 집단 히스테리에 묻히고 말았다. 경찰은 잔인한 판타지를 퍼뜨렸고, 지역사회는 소문을 덜컥 믿어버렸다. 〈제랄도〉 쇼에 나간 제시는 아놀드가 집에서 포르노를 제작해 미상의 '친구들'에게 줬다고 말했다. 실제로 영상은 존재하지 않지만 제시는 광적인 소문과 아귀가 맞는 이야기를 하고 있었다. 그의 실수는 현실을 바탕으로 했다. 사람들이 관심을 보이거나 귀를 기울이는 이야기는 진실이 아니라는 현실을 말이다.

일레인은 아놀드가 수감된 후 이혼 소송을 냈다. 그녀는 아놀드가 언젠가 집으로 돌아오더라도 "저녁 식탁에 단둘이 마주앉아 멀뚱멀뚱 보기만 했을 거예요. 이제 우리 둘 사이에는 정말 아무것도 없습니다. 아이들에게 악을 지를 뿐이죠."라고 말했다. 일레인은 아들이 유죄 판결을 받은 후로 어느 정도 행복을 찾았다. "친구들은 내게 말해요. '그렇게 큰 집에 혼자 있으면 무섭지 않아?'라고요." 일레인은 〈프리드먼 가족 체포하기〉에서 말한다. "나는 대답하죠. '아니, 나는 마음이 편안해.' 그제야 한 사람으로 존재하기 시작하는 느낌이 들었어요."[25]

한 인간으로서 존재감을 찾기 전, 일레인은 어떤 기분이었을까? 〈프리드먼 가족 체포하기〉 속 영상을 보면 그녀와 아놀드, 데이비드, 세스, 제시는 한 가족이라는 감정을 느꼈다. 자레키의 영화는 남달랐던 프리드먼 가족의 관계가 수사와 재판을 겪으며 극으로 치닫는 과정을 보여준다. 107분짜리 다큐멘터리에서 형제의 아버지 사랑은 더 뼈저리고 절실해졌고, 한 걸음 떨어져 웃으며 남편과 아들들의 장난을 지켜보던 일레인은 괴로움을 느꼈다. 사건이 터지고 프리드먼 가족의 서로를 향한 감정은 갈수록 깊어졌다. 그러다 유죄를 인정한 순간, 뒤도 돌아보지 않고 각자의 길을 걸었다.

보육기관 성학대 조직 사건과 관련된 가족만 심각하게 무너져 내린 것은 아니었다. 이런 사건의 배경에 있는 사회적 · 문화적 변화 속에서도 가족이 무너지는 현상이 일어났고, 가족이 직면하는 위험에 대해 말하고 생각하는 방식도 바뀌었다. 이런 문화의 보수화는 리처드 닉슨이 『워싱턴 스타뉴스*Washington Star-News*』와 인터뷰한 1972년부터 강력하게 표출되었다. 닉슨이 49주에서 진보파의 상징 조지 맥거번George McGovern을 꺾고 재선에 성공한 지 이틀째의 일이었다. 인터뷰에서 닉슨은 미국이라는 나라의 특성을 솔직하게 말했다. 오랫동안 이어지던 반체제적 운동이 힘을 잃기 시작하면서 보수주의는 부활하기 시작했다. 닉슨은 이런 흐름이 이후 30년간 지속될 미래를 마치 아는 사람처럼 이야기했다. 1960년대는 역사의 뒤안길로 사라지고 있었다. 이제 미국인의 삶에는 약간의 규율이 필요했다.

> 평범한 미국 시민은 한 가정의 어린아이와 같은 존재입니다. 어떤 책임을 부여하면 목표를 달성할 것입니다. 어떤 행동이든 할 거란 말이죠. 하지만 애지중지하고 오냐오냐한다면 마음이 여리고 버릇없는 사람, 아주 나약한 사람이 될 것입니다.[26]

닉슨은 히피나 운동가 등 60년대에 환각제를 하거나 진보적인 정책을 요구를 한 이들을 겨냥하고 있었다. 그는 가족에게 시민생활에 모범이 되어 줄 것을 호소했다. 가족의 따뜻한 보살핌을 말하지는 않았다. 닉슨은 가장의 권위를 원하고 있었다. 닉슨에게 연방정부, 검 · 경찰, 기독교, 군대는 미국의 아버지상을 대표하는 존재였다. 미국의 미래는 사람들의 의지에 달려 있었다. 사람들은 이제 전통적인 권력에 존중하는 법을 다시 배우고 시민이 어린아이와 같다는 사실을 이해해야 했다.

폴 잉그램Paul Ingram은 가정에서 닉슨의 이상을 행동에 옮기는 남자였다. 서로 끈끈한 대가족의 가장이었고 독실한 신자였으며 경찰로 일했다. 워싱턴 주 올림피아에서 아내 샌디와 다섯 자녀를 키우던 그는 1988년에 44살이었다. 공화당 지역당 위원장이기도 했다. 가족 내에서 잉그램의 권력은 하늘과도 같았다. 그는 엄격한 규율을 정하고 최종 결

정권을 행사했다. 그래도 아내 샌디는 개의치 않았고 항상 남편 말에 동의했다. 올림피아 근방에서는 유난히 자급자족이 유행이었다. 폴과 샌디는 집을 토대부터 짓고 벽을 칠하고 배선 공사를 했다. 땅 10에이커에서 여러 종의 동물을 길렀다. 샌디는 스튜를 만들고 집에서 키우는 동물을 잡아 고기를 구웠다. 그리고 넓은 밭에서 직접 기른 채소도 수확해 푸짐한 식사를 차렸다.[27] 또한 샌디는 남편의 수입에 보탬이 되고자 집 밖에서 어린이집을 운영했다.

잉그램 부부의 아이들은 어린이집 아이들을 원망했다. 그 아이들 때문에 부모님이 거리를 두고 애정을 주지 않는다고 느꼈기 때문이었다. 폴은 이 문제를 인식하고 우려했다. 폴의 부모님, 특히 아버지도 그처럼 다정하지 않았다. 폴은 자기 아이들도 같은 감정으로 괴로워하자 좌절하면서도 권위를 쉽게 내려놓지 못했다. 1970년대에 부부가 개종을 하면서 문제는 더 심각해졌다. 잉그램 부부는 만나서 결혼할 때만 해도 독실한 가톨릭교 신자였지만 지역 개신교 교회 예배에 몇 달 참석한 후 복음주의 개신교로 개종했다. 교회는 가족이 중요하다고 강조했고 예배 중에 방언기도를 했다. 폴은 아들들에게 학교 체육활동 참여를 금지했다. 운동을 좋아하는 아들 채드는 특히 분노했다. 록음악도 금지였다. “꼰대는 집안일만 해놓으면 쥐뿔도 신경 안 써요.” 폴의 큰아들이 한 말이다.[28]

폴은 직장에서도 권력을 좋아했다. 하지만 방식은 달랐다. 그는 경찰 규칙과 절차를 엄수하는 데서 삶의 의미를 찾았다. 젊은 시절 불만족스러운 직장만 전전하던 폴은 1969년 작은 마을에서 교통과 가정불화를 단속하는 경찰로 일하기 시작했다. 1980년대가 되자 서스턴 카운티 보안관국 서열 3위에 올랐다. 경찰 일은 그의 적성에 딱 맞았다. 만화에 나오는 경찰처럼 콧수염을 길렀고 직급이 올라갔는데도 교통순찰을 하고 다녔다. 인간관계도 직장이 중심이었다. 닐 매클라나핸Neil McClanahan이라는 동료와는 순찰차를 타고 다니며 신앙 이야기를 했다.[29] 매주 다른 동료 경찰의 집 거실이나 지하실에서 포커게임을 즐겼다. 그만큼 보안관국 전체가 서로 가까웠다.

1988년 폴과 샌디의 가족은 사건이 터지기 전부터 사정이 복잡했고 남들에게는 말 못할 비밀이 있었다. 남들은 잉그램 가족을 행복한 가족의 표본이라고 생각했다. 친구와 교회 지인들은 의식적으로 그들을 따라 했다. 하지만 20세기 중반 미국 소설에 나오는 가족처럼, 이상적인 겉모습 아래에는 불행이 숨어 있었다. 큰아들 폴 로스는 뒤늦게 사춘기의 홍역을 치르고 있었다. 몇 번이나 교통사고를 냈고 아버지가 정해준 대학 진학 계획을 거스르고 18살인 1984년에 가출했다. 친구들과 남아메리카에 간다는 쪽지 한 장을 남겼을 뿐이다. 부모님은 어떤 친구들을 말하는지 알지 못했다. 채드도 십대 시절에 따로 독립했다가 집으로 돌아왔다. 이후 성서학교에 진학했지만 자퇴하고 다시 집에 왔다. 이는 엄격한 가정교육을 받은 청소년이 흔히 보이는 극단적인 반응이다. 두 아들은 아버지가 위층 베란다에 서서 마당에 있던 형제에게 도끼날을 갈지 않았다고 화를 낸 날을 잊지 못했다. 폴은 아들들에게 도끼를 건네려 했을 뿐이었지만 던지면서 힘이 너무 많이 실렸다. 옆으로 비키지 않았더라면 폴 로스는 도끼에 찍히고 말았을 것이다. 폴은 그날의 사고를 후회했다. 하지만 큰아들은 아버지를 용서할 수 없었다.[30]

에리카 잉그램은 4살 연하의 여동생 줄리와 방을 같이 썼고 대부분의 시간을 함께 보냈다. 에리카는 내성적이고 어두운 성격이었지만 동생에게 권위적이었다. 에리카의 세련된 옷차림은 엄마처럼 평범하고 얌전한 옷을 입는 줄리의 스타일과 극과 극이었다. 1983년, 17살이던 에리카는 다니던 교회의 진실말하기 수련회에 참가해 유부남에게 강간당할 뻔했다며 상담사에게 고백했다. 폴의 동료가 수사에 착수했고, 그 남성이 에리카를 차로 태워다 주는 길에 무릎을 만졌다는 결론이 나왔다. 성추행일 수도 있고, 남자가 그 이상을 바랐을 수도 있지만 강간을 시도하지는 않았다.[31] 수사는 그렇게 끝났다. 그러다 2년 후, 줄리도 같은 수련회에서 이웃에게 성폭행을 당했다고 말했다. 에리카도 같은 사람을 학대범으로 지목했다. 폴은 둘째 딸을 검사 사무실로 데려가 기소를 하려 했지만 줄리는 협조하지 않고 자초지종을 말하지 못했다. 수사관이 줄리의 이야기에 일관성이 없다고 판단해 기소는 중단되었다. 1987년 에리카는 친구 파울라와 캘리포니아로 가던 길에 입원을 했다. 골반염이라는 의사의 말에 에리카는 골반염이 왜 생기냐고 물었고, 의사는 성경험 때문이라고 대답했다. 하지만 처녀였던 에리카는 이해할 수가 없었다. 사실 의사는 에리카가 앓고 있던 난소 난종으로도 골반염이 생긴다는 말을 하지 않았다.[32] 병원에서 에리카는 청천벽력을 경험해야 했다.

진실말하기 수련회에서는 성폭행 이야기가 자주 나온다. 아동과 청소년에게 집에서는 하지 못하는 이야기를 툭 터놓고 할 수 있는 환경을 제공하기도 했지만, 성인 지도자들이 아이의 질문 여부와 상관없이 학대를 주제에 올렸기 때문이었다. 1988년 카리스마 넘치는 기독교 연설가 칼라 프랑코Karla Franko가 수련회 참가 소녀들에게 연설을 했다. 동기부여 연설에다 심령요법 치료까지 하는 프랑코는 자신이 성경에 나오는 특별한 능력을 타고났다고 믿었다. 하느님이 내려주신 통찰력으로 청중의 삶을 간파할 수 있다고 했다. 관객이 열심히 경청하는 가운데,

프랑코는 소녀가 옷장에 숨어 있고 무거운 남자 발소리가 가까워지는 장면이 보인다고 말했다. 청중에서 한 소녀가 자기 이야기라고 외치며 달려 나왔다. 주말 사이 다른 소녀들도 앞으로 나와 학대를 당했다고 고백했다. 전체적으로 감정이 아주 고조되어 있었다.

기독교 근본주의는 학대, 그중에서도 어린 여성의 성학대에 강하게 이끌렸다. 1988년 에리카 잉그램은 진실말하기 수련회에서 청각장애인 소녀들에게 프랑코의 연설을 통역해주었다. 그해 여름 에리카는 『사탄의 비밀조직*Satan's Underground*』이라는 책을 읽었다. 저자 로렌 스트랫퍼드Lauren Stratford가 사탄교 집단에서 학대를 당하며 자라다 탈출해 쓴 회고록이었다. 이후 기독교 잡지에서 제기한 의혹으로 시장에서 전량 회수된 책이지만 1988년 복음주의 신도들은 비밀조직의 악행을 견디다 하느님을 통해 구원을 받은 생생한 이야기에 매료되었다.[33] 책의 도입부에는 허울뿐인 완벽한 가정이 등장해 에리카가 공감할 수 있었다. "양부모님은 전문직에 종사하셨고 우리는 상류층 동네에 살았다. 나는 항상 말쑥하게 옷을 입고 다녔다. 아름답게 장식을 한 집에는 『굿 하우스키핑*Good Housekeeping*』 잡지에 나올 법한 주방이 있었다. 겉만 봤을 때 어린 내게 부족함 따위는 없었다. 심지어 교회도 다녔으니!"[34]

물론 겉모습 뒤에는 부모의 지독한 학대, 아동 포르노, 제물로 바친 아기가 있었다. 주모자는 비밀조직의 지도자 빅터였다. 스트랫퍼드는 이렇게 썼다. "경찰이나 다른 사람에게 말할 생각조차 못하도록 대사제는 악마의 영혼을 소환하고 끔찍한 행위로 위협을 한다…… 소녀가 위협을 진심으로 받아들이는 것도 무리는 아니다. 그것은 말뿐인 협박이 아니었기 때문이다. 악마의 영혼은 진짜였다!"[35]

수련회를 마치고 집으로 가는 버스에서 에리카 잉그램이 느낀 감정도 크게 다르지 않았다. 에리카가 무대 아래에 앉아 흐느낌을 멈추지 못했을 때 구체적으로 무엇을 생각했는지는 알 길이 없다. 상담사들이 21살인 에리카 주위에 모여 어깨를 두드리며 위로했고 한 명은 프랑코에게 에리카를 위해 기도해 주겠냐고 부탁했다. 이후 경찰 보고서에 따르면 에리카는 아버지에게 성학대를 당했다고 공언했다. 그러나 이후 기자와 이야기한 프랑코는 말이 달랐다. 프랑코는 웅크리고 있는 에리카의 몸에 기도를 시작한 후 "학대구나."라고 생각했다. 그리고 에리카에게 말했다. "너는 어린 시절 학대를 당했어. 아버지가 몇 년 동안 너를 성폭행한 거야."[36] 에리카는 계속 우느라 말을 잇지 못했다. 프랑코는 에리카가 학대를 당했다고 확인하거나 반박하는 말을 한마디도 하지 않았다고 했다. 몇 주 후인 1988년 9월, 에리카는 부모님 집에서 나왔고 6주 후 줄리도 뒤따랐다. 에리카는 21살, 줄리는 18살이었다.

폴과 샌디는 갑자기 딸들이 떠나자 당황했지만 오래 가지는 않았다. 에리카는 패밀리레스토랑에서 어머니를 만나 사실을 고백했고 채드와 폴 로스에게도 성폭행을 당했다고 말했다. 줄리도 선생님에게 편지로 아버지가 자신을 학대했다는 사실을 고백했다. "4살 때 아버지가 집에서 포커게임을 했던 기억이 나요. 아저씨들이 우리 집에 와서 포커를 쳤고 다들 술에 잔뜩 취했어요. 한두 번은 내 방으로 들어와서 나랑 섹스를 한 적도 있어요. 밤새도록 차례대로 들어왔다 나가며 웃고 욕을 했어요."[37] 리빙워터 교회에도 소문이 닿았다. 폴은 모든 사실을 부인했다. 자매의 이야기는 학대 사실을 고백한 직후부터 달라지기 시작했다. 5년 전부터는 학대를 당하지 않았다더니 얼마 후에는 3년으로 바뀌었다. 그러다 수련회에 참가하고 에리카가 가출한 9월 말까지 강간이 계속되었다고 주장했다. 둘 다 아버지가 다른 자매는 내버려 두었다고 말했지만 에리카와 줄리가 한 방을 쓴다는 사실을 생각하면 그 주장에는 모순이 있었다. 10월 핼러윈 직후, 잉그램 가족은 제랄도의 사탄교 특집방송을 보았다. 이후 폴은 동료들에게 체포되어 경찰서에서 심문을 받았다.

자매의 주장으로 폴은 그가 사랑했던 2가지 권력구조 사이에 끼어서 옴짝달싹 할 수 없었다. 폴은 좋은 아버지가 되고 싶다는 말을 입에 달고 다녔다. 좋은 아버지가 몇 년 동안 아이들을 학대할 수는 없었다. 하지만 경찰서 취조실에 앉아 있는 동안에는 좋은 경찰이 되고 싶었다. 취조를 받는 입장이었지만 테이블 맞은편에 앉은 친구들은 폴이 사랑해 마지않는 일을 하고 있었다. 폴은 그들을 돕고 싶었다. 그는 이렇게 말했다. "정말로 있었던 일이라면 우리가 맡아서 해결해야 해. 내가 그런 짓을 하다니 상상할 수도 없네."[38]

"정말로 있었던 일이라면." 1988년 잉그램과 동료들은 당시 아동 성학대 사건를 담당한 경찰들이 일반적으로 사용하던 가설에 의지했다. 즉, 피해자는 오랜 시간 트라우마를 억누르고 기억을 잊을 수 있으며 가해자도 마찬가지라는 가설이었다.[39] 잉그램은 억압된 기억을 주제로 한 전국 규모의 범죄예방 세미나에 참석한 경험이 있었다. 거기서 연사들의 발표를 들으며 설득력 있는 이야기라고 생각했었다.[40] 경찰서에서 2시간 동안 잉그램을 심문한 형사들은 녹음기를 켰다. 녹음을 시작했을 무렵, 잉그램은 기억에 없는 죄를 믿을 의지가 있었다.

> **잉그램.** 나는 아이들 주장이 사실이라고 생각하네. 내가 오랫동안 강간을 하고 학대를 했다고 믿어. 전혀 모르게 기억을 아주 잘 묻어 두었겠지. 이제 그걸 끄집어내려 해. 애들이 그런 일이 있었고 내가 그런 짓을 했다고 말했으니 사실인 거야.

Q. 왜 그런 짓을 했다고 말하는 건가?

A. 글쎄, 일단 우리 딸들은 나를 잘 알잖나. 이런 거짓말을 하지는 않을 거야. 이게 진실이라고 알려 줄 증거도 있어.

Q. 그 증거가 무엇이라고 생각해?

A. 글쎄, 지난 몇 년 동안 애들 행동을 보면 알 수 있지. 나도 마음과 달리 다정하게 대할 수 없었어. 껴안거나 사랑한다고 말하기도 힘들었단 말이지. 그게 어디 정상인가…….

Q. 방에 들어가서 에리카를 만진 기억이 없나?

A. 없네.[41]

형사들이 마음 깊은 곳에 묻어둔 기억을 꺼내라고 힘을 불어넣어 주면서 잉그램의 감정 상태는 변하기 시작했다. 묘한 간절함을 유지한 채 잉그램은 눈을 감고 고개를 숙여 호흡을 천천히 했다. 그가 말을 하는 사이사이 길게는 10분까지 답답한 침묵이 흘렀다. 마치 최면에 걸렸거나 실신한 사람 같았다. 그때는 아동 성학대 전문 심리치료사 사이에서 최면요법이 인기를 얻고 있던 참이었다. 치료사들은 성인 환자에게 최면을 걸면 억압된 아동기 트라우마에 접근할 수 있다고 믿었다. 잉그램은 트라우마 억압설을 이미 믿고 있었기 때문에 최면 감수성(최면에 걸리기 쉬운 상태를 의미한다)이 매우 높았다. 그는 우연히 기억을 되찾는 자기만의 기법을 발견하고 자가 치료를 시작했다.

폴 잉그램이 입을 열었다. 11월 28일, 그는 5살도 안 된 에리카를 학대했다고 설명했다. 다음 날에도 몽롱해 보이는 모습으로 줄리를 학대했다고 말했고, 포커게임을 하고 밤늦게 단체로 줄리를 성폭행하는 장면을 묘사해 줄리의 주장을 사실로 확인해 주었다. 보안관국 동료 두 명도 공범자로 지목했다. 같은 날 잉그램은 복음주의 기독교로 개종하기 전 사탄교 조직에서 쓰는 흑마법에 빠졌냐는 질문을 받았다. 한동안은 가끔 신문에서 읽는 별점밖에 생각나지 않았지만 이내 암흑과 묘비가 기억에 떠올랐다. 일주일도 되지 않아 잉그램은 악마에 사로잡혔을까 봐 걱정하기 시작했다. 그는 취조실에 같이 있어 달라고 목사를 불렀다. 목사는 하느님께서 실제 기억만 떠오르게 도와줄 것이라고 잉그램을 달랬다. "아아, 꼭 이야기를 지어내는 기분이야." 어느 순간 잉그램이 진술을 하다 말고 말했다. "하지만 아니지."

형사들은 잉그램이 말하는 내용만큼이나 그의 자백 방식이 꺼림칙하다고 생각했다. 폴은 범행 기억을 과거형으로 말하지 않았다. 그 장면을 처음 보는 사람처럼 이야기를 했고 무엇을 "했을지", 에리카를 찾았을 때 딸이 어디에 "있었을지" 같은 가정법을 굉장히 많이 사용했다, 폴은 동료 경찰이 샌디를 강간한 기억을 고백했다. "그 장면을 보고 애들이 도망치는 게 보이는 것 같아. 짐이 샌디 머리채를 거칠게 움켜쥐고 소리를 지르기 시작하는 걸 보고 거실로 도망쳐서 숨었어. 나는 이때 아마 밖에 있었던 것 같고 사내애들은 뭘 하고 있었는지 모르겠네."[42]

잉그램은 자세한 묘사를 하지 못해 형사들을 답답하게 했다. 딸들의 주장과 일치하는 기억을 고백할 의지가 충분한데도 세세한 부분까지 설명하지는 못했다. 형사들은 일부러 설명하지 않는다고 믿기도 했다. 참다못해 한 수사관이 말했다. "괜히 핑계 대는 거 아냐! '내 딸들 말에 무조건 동의하고 인정하겠지만 그 이상은 말하지 않겠다.'는 꼴이군."[43] 폴이 기껏 자세한 정보를 내놓아도 경찰의 답답함은 해소되지 않았다. 다른 남자가 딸을 성폭행하는 모습을 봤다고 설명하는 폴에게 한 수사관은 남자의 장신구를 봤냐고 물었다. 폴은 대답했다. "오른손에 시계를 찼는지도 모르겠군. 금시계야." 남자의 시계가 몇 시를 가리키냐는 질문에는 이렇게 답했다. "음, 두 시."[44] 잉그램은 프루스트처럼 세세한 감각으로 그와 연관된 기억을 줄줄이 자극하는 이야기를 하지 않았다. 그보다는 영화 장면을 묘사하는 느낌이었다. 머릿속에서 펼쳐지는 화면에서 시간을 읽을 때까지는 시계가 몇 시를 가리키는지 알지 못했다. 잉그램이 섬세하고 구체적으로 묘사한 이 장면은 무려 17년 전의 기억이었다.

형사들은 에리카와 줄리에게도 정보를 계속 얻었다. 보통 주도를 하는 사람은 에리카였다. (자기 말이 이렇게까지 커질 줄 몰랐는지 줄리는 입을 완전히 다물어버렸다.) 에리카의 고난에 감정적으로 몰입한 한 수사관은 상처 많은 에리카에 반했고 폴이 한 짓을 혐오했다. 동료들은 에리카와 사랑에 빠졌다고 그를 놀리기 시작했다.[45] 경찰은 딸들의 인터뷰에서 얻은 정보를 폴에게 전달했다. 폴은 이 정보를 이용해 상상 속의 최면을 더욱 열심히 걸었다. 어떤 주장을 기억할 수 없으면 감방으로 돌아가 기도를 했다. 그리고 다음날 글로 적은 자백을 들고 취조실로 돌아왔다. 그럴 때마다 폴은 뿌듯해 보였다.

경찰은 폴이라는 인간에게도 격려를 보냈다. 폴이 하느님에게 기도하는 목소리 위로 죄를 인정하라는 간곡한 부탁이 쏟아졌다. 그 덕에 취조실은 신도들이 방언기도를 하던 리빙워터 교회와 같은 분위기를 풍겼다. 한 인터뷰에서 형사들은 말했다. "아버지로서 의무야. 정말 중요한 거라네. 꼭 기억이 날 거야." 폴은 이런 질책이 필요하다고 생각했다. 형사들이 말을 멈추면 그는 말했다. "계속 말해주게. 계속 말해줘, 제발."[46] 기이했던 폴의 이야기는 아예 믿기 힘든 이야기로 발전했다. 한번은 시애틀과 타코마 근방에서 매춘부 수십 명이 목숨을 잃은 미제사건 '그린 리버 살인 사건'에 가담했다고 말했다. 하지만 형사들은 의욕이 넘쳐서 판단력을 상실했다. 두 명은 사탄교 조직을 주제로 캐나다에서 열린 경찰 컨퍼런스에 참가했고 다른 경찰들이 조언을 구하자 어깨가 으쓱해졌다. 그들은 흥분해서 FBI의 케네스 래닝에게 연락을 해 미국에서 처음으로 증명이 가능한 사탄주의 의식학대 수사를 하고 있다고 말했다.

1989년 2월 서스턴 카운티 경찰은 캘리포니아 대학교 버클리 캠퍼스 사회심리학 교수인 리처드 오프쉬Richard Ofshe에게 올림피아에 와서 잉그램 사건을 살펴봐달라고 부탁했다. 학자로 성공한 오프쉬는 초반 20년은 사이언톨로지교, 통일교 등 많은 사람들이 사이비 종교단체라고 부르는 집단들을 주로 연구했다. 산타모니카의 마약재활 프로그램으로 시작해서 종교단체가 된 시너넌 조직도 연구 대상에 포함되었다.[47] 그밖에도 오프쉬는 마인드컨트롤에 관심이 있었다. 소련과 북한의 사상개조 방법에 대한 논문을 썼고, 1960년대 이후 미국에서 폭발적으로 증가한 새로운 종교집단 중 매우 위험한 부류가 이 세뇌기법을 손에 넣었다고 주장했다.[48] 잉그램 사건 수사팀은 오프쉬와 만나서 의논을 하고 싶었다. 폴이 계속 최면 상태에 빠지고 샌디와 아이들은 경찰 조사에서 이상한 행동을 보였기 때문이었다. 폴이 속한 사탄교는 신도들을 상대로 일종의 심령술을 부릴지도 모른다고 생각했다.

오프쉬는 담당 수사관 2명을 대동하고 취조실에서 폴 잉그램을 만났다. 그리고 어디 사는지, 어린 시절은 어땠는지 같은 질문을 던졌다. 얼핏 영화 같은 잉그램의 학대 기억을 요약해 들은 오프쉬는 일상적인 주제에 한해서는 폴의 기억이 일관적이라고 생각했다. 사이비 종교 전문가로 온 것이지만 오프쉬는 경찰 조사 과정의 허위자백도 연구한 경험이 있었다. 그가 알기로 경찰 측에서 증거가 빼도 박도 못한다고 확신을 준다면 용의자가 기억하지 못하는 범죄를 '인정'하는 경우도 드물지 않았다. 폴 잉그램 본인도 경찰이었다. 따라서 최신을 다해 형사들을 도우며 이런 현상을 더욱 강력하게 만들 수 있었다. 그 자리에서 오프쉬는 잉그램이 악의적이든 아니든 진실을 말하지 않는다고 판단했다. 그는 취조실에서 즉흥적으로 이 이론을 테스트했다.

오프쉬는 다른 형사에게 알리지 않고 폴에게 에리카와 폴 로스를 만나 이야기했다고 말했다(사실은 아니었다). 그리고 폴이 눈앞에서 서로 섹스를 하게 시켰다는 말을 들었다고 전했다. 폴은 기억이 나지 않았지만 오프쉬는 주장을 밀고 나갔고 다른 형사들도 눈치를 채고 장단을 맞추기 시작했다. 그들은 그 일이 있었던 장소를 구체적으로 알려 주었다. 폴은 항상 그랬듯 고개를 숙이고 눈을 감으며 명상 포즈를 취했다. "에리카와 폴 로스가 보이는 것 같습니다."[49] 오프쉬는 감방으로 돌아가 더 생각해 보라고 했다. 다음 날 오프쉬는 폴을 다시 찾았다. 이제 분명한 기억이 떠올랐다는 폴에게 오프쉬는 계속 감방에서 생각하라고 지시했다. 오프쉬가 세 번째 방문한 날, 잉그램은 손으로 쓴 자백문을 건넸다.

> 낮이었습니다. 아마 토요일이나 일요일 오후였을 거예요. 퍼트리 집에 있는 에리카 침실에서 일어난 일입니다. 2층 침대가 있습니다. 에리카와 줄리가 같이 쓰는 방이죠. 폴 로스와 에리카에게 위층으로 올라오라고 해서 에리카 방으로 들어갔습니다. 저는 문을 닫고 게임을 하겠다고 말했습니다. 둘에게 옷을 벗으라고 했어요. 에리카가 "하지만 아빠."라고 했지만 저는 "옷이나 벗고 말대답하지 마."라고 말했습니다. 목소리 때문인지 말투 때문인지 둘은 반항하지 않고 옷을 벗습

니다. 내가 문을 막고 있어서 아이들이 방을 나갈 수 없었던 것 같습니다.

이어서 폴은 아버지의 근친상간 판타지로 남매가 성관계를 하고 그도 동참하는 장면을 한 편의 포르노 영상을 보는 것처럼 묘사했다. 폴은 기억을 빠르게 회복시켰지만 세세한 부분은 흐릿했다. "폴 로스와 애널섹스를 했던 것 같아요. 확실하지는 않습니다." 자백문을 마무리하며 폴은 희미한 기억 하나를 묘사했다. 여기 나타나는 권력관계는 이번 사건에 사탄교가 연루되었다는 수사 이론을 떠오르게 했다. "폴과 에리카에게 위로 올라오라고 했을 때 아래에 있던 가족은 우리 소리를 들었습니다. 상황을 짐작하고 우리를 방해하지 않았어요. 내 능력만으로 폴 로스와 에리카를 지배하지는 않았을 겁니다. 짐이나 다른 사람을 진심으로 두려워했던 것 같아요. 아이들과 이런 짓을 하라고 누군가 내게 말했던 것 같습니다. 그런 느낌이 들어요."[50]

오프쉬는 폴의 자백이 거짓임을 확신했고 에리카와 줄리를 만나 이야기한 후 깨달았다. 자매는 건잡을 수 없게 된 주장에 허점이 보이자 그 문제를 해결하려 필사적으로 노력하다가 사탄교까지 들먹인 것이다. 하지만 오프쉬가 실험을 계획할 때 시간을 조금 더 투자했더라면(아니, 시간을 투자했더라면) 도움이 되는 결과가 나왔을 것이다. 당시 형사들이나 이후 항소법원과 다른 비평가들이 지적했듯, 오프쉬의 시나리오는 폴이 몇 달째 계속하던 이야기와 크게 다르지 않았다.[51] 근친상간과 집단난교는 처음 듣는 얘기가 아니었다. 남매가 성관계를 맺고 아버지가 지켜보는 시나리오는 난데없이 튀어나왔다고 말할 수 없다. 더 허황된 이야기를 고를 수는 없었던 것일까? 아니면 더 머리를 굴려서, 쉽게 속일 수 없는 요소를 이야기에 넣을 수는 없었을까? 비행기를 탄다거나 하는? 오프쉬의 실험은 폴 잉그램의 주장이 실제 기억이 아니라 심한 압박으로 고민하다 만들어난 판타지라는 무수한 증거 중 하나이기는 했다. 하지만 오프쉬가 생각한 것처럼 검찰의 기소를 빠르고 확실하게 무마할 수는 없었다.

오프쉬는 폴의 자백을 읽은 후 그에게 진실을 이야기했다. 폴은 꿈쩍도 하지 않았다. 오프쉬는 폴이 즉흥적으로 이야기를 지어낸다고 몇 번이나 설명했지만 잉그램은 독방에서 이틀간 생각하고 기도하며 찾아낸 기억이 "(그에게) 진실이 아닐 수 없습니다."라고 맞받아쳤다. 이치에 완벽하게 맞아떨어지는 주장이었다. 폴은 개인적으로 엄청난 손해를 보면서 자기 안에 기억을 내놓는 기계를 만들었다. 그러니 그 기계가 제공하는 결실을 쉽게 포기하지 못하는 것이 당연했다. 그 기계 덕분에 폴은 딸들의 이야기가 아무리 해괴해도 언제나 진실을 말하고 있다고 말했고 그렇게 믿었다. 폴은 지금 죄를 인정해 몇 년간 그에게 배신을 당한 아이들을 보호하고 있던 것이었다. 또한 폴은 기억을 떠올림으로써 경찰 조사를 받는 동안에도 품위 있게 훌륭한 경찰로서 임무를 다했다. 우연히도 그의 가족과 직장이 합작해 그를 수십 년간 감옥에 보내는 지경에 이르렀지만 폴은 여전히 가족과 경찰에 유대감을 느꼈다. 유죄를 인정한 폴은 징역 20년형을 받았다.

폴은 수감 생활에 잘 적응했다. 교도소 환경 자체가 권위에 대한 복종을 바탕으로 설계되었기 때문이었다. 수감자 도서관을 관리한 그는 취조실에서 보내지 않는 시간이 늘어나면서 올림피아에서 만들어낸 기억에 대한 믿음이 흔들리기 시작했다. 그는 무죄를 확신하고 항소를 했다. 1993년 아직 감옥에서 나오지 못한 폴은 저널리스트 로렌스 라이트Lawrence Wright에게 아이들을 키우면서 느낀 죄책감 때문에 자백을 했던 것 같다고 털어놓았다(라이트의 저서 『사탄 기억하기*Remembering Satan*』는 잉그램 사건을 가장 확실하게 기록한 책이다). 줄리가 뜨거운 목욕물로 남동생에게 화상을 입혔을 때 줄리의 따귀를 때렸고, 폴 로스의 뒤통수도 때린 적이 있었다. 폴은 말했다. "아이들이 나를 필요로 할 때 곁에 있어주지 않았어요. 아이들과 교감하고 싶으면서도 그러지 못했습니다. 아이들을 성적으로 학대하지 않았어요. 하지만 정서적인 학대는…… 인정하고 싶지 않지만 누군가는 인정을 해야겠죠."[52]

"그게 전부일까?" 로렌스 라이트는 잉그램 사건을 다룬 책의 마지막에 썼다. "이는 분명 잉그램 사건의 가장 무서운 결론이리라. 가족의 유대관계가 너무도 복잡하게 뒤얽혀 있어 별 문제 없는 행동으로도 기억을 그토록 끔찍하게 왜곡할 수 있었다."[53] 라이트는 폴이 교도소로 간 후 남겨진 질문의 일부라도 답을 찾기 위해 노력했다. 그는 잉그램 자매가 수사 초창기부터 남자형제와 섹스를 했다는 진술을 했음을 발견했다. 경찰은 그 방향으로 전혀 수사를 하지 않았다. 아마도 형제간의 성관계는 부모의 학대로 배운 것이라 가정했던 것 같다. 물론 라이트가 조사를 시작했을 무렵 잉그램 가족의 이야기는 너무도 많은 이유로 자주 바뀌었기 때문에 진실을 정확히 밝힐 방법은 없어 보였다.

1990년 델라웨어 교도소로 이감된 폴 잉그램은 그곳 생활이 비교적 편하다고 느꼈다.[54] 잉그램이 징역을 사는 동안 가족 중 2명이 방송에 출연했다. 에리카는 〈샐리 제시 라파엘*Sally Jessy Raphael*〉 쇼에 출연해 사탄교 의식 중 낙태를 했다고 말했다. "그들은 아기를 산 채로 꺼냈어요. 내 몸에 올려놓고 칼로 잘랐죠."[55] 그 방송은 폴에게 유리하게 작용했다. 방송을 본 동료 죄수들도 에리카가 거짓말을 한다는 데 입을 모았다. 또 다른 시사 프로그램은 사건과 그리 관련이 없는 가족을 추적했다. 바로 폴 잉그램의 아버지, 로스였다. 아들이 최면에 잘 빠진다는 이야기에 로스는 어려서부터 그런 능력이 확실히 보였다고 말했다. 로스는 자기가 아들에게 최면을 걸었다고 했다.

> 폴이 아마 10살인가, 12살이었을 겁니다. 내가 최면술을 배웠어요. 그래서 학교 성적을 잘 받아오라거나 착하고 예의 바르게 굴고 다른 사람들 말을 잘 들으라고 최면을 걸곤 했습니다. 항상 효과만점이었죠. 폴은 최면에 정말 잘 걸렸어요. 나는 아이들에게 등을 기대고 앉아서 긴장을 풀고 눈을 가볍게 감으라고 했습니다. 그 다음에는 머리 위에 예쁜 흰 구름이 둥둥 떠 있는 모습을 상상하라고 했고요. 모든 걱정을 내려놓고 구름을 타고 있는 걸 상상하라고 했죠.[56]

폴은 유년기부터 청년기까지 다정하지 않은 아버지 때문에 괴로워했다. 그러다 성인이 되고 아버지가 되었을 때는 그도 자녀를 다정하게 대하지 않았다. 하지만 취조실에서 목사와 경찰들과 함께 보내는 동안, 폴은 남을 돕고 다른 사람을 잘 들으라는 아버지의 가르침을 진심으로 받아들였던 모양이다. 독방에서 아이들의 아버지이자 경찰로서 의무를 다하고자 눈을 감고 심호흡을 했을 때, 폴과 아버지의 말에 따르면 '흰 구름' 위에 둥둥 떠 있을 때, 폴은 단순히 착한 소년이 되었던 것일지도 모르겠다.

하지만 아닐 가능성도 있다. 현재 잉그램은 아버지에게 최면을 당한 기억이 전혀 없다. 출소 후 폴은 이렇게 썼다. "그렇다고 책에서 읽은 기억은 난다. 나중에 아버지에게 실제로 듣기도 했지만 기억은 전혀 나지 않았다. 아버지가 담배를 끊으려고 최면 치료를 받았던 기억은 있다. 하지만 한 번도 성공한 적은 없었다."[57]

8

맥마틴 유치원-배심원 평결

1989년 봄, 대니 데이비스는 수천 달러를 들여 맥마틴 유치원을 새로 단장했다. 변호사 사무실 직원들과 페기 맥마틴 버키의 남편 척은 건물 안팎에 페인트칠을 했다. 유치원 건물은 예전의 연두색을 되찾았고 광대 캐비닛, 기린 의자 같은 수제작 가구도 다시 반질반질 윤이 났다. 이제는 건물 소유주는 데이비스였다. 맥마틴-버키 가족이 수임료 일부로 그에게 넘겼기 때문이었다. 보수가 끝난 후, 데이비스는 직원에게 건물을 돌아다니며 비디오카메라로 변화한 모습을 촬영하라고 시켰다.[1] 교사와 학생만 없을 뿐, 맥마틴 유치원은 1983년 봄과 거의 똑같아졌다. 영상 속에서 카메라맨은 이 교실에서 저 교실로 이동한다. 벽 쪽에는 초록색 아기침대가 늘어서 있다. 어디 하나 흐트러진 곳이 없었다. 운동장에 망가진 채 방치된 놀이기구만이 몇 년 전 일을 증명할 뿐이었다. 그날 성난 사람들은 유치원 기물을 파손하고 건물에 불을 질렀다. 건물만 파괴한 것이 아니라 마당의 관목과 나무도 망가뜨렸다. 데이비스는 방송과 영화 제작에 주로 사용되는 식물묘목을 빌렸다. 묘목장 인부들은 화분을 놓고 살아남은 나무에 인조 가지를 연결하고 운동장에 노간주나무, 떡갈나무, 참느릅나무를 심었다.[2] 이후 유치원을 둘러본 파운더스 판사는 데이비스가 1980년대 유치원 모습을 정확히 복제했음을 확인했다. 그는 이 모습을 배심원단에게 직접 보여 주고 싶다는 데이비스의 요청을 받아들였다.

데이비스는 피고들이 했다는 범죄가 얼마나 가당치 않은지 이해하려면 작은 건물 크기를 봐야 한다고 믿었다. 4월의 화창한 수요일 아침, 로스앤젤레스 시는 버스를 대절해 배심원단을 맨해튼비치로 보냈다. 거리를 유지하라는 경고에 따라 기자들이 길 건너 번화한 맨해튼비치 가로수길에서 현장 사진을 찍는 동안 배심원단은 말없이 학교를 둘러보았다. 질문이 있으면 먼저 손을 들어야 했다. 파운더스 판사와 변호사들이 서둘러 다가가 내용을 들어본 후에 합당하다고 판단하면 이의를 제기할 수 있었다. 몇몇 배심원은 운동장 입구부터 건물까지 걷는 시간을 쟀다. 몇몇은 교실 두 곳에서 소리를 질러도 된다는 허락을 받고 한 교실의 소리가 다른 교실에서도 들리는지 확인했다. 옷장과 욕실을 살펴봤고 길 건너 아파트 발코니에서도 유치원을 내다보았다. 1시간 넘게 견학한 배심원단이 떠난 다음은 기자들 차례였다. 한 기자는 벽에 이시모 요새라고 적힌 놀이기구에 올라가 아이가 높은 곳에서 '망보기'를 할 수 있는지 시험했다. 한 아이가 끌려갔다고 증언한 '비밀의 방'을 찾아 돌아다니는 기자들도 있었다.[3] 다음 날, 맥마틴 사건은 힐사이드 스트랭글러 사건을 제치고 미국 역사상 최장기 형사재판으로 이름을 올렸다.

맥마틴 아이들과 부모들은 이미 증언을 했다. 키 맥팔레인, 아스트리드 헤거, 브루스 우들링을 비롯한 의학 전문가들도 증언을 마쳤다. 그해 여름에는 학교에서 일했던 사람들의 증언이 이어졌다. 베티 라이더는 8일간 증인석에 섰다. 규율을 강조하는 69살의 라이더는 레이가 수업 준비를 하지 않고 아이들이 시끄럽게 뛰어다녀도 내버려둔 무능한 교사라고 비판했다. 하지만 맥마틴에서 성학대 같은 일은 전혀 없었다고 말했다. 다음 증인인 찰스 버키는 가족이 아동 포르노 제작을 했다는 주장에 대한 대니 데이비스의 질문에 막힘없이 대답했다.

"증인과 아내가 유치원을 운영했을 때 전 세계에 아동 포르노를 팔아 막대한 수익을 올렸습니까?

"아니요."

"증인 부부는 1979년에서 1983년까지 출처를 모르는 거액의 돈을 받은 적이 있습니까?"

"없습니다."[4]

바벳 스피틀러는 체포 후 로스앤젤레스 카운티 아동보호국에서 빼앗아간 아이들을 되찾기까지 2년의 세월을 이야기했다. 5월에 페기 맥마틴 버키는 어린 시절 성추행을 당했다고 증언하며(이웃 남성이 셔츠에 손을 넣었다) 맥마틴 학부형들에게 추행이 "별 일 아니다"라고 말했다는 검사 측 주장에 반박했다.[5] 오랫동안 유치원의 유일한 남성 교사 레이가 집중적으로 관심을 받고 있던 탓에 페기도 아직 피고인 신분이라는 사실은 잊어버리기 쉬웠다. 페기는 피고석에 얌전히 앉아 심문을 받았다. 레이를 어떻게 생각하냐는 검사의 질문에 내성적이고 큰 뜻이 없는 젊은이라고 대답했다. 알코올이나 마리화나 문제도 이야기했다. 언젠가는 방황하는 아들에게 교회 상담사와 이야기를 해보라고 부탁한 적도 있었다. 검사는 레이가 아이들을 학대한 문제로 상담을 받았다고 주장했지만 실제로 레이와 상담을 한 목사는 그 주장에 "진실을 찾아볼 수 없다"라는 입장을 밝혔다.[6]

증언 첫 달, 페기는 작은 수첩에 웃는 곰 스티커 2개를 붙이고 글을 쓰기 시작했다. 어느 재판이든 휴정 중에 판사와 검사와 변호사가 협의를 하는 시간을 비롯해 여유 시간이 많은데, 페기는 그럴 때마다 수첩에 글을 썼다. 어머니 버지니아의 영향으로 평생 크리스천 사이언스 신자였던 페기는 체포 후 몇 년 새에 신앙심이 더욱 깊어졌다. 어느 날은 딘기츠 변호사에게 하느님이 그녀를 감옥에 보내셨다 믿는다는 말을 했다. 1989년 봄 페기는 수첩에 짧은 기도문과 성경 구절 일부를 적었다.[7] "오늘은 주님과 제가 감당하지 못할 일은 생기지 않는다고 말씀해 주소서." 또는 "주님은 길의 절반까지만 데려다 주시지 않는다. 언제나 끝까지 데려다 주실 뿐이다." 같은 내용이었다. 페기는 스스로를 다독였다. "친절과 사랑을 베풀라." 그래도 충분하지 않을 때는 자신을 가볍게 꾸짖는 메모를 적었다. 페이지 귀퉁이에 '황금률'*이라고만 쓴 날도 있었다. 교도소와 법정에서 페기는 아들보다 더 힘든 시간을 보냈다. 자신의 불행한 처지를 머릿속에서 떨치지 못했고 편집증 증세도 보였다. 시편 19편을 적어놓고 매일 다른 단어와 구절에 집중했다. 한 페이지에는 감사에 대한 여러 가지 명상록을 적었고, 다른 페이지에서는 사랑을 주제로 삼았다. "사랑은 너를 자유롭게 한다.", "사랑은 사랑을 결코 망각하지 않는다.", "사랑은 증오를 딛고 얻어야 한다."[8] 페기는 수첩을 이용해 마음의 안정을 찾았다.

페기는 증인석에 앉아서 '감사할 것들'이라는 표제 아래 목록을 쓰기 시작했다. 우선 평범한 덕목을 한 줄에 하나씩 나열했다. '하느님' 다음에 '삶', 그 뒤에 '진실', '사랑', '기쁨'이 이어졌다. 하지만 페기가 증언하는 시간이 길어지는 바람에 목록은 더욱 길어졌다. 32번과 101번 사이에는 아는 사람들의 이름을 썼다. 그러고 나서는 자연에 있는 것들을 적었다. '112. 모래, 113. 흙, 114. 씨앗, 115. 안개.' 그 외에도 '서핑보드',

---

* 남에게 대접을 받고자 하는 대로 남을 대접하라는 그리스도교 윤리관

'트럭', '모텔', '병원'에 감사한다고 썼다. '437. 발언의 자유', '568. 다리', '588. 물뿌리개'를 지나 598. '미용실'로 목록은 끝이 났다. 모든 증언이 끝나며 페기는 한동안 메모장을 내려놓았다.

레이 버키는 7월에 처음으로 배심원단 앞에 섰다. 검찰은 증거와 상관없이 레이가 기회만 있다면 아이들을 학대할 수 있는 괴짜라는 인상을 주기 위해 노력했다. 레이는 서핑보드 반바지 안에 속옷을 입지 않는 습관에 대해 몇 시간이나 답변을 해야 했다. 그가 1980년대 초반 맨해튼비치에서 왜 머리에 철사 피라미드를 쓰고 운전을 하고 다녔는지 검사와 변호사 양측 모두 궁금해 했다. 레이의 해명은 이상하긴 해도 설득력이 있었다. 1976년 점성술사를 포함한 저자 2명은 『피라미드의 힘 *Pyramid Power*』이라는 책에서 고대 이집트가 피라미드로 신비한 에너지를 모아 건강을 증진하고 음식을 상하지 않게 보관했다고 주장했다. 이 에너지를 직접 느낀 저자들은 "에너지가 주체할 수 없이 넘쳐흐르는 경험을 했다."고 말했다.[9] 레이는 일상에서 힘이 더 필요하다고 느낄 때 차 안에서만 피라미드 모자를 썼다. 보통은 침대 위에 걸어둔 피라미드로 충분했다. "잠이 잘 오라고 걸어둔 겁니다." 레이는 증인석에서 대니 데이비스에게 말했다. "잠이 잘 오는 게 제가 책에서 읽고 직접 체험한 피라미드 효과였어요. 심리적인 효과였는지도 모르지만요."[10]

미국에서는 1960년대 이후 새로운 종교단체가 곳곳에서 생겨났다. 그 바람에 고대인과 교신해 새로운 에너지 흐름을 활용할 수 있다는 사이비 건강법과 자기계발법도 유행했다. 피라미드의 힘도 그중 하나였다. 레이는 어렸을 때 잠깐 빠졌던 이론을 남들 앞에서 이야기하려니 조금은 부끄러운 듯했다. 데이비스는 밝은 분위기를 유지했다.

"버키 씨, 피라미드의 힘에 이끌려 아이들을 학대했을 가능성이 있습니까?"

"아니요."[11]

"아동학대 같은 끔찍한 사건을 잊도록 피라미드의 힘으로 기억을 지우는 것이 가능합니까?"

"아닙니다."

레이에게는 우습지만 '레이덤'이라는, 평범한 피라미드보다 더 강력한 피라미드가 있었다. 대니 데이비스가 레이덤의 능력이 어디까지 미치는지 구체적으로 설명해달라고 묻자 딘 기츠는 이의를 제기하려 했다. 하지만 그는 웃음을 터뜨리고 말았다. "웃는 건 이의 제기가 아닙니다." 파운더스 판사가 말했다. "아직 웃을 수 있다니 다행이군요."[12]

버키는 1982년 가을 건강한 식습관/UFO 컨벤션에 참가해 주말 동안 피라미드를 판 적도 있었다. 검사는 이 컨벤션에서 만난 성인 여성과 성관계를 가졌다는 버키의 주장에서 허점을 찾아내려 했다. 버키는 네바다 주 리노에서 피라미드 부스를 지키다 30살의 이혼녀 바바라 더스키Barbara Dusky를 만났다. 첫 눈에 반한 두 사람은 다음 날 타호 호수의 상류에 있는 피라미드 호수로 여행을 떠났다. 가는 길에 들른 판타지 모텔의 매니저는 원형 침대, 하트 모양 욕조, 붉은색 벨루아 벽이 있는 방을 내주었다. 레이와 바바라는 함께 목욕을 했다. 라엘 루빈이 반대심문에 나섰다 "두 사람이 거품목욕을 할 때 둘 다 옷을 입지 않았다고 봐야겠네요?"

> A. 우리는 옷을 입지 않았습니다.
>
> Q. 증인과 바바라가 하트 모양 욕조에서 거품목욕을 할 때 증인은 발기하지 않았겠죠?

A. 당시 발기했는지 기억이 나지 않습니다.

Q. 하트 모양 욕조에서 바바라와 거품목욕을 하며 성적으로 흥분하지 않았죠?

A. 흥분했던 것 같은데요.

Q. 자, 버키 씨. 두 사람이 함께 거품목욕을 했을 때 성관계를 맺지 않았다고 봐도 되겠습니까?

A. 오, 루빈 검사님. 우리는 성관계를 했습니다.[13]

사실 레이는 그날 첫 경험을 했다. 그는 라엘 루빈에게 바바라와 하늘을 나는 기분이었다고 말했다. 바바라 곁에 있으면 강아지가 된 기분이라고도 표현했다.[14] 다음 날 피라미드 강에 도착한 두 사람은 여행 중인 목사에게 알몸으로 세례를 받았다. 맨해튼비치로 돌아와 몇 번을 더 만났지만 결국은 헤어졌다.

레이는 바바라 더스키에게 8년 전 일로 선서증언을 부탁하고 싶지는 않았다. 하지만 라엘 루빈은 더스키를 불러냈다. 더스키는 레이에게 따뜻하고 애정 어린 말을 해주었고 그가 '서툰' 연인이라고 설명했다. 더스키가 증언한 후 루빈은 기자들에게 말했다. "(더스키는) 배우 뺨을 치네요. 캘리포니아 있는 동안 드라마에 캐스팅되어도 손색이 없을 겁니다. 전부 다 거짓말이에요."[15] 레이는 재판 과정에서 다른 것보다 더스키의 증언으로 성적 수치심을 느꼈을지도 모른다. 하지만 더스키를 증인으로 부른 지방검사를 탓하기는 힘들다. 레이는 주변에 연애를 잘 하지 못하는 사람이라는 인상을 남겼고 페기의 친구들은 게이가 아니냐며 걱정하기도 했다. 비슷한 걱정을 한 지인은 억압된 동성애 성향 때문에 레이가 교도소에서 약점을 잡힐 것이라고 생각했다. 레이가 동성애자라는 주장을 처음 들었을 때 맥마틴 학부형 한 명은 누구든 게이 아들을 둘 수 있다고 페기를 위로하기도 했다.[16] 검찰은 버키가 게이라는 믿음을 공개적으로 표현하지 않았다. 하지만 레이가 한 여성과 잠을 잤다는 말에 루빈이 의심하는 것을 보면 분명 게이라는 말을 믿고 있었다. 지방검사 사무실이 증언대에 세운 수사관 3명은 레이가 어느 날 오후 지역대학 잔디밭에 앉아서 쉬던 날을 이야기했다. 그들은 레이가 여학생들을 멍하니 보지 않고 수상하게도 놀이터에서 뛰노는 아이들을 지켜보았다고 말했다.[17]

레이가 게이라는 환상은 재판 결과에 상당한 영향력을 발휘할 수 있었다. 실제로 많은 사건에서 동성애는 보육기관 직원들을 감옥으로 보내는 데 일조했다. 뉴저지 주 메이플우드에서 켈리 마이클스의 변호사는 무슨 일이 있어도 켈리의 동성애 사실을 배심원단에 감춰야 한다고 믿었다. 그래서 변론이 훨씬 힘들어졌다.[18] 이를테면 마이클스는 병원 진료를 받은 날에 대해 자세히 말할 수 없었다. 레즈비언 친구가 동행했기 때문이었다. 병원에 간 날을 법정에서 이야기하면 친구의 성향이 공개될 것이고, 마이클스도 한때 여자를 만났다는 과거도 드러날 것이라 믿었다. 그때도 지금도 마이클스의 죄를 믿는 사람들은 마이클스가 병원에 갔던 날을 자세히 증언하지 않은 점에 의심을 보내고 있다.[19]

매사추세츠 주 피츠필드의 버나드 배런은 피해아동 어머니의 남자친구 대신 죄를 뒤집어쓰고 기소되었다. 어린 소년을 성폭행한 혐의를 받은 그 남성은 19세 게이인 배런에게 혐의를 돌렸다. 사람들의 기억에 의하면 남성은 그러한 주장을 하기 몇 주 전부터 게이가 여자친구 아들을 보살핀다며 혐오감을 드러냈다고 한다. 배런은 유죄가 인정되어 3회 연속 종신형을 받았다.[20] 이는 보육기관 의식학대 히스테리의 정치적 보수성이 잘 드러나는 사례였다. 게이에게 반드시 아동학대 욕구가 있다는 것은 제2차 세계대전 시기부터 전해 내려오는 동성애공포증 괴담이었다. 레이 버키 사건을 맡은 검사는 이처럼 성공이 보장된 전략을 선택하고 레이가 게이임을 암시했다.

맥마틴 사건의 느린 속도에 사람들은 궁금해하기도 하고 곤혹스러워하기도 했다. 하지만 봄에서 여름으로 넘어가며 재판의 기간 자체가 대단한 현상으로 주목을 받았다. 언론은 기가 막히다는 듯한 논조로 재판에 소요된 기간과 비용을 전했다. 3년째 시민으로서의 의무를 다하고 있는 배심원단은 자기들끼리만 아는 농담을 만들었고, 재판 기념일에 맞춰 대기실로 축하 케이크를 가져오는 것처럼 소소하게나마 답답한 마음을 해소할 방법을 찾았다. 판 · 검 · 변호사가 몇 번씩이나 회의를 하고 증인이 교체되는 휴정 시간에는 지루함을 달래려고 가로세로 퍼즐을 했다. 나중에는 카드를 가져와서 우노 게임을 했다. 우노가 지겨워질 때쯤에는 체스 두는 법을 배웠다. 그사이 한 배심원은 사별하고 재혼까지 했고, 다른 배심원들도 결혼식에 참석했다. 파운더스 판사는 배심원단이 불만이나 신체적 스트레스를 드러내지는 않는지 초조하게 관찰했다. 어느 겨울 아침, 한 배심원이 새 차를 뽑는다며 재판과 관련된 번호판을 만들게 도와달라고 동료 배심원들에게 부탁했다. 한 명씩 칠판에 아이디어를 적었다. $10ADAY(배심원 일당이 10달러다), JURY PRO(프로 배심원), HUNGJRY*, ITEM352 등이 후보로 올랐다. ITEM352는 불리한 질문에 대한 이의를 뜻하는 법률 용어였다. 이 모습을 보고 불안해진 파운더스는 하루 종일 배심원 하나하나와 대면해

* 배고프다는 뜻의 hungry와 배심원 jury를 장난스럽게 합친 말

번호판의 의미를 조사했다.[21] 이 때문에 직장에서 잘리게 생겼다는 배심원에게는 로스앤젤레스 카운티 컴퓨터 수리업체에 일자리를 구해주었다.

1989년 여름 무렵, 18명(예비심문부터 있었던 12명에 교대자 6명)이었던 배심원 중 4명이 법정을 떠났다. 7월에는 다섯 번째 배심원이 담낭 수술을 이유로 떠났다. 회복 기간이 적어도 한 달은 필요했기 때문이었다. 파운더스는 제정신이 아니었다. 교대자가 1명밖에 남아 있지 않은 상황에서 배심원 2명만 더 나가면 끝이었다. 파운더스는 이 사건으로 인해 재판 관계자들에게 불행이 닥친다는 비관론을 키우기 시작했다. "이 사건은 관련된 모든 사람에게 해를 끼치고 있습니다. 증인이며 소송 당사자며 법조인까지 전부 다요."[22] 파운더스는 알코올중독에 빠져 사망한 주디 존슨을 언급했다. 1987년에는 증언 하루 전 자살기도를 한 피고 측 수사관도 있었다. 파운더스는 병으로 물러난 배심원이 많다며 불길한 해석을 했다. "압박감이 작용한 것 같습니다."라고 그는 말했다.[23] 머지않아 (또 다른) 배심원을 잃을 가능성이 있어요. 아무래도 이번 사건은 미결정 심리로 재판이 무효가 된다고 봅니다."[24]

파운더스는 재판이 무효화된다는 예감에 사로잡혀 마지막 달은 최대한 빠르게 진행하려고 노력했다. 속도를 높이는 가장 효과적인 방법은 증언 청취를 거부하는 것이었다. 검찰 측은 이미 몇 달 전에 변론을 마쳤으니 피고 측 증언을 듣지 않겠다는 의미였다. 파운더스는 증인 24명에 거부권을 행사했다. 그중에는 한 아동이 원래는 레이 버키가 아닌 자기 아버지를 가해자로 지목했음을 증언하려 했던 의사 2명이 포함되어 있었다.[25] 대니 데이비스와 딘 기츠는 파운더스에게 격노했고, 파운더스의 걱정과는 달리 배심원이 추가로 그만둘 것 같지 않다고 말했다. "내

눈에는 건강해 보이는데요. 장기 재판의 감소율로 미루어보면 끝날 때까지 배심원이 충분히 넘쳐난다고 봅니다. 저는 파운더스 판사의 운명론에 동의하지 않습니다."[26]

변호인단은 짜증이 날 만도 했다. 검찰은 전문가 증인 6명을 내세웠지만 피고 측에 허용된 전문의는 겨우 1명이었다. 제외된 전문의 중에는 존 매캔John J. McCann이라는 중요한 증인도 있었다. 1980년대 후반 매캔과 동료들은 학대 경험이 없는 아동의 성기 형태를 처음으로 연구하고 결과를 발표했다. 1970년 신고의무법이 통과된 후로 의사와 연구자들은 성학대 피해아동의 성기를 촬영하고 묘사해 왔다. 그러나 의사들은 아동학대 신고라는 새로운 의무를 다하는 와중에 성급히 진단법을 찾다 보니 통제집단 조사를 빼먹고 말았다. 그들은 피부에 난 쥐젖, 확장된 항문(우들링의 '윙크반응' 시험), 여자아이 성기의 다양한 크기와 형태를 보고 학대를 받은 의학적 증거라고 추측했다. 그러나 매캔은 학대받지 않은 수백 명에게서도 같은 현상을 발견했다. 한 학회에 참석한 매캔은 학대받지 않은 아이들의 사진 수백 장에서도 같은 현상을 발견한 사실을 발표했다. 흔히 정상이라고 생각하는 일반적인 성기 모양과 정확히 일치하는 성기 사진은 하나밖에 없었다는 것이다.[27] 많은 아이들의 항문에서 붉은 자국, 쥐젖, 착색이 발견되었다.[28] 게다가 학대 경험이 없는 아이들도 일반적으로 항문 윙크반응을 보였다. 널리 알려진 우들링의 발견에 치명적인 오류가 있다는 뜻이었다. 또한 사춘기 이전 여자아이를 검사한 연구진은 처녀막 크기와 형태도 아주 다양하다는 사실을 발견했다.[29] 아스트리드 헤거와 다른 의사들은 가장자리가 둥글거나 납작하면 학대를 당한 증거라고 주장했다. 하지만 그런 형태는 매캔 실험에서 학대를 받지 않은 집단에서도 자주 나타났다. 기존에는 생물학적 다양성의 범위를 증명하는 자료가 없기도 했지만, 매캔의 연구가 강조하는 것은 따로 있다. 1970년대와 1980년대 의학계는 진단법에 치명적인 한계가 있으면서도 아동학대가 갈수록 중요해지는 사회적 · 정치적 현실에 발을 맞추려고 성급히 움직였다는 사실 말이다.

심각한 부상이나 아물지 않은 상처, 체액, 성병으로는 확실하게 학대 진단을 내릴 수 있다. 하지만 가벼운 상처나 찰과상, 붉어진 피부가 학대의 흔적인지에 대해서는 의사마다 소견이 제각각이다. 피해아동이 학대행위를 묘사하거나 성인 보호자가 학대를 의심할 동기가 있다면 가벼운 상처도 증거가 될 수 있다. 그러나 오늘날 소아과 의사들은 그러한 상처에 지나친 의미를 부여하지 말라고 경고한다. 적어도 그와 같은 신체적 증상은 다른 전문가에게 대조검토를 맡겨야 한다.[30] 따라서 성학대를 정확히 진단하기 위해서는 환자 병력을 책임감 있게 얻어내는 것이 중요하다. 그리고 맥마틴 아동의 병력을 얻는 과정에 책임감이 있었다고는 결코 말할 수 없다. 헤거의 반대심문 중 매캔의 연구 결과를 설명해 달라고 한 적은 있지만, 전문가가 직접 증언하는 것과는 차원이 달랐다. 결국 배심원단은 매캔의 증언을 듣지 못했다. 그 대신 재판의 마지막 증인은 버지니아 맥마틴이었다. 다른 사람들처럼 버지니아도 이제는 지긋지긋했다. 검사의 질문에 열변을 토하고 화가 나서 역으로 질문을 했다. 파운더스 판사가 질문에나 답을 하라고 하자 버지니아는 폭발했다. "내가 헌법을 하늘같이 믿는다는 말을 하고 싶을 뿐입니다. 헌법에는 내가 하고 싶은 말을 다 할 권리가 있고 공무원을 비판할 권리가 있다고 나와 있어요."[31] 파운더스가 버지니아를 구치소로 보내겠다고 위협하고 나서야 가족들이 울면서 버지니아를 진정시켰다.

1989년 10월 12일에 최종진술이 시작되었다. 재판장에 돌아온 페기 맥마틴 버키는 수첩에 새로운 '감사할 것들'을 썼다. 이번에도 5위까지는 하느님, 삶, 진실, 사랑, 기쁨이 차지했다. 라엘 루빈 사무실의 로저 건슨Roger Gunson 검사보가 가장 먼저 진술했다. 그는 일부 기상천외한 주장 때문에 혼란스럽겠지만 아이들은 레이 버키가 꾸며낸 이상한 연극을 실제로 보고 이야기했다고 말했다. 버키는 경찰이 아이들의 진술을 믿지 못하게 하려고 말을 때려죽이는 연기를 했다는 것이다. 그러므로 배심원단은 속지 말아야 한다고 주장했다.[32] 페기의 감사할 것 63번은 '창의력'이었다. 81, 82번은 '마이라 맨'과 '애비 맨'이었고 140번은 '좋은 기자들'이었다. 페기의 변호사 딘 기츠가 두 번째로 진술했다. 기츠는 CII가 먼저 맥마틴 아동에게 거짓 주장을 유도하기는 했지만, 자녀를 지지하려는 선의의 부모들이 거짓 주장에 힘을 실어주었다고 말했다. 161번은 '눈雪'이었다. 대니 데이비스가 세 번째로 진술했다. 앞의 두 명은 일반적인 재판을 기준으로 짧게 진술을 마쳤다. 그러나 데이비스는 묵직한 서류 가방 2개를 가리키며 입을 열었다. "여기 들어 있는 건 점심 도시락이 아닙니다." 데이비스의 최종변론은 6일이나 계속되었다. 그중에는 역사의 발전과 초현실주의 그림에 대한 강의도 포함되어 있었다. 데이비스는 이후 인터뷰에서 텍사스 대학교 로스쿨 1학년 때 모의재판에서 이겼던 기억을 떠올렸다고 말했다. 승리한 데이비스에게 판사는 이렇게 말했다. "자네한테는 문제가 있네. 이겼을지언정 우리를 자네를 좋아하지 않아. 현장으로 나가면 다른 판사들도 자네를 좋아하지 않을 걸세."[33]

10월 27일, 라엘 루빈이 마지막 최종진술을 위해 일어났을 때 페기는 목록을 처음부터 다시 쓰기 시작했다. 그 어떤 사람보다 배심원의 평결에 미래가 달린 사람은 루빈 검사였을 것이다. 그녀는 배심원석 근처의 칠판에 큼지막한 글씨로 "속지 마세요."라고 쓰며 진술을 시작했다. 루빈은 버지니아 맥마틴의 일기에서 반 페이지가 찢겨 나갔다고 말했다. 배심원들이 직접 보지 못했어도 참작할 증거가 있다는 뜻이었다. "테이프의 18분이 사라진 워터게이트 사건이 떠오릅니다. 찢긴 페이지에 아무것도 없었다면 잘라낸 사람은 이 자리에 있을 겁니다…… 누가 증거를 조작하고 있는지 생각해보시기 바랍니다."[34] 페기는 계속 수첩에 적었다. '366. 토스터…… 401. 밴조…… 467. 에어컨.' 최종진술 마지막 날, 루빈은 의학적 증거에 대해 말했다. 그녀는 원고 중 여자아이 6명 모두의 성기에서 아스트리드 헤거가 상처를 발견했다고 지적했다. 또한 제일 먼저 증언했던 학부모의 말을 인용했다. 그 어머니는 아무 일 없다고 믿고 싶었다. "하지만 그럴 수 없어요. 우리 딸에게 들었으니까요."[35] '배심원단'과 '꿀벌'에 이어 페기가 감사할 마지막 항목 712번, 그것은 바로 '아이들'이었다.[36]

배심원단은 크리스마스 주간을 제외하고 약 1개월간 협의를 했다. 1990년 1월 18일, 그들의 평결이 법정에서 낭독되었다. 평결에 앞서 평결문을 넘겨보던 파운더스 판사의 얼굴이 붉어졌다가 하얗게 질렸다.[37] 레이의 혐의 13개에 대한 배심원의 판결은 유죄와 무죄 반반이었다. 그 밖에 레이와 페기의 혐의 52가지는 모두 "유죄가 아니다."였다. 누군가 방청석에서 비명을 질렀고 사람들이 복도로 우르르 나와 기자들과 인터뷰를 했다. 페기는 몇 주 동안 목록을 만들며 속으로 삼켰던 분노를 마침내 밖으로 드러냈다. "저 인간들이 한 짓으로 내 아들이 어떻게 될지 걱정될 뿐입니다." 페기가 말했다. "나는 지옥을 경험했고 모든 걸 다 잃었어요." 학부형들도 분노했다. 일부는 이미 몇 달 전부터 라엘 루빈과 동료들이 무능해서 재판을 망치고 있다고 불평하고 있었다. 배심원 평결은 설마 했던 의심을 확인시켜 주었다. 자녀 둘이 맥마틴에 다녔던 남성은 말했다. "법은 우리 아이들을 보호해주지 않습니다. 난 이 아이들이 학대를 당했다고 확신합니다."[38] 일부는 이제 청소년이 된 아이들을 껴안고 위로했다. 레이는 인터뷰를 거부했다. 그는 법원을 나와 변호사의 차에 올라탄 후, 어디인지 모를 장소로 떠났다.

법원 안팎에 분노와 안도감이 휘몰아쳤다. 하지만 이 소식을 계기로 과거를 우려 섞인 시선으로 바라보는 반응도 폭발했다. 평결 이튿날, 로스앤젤레스의 신문과 방송국이 집중적으로 맥마틴 재판을 보도했다. 『로스앤젤레스 타임스』에는 데이비드 쇼David Shaw 기자의 4부작 칼럼 중 1편이 실렸다. 석 달 동안 2,000개에 이르는 신문 기사와 방송을 검토한 쇼는 수사 초반에 언론이 "틈만 나면 히스테리, 선정보도, 그리고 필자가 '집단폭력 증후군'이라 이름붙인 증상에 빠져들었다."라고 주장했다.[39] 다음 편은 사건을 처음 터뜨린 KABC 기자 웨인 새츠를 분석했고, 쇼가 소속된 『로스앤젤레스 타임스』도 칼럼 주제가 되었다. "『타임스』는 이 지역에서 가장 규모가 크고 영향력 있는 신문사다. 그런데도 검찰의 주장을 반박하는 사실이 새로 밝혀지면 그것을 무시하거나, 축소보도 또는 늦장보도를 하는 경향이 있었다." 쇼는 『타임스』가 편파보도를 했다고 결론 내렸다. 그는 1991년 자신이 속한 신문을 가차 없이 비판한 업적을 인정받아 퓰리처상 비평 부문을 수상했다(지난 10년간은 주요 신문이 보육기관 의식학대 사건에 대한 비판적인 보도를 하지 않는 분위기가 형성되어 쇼와 같은 기사를 찾아볼 수 없었다).[40]

새츠는 그의 초기 맥마틴 보도를 "날마다 요란하게 비난과 폭로를 쏟아냈다."라고 표현한 쇼의 분석에 기분이 상했다. 아닌 척 조심스럽게 항의를 표현하는 편지를 보내기는 했지만, 새츠도 한 인터뷰에서는 넓게 보면 쇼의 논지에 동감한다고 말했다. "저는 언론이 획일적인 보도를 하고 있다고 생각합니다. 생각이 부족한 편이죠. 마치 기자들이 (자신의) 통찰력을 믿지 못하는 것 같아요. 저는 현재의 언론매체를 별로 존경하지 않습니다." 이 시점에서 새츠는 KABC를 그만두었다. 그는 언론의 여론 조작 기능을 풍자하는 유쾌한 케이블 프로그램을 계획 중이라고 밝혔다.[41]

6년간 재판을 지켜본 사람에게 언론이 편파적이라는 주장은 지겨울 정도로 익숙했다. 그러나 맥마틴 재판의 배심원단은 전혀 모르는 이야기였다. 3년 동안 정보를 습득하지 못하도록 밀착 관리를 받았던 그들은 각자의 일터로 돌아가 지역 뉴스를 보고 조간신문을 읽을 수 있었다. 대부분은 사건에 대해 이야기해달라는 언론(아니, 모든 사람)의 요청에 즉각 응했다. 한 기자는 배심원 7명과 마주앉아 아이들이 몇 명이라도 학대를 당했다고 믿느냐 물었다. 일곱 명 전원이 그렇다고 답했다. 한 배심원은 아이들이 학대를 당했을 '가능성'이 있지만 검찰이 증명에 실패했다고 생각했다. 다른 배심원은 '어디선가' 학대가 일어났다고 비교적 강하게 확신하면서도 유치원 내에서 학대행위가 일어났다는 증거는 전혀 찾을 수 없었다고 했다. 아이들의 고의로 거짓 증언을 했다는 배심원은 없었지만, CII 인터뷰 때문에 분명한 환상과 그럴 듯한 의혹을 구분하기 불가능했다고 입을 모았다.

배심원단이 페기의 혐의 전부와 레이의 혐의 대부분에 무죄를 판결한 이유는 사탄교 의식학대 의혹도, 아동 증인의 진술 번복도 아니었다. 그들은 CII 비디오테이프 때문에 마음이 바뀌었다고 말했다. "테이프를 보면서 아이들이 실제 경험을 이야기하는지, 자기 부모에게 들은 말을 전하는지 알 수 없었어요." 이런 의견도 있었다. "아이들 본인의 말은 전혀 듣지 못했습니다." 전반적으로 배심원단은 재판에 애석함을 느꼈다. 한 배심원은 이렇게 말했다. "다들 피해자였던 것 같아요. 이 일을 겪고 그 전보다 행복하게 살 수 있는 사람은 없다고 봅니다."[42]

배심원들은 법정에서 그토록 오래 시간을 보낸 뒤로 평범한 삶에 적응할 수 있을지 걱정했지만 자신의 결정에 자부심을 느꼈고 책임감 있는 평결을 내렸다고 믿었다. 그러나 로스앤젤레스, 특히 맨해튼비치의 여론은 조금 달랐다. 배심원들은 집에서 가족에게, 직장에서 동료에게, 레스토랑이나 카페에서는 낯선 사람에게 질문 세례를 받았다. 어떻게 맥마틴 선생들을 풀어줄 수 있단 말인가? 일부는 설명을 듣고 납득했지만 일부는 화를 내며 돌아섰다. 많은 사람은 여전히 버키 가족의 유죄를 확신했다. 한 방송사의 전화 여론조사 결과, 시청자들은 7대 1로 "정의가 실현되지 않았다."라고 강력히 주장했다.

1월 말 맨해튼비치 경찰서 앞에 사람들이 모이기 시작하며 분노는 극에 달했다. 맥마틴 학부형, 유모차 엄마 부대, 지역 청소년을 포함한 군중이 도심으로 행진할 무렵에는 500명을 넘어섰다. 시위대는 아이들에 관한 여러 가지 슬로건이 적힌 피켓과 메시지 스티커를 들었다. 배심원 평결은 맨해튼비치 시위대의 공포감을 한층 강화했다. 한 여성이 〈60분〉 기자에게 말했다. "우리 사회에는 위험에 노출된 아이들이 1,400명 있습니다. 우리 사회에서 1,400명의 아이들이 종교의식으로 학대를 당했어요. 유치원 여덟 곳이 문을 닫았습니다. 1,400명이라고요! 아니, 그 말이…… 그 말을 듣고도 아무렇지 않은가요?"[43]

맨해튼비치의 부촌 스트랜드로 향하는 시위대에게 사람들은 자전거를 멈추고, 야외 카페와 레스토랑에서 저녁을 먹다 말고 응원을 보냈다. 한 사진은 태평양을 배경으로 짧은 소매를 입은 사람들이 행진하는 모습을 보여준다. 한 폭의 아름다운 저녁 풍경과도 같았다. 시위대는 단순히 지역사회의 걷잡을 수 없는 분노를 결집하고 표현하는 데 그치지 않았다. 이날의 행진은 아이라 라이너에게 편지를 보내는 운동을 마무리하는 취지였다. 이들은 판결이 나지 않은 나머지 13개 혐의에 대해 레이의 재심을 하도록 라이너에게 압력을 가하고 있었다. 하지만 행진의 끝에 한 학부형의 연설은 부모들과 지방검사의 관계가 돌이킬 수 없음을 나타낸다. "법정 내에서 일어난 범죄는 법정 밖의 범죄만큼이나 악질입니다."[44]

대중은 법이 아이들을 보호하지 않고 배신했다고 생각했다. 배심원단이 65개 혐의에 유죄를 선언하지 못한 것도 충분히 괴로웠다. 하지만 무죄 판결이 더욱 쓰라렸던 이유는 재판에 들어간 막대한 기간과 비용이었다. 1,500만 달러와 6년 동안의 노력이 정말 아무 가치나 쓸모도 없었던 것일까? 다른 지역의 재판 진행을 지켜본 부모들과 검찰은 재판이 실제로는 역효과를 낳았을지 모른다는 느낌을 받았다. 적어도 대규모 보육기관 학대 사건을 인식하고 대처하려 했던 지역사회의 의지를 생각하면 그랬다. 의식학대 수사에 방향을 맞추고 강도를 높여 조사하자 기존의 유죄 판결이 다른 시각으로 보이기 시작했다. 캘리포니아 주 컨 카운티에서는 여섯 아이가 '피츠 성학대 조직' 수사와 재판 중에 했던 증언을 철회했다.[45] 항소법원은 검찰의 부당 기소를 근거로 7건의 유죄 판결을 뒤집었고, 2,500년이 넘는 징역형을 취소했다. 엘패소의 미셸 노블과 게일 도브도 유죄 판결이 뒤집혔다. 치료사와 수사관을 비난하는 목소리가 갈수록 커지고 있었다. 그들은 학회에 참가해 비난하는 세력이 '반발'을 일으킨다고 일컬었다. 맥마틴 사건으로 헛되이 창피만 당할까 걱정하고 있었다.

이런 평가는 대단히 비관적이었다. 일부 주의 부모와 지지자들은 일부 판결 반전으로 불안해하느라 애초에 재판을 가능하게 했던 공포가 끝나지 않았음을 알아차리지 못했다. 1990년 무렵, 대중의 심리에는 집단 패닉의 뿌리가 너무 깊게 박혀 있었다. 패닉의 여파는 새크라멘토로 퍼져 나갔다. 6월 주 의회는 주민발의안 115, 범죄피해자사법개혁안 Crime Victims Justice Reform Act을 주 전체 투표에 부쳤다. 이 법안은 14퍼센트 차이로 통과되었다. 검찰은 뜻밖의 횡재를 얻은 셈이었다. 이로써 캘리포니아 주 형사재판에 작용하는 힘의 균형이 급격하게 바뀌었기 때문이다. 특정한 상황에서는 전문증거도 효력이 인정되었다. 이와 같은 환경이었다면 맥마틴 아이들은 굳이 증언을 할 필요가 없었고 배심원단이 CII 비디오테이프를 보지 않았을 가능성이 높았다. 부모와 치료사가 아이들의 말을 기억해 전달하면 그만이었을 것이다. 또한 이 법안으로 주 헌법에서는 대배심 아래 기소된 피고에게 예비심문 권리가 있다는 조항이 삭제되었다.

평결 이후 맥마틴 사건 예비심문 18개월을 예로 들며 개혁이 필요하다고 주장하는 사람이 많았다. 그러나 검찰과 지지자라면 모를까 모든 사람이 맥마틴 예비심문을 낭비라고 생각하는지 확신할 수는 없다. 예비심문은 사건의 규모를 축소했다. 피고인과 그들에게 걸린 혐의의 수가 2/3로 줄어들었다. 교사 7명이 모두 재판에 부쳐졌다면 재판이 훨씬 오래 걸렸을 것이다. 그리고 예비심문이 없었다면 유죄 판결이 나올 가능성이 더 높았다(적어도 레이 모자는 확실했다). 이런 개혁안을 추진하는 배경에는 맥마틴 배심원단이 평결을 잘못 내렸다는 추측이 숨어 있었을 것이다. 배심원들은 이런 추측을 눈치 채고 분개했다. "우리가 무죄라고 하니 다들 제도를 바꾸려고 난리를 칩니다." 한 배심원은 말했다. "우리가 유죄라고 했다면 아무것도 바꾸지 않았을걸요."[46]

로이스 팀닉이 『로스앤젤레스 타임스』에 쓴 기사에서도 비슷한 추측이 깔려 있었다. 팀닉은 맥마틴 사건이 어떻게 보육기관 내 개혁을 불러왔는지 설명했다. 팀닉의 주장에 따르면, 이 사건은 사우스베이를 휩쓸고 간 '초기 히스테리'에도 불구하고 보육 산업에 긍정적인 변화를 불러왔다. 맥마틴 사건이 일어나기 전의 보육기관은 별다른 규제 없이 무질서하게 운영되었다. 하지만 이제는 거의 모든 곳에서 직원을 채용할 때 전과를 확인했고, 일부는 경찰에서 제시한 소아성애의 특징이 보이는지 지원자를 분석했다. 어느 유치원은 성인 교사가 아동 1명과 같은 공간에 단둘이 있지 못하는 규칙도 만들었다. 반드시 다른 교사를 동반해야 했다. 팀닉은 '좋은 학교'라면 부모가 창문이나 반투명 거울로 자녀를 몰래 관찰할 수 있다고 썼다. 이 기사는 아동학대의 위험이 보육기관보다 가정에서 훨씬 높다는 연구 결과를 인정하면서도 다음 2가지를 목적으로 한 개혁안들을 치켜세웠다. 첫째, 대부분 합당하지는 않더라도 부모들의 불안을 누그러뜨릴 것. 둘째, 보육기관 교사가 레이 버키의 전철을 밟지 않도록 보호할 것. 켄터키에 있는 어린이집 책임자는 말했다. "안전장치를 마련해두고 싶어요. 혹시라도 혐의를 받을 가능성을 열어두고 싶지는 않습니다."[47] 보육기관은 버키 가족이 마치 유죄를 받은 것처럼 개혁을 진행하고 있었다.

하지만 레이 버키의 심판은 아직 끝나지 않았다. 그 후로도 몇 년 동안 별의별 민사소송으로 맥마틴 유치원은 법정에 남아야 했고, 평결 2주 후 검찰은 나머지 13가지 혐의에 대해 버키의 재심을 청구할 것이라 밝혔다. 버키에게는 징역 32년형을 구형했다. 즉각 배심원 선발이 시작되었다.

재심 결정 뒤에는 정치적 계산이 있다는 추측이 돌았다. 주 검찰총장 후보로 나선 아이라 라이너는 힘겹게 예비선거 운동을 치르고 있었다. 현직 지방검사인 라이너는 맥마틴 재판이 아니고서도 최근 들어 여러 유명한 재판에서 연이어 패배의 쓴맛을 보았다. 모든 사람이 분노에 차 있었다. 레이 버키는 〈래리 킹*Larry King*〉 쇼와 〈60분〉에 출연해 죽을 때까지 협의를 인정하지 않고 싸우겠다고 맹세했다.[48] 〈오프라〉 쇼에 출연해 맥마틴 사건을 이야기한 파운더스 판사는 변호인단에 그가 재심을 주관하지 못하도록 명령신청을 하라는 부탁을 했다. 아직도 지방검찰청에 환멸을 느끼는 학부형들은 재심 의도에 의심을 품고 마지막으로 한 번 더 독자적인 수사를 하기로 결심했다.

그해 봄, 대니 데이비스는 맥마틴 유치원 건물을 맨해튼비치 부동산 중개업자인 아놀드 골드스틴Arnold Goldstein에게 팔았다. 골드스틴은 건물을 허물고 사무실 빌딩을 지으려 했다. 건물 해체를 한 달쯤 앞두고 해체작업을 할 인부들이 도착할 예정이었다. 그때 부모들이 한 번 더 땅을 파고 싶다고 골드스틴에게 부탁했고, 그는 흔쾌히 허락했다. "뭐가 됐든 원하는 것을 찾아서 가슴에 맺힌 한을 풀라고 발굴 작업을 허락했습니다. 이걸로 다 잠잠해진다면 좋겠네요."[49] 부모들은 콘크리트 절단 톱을 들고 교실 바닥을 직사각형 모양으로 썰기 시작했다.

맥마틴 학부형들은 한을 풀지 못했다. 저녁마다 맨해튼비치 거리를 행진하며 다시 분노가 집중되고 활활 타오르기 시작했다. 발굴작업은 그 분노를 쏟아낼 또 다른 기회였을 뿐이다. 1985년의 발굴작업은 계획 없이 충동적으로 진행했다. 하지만 이번에는 겉으로나마 신중하게 작업하려고 노력을 했다. 지질학자를 부르고 무엇을 발견할 때를 대비해 사진사를 고용했다. 전 작업을 주도하고 감독할 전문가도 모셔 왔다.

그러나 재판에서 비참하게 패배한 지금, 부모들의 명분은 전보다 약할 수밖에 없었다. 그래서 극단적인 행동으로 빠져들었던 것 같다.

발굴작업을 주도한 이는 FBI 로스앤젤레스 지부장 출신의 사립탐정 테드 건더슨Ted Gunderson이었다. 건더슨은 1980년대 후반에 사탄교 문제에 관심을 보이면서 본업을 멀리하고 결국 지부를 떠났다(그는 1988년 〈제랄도〉 쇼의 사탄교 특집방송에 출연해 악마를 숭배하는 사람들 사이에 교묘한 조직망이 있다고 주장했다). 맨해튼비치에 도착했을 무렵, 건더슨은 미국 전역에서 강연을 하는 열성 음모론자가 되었다. (이후에는 주로 정부가 민간 항공기를 이용해 대기에 위해한 생물 농약을 뿌린다는 '켐트레일' 음모론을 선전하고 다녔다.) 건더슨은 맥마틴 유치원 발굴작업을 하며 아주 즐거운 시간을 보냈다. 현장에서 사탄교 공예품이라는 물건을 들고 카메라 앞에서 포즈를 취했고, 한 맥마틴 아동의 어머니와 연인으로 발전했다. 안타깝게도 둘의 관계는 오래 가지 못했다.[50] 상대 여성은 이후 3만 달러를 횡령한 혐의로 건더슨을 고발했다.[51]

고고학자 게리 스티켈Gary Stickel은 발굴 결과를 보고서로 작성했다. (의식학대 패닉에 정치세력이 뒤엉켜 있는 현실을 반영하듯, 이 보고서는 스티켈의 말을 빌려 "글로리아 스타이넘의 관대한 기부" 덕분에 자금을 모아 발표할 수 있었다.)[52] 중심 부지는 가로로 약 35미터, 세로로 약 10미터였고 발굴팀은 비슷한 규모의 인근 토지도 수색했다. 교실 바닥에 난 구멍에서는 나뭇조각, 숯, 리본, 유리조각, 콘크리트, 도자기조각이 나왔다. 전문 광부가 추가로 60센티미터를 더 파자 큼지막한 나무뿌리, 나뭇조각, 그리고 선사 시대 북아메리카 원주민이 규질암을 긁던 도구로 분류된 물건을 찾았다.[53] 5월 2일, 굴착기가 들어와 건물의 서쪽 벽에 있는 도랑을 팠다. 그 아래에서는 1940년대 쓰레기로 보이는 것이 나왔다.

최근에 만들어진 물건들도 발견되었다. 스티켈은 그중 2가지에 특히 주목했다. 첫 번째는 1983년으로 저작권 표시가 되어 있는 디즈니 만화 비닐봉투였다. 두 번째는 외벽 근처를 몇 십 센티미터 팠을 때 배관에 붙어 있던 금속 죔쇠였다. 아마도 유치원이 설립된 후 만들어진 것으로 보였다. 터널이 있지 않고서야 이런 물건이 뜬금없이 땅 속에 묻혔을 리는 없었다. 건물 전체가 두꺼운 콘크리트 판 위에 서 있었기 때문에 바닥으로 학교의 지하 배관 시설에 접근하기는 불가능했다. (스티켈은 지하로 가는 뚜껑문이 있다는 아이들의 이야기에서 이 콘크리트 판의 존재를 무시했다.) 하지만 스티켈은 발굴팀이 터널을 '정말로' 발견했다고 굳게 믿었다. 발굴팀은 교실 2곳 아래에서 건물 밖으로 이어지는 구덩이에 무언가가 가득 차 있는 흔적을 발견했다. 스티켈을 속을 채운 흙을 제거하면 성인도 들어갈 만큼 커다란 터널이 나온다고 썼다.

시간 제약으로 발굴을 오래 할 수는 없었다. 골드스틴은 건물 해체 작업을 더 이상 미룰 마음이 없었다. 스티켈은 일부 발견에 결론을 내지 못하고 물러나야 했다. 그러나 5월 말 마침내 불도저에 의해 무너진 맥마틴 유치원을 보며 환호하던 부모들은 터널이 그곳에 존재한다고 굳게 믿었다. 열정을 바칠 사람이 나타나기를 기다릴 뿐이었다. 그해 메모리얼데이* 연휴 동안 뉴스는 앞 다퉈 발굴팀이 발견한 것들을 보도했고 테드 건더슨은 인터뷰에서 발굴 내용을 설명했다.

그래도 언론에 회의적인 목소리 내는 사람도 있었다. 한 명은 대니 데이비스가 고용한 사립탐정 폴 배런Paul Barron이었다. 그는 '터널'이 오래된 쓰레기 매립지일 가능성이 더 높다고 직설적으로 말했다. 일부러

---

* 미국 전몰장병 추모일

자극적인 단어를 사용했을 가능성도 있지만 아마도 그의 추측은 정확했다. 부동산등기부를 보면 1928년 유치원 인근 부지에는 가정집과 차고가 있었다. 당시 맨해튼비치는 로스앤젤레스 도심과 거리가 멀고 도시 시설이 부족한 시골 마을이었다. 따라서 쓰레기 집하장이 없었다는 추측이 가능하다. 지하에 흙으로 덮인 구덩이는 과거 쓰레기 매립지일 가능성이 높다. 이 가설은 그곳에서 나온 오래된 쓰레기가 뒷받침한다. 유치원 설립 이후 만들어진 물건 2개도 무리 없이 설명할 수 있다. 학교 가장자리에서 60센티미터 아래 발견된 디즈니 봉투는 땅 속에 사는 동물이 가져왔을 것이다. 역시 학교 가장자리 근처 지하에서 발견된 배관용 죔쇠로 말하자면, 배관공이 건물 바깥쪽에서 땅을 파면 쉽게 설치할 수 있다.[54] 스티켈은 보고서에서 이런 가능성을 전혀 언급하지 않았다. 1990년대까지도 비록 소수지만 믿음이 강한 사람들은 맥마틴 지하에 터널의 존재한다는 신념을 버리지 않는다.[55]

5월 7일 시작된 두 번째 맥마틴 재판은 첫 번째 재판의 축소판이었다. 전처럼 언제 끝날지 모를 과정을 참아낼 사람은 없었다. 두 부모가 자녀의 두 번째 증언을 거부하는 바람에 레이의 혐의는 8개로 줄어들었다. 스탠리 와이즈버그Stanley Weisberg 판사가 사건을 새로 담당했고(파운더스 판사는 〈오프라〉 쇼에 출연한 후 자유를 찾았다.) 검사도 바뀌었다. 증언한 아동은 겨우 3명이었고 사건이 터지고 벌써 몇 년이 지난 터라 기억이 남아 있지 않았다. 11세 소녀는 레이가 자신의 누드 사진을 찍었다고 말했지만 레이의 행동을 구체적으로 묻자 얼버무리기만 했다. 레이가 그녀의 질에 무언가를 넣었을까? "그런 기억은 없어요." 소녀는 항문 삽입에 대해서도 같은 대답을 했다.[56] 아스트리드 헤거가 이번에도 진찰 결과를 증언했지만 키 맥팔레인의 역할은 눈에 띄게 줄어들었다.

검사는 겨우 3주 만에 변론을 마무리하고 변호인단에 순서를 넘겼다.

멀리서 보면 특이하지만 괴상하지는 않은 의혹을 해결하려는 평범한 형사재판과 아주 비슷했다. 화려한 과거를 떠올리게 하는 것은 재판의 중심보다 주변부에 있었다. 첫째 날 재판이 시작되고 30분 만에 무효심리의 공포가 다시 떠올랐다. 와이즈버그 판사가 한 배심원의 퇴장을 허락한 것이다. 그녀는 주말에 배 사고를 당한 탓에 배심원석에서 기침을 멈출 수 없었다. 레이 버키가 사탄교 예배를 했다는 허모서비치의 세인트크로스 성공회교회 담임목사는 더 이상 업무를 볼 수 없다며 은퇴를 발표했다. 교회를 파괴하고 신도들을 괴롭히는 일이 계속 발생하자 목사는 극도의 스트레스를 감당할 수 없었다. 버지니아 맥마틴이 증언대에 섰을 때, 새 판사는 쓸데없이 장황하게 말을 하지 말라고 부탁해야 했다. 버지니아는 과거와 같은 반응을 보였다. "참나, '이' 법정에서도 발언의 자유는 없는 거로군!"[57]

두 번째 재판에는 수사와 관련된 많은 요소가 빠져 있었다. 무엇보다도 이 모든 것을 시작한 여성이 보이지 않았다. 검사 측은 주디 존슨 이야기를 꺼낼 마음이 없었다. 존슨의 알코올중독과 정신장애는 검찰의 주장에 역효과만 불러올 것이다. 대니 데이비스는 변론 중에 일부러 존슨을 언급하고 싶었지만 남은 8개 혐의의 원고 명단에 존슨의 아들은 없었다. 담당 판사는 매튜의 증인 신청을 거부했다. 맥마틴은 오래 지속된 재판의 특징을 하나 더 보였다. 이 사건을 시작한 사람의 존재가 공식적으로 사라진 것이다. 두 번째 재판의 배심원단은 주디 존슨에 대해 그 어떤 이야기도 듣지 못했다. 이런저런 제약 때문에 변호인도 변론을 오래 할 수 없었다. 원래 6개월을 예상했던 재판은 모두진술로부터 3개월밖에 지나지 않은 7월 3일에 배심원단에게로 넘어갔다. 배심원단은 매일 6시간씩 회의를 했다. 그리고 7월 15일, 배심장은 와이즈버그 판사에게 완전한 교착 상태에 빠졌다고 알렸다. 8개 중 6개 혐의에는 무죄가 우세했지만 그 이상은 도무지 진전이 되지 않았다. 와이즈버그는 배심원들을 법정으로 불러 배심장의 판단에 동의하느냐고 일일이 물었다. 그들은 동의를 표했다. "어떻게 12명을 모아도 만장일치 결정은 나오지 못할거라 생각합니다." 한 배심원이 말했다.[58] 와이즈버그는 무효심리를 선언했고, 일주일 후 맥마틴 사건의 최종 공판이 열렸다. "이에 따라 원고 대 레이몬드 버키 사건을 기각하고 피고인을 석방합니다." 공판을 주재한 와이즈버그 판사가 말했다. "자, 이상입니다. 이것으로 본 사건을 마무리하겠습니다."[59]

9

치료사와 생존자

맥마틴 재판이 결국 실패로 돌아가면서 보육기관 의식학대 사건을 이용하려던 법조계와 정치계는 심각한 타격을 입었다. 1983년에는 검사나 기자가 맥마틴 사건으로 일생일대의 성공을 거둘 수 있다고 생각하는 것도 당연했다. 하지만 이제 맥마틴 사건은 캘리포니아 역사상 최악의 재판으로 거론되었다. 비슷한 사건이 터져도 지방검사들은 슬금슬금 발을 뺐고, 사건을 맡더라도 열정적으로 수사하지 않았다. 득보다 실이 더 많아 보였기 때문이다. 그러나 법과 정치만 집단 패닉의 영향을 받는 것이 아니다. 집단 패닉은 개개인의 머릿속도 점령하고 사람들이 이러한 경험을 이해하기 위해 사용한 수단에도 잠식해 있다. 다시 말해 집단 패닉은 심리적인 문제이기도 했다. 보육기관 사건이 뒤로 물러나면서 다중인격장애MPD와 이를 주장하는 기억회복 치료사들이 전면으로 나섰다. 치료사들이 성과를 내기 시작하자 전에 찾아보기 힘들었던 이 기이한 질병의 이름은 '아동기 성적 트라우마가 성인기에 미치는 영향'을 축약하는 말이 되었다.

보스턴 대학교에서 앤 섹스턴Anne Sexton*과 공부했던 시인 엘렌 베스Ellen Bass는 기억회복 치료와 MPD를 주장한 대표적인 인물이다. 베스가

---

* 퓰리처상을 수상한 시인

처음으로 아동학대를 인식한 때는 1974년이었다. 그녀가 운영하던 창작연구회 학생이 어린 시절의 근친상간 경험을 얼핏 비추는 자전적 이야기를 제출했던 것이다. 이후 몇 년 동안 비슷한 여성을 많이 만난 베스는 그들의 경험을 시와 산문으로 승화하도록 지도해주었다. 베스는 이 이야기들을 책으로 엮기 시작했다. 책을 읽은 생존자들이 서로 만나 이 세상에 혼자가 아니라는 사실을 깨달을 수 있기를 바랐다.

1983년 베스는 문집 『아무에게도 이야기하지 않았다: 아동 성폭력으로부터 살아남은 생존자들의 글*I Never Told Anyone: Writings by Women Survivors of Child Sexual Abuse*』을 발표했다.[1] 이때 배스는 개인이나 집단에게 상담을 해주는 카운슬러로 일하고 있었다. 그녀는 생존자들에게 실질적인 치유 과정을 알려주고 싶었다. 다시 시와 산문을 모은 베스는 상담 의뢰인 로라 데이비스Laura Davis와 손을 잡았다. 두 사람은 아동기에 경험한 정신적 트라우마를 인식하고, 극복하고 치유하고 싶은 성인 여성을 위한 안내서를 제작했다. 1988년 『아주 특별한 용기: 성폭력 생존자들을 위한 영혼의 치유*The Courage to Heal: A Guide for Women Survivors of Child Sexual Abuse*』(동녘, 2012)가 출간되었다.[2] 베스는 머리말에서 정식으로 심리학 교육을 받지 않았음을 인정했을 뿐만 아니라 그 점을 강조했다. "이 책의 모든 내용은 심리학 이론에 근거를 두지 않았다." 『아주 특별한 용기』는 현재 100만 부 이상 팔렸고, 네 번째 개정판까지 나와 있다.

『아주 특별한 용기』는 기억회복 운동에 없어서는 안 될 교본이 되었다. 베스는 아니라고 했지만 이 책은 분명 1980년대 초 MPD 학회에서 시작된 심리학 이론을 바탕으로 하고 있었다. MPD 전문가들은 원하지 않는 생각과 욕구를 심리적으로 억압한다는 프로이트 이론을 수정해 실제 기억을 완전히 억누를 수 있다고 주장했다. 이 수정이론에 의거해

베스와 데이비스는 자신이 피해자인지 모르는 여성들에게 직설적으로 말했다. "여러분은 어린 시절의 기억을 통째로 잊어버렸을 수도 있다. 하지만 기억할 수 있는 것들도 분명 존재한다. 몸에 남의 손길이 닿으면 구역질을 느낀다. 어떤 단어를 듣거나 표정을 보면 겁이 나기도 한다…… 질염으로 자주 병원에 간 경험도 있다."[3] 이상한 혐오감이나 특정 가족 구성원과 같이 있기 싫은 마음, 지하실 공포증 등을 느낀 적이 있다면 깊이 파묻힌 기억이 밖으로 나오기를 기다리고 있다는 의미다. 두 저자는 이러한 기억이 꿈처럼 흐릿하고 단편적이어도 진실성을 의심할 이유가 없다고 주장했다. "만약…… 어떤 일을 겪었다는 예감이 든다면 실제로도 겪었을 것이다."[4] 오랫동안 치료를 했는데도 조각난 기억을 하나의 분명한 이야기로 이어붙이지 못했을 수 있다. 하지만 포기하지 말고 나를 학대했을지 모르는 사람과 대면해야 한다. "법정에서 증거로 유효한 기억을 끄집어내지 못해도 '나는 학대를 당했다.'라고 말할 수 있다."[5]

어떻게 보면 이런 책이 왜 인기를 끄는지 이해할 수 없다. 끔찍한 트라우마로 아동기 기억이 훼손되었고 그 결과 성인으로서의 삶도 망가졌다는 사실을 누가 받아들이려 하겠는가? 그러나 다른 책과 달리 『아주 특별한 용기』는 피해자가 구원받을 수 있다는 내용이었다. 그리고 피해자가 아닌 생존자라는 용어를 사용해 성폭행 피해라는 절망적인 경험에 공감하게 만들었다. 저자들은 폭력적인 강간부터 강제로 '음담패설을 듣는 것'에 이르기까지 정도의 차이는 있어도 학대를 당한 사람은 극심한 심리적인 상처를 오랫동안 씻지 못한다고 경고했다. 하지만 시간이 흐르며 조금씩 나아진다고 안심시켰고 회복의 단계를 상세히 제시했다. 그밖에도 자아분열이나 기억억압 같은 대응기제를 생존자의 독창적인 능력으로 여겼다. 따라서 개인이 학대에서 살아남기 위해 그러한 행동을 했다면 자랑스러워해야 마땅했다.

또한 이 책은 학대로 인해 성장하지 못하고 멈춰버린 정신을 뜻하는 '내면의 어린이inner child'를 돌보며 자가 치료를 하는 훈련법을 소개했다. "그 아이에게 기쁨을 선사하고 아이의 이야기를 들어주어야 한다." 한 생존자는 자신이 3살 아이인 것처럼 생일 파티를 열어서 내면의 어린이를 돌봤다고 설명했다. 그녀는 친구를 초대하고 이불로 요새를 만들었다. 밤새도록 야외에서 손전등을 비추며 동화책을 읽었다. "오, 어린이로 지내니까 너무 좋아요!"[6]

『아주 특별한 용기』에서는 여러 종류의 기쁨을 묘하게 강조했다. 베스와 데이비스는 '내면의 어린이' 개념을 내세워 생존자가 어린 시절 좋아했던 놀이를 해주면 좋다고 썼다. 그뿐만 아니라 치유 과정이 지적으로 굉장히 흥미롭고 기억을 되찾는 순간에 절정을 이룬다고 말했다. 맥마틴 사건에서 많은 부모는 자녀의 행동을 감독하고 증거를 찾아 유치원 운동장을 수색하는 등 가짜 수사관 행세를 했다. 한편 『아주 특별한 용기』는 생존자에게 무의식을 수사하는 아마추어 탐정이 되라고 말했다. 조각난 기억이나 회상 장면이 저절로 결합해 학대행위를 시간 순으로 배열해주거나 학대의 종류를 밝혀주지는 않는다. 여기에는 생존자의 도움이 필요했다. 베스와 데이비스는 그 과정을 "직소퍼즐을 맞추는 것과 같다."라고 설명했다. 퍼즐을 맞출 때 일어나는 감정 작용은 그 자체로 흥미진진했다. 한 생존자는 썼다. "베일에 싸인 살인자를 뒤쫓는 느낌이었어요. 단서를 추적하면서 얼마나 즐거웠는지 몰라요. '맞아, 시계를 보고 있었어. 그때는 서너 시 정도였지. 왜 그 시간이었지? 우리 엄마는 어디 있었을까? 그거야, 틀림없이 엄마는…….' 단서를 쫓아서 무슨 일이 있었던 건지 정확히 알아내는 일은 정말 재미있었어요."[7]

그러나 베스와 데이비스는 학대당한 기억을 회복하려면 끔찍이도 불쾌하고 심신을 약화시키는 과정을 거쳐야 한다고 생각했다. '치유를 결정하기'에 이어 기억회복 계획의 두 번째 단계는 '위기단계'로, 책에서는 다음과 같이 설명한다.

> 위기단계는 이런 기분이다. 출근하려고 대문을 나서는 길에 계단에서 넘어져 다리가 부러진다. 남편이 병원으로 데려다주려 하지만 자동차 엔진이 폭발한다. 구급차를 부르려 집으로 돌아가자 문이 잠겨서 들어가지 못한다. 지나가던 경찰차가 도움을 주려고 길가에 차를 댄 순간, 대지진이 일어나고 쩍 벌어진 땅이 집, 남편, 부러진 다리, 경찰차를 모두 집어삼킨다.[8]

『아주 특별한 용기』에 인터뷰가 실린 여성들은 한 인간으로서, 친구로서, 사회인으로서 실패한 삶을 살았다고 했다. 한 여성의 말이다. "완전히 정신을 놓고 살았어요. 한밤중에도 집 밖으로 나가 쓰레기통 뒤 같은 데 숨곤 했습니다."[9] 베스와 데이비스는 학대 기억을 억누른 사람들이 특히 위기단계에서 좌절할 수 있다고 썼다. 데이비스는 경험으로 알고 있었다. 데이비스는 첫 번째 기억을 회복한 후로 지금껏 모든 삶이 거짓처럼 느껴졌다. "이런 일을 겪었는데 여태 잊고 있었다면 지금까지 내가 어떻게 살았고, 살면서 나는 어떤 사람이었는지 처음부터 다시 생각해야 했습니다." 생존자는 일을 그만두고 치료사를 제외한 모든 사람과의 소통을 단절했다. 그리고 몇 시간이고 집 밖을 혼자 배회했다. 한 여성은 고백했다. "내 인생에서 다른 것은 다 갖다 버렸어요. 매일 잠에서 깰 때마다 '근친상간!'이라는 사람 키만 한 글자가 거실 벽에 쓰여 있는 것 같았지요."[10]

위기단계가 지나면 상황은 어느 정도 가라앉는다. 하지만 그렇다고 다른 치유 과정에 위기가 뒤따르지 않는 것은 아니다. 『아주 특별한 용기』는 표면적으로나마 계속 치유에 집중하도록 유도했지만 일부 생존자의 증언을 보면 치유 과정에 가장 매력적인 요소는 위기 그 자체였다. 이 사실은 책의 본 내용보다는 여담이나 부수적인 설명에 은근슬쩍 묻어났다. 또한 저자들은 학대당한 기억을 장장 '10년' 동안 회복하고 있는 생존자를 소개했다. 인생의 1/4에 해당하는 기간이었지만 그 여성은 시간이 흐를수록 기억회복이 쉬워지지 않고 오히려 더 어려워진다고 말했다. "이제는 (기억을) 믿어요. 그런데 더 아파요. 그 충격을 느낄 수 있으니까요."[11] 기억회복 운동은 보육기관 학대 사건 수사와 참 많이 닮아 있다. 학대당한 기억을 처음 발견한 후 해결책을 찾고 치료를 하는 것이 아니라, 더 기상천외한 학대 사실을 계속 밝혀낸다는 점이 가장 비슷했다. "학대에 대해 생각할수록 더 많은 기억이 떠오릅니다. 처음에는 오빠에게 당한 기억이 떠올랐고, 다음은 할아버지였어요. 6개월쯤 지나니 아버지에게 당한 것도 생각나더라고요. 한 1년 후에는 어머니에 대한 기억도 생각났어요." 이렇게 기억을 회복하는 과정은 정신적으로 고통스러웠지만 온 가족에게 수년간 학대를 당한 사실을 기억한 그녀는 이제 마음이 놓인다고 했다. "이제야 내 인생을 이해할 수 있어요."[12]

하지만 모든 사람이 기억을 회복하고 인생을 이해하게 된 것은 아니었다. "그것이 일어났음을 믿기"라는 목차에 나오는 여러 생존자는 학대당한 기억을 회복하고 나서도 한참이나 기억에 의구심을 품었다. 한 여성은 말했다. "3개월 전만 해도 그걸 '진심으로' 믿진 않았어요. '최면에 걸려서 그래.', '상상일 뿐이야.'라고 생각했죠. 그런 일이 정말 있었던 것처럼 행동만 한 거예요. 근친상간 생존자 모임에도 나가서 사람들에게 고백도 했어요. 하지만 혼자 있을 때면 '당연히 진짜 일어난 일은 아니지.'라고 말하곤 했습니다."[13] 프로이트가 초창기에 만난 환자들은 '그 장면이 기억나는 느낌'이 전혀 없으면서도 어렸을 때 학대를 당했다는 프로이트의 믿음에 마지못해 동의했다. 마찬가지로 이 생존자도 학대의 기억이 나머지 평범한 삶의 기억과 근본적으로 다르다고 직감했음에도 학대를 당했다고 인정했다.[14] 베스와 데이비스는 독자가 자신의 경험을 실제로 잘 알고 있다는 사실을 가볍게 묵살했다. "가끔씩 의심이 드는 것도 당연하다. 하지만 기억을 받아들이기가 고통스럽기 때문이지, 학대를 당했기 때문은 아니다."[15] 책의 마지막 목차인 "치료사가 알아둘 점"에서는 생존자와 다른 독자층인 심리학자, 심리치료사, 사회복지사에게 비슷한 주장을 한다. "학대를 상상하는 사람은 없다. 생존자를 믿으라. 성폭행을 당했다는 의뢰인의 말을 반드시 믿어야 한다. 의뢰인 자신이 믿지 못하더라도 우리는 믿어야 한다." 그리고 덧붙였다. "믿을 수 없는 이야기도 주저없이 믿도록 하라. 생존자들을 만나다 보면 인간이라는 탈을 쓰고 서로에게 얼마나 역겹고 잔인한 짓을 하는지 현실을 직시하게 된다."[16]

기억회복 치료사들은 빅토리아 시대에 프로이트가 인식하지 못한 것을 인식하고 똑바로 마주보았기 때문에 크게 발전할 수 있었다고 믿

었다. 프로이트가 처음 제안한 때로부터 거의 1세기가 지나서야 유혹이론의 명예를 회복한 그들은 단 하나의 혁신적인 프로이트 이론, 열정을 불태워 완성했지만 사회에서 인정받지 못하자 프로이트가 출세를 위해 내팽개친 그 이론을 계승한 후계자라고 자처했다. 베스와 데이비스는 프로이트가 유혹이론을 버리고 택한 오이디푸스콤플렉스를 가리켜 "프로이트의 새 이론은 사회와 가부장적인 의료계의 비위에 확실히 잘 맞았다."라고 썼다.[17]

그러나 이런 현대판 프로이트주의자들이 깨닫지 못하는 사실이 있었다. 유혹이론은 당시에도 혁신적이지 않았고 정신의학계 내부에서 엄청난 비판을 받지도 않았다. 기억이 억압되어 있을 경우 사춘기 이전에 트라우마를 경험했을지도 '모른다'는 관념은 100년 동안 한 단계, 한 단계 발전하고 있었다. 프로이트는 그것에 새로운 생각을 더했을 뿐이다. 1864년 모리츠 베네딕트Moritz Benedikt라는 의사는 비밀, 그중에서도 섹스와 관련된 비밀이 여러 히스테리 사례의 근본 원인이라고 주장하는 논문을 발표했다.[18] 역동적 정신치료의 역사를 더 거슬러 올라가면 독일인 의사 프란츠 안톤 메스머Franz Anton Mesmer가 나온다. 메스머는 1779년 질병을 치료하기 위해서는 환자의 내면에 있는 '위기'를 자극해야 한다는 이론을 제기했다. 예를 들어, 천식 환자에게는 연속적으로 천식 발작을 일으켜 증상을 사라지게 할 수 있다는 것이다. 트라우마를 야기한 장면을 '재생산'해야 한다고 강조했던 프로이트 이론이나 베스와 데이비스의 위기단계 이론의 조상인 셈이다.[19] 메스머 이전에는 요한 요셉 가스너Johann Joseph Gassner 신부가 있었다. 그 시절 독일에서 가장 뛰어난 치료사였던 가스너는 치료를 하는 데 위기가 핵심이라고 주장했다. 하지만 그는 의사가 아니라 퇴마사였고 환자의 위기 상태는 악마나 귀신에 홀렸을 때 나타난다고 믿었다. 계몽운동으로 퇴마사와 악령이 쫓겨나자 의사와 다중인격이 그 자리를 대신했다. 1980년대 MPD와 기억회복 치료에서 사탄교 의식학대가 자주 언급된 이유도 같은 맥락이다.[20]

프로이트가 나서기 한참 전인 19세기에도 인격분열, 트라우마 망각, 최면을 이용한 히스테리 치료의 효과에 대한 논의가 오랫동안 이어졌다. 1880년대에 프랑스 심리학자이자 심리치료사 피에르 자네Pierre Janet('잠재의식'이라는 용어의 창시자이다)는 루시라는 19세 여성에게 실험을 했다. 루시는 갑자기 발작하며 지독한 공포에 휩싸이는 증상으로 고생하고 있었다. 루시에게 최면을 건 자네는 그녀 안에 감춰진 두 번째 인격을 발견했다. 두 번째 인격인 아드리안은 루시가 어렸을 때 남자 2명이 장난을 친다고 커튼 뒤에서 불쑥 튀어나왔던 이야기를 계속 들려주었다. 그것이 루시의 공황발작을 일으킨 원인이었다. 더 나아가 자네는 환자에게서 분리된 인격이 히스테리 증상을 일으킨다는 이론을 세웠다. 최면으로 다른 인격을 밖으로 꺼낸다면 치료가 가능하다. 그때 치료사는 최초의 트라우마를 찾기 위해 환자를 어렸을 때로 돌려보낸다. 자네는 환자의 심리적인 갈등을 증폭시켜야 히스테리 증상이 영원히 사라질 수 있다고 믿었다.[21]

자네와 프로이트는 모두 파리의 유명 병원인 살페트레이르에서 공부했고, 신경병리학자 장 마르탱 샤르코Jean-Martin Charcot가 1882년에 세운 부설 클리닉에 일했다. 건물 45채, 길거리, 정원에다 교회까지 갖춘 살페트리에르는 병원보다 독립된 소도시에 가까웠고 샤르코는 그곳의 통치자였다. 샤르코는 희귀한 사례를 찾는 천부적인 재능 덕에 유럽에서 가장 유명한 학자로 손꼽혔다. 히스테리, 최면, 인격분열을 발견했다고 알려져 '신경학계의 나폴레옹'이라는 별명도 얻었다. 그는 마법과 악령을 주제로 한 진귀한 연구를 선별해 『악마의 서재*The Diabolical Library*』라는 책을 발표했다. 개인 진료를 하고 거액의 치료비를 청구했고, 대중 앞에서 살페트레이르에 머물던 젊은 히스테리 환자(대부분 여성)에게 최면을 걸고 치료 결과를 보여주었다.

이런 공개 치료는 동료 의사들(당연히 전부 남성이었다)의 관심을 집중시켰다. 히스테리 발작 중인 환자를 찍은 샤르코의 사진을 보면 그 이유를 이해하기 쉽다.[22] 여성들의 포즈는 각양각색이고 흥미로웠다. 어린아이처럼 유쾌하고 천진해지는 환자가 있는가 하면, 나약하게 엎드려 있는 환자도 있었다. 그들은 헐렁해서 어깨까지 흘러내리는 옷을 입고 침대에 누웠다. 때로는 침대라는 배경과 옷차림에 더해 성적으로 흥분한 듯이 얼굴을 찡그리고 몸을 뒤틀었다. 관중은 이렇게 눈요기를 하면서도 그런 모습을 보이는 여성 환자를 경멸했다. 샤르코의 조수는 히스테리가 환자의 과장일 뿐이고 무의미한 거짓말이라는 통념을 믿고 있었다. 그는 말했다. "히스테리 환자는 다른 여자보다 더 여성스럽다고도 말할 수 있습니다."[23] 살페트레이르의 의료진와 환자들 사이에서도 같은 의견이 지배적인 듯했다.

젊은 프로이트는 샤르코에게 깊은 감명을 받았다. 그는 1893년 위대한 신경학자 샤르코를 추모하는 글에서 샤르코의 강의가 "구성이며 강의법이며…… 전부 작은 예술품과도 같았다. 완벽하게 체계가 잡혀 있었고 목소리가 뇌리에 깊이 박혀 하루 종일 귓가를 떠나지 않았다."[24] 프로이트는 사크로와 매력적인 여성 히스테리 환자의 공개 치료를 지켜보았을 뿐만 아니라, 당대 전문가들이 활발히 토론하고 연구하던 주제인 근친상간에 대한 학술지도 꼼꼼하게 읽었다. 프로이트는 파리 대학교 법의학과 학장인 폴 브루어델Paul Brouardel과 리옹 대학교 교수 폴 베르나드Paul Bernard가 쓴 아동학대 논문을 구할 수 있었다. 베르나드의 논문 『여아 성폭행*Sexual Assaults on Young Girls*』은 프랑스에서 1827년과 1870년 사이에 보고된 성폭력 사례 3만 5,000천여 건을 기록했다. 베르나드는 특히 "근친상간 사례가 생각보다 많아 충격을 받았다."라고 썼다.[25] 브루어델은 근친상간 가해자로 아버지를 지목하는 데는 소극적이었지만 "성폭행은 가정에서 일어나는 범죄다."라고 의견을 밝혔다.[26] 결국 이후 프로이트가 정리한 유혹이론은 유럽의 수많은 의사들이 실시한 연구를 히스테리 문제에 새롭게 적용한 것에 불과하다. 유혹이론은 억압된 트라우마가 히스테리 증세를 일으킨다고 믿었고, 여성과 아이를 한없이 무력한 존재로 여기는 수사를 사용했다. 또한 억압된 기억에 접근해 치료하는 수단으로 최면요법을 신봉했다. 모든 면에서 전형적인 빅토리아 시대의 이론이라고 봐도 무리는 아니다.

프로이트는 유혹이론을 버리고 오이디푸스콤플렉스와 발전된 정신분석학을 개발하며 빅토리아 시대 심리학의 트라우마 이론과 완전히 결별했다. 정확한 기억이라고 생각했던 것이 사실은 실제 일어나지 않은 환상임을 깨달았기 때문이라는 해석도 틀리지는 않다. 하지만 엄밀히 말하면 환자의 '환상'이 '실제'였다는 사실을 깨달았기 때문이라고 표현해야 더 옳을 것이다. 프로이트 정신분석학은 꿈, 원치 않는 성욕 및 폭력충동, 거짓으로 드러난 기억이 외부 경험만큼이나 개인의 내면에 확실하고 필연적으로 영향을 줄 수 있다는 사실을 인식했다. 정신분석학에서는 환상과 현실의 기억을 구분하는 것이 중요하지 않았다. 그 때문에 법정에서는 무용지물이었지만 한편으로는 그런 점이 핵심이었다. 정신분석학은 정신적인 경험 자체를 중요시했고 명백한 트라우마가 있어야 히스테리 증상이 나타난다고 고집하는 학자와 의사들을 비난했다. 프로이트는 주위 환경에 대한 정신의 반응이 얼마나 복잡하고 강력한지 의사들이 과소평가했다고 주장했다. 이 주장은 1980년대 후반까지도 분노에 찬 반발을 불러일으켰다.

기억회복 치료사들은 유혹이론을 만들 당시의 프로이트에 끊임없이 경의를 표했다. 하지만 실상은 자신을 프로이트보다는 현대판 샤르코로 보는 경우가 더 많았다. 프로이트 정신분석학에서는 치료사가 냉정을 잃지 않아야 하고 환자의 생각과 감정을 응원하거나 비난해서는 안 된다. 요즘은 별로 볼 수 없지만『뉴요커*New Yorker*』만화로 몇 십 년간 사람들에게 익숙한 사무실 배치도 의사와 환자의 거리를 멀리 떨어뜨려 놓았다. 즉, 환자는 소파에 누워 있고 정신분석가는 환자의 시야에서 벗어난 자리에 있었다. 그러나 기억회복 치료에서는 환자와의 친밀감을 중시했다. 치료 초기에 '시빌의 인격들'도 코넬리아 윌버에게 의존했고 미셸 스미스도 결국에는 치료사였던 로렌스 패저와 결혼까지 했다. 이는 기억회복 운동이 정점을 찍은 1980년대 말과 1990년대 초까지도 계속되었다. 치료사는 언제든 환자의 전화를 받았다. 세인트폴, 댈러스, 시카고 등 미국 전역에 작은 살페트리에르 같은 기억회복과 MPD 전문 클리닉이 설립되었다. 의사는 꾸준히 환자와 연락을 주고받을 수 있었고, 결정적으로 환자끼리도 지속적인 교류가 가능했다. 회복된 기억의 내용 때문에라도 친밀감은 높아질 수밖에 없었다. 아버지에 이어 오빠, 삼촌, 어머니, 조부모에게 학대를 당했다는 사실을 발견하면서 환자는 이 세상에서 치료사밖에 믿을만한 사람이 없었다.

환자는 치료사와 같은 MPD 환자를 가족을 대신할 사람들로 보았다. 대부분의 가족이 그렇듯 이들 사이에도 부모와 자식 같은 분명한 계층구조가 있었다. 클리닉을 운영하는 사람(대부분 남성이었다)은 환자들의 중심에 있는 가장이었다. 환자는 내면의 어린이를 키우고 교감하는 데 너무도 많은 에너지를 쏟아부었기 때문에 스스로를 어린아이로 여기는 경향이 있었다.

이런 관계는 감지하기 어렵지 않았다. 유명한 MPD 치료사인 콜린 로스Colin Ross는 저서에서 다중인격장애 환자에게 가장 잘 어울리는 표현은 "학대는 남의 일이라고 상상하는 어린 소녀"라고 썼다. 어지간히 마음에 들었는지 그는 나중에 전혀 다른 글에서도 이 표현을 다시 사용했다.[27] 집단치료 시간에 환자들은 고무로 만든 말로 매트리스를 내리치고 이 자리에 없는 어린 시절 학대범에게 소리를 치며 분노를 표출해야 했다. 이렇게 분노를 폭발하다가도 곰 인형을 안고서 치료사의 품에 안겨 눈물을 흘렸다. 치료 시간에 다 쏟아내는 감정은 때때로 은근슬쩍 억누른 성욕과 비슷하거나 그보다 강렬했다. 이 또한 가족의 친밀함을 나타내는 듯했다.

기억회복 치료사이자 국제다중인격및분열연구회International Society for the Study of Multiple Personality and Dissociation의 설립자인 리처드 클러프트Richard Kluft는 환자에게 치료 과정이 "아주 힘들다"고 설명했다.[28] 환자는 기억을 지나치게 의심할 수도 있고, 새로 기억난 학대 이야기가 평소 자신의 삶과 왜 이리 다른지 한 발 물러나 궁금해할 수도 있다. 이때 남성이든 여성이든 치료사는 식탁의 상석에 앉은 아버지 역할을 맡는다. 집단치료 수련회에 참가한 기자는 안드레아라는 여성이 사탄교에 빠진 어머니의 기억을 끄집어내려 애쓰는 장면을 보았다. 안드레아는 말했다. "내가 기억하는 게 진실인지 모르겠어요! 진실이 아니었으면 좋겠어요." 담당 치료사인 베스는 대답했다. "안드레아, 아무리 애원해도 당신이 알고 있는 걸 바꾸진 못해요. 지금 속으로는 진실을 알면서 '아니, 거짓말이야.'라고 말하며 힘을 빼고 있는 거예요. 그 기억을, 그 분노를 외면하지 말고 봐야 해요. 매트리스로 올라가요. 당장."[29]

MPD 관련 유명한 논문은 트라우마와 무의식에 대한 프로이트의 이론을 간단히 요약해 반복하는 경향이 있다. 하지만 연구에 더 집중한 기억회복 전문가들은 학대 기억을 시야 밖으로 밀어내는 전혀 다른 심리학적 기제를 제시했다. 전형적인 관점으로 억압을 설명하자면 정신이 사무실 빌딩처럼 층층이 나뉘어 있고 트라우마를 일으킨 기억은 지하실에 꽁꽁 숨겨져 있다. 하지만 이 전문가들은 분열dissociation이라는 개념을 선호했다. 복도를 따라 감방이 주르르 늘어서 있는 것처럼 각각의 의식이 서로 분리되어 있다고 했다. 이 관점에 따르면 MPD 환자의 분열 인격은 무의식적인 갈등을 표출하는 도구가 아니라 칸칸이 나뉘어 있는 하나의 의식이었다. 따라서 환자가 회복하려면 그 의식들을 통합해야 한다. 콜린 로스는 썼다. "MPD는 무의식이라 해서 의식이 없다는 뜻이 아님을 증명한다. 무의식은 사실 바짝 깨어 있고 인식 능력도 가지고 있다. 다만 분열되어 있을 뿐이다."[30] 다른 연구자는 MPD의 정확한 작용 방식을 다르게 생각했다. 일부는 분열과 억압을 별개의 현상으로 보고 MPD에는 둘 중 하나만 작용한다고 생각했다.[31] 이들이 말하는 억압은 개인의 외부 또는 내부에서 발생한 특정 사건에 반응하는 현상이지만, 분열은 어떤 트라우마에 정신이 특별히 반응하는 현상이다.[32] 다른 연구자들은 두 용어를 번갈아가며 사용했지만 대부분은 둘 중 선호하는 한 가지를 자주 썼다.[33]

이렇듯 '분열'과 '억압'이라는 용어 중 무엇을 사용하느냐, 그 의미가 서로 어떻게 다르냐 하는 문제로 MPD 치료사의 주장이 학문적으로 타당한지 결정하려는 사람들은 골치를 썩여야 했다. 그것도 모자라 용어의 역사도 까다롭기는 매한가지였다. 20세기 가장 저명한 정신분석학 사상가들은 억압이란 '모르는 사이에' 발생하는 망각 현상이라고 구체화했다. 그래서 어떤 생각이나 일을 생각하지 않으려고 의식적으로 노력하는 상황을 설명할 때는 "억제suppression"라는 용어를 사용했다. 하지만 프로이트의 논점은 달랐다. 프로이트는 한 논문에서 "억압의 본질은 의식적으로 기억을 되돌리고 그것과 거리를 유지하는 것이다."라고 주장했다. 히스테리 증상이 나타나기 위해서는 "어떤 생각을 의식에서 '고의'로 억눌러야 한다."라고 쓴 논문도 있었다.[34] 물론 이후 몇 십 년 동안 학자와 비평가는 프로이트의 기존 이론에 수백 가지 새로운 이론을 더하고 이의를 제기했다. 그 과정에서 프로이트 이론이 뒤죽박죽 섞였고 MPD 전문가가 '억압'이라는 단어를 사용할 때 정확히 무슨 주장을 하는지 판단하기 어려워졌다. 하지만 전체적으로 MPD 관련 논문의 한 가지 주장은 명확하다. 사람은 트라우마를 겪으면 평소 접근하던 의식의 일부분에서 그 경험을 즉각, 그리고 완전히 지운다는 것이다. 이 망각은 자기도 모르게 자동적으로 일어난다.

따라서 '사람은 정말로 MPD 전문가의 주장처럼 실제 트라우마를 잊어버리는가?' 하는 문제는 인지와 기억을 연구하는 사람에게도 중요한 질문이 되었다. 대답하기 쉬운 부분도 있기는 하다. 사람은 아주 어린 나이에 구타를 당하거나 성폭행을 당하면 정말로 기억을 잊게 된다. 하지만 정신적인 트라우마 때문은 아니다. 학계에서 작용 과정이 인정되진 않았지만 3~4세 이전의 기억을 잊는 아동기 기억상실증은 기록된 증거가 가장 많은 발달심리학 현상이다. 실제로 어린아이는 1년 전에 있었던 일은 아주 잘 기억하지만 나이를 먹으면서 열에 아홉은 기억이 흐릿해진다. 대부분의 성인은 7세까지의 기억이 전혀 없다.[35] 누군가 증언을 하거나 문서 증거가 남아 있어서 자신이 2살에 성폭행을 당했다는 사실을 아는 사람이 있다고 하자. 하지만 스스로 기억하지 못한다면 망각의 원인을 억압이라고 지목할 수는 없다.

인지심리학계도 성인이 트라우마로 기억을 억압한다는 증거를 밝혀내지 못했다. 연구 심리학자 리처드 맥널리Richard McNally가 저서『트라우마 기억하기*Remembering Trauma*』에 썼듯이, 오히려 사람은 끔찍한 경험을 너무도 잘 기억한다. 트라우마가 스트레스를 일으키면 해당 사건에서 그리 중요하지 않은 부분은 기억하기 힘들 수 있다(예: 총을 들이민 강도가 신었던 신발 종류). 하지만 그것은 피해자가 사건의 중심 요소(강도나 총)에 온 신경을 집중했기 때문이다.[36] 물론 실험실 연구는 고유의 한계가 있다. 연구자가 윤리를 거스르고 피험자에게 트라우마를 일으킬 수준의 스트레스를 줄 수는 없으니 말이다.

그러나 현장 연구는 실험으로 나온 이론이 타당하다는 사실을 확인했다. 사상자를 낸 총격 사건으로부터 몇 달 후, 연구팀은 범죄 현장을 직접 목격한 사람을 10명 조금 넘게 인터뷰했다. 경찰 보고서에 공식으로 적힌 내용과 비교하자 그들의 이야기는 놀랍도록 정확했다. 그리고 목격자 중에서도 가장 피해를 크게 입은 사람이 가장 정확한 기억을 해냈다.[37] 성학대를 가장 먼저 연구한 페미니즘 집단도 트라우마가 피해자의 기억력에 부정적인 영향을 주지 않는다고 결론을 내렸다. 1981년 페미니스트 정신과 의사인 주디스 허먼Judith Herman은 대표작『근친 성폭력 감춰진 진실*Father-Daughter Incest*』(삼인, 2010)을 출간했다. 아동기 근친상간을 경험한 성인 피해자 40명의 인터뷰가 실린 이 책은 의식학대와 기억회복이 널리 알려지기도 전에 세상에 나왔다. 허먼이 취재한 사람

들은 사탄교의 고문을 언급하지 않았다. 어렸을 때 겪은 학대를 망각했다는 말도 없었다.[38]

아동정신과 의사 레노어 테르Lenore Terr는 이 문제를 밝히려 노력했다. 테르는 아이들이 여러 가지 트라우마에 2가지 반응을 보인다고 주장했다. 제1형 트라우마는 총격, 강도, 교통사고 같이 두렵고 폭력적인 하나의 사건을 겪었을 때를 말한다. 아동이 제1형 트라우마를 아주 잘 기억한다는 테르의 주장은 사실이다. 그러나 가족이나 교사의 상습적인 학대 같은 제2형 트라우마에는 전혀 다른 반응이 나온다. 제2형 트라우마는 아동의 일상생활에 주기적으로 반복되었다. 이런 식으로 학대를 당한 아동은 자기 최면, 부정을 비롯해 기억을 의식 밖으로 밀어내는 반응을 보이기 시작한다.

두 가지 유형 중에서 테르는 제2형 트라우마를 처음 발견해 학계의 인정을 받았지만 그 존재를 뒷받침하는 학술 논문은 별로 없다. 테르는 5세 이전에 학대를 당한 아동 20명과 인터뷰한 결과, 제2형 트라우마에 노출된 아이는 그 일을 기억하기 힘들어 한다고 결론 내렸다. 그러나 학대당한 기억을 분명히 표현하지 못한 아동 세 명은 2세 반 이전까지만 학대를 당한 피해자였다. 이 정도면 일반적인 아동기 기억상실증에 속한다고 할 수 있다.[39] 학계에 제2형 증후군을 증명하려는 연구도 실패로 돌아갔다. 소년 병사, 홀로코스트 피해자, 극도로 방치되거나 폭력적인 환경에서 자란 아이는 하나같이 그때 경험을 아주 잘 기억했다.

어린 나이에 학대를 당한 사람이 몇 년이나 그때 일을 생각하지 않다가 범죄수사 드라마 장면 같은 것에 자극을 받아 기억이 파도처럼 밀려드는 경우도 있다. 아동학대와 트라우마를 연구하는 존 브리어John Briere와 존 콘테는 1993년 450명을 대상으로 한 연구 결과를 발표했다.

어린 시절 성폭행을 당했다는 450명 전원에게 학대를 기억하지 못한 기간이 있느냐고 물었더니 피험자 반 이상이 그렇다고 대답했다. 이로써 브리어와 콘테의 연구는 기억회복 치료사들에게 하나의 기준이 되었다.[40] 그러나 리처드 맥널리가 지적했듯 이 논문의 핵심 질문("강제적인 성경험을 기억할 수 없었던 때가 있는가?")은 말이 되지 않는다. 맥널리는 이렇게 썼다. "그렇다는 대답은 피험자가 학대를 기억하지 못하는 기간이 있었다는 의미다. 하지만 그 사람이 학대당한 기억을 전부 억눌렀다면 애초에 무엇을 근거로 기억하려는 시도를 한단 말인가?"[41]

브리어와 콘테의 질문에 그렇다고 대답을 했다면 단순히 학대에 대해 생각하지 않은 기간이 있었다는 의미이기 쉽다. 그리고 이후 다수의 연구가 증명하듯 그들의 반응은 더없이 정상이다. 엘리자베스 로프터스Elizabeth Loftus는 수사 인터뷰 과정에서 아동이 보이는 피암시성을 연구한 대표적인 인물이다. 이 로프터스가 이끄는 연구팀은 성인이 아동기 학대를 기억하지 못하거나 생각하지 않는 기간이 있다면 당시에 학대를 트라우마로 여기지 않았기 때문이라는 가능성을 발견했다.[42] 성행위가 무엇이고 어떤 의미인지 이해하지 못하는 상황에서 비폭력적인 성학대(대개 몸을 어루만지는 등의 접촉을 말한다)를 경험한 피해아동은 학대 경험을 떠올렸을 때 조금 불쾌했다거나 아무렇지도 않았다고 생각하는 경향이 있다. 성인이 되어 그 장면을 떠올리고 학대였음을 이해한 후에야 기억은 의식에 완전히 자리 잡는다. 개인이 아동기에 겪는 학대행위를 인식하는 경험은 그 자체로 트라우마를 일으킬 수 있다. 과거에는 화목하다고 생각했던 가족을 달리 생각하게 되고, 집에 방문하지 않는 친척을 새로운 시각으로 바라보게 된다. 뒤늦게 트라우마가 시작된다면 분명 치료를 받아야 한다. 그러나 학대 사실을 인식하면서 증거를 찾으려고 한참을 노력해도 몇 년이나 억눌려 있던 어린 시절의 상처는 전혀 나타나지 않는다. 결국 과거의 학대를 잊을 수 있었던 것은 기억을 발견한 그때 심리적으로 트라우마를 경험했기 때문이 아니다. 그보다는 처음부터 트라우마를 전혀 경험하지 않았기 때문이다. 아직까지는 이것이 가장 합당한 결론이라고 본다.

기억회복의 전문가들은 이러한 연구를 받아들이지 않고, 트라우마로 기억상실증이 발생한다는 주장을 확실히 입증할 수 있다는 여러 논문을 인용했다. 그러나 이 논문들을 자세히 보면 분명히 기억회복 전문가의 주장과는 생각이 다르다. 이렇게 잘못 해석한 이유 중 하나는 DSM 제3판의 조항 때문이다. 외상 후 스트레스 장애PTSD 진단 기준의 네 번째 항목에는 '기억장애나 집중력장애'가 증상으로 올라와 있다. 여기서 '기억장애'는 '집중력장애'와 쌍을 이루었듯이 트라우마성 기억상실증의 가능성을 말하는 것이 아니라, 트라우마를 경험한 후 약속 시간에 늦거나 친구 생일을 잊거나 하는 일반적인 기억력 문제를 뜻한다. 이런 기억장애는 피해자가 기억을 못해서 나타나는 것이 아니다. 문제의 사건에 집중하느라 정신이 팔려 있기 때문이다. 그러나 코리 해먼드Cory Hammond를 비롯한 기억회복 연구자들은 재난 목격자의 기억장애를 연구한 논문을 보고 기억상실의 증거로 인용했다.[43] 사실 그 연구의 피험자로 캔자스시티 호텔에서 고가도로 붕괴 사건을 목격한 사람들은 어떤 장면을 보았는지 어려움 없이 기억해냈다. 일부는 기억을 억누르려고 노력했지만 성공하지 못했다.[44]

프로이트는 실패한 이론을 발전시켜 유혹이론을 만들어냈다. 조세프 브로이어와 히스테리 연구를 한 후, 프로이트는 사춘기가 시작한 '후' 발생한 성적 트라우마가 억압되어 있을 경우 히스테리 증상이 나타난다고 믿게 되었다. 최면을 이용해 억압된 기억을 해방시키면 환자의 증상이 가라앉을 것이라고 믿었다. 그러나 프로이트의 환자들은 기억을 회복한 후에도 차도를 보이지 않았다. 그럴 때마다 프로이트는 그가 치료하려는 히스테리 증세를 낳을 만큼 기억의 트라우마가 강하지 않은 모양이라고 판단했다. 이런 결과에 좌절하고 트라우마로 인한 기억억압 이론을 포기했을 수도 있다. 하지만 당시는 프로이트가 학자로서 걸음마를 떼는 아주 중요한 시기였다. 그런 단계에서는 실패를 해도 더 야심찬 연구로 도전해서 극복해야 한다고 믿기 마련이다. 그래서 프로이트는 억압된 트라우마가 사실은 사춘기가 아니라 그보다 먼 과거에 존재한다고 주장했다.

기억회복 연구자들도 비슷한 충동을 느꼈다. 그들은 현재 나와 있는 연구 증거가 자신의 주장을 강력히 뒷받침한다는 사실을 증명하려고 부단히 노력했다. 논문을 잘못 해석한 수많은 사례 중에서 한번은 원 자료 내용을 심각하게 왜곡했다. 1985년 스티븐 돌링어Stephen Dollinger라는 연구자는 축구 경기 중 번개가 내리쳐 선수 1명이 죽은 현장에 있던 아이들 38명을 대상으로 실험을 했다. 많은 아이가 사건 이후 폭풍우가 칠 때 수면장애나 불리불안을 겪는 등 가볍거나 보통 수준으로 감정에 영향을 받았다. 반면 38명 중 2명은 아무런 기억이 없었다. 코리 해먼드 연구팀은 이것을 근거로 트라우마성 기억상실증이 주류 정신의학계가 생각하는 이상으로 일반적이라고 주장했다.[45] 하지만 두 아이도 번개에 맞아 의식을 완전히 잃었다는 사실은 언급하지 않았다.[46] 나머지 중에서도 축구를 싫어하게 된 아이는 있지만 기억장애가 생겼다고 말한 아이는 단 한 명도 없었다.

환자 못지않게 치료사도 기억을 회복하는 긴박한 과정에 중독성을 느꼈다. 콜린 로스는 썼다. "치료를 하다보면 연극이나 소설, 영화처럼 감정이 고조되었다 가라앉기를 반복하고 사이사이 다양한 강도로 밀려들었다."[47] 기억회복 치료는 의심의 눈으로 보는 주류 정신의학계에 다가가지 못하고 테두리 밖에서만 머물다 하루아침에 입지가 달라졌다. 그 때문에 치료사들은 19세기 정신의학 선구자들과 자신을 동일시하기 쉬웠다. 천재성을 인정받아 결국은 사회 전체에서 존경과 찬사를 받는다는 점이 닮았다고 생각했다. 로스는 환자의 다른 인격에게서 정보를 얻는 과정을 묘사하며 이렇게 말했다. "자네처럼 나도 악마의 자만심을 이용할 생각이네."[48] 로스는 자신의 치료가 매우 효과적이라고 자신했다. 그래서 그의 MPD 연구 논문을 의심하지 않는 독자들에게도 자신감을 불어넣어 주었다. 그는 치료를 '신비로운 의식'으로 묘사하며 환자에게 최면 치료를 준비시키는 방법을 간략히 설명한 후 다음과 같이 썼다.[49]

> 앉아서 이 책을 읽으며 내 목소리에 귀를 기울이는 동안 평소보다 긴장이 풀어지고 몸이 편안하고 따뜻해지는 것을 느낀다. 다른 생각이나 감각에 방해받지 않고 글자에만 집중해 그 의미를 이해할 수 있다. 침착하고 편안하고 긴장이 풀리는 느낌이다. 읽는 속도가 빨라지고 내 목소리에 더 귀를 기울일수록 편안해진 마음은 자연스레 가라앉고 나른해진다. 한 단어, 한 단어 읽어 나갈수록 점점 더 침착하고 편안해진다. 이제 다음 단락으로 넘어갈 때쯤 여러분은 긴장과 불안이 모

> 두 사라지고 깊은 최면에 빠졌을 것이다. 최면 상태는 30초 동안, 또는 단락의 마지막 문장을 다 읽을 때까지 유지된다. 그러고 나면 정신이 또렷이 맑아지고 상쾌해질 것이다. 평온함과 자신감을 느끼고 계속 책을 읽을 마음의 준비가 되었을 것이다.[50]

로스는 다음다음 단락에서 독자가 "책에 나오는 최면 유도법이 윤리적인지 걱정할 수 있다."라고 인정했지만 독서 자체가 최면술이라는 주장을 내세우며 일축했다. "개인적으로는 글을 읽을 때보다 글을 쓸 때 더 깊은 최면상태에 빠진다."[51]

기억회복 치료사는 극단적이고 복잡한 사례를 밝혀낼수록 성공했다고 판단했다. 인격이 서너 개이고 심하게 맞은 과거가 있는 환자는 적당히 실력 있는 치료사도 감지할 수 있지만, 어린 시절 사탄교 의식학대를 당해 수백 개의 인격이 생긴 환자는 진정한 비전과 용기가 있는 치료사만이 발견 가능하다고 생각했다. 그 결과, 치료 중에 발견된 인격의 숫자와 종류가 갈수록 늘어났고 인격을 존재하게 만든 학대의 강도도 높아졌다. 동물 인격, 외계인 인격, 사망자 인격, 식물 인격(나무), 천사 인격이 발견되었다. 학대 이야기에는 종교의식, 강제낙태, 살인, 강간, 식인이 포함되었다. 치료사들이 속으로는 정말로 믿었는지 몰라도 현실에서 이런 이야기는 다루기 민감한 문제였다. 일례로, 저명한 기억회복 전문가 로버타 색스Roberta Sachs와 베넷 브라운Bennett Braun이 소속된 정신과 의사 단체가 발표한 논문이 있다. 이들은 환자의 의식학대 주장을 곧이곧대로 믿는 듯했지만 나중에 가서는 학대 이야기를 인정한 것이 아니라 단순히 기록했을 뿐이라고 주장했다.[52] 이는 앞선 실수를 덮으려는 핑계로 보인다. 하지만 그들의 논문 자체가 소듐 펜토탈 등의 신경

안정제를 다량 투약하는 기억회복의 극단적 치료법을 정당화하려는 핑계였다. 치료사들은 바깥세상에 정말 아이의 정신을 찢어발기는 사탄 숭배 집단이 있는 것처럼 행동함으로써 이득을 얻었다. 그것을 핑계로 환자들의 삶을 손아귀에 쥐고 휘두를 수 있었다. 텍사스에 있는 해리성 장애 환자 전문 시설은 종교단체에서 보내는 암호를 막는다는 이유로 환자의 우편물을 검열했다. 이곳에서는 환자가 종교단체의 위험에서 벗어났다는 사실을 증명해야만 퇴원을 허가받을 수 있었다.[53]

대개 유명한 기억회복 서적에는 독자도 학대 기억이 억압되어 있는지 증상을 확인할 수 있는 긴 체크리스트가 들어 있다. 체크리스트를 쭉 보면 불쾌하고 충격을 유발한다는 경험이 놀랍도록 다양하다. 종교에 관심을 갖거나 헐렁한 옷을 좋아하면 어린 시절 학대를 당했을지 모른다고 한다. 난잡한 성행위, 독신주의, 일중독, 가슴멍울, 수면장애, 밀실공포증, 주위에 대한 경계, 애매한 태도, 도박 같은 수십 가지 항목도 과거의 아동학대를 의미했다. 기억회복 치료사들이 이처럼 광범위한 증상을 제시하면서, 그들을 찾아오는 환자 수가 크게 늘었을 것이다. 하지만 이 체크리스트가 환자와 우리 사회에 어떤 메시지를 전하고 있는지 생각해볼 필요가 있다.

1992년 데비 네이선은 '익명의 근친상간 생존자 모임ISA: Incest Survivors Anonymous'이 주최한 나흘간의 수련회를 취재해 기사를 썼다. 집단치료에 참가해 여성 30명의 이야기를 들은 네이선은 의식학대 이야기에 죄책감과 의심이 깔려 있다는 흥미로운 사실을 발견했다. 네이선은 기사에 썼다. "의식학대 생존자 캐시는 십자가를 매만지면서 기계 같은 말투로 신생아의 간을 먹은 이야기를 자세히 털어놓았다." 그러나 20년여 년 전 학생 시절 유부남과 불륜을 저질렀다는 이야기를 할 때만큼은 캐시의 목소리에도 진정한 감정이 묻어났다. 캐시는 말했다. "그때 저는 처녀였어요. 적어도 그랬다고 생각했죠. 최근 종교단체 일을 기억하기 전까지는요." 캐시는 사랑에 빠져 섹스를 하고 임신을 했지만 상대는 아내와 이혼하지 않겠다고 했다. "그래서 낙태를 했어요. 아기를 죽인 거예요! 내가 만든 아기를요. 내 인생에서 가장 못할 짓이었죠." 그보다 훨씬 뒤에 나온 의식학대 이야기에서 캐시는 그때 일(태아 하나를 뗀 이야기가 여러 신생아를 죽여 인육을 먹은 이야기로 바뀌었다)로 죄책감이 더욱 커졌고, 그녀는 처녀성을 스스로 내주지 않았고 종교단체에 빼앗겼다며 책임을 어느 정도 전가했다.

일부 여성은 ISA의 도움이 반드시 필요했다. 한 생존자는 어머니가 입원한 동안 아버지가 침대에 올라와 몸을 어루만졌다고 설명했다. 참다못해 가족에게 털어놓자 아버지는 네가 원했다며 반박했고 그녀는 오빠들에게 두들겨 맞았다. 또 다른 여성은 언니들과 닉슨 대통령의 캄보디아 폭격 작전을 비판하다 대령인 아버지에게 구타를 당했다. 아버지는 언니들이 대통령을 지지한다고 말한 다음에야 폭력을 멈추었다. 이런 이야기를 들은 네이선은 기사에 썼다. "세세한 부분이 너무도 일상적이라 진실로 볼 수밖에 없었다."

그러나 도나는 달랐다. 도나는 직업도 좋고 사회생활도 잘 하고 있는 30대 여성이었다. 그녀는 이성적인 성인으로서 심리치료사를 찾아갈 법한 문제를 겪고 있었다. 네이선은 이렇게 썼다. "도나는 '인간관계' 문제로 고민하고 있었다. 경쟁심이 강했고 만사를 자기 뜻대로 하려는 사람이었다." 도나의 치료사는 전혀 기억나지 않더라도 문제의 근원에는 근친상간이 있다고 주장했다. 여기 수련회에서 도나는 시험 삼아 치료사의 뜻을 따라보고 있었다. 언젠가는 방에 들어갔다가 아버지가 비서와 섹스하는 모습을 본 적 있었다. 도나는 아버지가 자신과도 같은 행위를 했을 것이라고 네이선에게 말했다.[54]

이 여성들이 그토록 다양한 경험에서 천편일률적으로 부녀간의 근친상간만을 이끌어낸 원인을 무엇일까? 하나는 법 때문이다. 아동학대를 당한 성인 생존자가 공소시효를 연장하려면 학대의 유형이 무조건 성학대여야 한다. 구타나 방치로 부모를 고소하고 싶은 성인은 해당하지 않는다. 따라서 여성들은 실제 경험과 상관없이 어린 시절 성폭행으로 트라우마를 입었다고 이야기해야 유리했다. 최근까지 기억이 완전히 억압되어 있다고 주장하는 고소인은 당시 디스커버리 규칙에 따라 더욱 유리했다. 지금까지 모든 것을 다 기억하고 있었다거나, 최근 기억을 떠올렸다 해도 학대행위가 아니라 그로 인한 정신적인 피해를 기억했다면 원하는 판결을 따내기 힘들었다. 마지막으로, 돈이 없는 사람은 민사소송을 제기해봐야 의미가 없었다. 따라서 재판까지 진행되고 언론의 조명을 받는 소송은 보통 백인 중상층 가족이나 가능했다. 전형적인 근친, 트라우마, 기억억압 및 회복 이야기가 중산층 가정에서 일어난다는 것은 실제 학대를 당한 사람들의 경험과 일치하지 않는다. 그럼에도 사람들은 이와 같은 학대 이야기에 이끌렸다. 이 이야기는 일종의 열쇠였다. 열쇠를 활용하지 않거나 활용할 수 없는 여성에게 사회와 법제도는 눈길도, 도움의 손길도 주지 않았다.

성인 여성을 어린아이 취급하는 것은 오래 전부터 가부장제를 유지하는 효과적인 도구였다. 빅토리아 시대의 고전 표현인 "여성과 아이 먼저"는 사회가 여성과 어린아이를 특별히 존중해야 한다는 표면적인 의미가 있다. 하지만 두 집단을 하나로 묶어 남성에게 구원을 받아야 하는 무력한 피해자로 취급을 하는 말이기도 하다. 여성과 아동은 배가 침몰

할 때 남성에게 이끌려 구명보트에 오르는 존재다. 기억회복 치료는 보수적인 페미니즘 반대운동이 한창일 때 탄생했다. 당시는 1960년대부터 1970년대 초에 일어난 여러 변화를 원상태로 되돌리려는 움직임이 있었다. 남녀평등 헌법수정안Equal Rights Amendment을 추진하려는 오랜 시도가 1980년대 초에 꺾이면서 페미니스트 단체의 입법추진은 완전히 멈추었다. 그리고 문화에도 위상이 회복된 전통적인 가족 중심의 생활이 반영되었다. 저널리스트 수전 팔루디Susan Faludi가 저서 『반발*Backlash*』에서 지적했듯, 기억회복 지침서는 서점에 넘쳐나는 자기계발서과 같은 서가를 공유했다. 『눈을 낮추고 결혼한 여성이 모든 것을 차지한다*Women Who Marry Down and End Up Having It All*』, 『외로운 밤이여 안녕*No More Lonely Nights*』, 『숨은 결혼공포증 극복하기*Overcoming the Hidden Fears That Keep You from Getting Married*』, 『이렇게 잘났는데 왜 나는 아직 싱글이지?*If I'm So Wonderful, Why Am I Still Single?*』 같은 책은 하나같이 여성에게 전통적인 성 역할을 강요하고 있었다.[55] 보수주의로 회귀하는 1980년대 정치에서 이런 책은 독자에게 2가지 인식을 심어주는 강력한 수단으로 활용되었다. 첫째, 정치 변화는 어느 정도 심리적인 문제다. 둘째, 갑자기 자유를 새로 얻었다면 두려워해야 한다. 결혼을 하지 않아도 사회에서 인정받을 수 있다고 깨달은 여성들도 내심 두려운 마음을 갖고 있었다. 이 책들은 평생 개인의 만족을 추구하다 자식도 없이 홀로 죽는다는 그 두려움을 이용했다. 다중인격장애도 자유를 얻은 여성의 최악의 모습을 극단적으로 과장한 것이었다. 만약 페미니즘이 백인 중산층 여성(MPD가 발생하는 집단과 동일하다)에게 아내나 어머니가 아닌 다양한 사회 역할을 선택할 힘을 부여했다고 하면, MPD는 그 선택이 크나큰 잘못이라고 바꿔 놓았다. 눈앞에 있는 다양한 역할을 선택할 수 없어 고민하다가 인생이 망가진 여성, 그것이 바로 MPD 환자였다. 여성에게 "전부 다 가질 수 있는가?"라고 묻는 자기계발서, 잡지 표지기사와 함께(답은 '그럴 수 없다'다.) 기억회복 운동은 지난 20년간의 정치 변화가 여성에게 산혹한 트라우마를 남겼으니 치유해야 한다고 바꾸어 말했다. 그래서 여성을 스스로 얻어낸 자유를 이용하지 못하는 자신감 없고 불안한 존재로 만들고자 했다. (1992년 기억억압 증상 중 첫 번째 항목은 "무엇을 원하는지 잘 모르겠는가?"였다.)[56]

물론 자신의 연구를 페미니즘 프로젝트로 보는 기억회복 전문가도 있었다. 그리고 자네부터 정치 칼럼니스트 조지 윌George Will까지 대대로 보수주의 세력은 피해자를 중심으로 정치 변화를 주도해서는 안 된다고 반대했다. 그들은 피해자라고 나선 여성을 허영심 많고 관심을 갈구하는 사람 취급했다. 그러나 기억회복 치료를 받는 여성은 욕구불만에 사로잡혀 정신과 의사의 사무실을 무대로 이용하려는 헤픈 여배우가 아니었다. 우울증, 이혼, 고독, 실직처럼 아주 정상적인 성인의 문제에 괴로워하고 도움을 필요로 하는 사람이었다. 기억회복 치료는 이런 여성에게 불공평한 계약을 제시했다. '피해자라 말하고 아이처럼 행동하라. 그러면 말을 들어주는 사람이 있을 것이다. 말을 들어주지 않더라도 최소한 동정은 받을 것이다. 이 역할을 거부하고 정신장애를 인정하지 않고 나는 단지 주변 사람이나 환경 때문에 평범하게 살지 못한다고 고집한다면 아무런 도움도 받지 못할 것이다.'

따라서 『아주 특별한 용기』 같이 페미니스트의 목소리를 내는 책도 있었지만, 기억회복 치료는 약한 여성의 이미지와 광적인 애국심을 이용해 보수주의 시대와 완벽하게 호흡을 맞추었다. 미국 교도소를 가득 채운 범죄와의 전쟁 운동부터 주 정부의 공소권을 확대한 보육기관 사건까지, 1980년대 보수파는 여러 정치적인 목적을 이루기 위해 희생양을 만들었다. 기억회복도 이러한 정치 변화의 일부였다. 이전의 페미니즘에서는 근친상간과 학대의 원인을 핵가족 제도로 돌렸다. 작은 집단 안에 권력을 부여한 탓에 아버지와 남편이 자녀와 아내에게 위험할 정도로 통제력을 행사할 수 있었다. 그러나 기억회복은 페미니스트의 주장을 뒤집고 그 대신 호러영화 같은 이야기와 트라우마를 입은 아동-여성을 내세웠다. 여성들은 치료 과정에 주변과 고립되어 치료사를 아버지 삼아 의존했다. 그리고 주장을 입증할 수 없었기에 정치적인 관점에서도 아무런 위협이 되지 않았다.

기억회복 권위자는 대개 남성이었으므로 그것은 문제가 되지 않았다. 콜린 로스는 다중인격 사례연구를 모은 책에서 로니라는 19세 환자를 치료했을 때를 묘사했다. 로스에 따르면 로니는 젊고 "매력적이고 건강미가 넘쳤다. 편안한 분위기를 풍기고 옷차림도 편해 보였다. 금발과 적갈색 눈이 툭 튀어나온 광대뼈를 강조했다."[57] 로니는 내면에 줄리라는 12살짜리 어린이 인격이 있다고 주장했다. 줄리가 말할 때면 로니는 입술을 삐죽 내밀고 안짱다리를 했다. 줄리의 인상을 묘사하는 부분을 보면 12살 된 아이보다는 만화 캐릭터 같다. "줄리의 눈빛과 표정은 훨씬 발랄하고 어린아이 같았다. 천진하고 로니보다 더 매력적이었다." 로스는 이어서 썼다. "주 인격 로니는 감정을 다 드러내지 않았고 침착하고 어른스러웠다. 줄리는 귀엽고 애교가 있었다. 줄리를 달래고 보호하고 싶은 것이 인지상정이었다. 반대로 로니에게는 감정에 치우치지 않았다."[58]

로스는 치료에 착수해 다른 인격을 50개 정도(대다수가 어린아이였다) 발견했을 뿐만 아니라 잊었던 학대 기억도 발견했다. 로니는 상습적으로 부모에게 강간을 당했고 살아 있는 거미를 보았다. 주차장에서 아버지에게 돈을 받은 오토바이 운전자에게 '청부 강간'을 당하기도 했고, 어머니가 의식학대를 치르기도 했다. 9개월 동안 로니의 주인 인격, 다시 말해 그녀의 실제 인격은 완전히 사라졌다. 로스는 로니가 "정신이상 증세를 보였다."라고 썼다. 때로는 "환각 때문에 머리를 감싸 쥐고 몸을 마구 흔들어서 대화를 이어갈 수 없었다."[59] 로스는 치료 중에 추가적으로 학대를 당하지 못하도록 로니를 몬트리올로 이사 보냈다. 로니는 몬트리올 여성보호소에서 최대 1년까지 살 수 있었다. 로스는 떠나지 않았다. 로니는 임시 거처에 머물면서 로스와 치료를 계속하기로 했다.

그러나 로스는 그와 떨어져 지내는 사이 로니의 생각이 달리지리라고는 예상하지 못했던 것 같다. 몬트리올로 이사하고 6개월 후부터 로니는 부모님을 그리워하기 시작했고, 한두 달이 지나자 자신이 결단코 MPD 환자가 아니라는 판단을 내렸다. 로스는 로니가 위니펙으로 돌아오면 더 이상 같이 일할 수 없다고 말했다. 하지만 로니는 기어이 돌아왔고 로스가 사례연구집을 쓸 때까지 3년 동안 둘 사이의 연락은 끊기고 말았다. 로스는 그의 뜻으로 로니의 치료를 중단했다고 설명했다. 하지만 그가 결정을 내린 순간은 로니가 트라우마에 시달리는 어린아이로서 살기를 거부한 바로 그 순간이었다고 말해둘 필요가 있다.

그러나 로니가 로스를 계속 만나고 싶다는 말은 전혀 없고, 로스의 사례연구집 후반부에는 상처를 받은 듯한 느낌마저 든다. "로니를 다시 보지 않겠다고 결심했을 때 참으로 힘들었다. 연락을 하고 싶은 마음이 몇 번이나 불쑥 들었다." 로스는 두 사람의 관계가 깨진 책임을 '투사적 동일시'에 돌렸다. 로스는 환자가 자신의 감정을 치료사에 투사하고 무의식적으로 상황을 조작해 치료사가 환자의 투사된 감정을 실제로 느끼게 할 때 투사적 동일시가 발생한다고 설명한다. 정말 그 때문일 수 있지만 더 단순한 이유는 따로 있다. 로니는 자신이 MPD 환자가 아니라고 깨닫자, 그렇다고 확신한 치료사를 다시는 보고 싶지 않았다. 로스는 약간 씁쓸하고 침울한 분위기로 사례연구를 마무리한다. "자기 집에 있을 로니를 생각하면 슬퍼진다. 내면의 어린이는 여전히 그녀의 아버지와 매주 성관계를 하고 있음을 알기 때문이다."[60]

엘렌 윌리스는 1980년대에 성폭력과 트라우마에 보수적인 시각으로 접근하려는 주류 페미니즘을 비난했던 인물이다. 그녀는 이렇게 썼다. "당대 미국 정치와 문화에서는 무의식적인 정신적 갈등으로 심각한 모순이 나타나 있었다. 한쪽에는 자유와 쾌락을 갈망하는 강력한 욕구가 있고 다른 쪽에는 그러한 욕구가 방종, 혼란, 파괴를 낳을 것이라는 죄책감 섞인 두려움이 있었다. 양쪽이 끊임없이 충돌했던 것이다."[61] 그때도 지금처럼 사회나 문화의 무의식에 대한 진지한 발언은 관심을 받지 못했다. 하지만 좌절한 페미니즘과 복음주의가 동시에 MPD를 질병으로, 그리고 세계관으로 채택하고 섹스는 위험하며 트라우마가 우리 사회에 만연해 있다는 가설까지 받아들인 현상을 그보다 잘 설명하는 말은 없다.

1990년대 초반 MPD는 완벽하게 주류에 입성했다. 글로리아 스타이넘의 명名자기계발서 『내부로부터의 혁명*Revolution from Within*』은 내면의 어린이를 보살피는 것이 내면의 평화를 향한 기본적인 단계라 했고 "의식학대"의 기억을 회복한 여성들을 의심하지 않았다.[62] 1년 후 미국에서 가장 규모가 큰 페미니즘 잡지인 『미즈』는 표지에 "믿으라! 종교단체 의식학대는 존재한다. 한 여성의 고백"이라는 헤드라인를 달았다. 여성은 종교단체의 추가적인 괴롭힘을 피하기 위해 가명으로 글을 썼다. 그녀는 다른 면에서는 평범한 중산층 가정에서 자랐지만 어머니가 사탄교 활동에 빠졌다고 고백했다.[63] 사람을 죽이는 장면을 여러 차례 목격했고 참수당한 여동생의 인육을 먹기도 했다. 잡지는 MPD 관련 기사를 곁들이고 다양한 치료법을 추천했다. 기사에는 의식학대가 피해자의 성 관념에 안 좋은 영향을 줄 수 있다고 경고하는 내용도 있었다. "일부 생존자는 '정상적인'(비폭력적인) 성행위가 무엇인지 모를 수 있다." 따라서 학대를 경험한 사람은 절대 가학 · 피학적인 섹스를 해서는 안 된다. 그랬다가는 학대가 반복될 뿐이었다.[64] 이 기사가 나올 무렵 글쓴이는 결혼해 두 아이를 두었고 자녀들은 절대 사탄교에 노출되지 않았다. 그녀는 자신의 경험을 담은 소설을 쓰고 있다고 말했다.

이 기사가 나간 후 『미즈』는 창간이래 가장 많은 독자 편지를 받았다.[65] 모든 사람이 응원의 메시지를 보낸 것은 아니었다. "내가 그런 조직이 있다고 믿기를 원하면 사실과 통계수치부터 내놓으시지." 한 독자가 보낸 편지다. "이런 끔찍한 일이 아직까지 계속된다면 왜 가명의 글쓴이는 왜 굳이 '소설'을 쓰겠다는 거야? 그럴 시간에 가까운 재판장을 찾아가야 하지 않아?" 허위기억증후군재단FMSF: False Memory Syndrome Foundation 회장인 파멜라 프리드Pamela Freyd도 반박했다. "증거도 없으면서 사탄교 의식학대가 존재한다는 음모론을 진짜인 것처럼 말하는 기사다."

프리드는 1992년에 남편 피터와 FMSF를 창립했다. 피터가 성인인 딸에게 어렸을 때 성폭행을 했다며 고소당한 것이 계기였다. 제니퍼 프리드Jennifer Freyd가 아버지와 맞서게 된 과정은 일반적인 기억회복 이야기와 일치하지 않았고(일단 제니퍼는 최면치료를 받지 않았다) 허위기억증후군이 질병이라는 의학적 증거도 많지 않았다. 하지만 FMSF는 곧 소식지를 보내기 시작했고 자녀에게 학대범으로 지목받은 부모들의 전화를 받았다. 파멜라 프리드는 얼마 안 되지만 갈수록 늘어나는 후원자들을 대신해 『미즈』에 편지를 보냈다. "기억회복 치료로 치료사들은 떼돈을 벌고 있다. 이 얼토당토않은 인간들 때문에 수많은 가족이 무너졌다. 다음 호에는 외계인 납치 기사를 실을 것인가?"

FMSF는 연구소나 지식집단이 아니라 지지단체였다. 그래서 기억회복 치료의 오류를 밝히는 연구를 공론화하는 데 전념했고(실제로 FMSF가 '기억회복 치료'라는 용어를 만들었다) 고소를 당한 부모에게 법적으로 지원을 해주었다. 이보다 시급한 과제는 없었다. 일부 치료사는 학대를 한 부모에게 소송을 걸라고 환자들을 부추겼다. 그 결과 1990년대 후반에 이를 즈음, 민사소송, 형사소송, 접근금지명령을 합쳐 800건이 넘었다. (이는 아동학대 기억을 성인기에 회복한 사례의 1/5도 안 되는 숫자다.)[66] FMSF가 법정과 언론에서 벌인 활동은 궁극적으로 효과적이었다. 하지만 문제를 둘러싼 혼란스러운 상황을 더욱 복잡하게 만들기도 했다. 파멜라 프리드는 치료사의 일차적인 목적이 돈이라는 주장을 할 때 사람들의 이해를 구할 생각이 없었다. 언론 앞에서 공개적으로 싸움을 벌이는 사람은 원래 상대방이 돈을 노린다고 말하기 마련이다. (기억회복 치료사들도 의료 과실로 고소한 환자를 가리켜 거액의 보상금을 노리고 소송을 걸었다고 말했다.)[67] 또한 FMSF는 아동학대법과 관련한 문제의 원인이 『미셸 기억하다』와 기억회복 소송이 아닌 월터 먼데일에 있다고 믿는 보수파 운동가들과 의견을 같이 했다. 한 FMSF 회원은 매사추세츠 주 세일럼에서 허위기억으로 고소를 당하는 피해자 후원회를 조직했다. 그리고 남은 시간에는 공화당 상원의원을 도와 의무적으로 학대 의심 신고를 해야 한다는 아동학대예방및치료법 조항을 없애려고 노력했다.[68] FMSF는 학대 사실을 덮으려고 허위기억증후군을 이용하는 사례와 실제 허위 고소 사례를 구분하는 기준을 명확하게 세우지 못했다. 결국 전부터 이 단체가 학대 가해자에게 점잖은 척 범죄를 감출 구실을 준다며 눈엣가시처럼 보던 사람들의 비난을 자초하고 말았다.

FMSF는 소식지와 홍보자료에서 가족이 피해를 입었다고 강조했다. 그러나 기억회복 치료의 진정한 피해자는 치료를 받으면서 나약함, 무력함 같은 약한 감정을 키우게 된 여성들이었다. 지난 몇 십 년 동안 누군가에게(판사든 친척이든 친구든) 자신의 학대 경험(어렸을 때 당했든 성인이 되어 당했든)을 말하려 했던 여성은 이 주제에 관해서라면 어디에도 이야기를 할 수 없고, 이야기를 들어주려는 사람도 없음을 깨달았다. 기억회복 치료의 가장 큰 모순은 아동 성학대 문제를 공개적으로 끄집어내려고 노력했으면서도 피해 여성들에게 귀를 기울이지 않았다는 것이다. 피해 여성의 말을 직접 들어주기보다는 좀비처럼 다시 살아난 빅토리아 시대 심리학 이론만 앞세웠다. 기억회복 치료에 대한 언론의 관심이 최고조에 달했을 때, 기억회복 운동은 유명인의 협찬이나 다름없는 혜택을 보았다. 한 가지 예로 제작자이자 배우인 로잔느 바Roseanne Barr는 스스로 MPD 환자라고 밝혔다. 바의 치료사는 그녀에게서 피기, 퍼커, 밤비라는 이름의 인격 21개를 발견했다.[69] 바는 〈오프라〉 쇼에 출연해 MPD 환자로서 경험담을 이야기했다. "누군가 이런 질문을 해요. '어린 시절 성폭행을 당했나요?' 답은 2가지뿐입니다. 하나는 '맞아요'이고 다른 하나는 '몰라요'죠. '아니요'라고 말할 수는 없어요."

10

억압과 욕구

케네스 래닝은 이렇게 썼다. "1983년과 1984년 사탄교나 오컬트 활동이 아동 성학대 의혹(대개 '의식적' 아동학대라고 일컫는 의혹)과 관련 있다는 소문을 처음 들었을 때, 나는 소문이 사실이라고 믿었다. 몇 년 동안 인간의 기괴하고 이상한 행동을 지켜보며 불가능은 없다고 깨달은 지 오래였다. 이보다 이상한 사건은 없다고 생각하면 언제 그런 생각을 했냐는 듯 더 이상한 사건이 터져 나온다."[1]

이것은 래닝이 1992년 FBI에 제출한 의식학대 보고서 첫 페이지의 한 단락이다. 몇 년이 흐르는 사이, 래닝은 모든 것이 가능하다는 생각을 바꾸었다. 그는 미국 내 사탄교 비밀조직망을 밝히려고 장장 5년 동안 수사를 했지만 노력은 수포로 돌아갔다. 1980년대 후반부터 래닝은 학회에서 정중한 태도로 전문가들의 의견에 의혹을 제기하기 시작했다. 그럴 때면 일부 학회 참석자는 흥분하며 래닝에게 FBI에 잠입한 사탄교 신자냐고 큰소리로 몰아세웠다. 보고서에 이런 사실을 밝힌 래닝은 비밀 범죄단체를 대표해 나오지 '않았음'을 증명하라는 요청이 어렵고 불공평하다고 썼다. "그렇게 주장하는 사람들에게 내가 할 말은 하나뿐이다. 당신이 틀렸다는 것."

래닝은 사람들이 이 주제에 계속 관심을 두기를 바랐다. 11년 동안 아동학대와 방지책에 대해 연구하고 자문해 온 그는 의식학대의 공포로 거의 모든 연구가 무너질 위기에 처했다고 믿었다. "사탄주의 살인은 2명 이상의 개인이 계획적으로 모의한 범죄라고 정의할 수 있다. 주된 목적은 사탄교 의식에 규정된 살인을 완수하는 것이다." 래닝은 이어서 썼다. "이 정의에 따르면 미국에서 확인된 사탄주의 살인은 단 1건도 없다." 래닝은 의식학대를 믿고자 하는 욕구는 1950년대 "낯선 사람은 위험하니 따라가지 말라"는 집단 패닉의 새로운 형태라고 설명했다. 트렌치코트를 입은 소아성애자가 사탄교로 바뀌었을 뿐이다. 아동학대에 대한 이러한 믿음은 놀랍도록 간단한 용어에서 문제를 찾을 수 있다. "가장 역사가 깊은 범죄이론은 악마론이다. 즉, 악마가 그렇게 시킨다는 말이다."

래닝의 길고 상세한 보고서는 의식학대 주위에 복잡하게 얽혀 있는 혼란 상태를 차근차근 파헤친다. 그는 경찰이 사탄교 학회에 참석한 후 헤비메탈, 청소년 우울증 및 자살, 유럽 마법의 날조된 역사, 뉴월드오더 음모론*, 마리화나 사용 등 현실과 가상의 수많은 사회 현상을 설명하는 수단으로 의식학대를 덥석 택했다고 설명했다. 래닝은 자녀가 학대를 당했다고 믿는 부모가 사탄교 의식학대의 가능성에 마음이 끌린 이유도 설명했다. 해답은 단순하다. 그렇게 생각함으로써 죄책감을 덜 수 있었기 때문이다. 가해자가 보육기관 교사가 아니라 세계적인 범죄조직 구성원이라면 부모 입장에서 어떻게 예상할 수 있었겠는가? 하지만 그보다 더 중요한 래닝의 주장은 사탄교 의식학대가 아예 존재하지 않는다는 것이었다. 1980년대에 의식학대를 가장 나서서 지지했던 사람이 이제는 다른 말을 하고 있었다. 래닝은 의식학대의 내용이나 범위

---

* 하나의 정부를 구성하기 위해 은밀히 활동하는 비밀결사단체

가 부풀려진 것도 아니고 처음부터 존재하지 않았다고 단호히 말하고 있었다.

전국적으로 퍼졌던 의식학대 히스테리는 1990년 맥마틴 사건의 두 번째 재판과 함께 끝이 났다. 이후 서서히 위축되며 20년 넘게 흐르는 사이, 많은 반전이 드러나고 책임이 있는 사람은 문제를 회피했다. 보육기관 사건에서 유죄 판결을 받은 피고인들에게는 구속보다 석방까지의 과정이 훨씬 길었지만 대부분 출소할 수 있었다. 그러나 교도소에서 나왔다고 평범한 삶을 되찾는다는 보장은 없었다. 페기 맥마틴 버키는 맥마틴 사건 이후 어려움이 많았다. 사람을 두려워하기 시작했고 웬만하면 집밖으로 나가려 하지 않았다. 로스앤젤레스 카운티와 맨해튼비치 시를 상대로 인권침해를 주장하며 소송을 제기했지만 연방법원 판사는 소송을 기각했다. 그래도 새로 태어난 손자가 있었다. 페기의 딸 페기 앤이 1987년에 결혼해서 낳은 손자는 와이즈버그 판사가 무효 재판을 선언했을 때 두 돌을 앞두고 있었다. 이제는 길에서 그녀를 알아보며 응원해주는 사람들도 있었다. 페기는 이 사람들이 몇 년 전에는 다 어디 있었을지 궁금했다.[2] 버지니아와 페기 앤이 CII와 지방검사 사무실을 상대로 제기한 소송은 연방법원까지 올라갔지만 대법원에서 기각되었다.[3] 맥마틴 가족은 밥 커리도 명예훼손죄로 고발했다. 상급법원 판사는 맥마틴 가족의 손을 들어주었지만 2번의 재판을 치르고 7년간 언론에서 악평을 받으며 이미 명예가 훼손되었기 때문에 커리가 그 이상의 명예훼손을 할 수 없었다고 판결을 내렸다. 판사는 원고 각각에 피해보상금 1달러씩 지급할 것을 명령했다.

남편에게 불리한 증언을 하는 대가로 징역 10년형을 받은 일리나 퍼스터는 3년을 복역한 후 1989년에 출소했고 곧장 본국 온두라스로 추방되었다. 그보다 1년 전, 1984년 의식학대 혐의로 기소되기까지 미시건 주 나일스 스몰월드 유치원 교사로 일했던 리처드 바크먼Richard Barkman은 각고의 노력 끝에 유죄 판결을 뒤집었다. 사건의 발단은 바크먼이 한 학생의 어머니를 아동방치로 신고한 것이었다. 그러자 그녀는 오히려 바크먼이 아동학대를 했다는 의혹을 제기했고, 수사팀은 스몰월드 유치원 아동 60명 이상에게 같은 주장을 이끌어냈다. 1990년 두 번째 재판을 받은 바크먼은 폭행 혐의 하나에 불항쟁 답변*을 신청했다. 그는 징역형에 집행유예 5년을 선고받았다. 노스캐롤라이나 주 에덴턴의 리틀래스컬스 어린이집 교사였던 벳시 켈리Betsy Kelly도 재판을 기다리며 교도소에서 2년을 보내고 바크먼과 같은 선택을 했다. 켈리는 1994년 1월에 불항쟁 답변을 하고 10개월간 추가로 복역한 뒤 석방되었다. 1993년 뉴저지 항소법원도 켈리 마이클스의 유죄 판결을 뒤집으며 형을 무효로 하고 5년간 교도소에 있던 그녀를 풀어주었다. 정신없는 공판이 끝나고 법원 밖으로 서둘러 나와 차에 올라탄 마이클스는 가족과 친구들이 기다리고 있는 뉴욕으로 향했다. 차가 맨해튼에 다가가자 마이클스는 외쳤다. "저 아름다운 하늘 좀 봐!"[4] 그녀에게는 여전히 100개도 넘는 아동학대 혐의가 걸려 있었지만 1994년 검찰은 재심을 하지 않겠다고 발표했다.

모녀간인 바이올렛 애머럴트와 셰릴 애머럴트 르페이브는 1995년에 석방되었다. 아들이자 오빠인 제랄드 애머럴트까지 세 사람은 매사추세츠 주 몰든에 있는 펠즈에이커스 어린이집에서 일했다. 하지만 1984년 제랄드가 여러 아이를 학대한 혐의로 붙잡혀 기소되었다. 애머

---

* 사실을 부인하지 않지만 혐의 사실 자체를 인정하지 않는 것

럴트 사건의 전개 방식도 전형적이었다. 한 수사관은 아이가 말을 하도록 달래는 것이 "돌에서 피를 짜는 기분이다."라고도 말했다.[5] 바이올렛과 셰릴은 항소심에서 원심이 두 사람의 인권을 침해했다는 판결이 나오며 자유의 몸이 되었으나, 1997년 주 최상급법원은 유죄를 확정지었다. "절차를 다시 밟으면 다른 결과가 나올 수 있다거나 첫 번째 결과에 조금의 의혹이 남을 수 있다는 사실만으로는 사회가 끝났다고 생각하는 문제를 다시 꺼낼 이유로 충분하지 않다."라는 이유였다.[6] 판결문에서는 '최종'이라는 단어만 5차례 등장했다. 셰릴은 교도소로 돌아갔다. 70대였던 바이올렛은 같은 운명을 피할 수 있었다. 복구된 징역형이 개시되기 전에 위암으로 세상을 떠났기 때문이었다.

언론은 누구보다 빠르고 단호하게 기억회복, 의식학대, 보육기관 사건에 등을 돌렸다. 1990년 5월 전국 규모의 잡지 중 처음으로『하퍼스』에 회의적인 기사가 실렸다. 기사를 쓴 도로시 라비노비츠는 뉴저지 방송국의 기자이자 논설위원으로 켈리 마이클스 재판을 시작부터 지켜봐왔다. 1988년 라비노비츠는 검찰의 주장에 점점 의심이 들던 차에『빌리지 보이스』에 실린 데비 네이선의 기사를 읽고 그녀도 직접 취재기사를 쓰기로 결심했다. 라비노비츠는 경찰과 학부모, 검찰이 "그림형제 동화 같은 가상의 이야기"에 빠졌다며 비판했다.[7] 이후 1990년대의 기사들은 라비노비츠의 논조를 이어받았다. 1995년 바이올렛 애머럴트와 다른 보육기관 사건 피고인들, 그리고 두 명의 교수가 CNBC 특집방송에 출연했다. 이날의 토론 주제는 아동학대 사건의 잘못된 판결이었다. 토론을 이끌고 중재하는 사회자는 제랄도 리베라였다. 리베라는 한 순간 잠시 토론 진행을 멈추고 공언하기도 했다. "1980년대에 '아이들을 믿는다' 운동을 지지한 것이 엄청난 실수였습니다." 이제 리베라는

무고한 사람이 억울하게 유죄 판결을 받았고 기억회복 치료가 '순 헛소리'라고 믿었다.[8]

텔레비전 영화도 입장을 바꾸었다. 1980년대 후반에는 CBS 다큐멘터리 드라마 〈머핀장수를 아시나요*?Do You Know the Muffin Man?*〉와 같은 방송국 자체제작 영화가 몇 편 있었다. 『머핀장수를 아시나요?』에서 스티븐 도프Stephen Dorf는 학대를 당했지만 어린이집 교사들의 협박으로 입을 꾹 다문 소년의 형을 연기했다(이상하게도 이 영화는 '머핀장수'를 전혀 언급하지 않는다.)[9] 그러나 1995년, HBO는 마침내 애비와 마이라 맨이 맥마틴 사건을 모티브로 만든 영화 〈고발*Indictment*〉을 방송했다. 대니 데이비스는 제임스 우즈James Woods가 연기했다. 데이비스의 집요한 성격은 강조했지만 법정에서 두서없이 길게 이야기하는 특징은 살리지 않았다.[10]

언론 밖에서는 이따금씩 깜짝 놀랄 만큼 폭력적인 사건과 함께 패닉의 불씨도 다시 솟아올랐다. 1994년 시애틀과 약 240킬로미터 거리의 소도시인 워싱턴 주 위냇치에서는 로버츠 페레즈Robert Perez라는 경찰서 부서장이 성범죄 수사팀 팀장직을 맡았다. 페레즈는 자기 업무에 열정을 바치면서도 팀장으로 지명된 이유가 "내게도 미스터리다."라고 말했다. 따로 집중적인 훈련을 받거나 비슷한 사건을 맡은 경험도 없었기 때문이다.[11] 그해 여름 의붓아버지를 아이오딘으로 독살하려고 한 15세 소녀가 의붓아버지에게 강간을 당했다고 고백했다. 페레즈는 당장 의붓아버지를 체포했다. 다음 날은 소녀가 진술을 완전히 바꾸었다고 보고한 담당 사회복지사 폴 글래슨Paul Glassen도 목격자매수죄로 체포했다.[12] 1995년 수사를 확대한 페레즈는 자신이 학대조직을 밝혀내고 있다고 확신했다. 수양딸 도나도 피해자 중 하나라 믿었기에 하루는 도나를 경찰차에 태우고 위냇치를 돌아다니며 도나와 친구들이 학대를 당한 집을 알려달라고 부탁했다. 건물 22곳을 지목한 도나는 택시기사와 배달부에게도 학대를 당했다고 말했다. 이것을 시작으로 성인 43명이 체포되었고 아동 6명이 피해자라 주장하고 나섰다. 페레즈는 수사를 통해 2만 9,000개가 넘는 아동 성학대 혐의를 제기했다. 이 중 유죄 판결이 18건이었고 불항쟁 답변 또는 유죄 인정도 10건이 넘었다. 수만 가지 학대, 추행, 강간 행위가 일어났다는 곳은 인구 2만 2,000명에 불과한 소도시였다.

위냇치 성학대 조직 사건은 구성 자체가 너무나 부자연스럽고 이상했다. 그래서 사건이 갑자기 종결되었다는 사실도 전혀 놀랍지 않아 보였다. 1996년 피해를 당했다는 소녀 하나는 방송국 기자, 변호사, 위냇치 카운티 위원, 자기 할머니에게 페레즈가 강간 주장을 강요했다고 말했다.[13] 또한 그렇게 하지 않으면 때리겠다는 페레즈의 협박도 밝혔다. 한번은 증언을 망설이다가 페레즈에 밀려 바닥으로 쓰러진 적도 있었다. 1990년대 말에 이를 즈음 위냇치 사건의 유죄 판결은 거의 다 무죄로 뒤집히거나 파기되었다.

1990년대 후반에는 캘리포니아 주 컨 카운티의 앨빈과 데비 매쿠언 부부, 스콧과 브렌다 니픈 부부도 자유를 찾았다. 모두 합쳐 형기가 정확히 1,000년이었던 형기 중에서 10년 조금 넘게 복역한 두 부부는 수사팀이 자녀에게 불리한 증언을 유도했다는 항소법원 판결에 따라 1996년 석방되었다. 니픈 부부의 두 아들인 브라이언과 브랜든은 방송에서 그 사실을 인정했다.[14] 스콧과 브렌다는 항소심 당일 6년 만에 처음 만났다. "세상에." 브렌다는 남편을 보고 말했다. "여보, 당신 발모제를 먹어야겠다."[15] 컨 카운티 성학대 조직 사건의 유죄 판결 34건은 모두 뒤집어졌다. 하지만 의붓할아버지와 아버지에게 근친상간을 당했다고 주장해 수사를 시작하게 만든 앨빈과 데비의 두 딸은 꿋꿋이 주장을 밀고 나갔다.

1995년 노스캐롤라이나 항소법원은 1989년 가을까지 에덴튼 리틀래스컬스 어린이집에서 일했던 로버트 켈리Robert Kelly와 던 윌슨Dawn Wilson의 유죄 판결을 파기했다. 두 사람은 13회 연속 징역형을 받아 복역하고 있었다(로버트에게만 12회). 다른 리틀래스컬스 사건 피고인은 재판을 받지 않고 불항쟁 답변을 택했다. 1999년 셰릴 애머럴트 르페이브는 석방되는 대가로 10년 보호관찰을 받기로 미들섹스 카운티 지방검사와 합의했다. 추가적인 조건도 여러 가지였다. 친척이 아닌 아동과 단둘이 접촉할 수 없었고, 피해자 가족과도 절대 만나지 말아야 했다. 텔레비전 인터뷰에 응하거나 경험담을 책으로 써서 수익을 올리는 것도 불가능했다. 2000년 주 가석방 심의위원회는 제랄드 애머럴트의 감형을 조사하기 시작했고 2001년 찬성 5표, 반대 0표로 석방을 권고했다. 마샤 코클리Martha Coakley 지방검사는 이제 성인이 된 아동 피해자들의 기자회견 자리를 만들었고 애머럴트를 교도소에 그대로 둘 것을 주지사에 요청했다. 주지사 직무를 대행하던 제인 스위프트Jane Swift는 2002년 애머럴트의 감형을 거부했다.[16]

1990년대에 항소법원은 명백히 도를 넘은 수사와 기소로 부당한 판결이 나왔다며 수많은 유죄 판결을 뒤집었다. 그러니 일자리를 잃은 사람이 꽤 나오지 않았을까? 하지만 캘리포니아 주 컨 카운티의 에드 재글스는 18번째 임기를 연장하지 않겠다고 발표한 2009년까지 지방검사장직을 유지했다. 마지막까지 공식 웹페이지에는 재글스의 감독하에 "컨 카운티는 다른 캘리포니아 주 카운티보다 인구비례 수감된 죄수가 가장 많다."라고 자랑스럽게 쓰여 있었다.[17] 매사추세츠의 마사 코클리는 계속 미들섹스 카운티 지방검사로 있다가 2006년 주 선거에 승리해 검찰총장직에 올랐다. 4년 후에는 재선에 성공했다. 미셸 노블과 게일 오브의 유죄 판결(둘 다 무죄로 뒤집혔다)을 따낸 검사 데브라 카노프는 현재 미 연방 검사보로 일하고 있고, 로버트 페레즈는 더 이상 직무 수행을 하지 못한다는 이유로 퇴직했다. (하지만 위냇치 사건 피고인들에게 여러 차례 민사소송을 당했다.)

하지만 집단 히스테리가 물러간 후 그 어떤 검사나 치료사, 수사관도 자넷 레노만큼 화려한 성공을 이루지는 못했다. 일리나 퍼스터가 온두라스로 추방되고 4년이 지난 1993년, 빌 클린턴Bill Clinton 대통령은 레노를 미국 최초의 여성 법무장관 후보로 지명했다. 승인을 받고 법무장관이 된 레노는 이후 논란의 중심에 서서 유명세를 떨쳤다. 텍사스 주 웨이코에서 과격파 종교단체가 점거하는 건물에 공격을 개시하라고 FBI에 지시를 내린 것이다. 이 공격으로 발생한 화재는 건물을 집어삼키고 수십 명의 사망자를 냈다. 이 중에는 어린아이 22명도 있었다. 당시에는 대부분 알아차리지 못했지만 레노가 마이애미에서의 경험 때문에 FBI 공격을 명령하기로 결정했다는 증거가 있다. 원래 레노는 해당 건물에 공격대를 보낼 생각이 별로 없었고 인질 협상요원에게 시간을 더 주고 싶었다. 그런데 FBI 내에서 어떤 인물이(법무부의 공식 수사는 누구인지 밝혀내지 못했다) 건물 안에서 아이들이 학대를 당하고 있다는 근거 없는 주장을 했다. 그래서 레노는 공격를 해야 마땅하다고 생각을 바꾸었다. 왜냐하면 "(FBI가) 다윗교에서 아기들을 폭행하고 있다는 사실을 알아냈다."라고 생각했기 때문이다. 공격이 끝난 후 브루스 페리Bruce Perry라는 의사가 생존한 아동 21명을 검진했다. 가볍거나 보통 수준의 사회화 문제는 있지만, 신체폭력 또는 성폭력 징후는 없다는 결론이 나왔다. 최루가스를 발포하라는 레노의 명령에 대해 페리는 이렇게 판단했다. "FBI는 레노 장관의 기억을 되살릴 기회를 최대로 활용한 겁니다."[18]

제시 프리드먼은 가장 심각한 성범죄로 유죄를 받은 사람을 칭하는 성범죄자 '3급'으로 등록된 채 2001년에 교도소에서 나왔다. 유죄 판결을 뒤집고 성범죄자 딱지를 떼고자 하는 그의 노력은 오늘날까지 계속되고 있다.[19] 2004년에는 제럴드 애머럴트가 마침내 석방되었고 2009년 매사추세츠 항소법원은 버나드 배런의 유죄 판결을 파기했다. 배런은 끈질기게 무죄를 주장한 탓에 25년 가까이 보석으로 나올 수 없었다. 그는 2014년 9월, 동맥류로 사망했다. 향년 49세였다. 배런은 성인이 된 후로 교도소 밖보다 안에서 더 많은 시간을 보냈다. 1994년 샌안토니오에서 아동 성폭행으로 가중처벌을 받은 히스패닉계 레즈비언 여성 애나 베스케즈는 2012년에 보석으로 풀려 나왔다. 2013년 가을에는 엘리자베스 라미레즈, 카산드라 리베라, 크리스티 메이휴도 뒤를 이었다.

그보다 딱 일주일 전, 프랜 켈러는 법정에 출두한다는 서약 담보금을 내고 교도소에서 풀려났다. 그녀는 추수감사절에 집으로 돌아갈 수 있었고 전남편 댄도 일주일 먼저 석방되었다. 두 사람은 비록 이혼했지만 서로 가깝게 지내고 있다. 1992년까지 오스틴 외곽에서 가정 어린이집을 운영했던 켈러 부부가 20년 만에 풀려난 이유 중 하나는 1990년대 초 그들에게 불리한 증언을 했던 의사가 증언을 철회했기 때문이었다. 마이클 모우Michael Mouw가 오스틴 도심에 있는 브래큰리지 병원 응급실에서 일하고 있을 때 켈러 부부가 3살 여자아이를 성폭행했다는 의혹이 처음 제기되었다. 모우는 그때 아이의 처녀막 형태가 이상하다고 판단했지만 몇 년 후 한 학회에서 일반적인 아동 성기의 형태가 다양하다는 발표를 들었다. 그 발표를 계기로 모우는 생각을 다시 하게 되었다. 게다가 당시 응급실에는 그렇게 느낄 수밖에 없는 분위기가 만연했다고 한다. 모우는 2009년 기자 인터뷰에서 말했다. "응급실에서는 무죄를 증명하기 전까지 항상 유죄입니다. 진심이에요."[20] 모우는 생각이 완전히 달라졌다고 말했고 2013년 여름 켈러 사건의 유일한 증거였던 최초 진단이 잘못이었다고 증언했다. "때로는 내가 모르는 걸 알아내는 데 시간이 걸리는 법입니다. 나는 잘못 생각했던 거예요."[21]

이처럼 체계적인 발전이 이루어진 25년 사이, 항소법원은 수많은 사람의 죄를 면해 주었다. 사법제도가 전문가 증언에 크게 의존하는 구조였기 때문에 예전의 심리치료사들은 강압적인 인터뷰를 할 수 있었다. 하지만 이후 정신의학계 연구진은 대조실험으로 아동의 피암시성에 대한 논문을 내고 통계수치를 발표했다. 1995년 미국심리학회는 이 분야에서 가장 중요한 서적이 되는 『위험한 법정: 아동 증언에 대한 과학적 분석*Jeopardy in the Courtroom: A Scientific Analysis of Children's Testimony*』을 출간했다. 저자인 스티븐 세시Stephen J. Ceci와 매기 브룩Maggie Bruck은 역사적으로 아동의 피암시성 문제를 법정에서 어떻게 다루었는지 설명한 후, 수사 과정에서 아동의 정확성과 신뢰성에 영향을 줄 수 있는 여러 가지 인터뷰 기법을 살펴보았다. 그들은 인터뷰를 반복하면 아이가 사건을 상세히 설명할 수는 있지만 인터뷰가 거듭될수록 정확성이 떨어진다는 사실을 발견했다.[22] 그리고 많은 연구를 인용해 아동의 나이가 아주 어릴 경우에는 질문하는 사람의 편견이 크게 작용한다고 설명했다. 실제로 무슨 일이 있었는지 잘 아는 사람은 아동에게 비교적 정확한 이야기를 얻을

수 있지만, 부정확한 가설을 세우고 인터뷰를 시작하면 아이도 부정확한 정보를 제공했다.[23]

세시와 브룩 외에 연구 심리학자 엘리자베스 로프터스도 항소로 유죄 판결을 뒤집으려는 사람들에게 정보를 주었다.[24] 로프터스가 1995년에 실시한 유명한 연구가 있었다. 로프터스는 피험자에게 그의 친척이 말해 주었다는 과거 일화들을 설명했다. 몇몇 진짜 이야기 사이에는 5살 때 쇼핑몰에서 길을 잃었다는 가공의 이야기가 들어가 있었다. 로프터스는 약 25명의 참가자에게 친척의 말과 상관없이 기억이 나지 않으면 솔직하게 말해야 한다고 알렸다. 하지만 1/4이 쇼핑몰에서 길을 잃은 기억이 난다고 주장했고, 자기도 모르게 이야기에 살을 붙여 상세히 꾸며 말하는 사람도 있었다.[25] 같은 학계에서도 실제 정신적인 트라우마를 실험하지 못했다며 로프터스의 연구를 비판하는 목소리가 있었지만(연구자가 실험에 강간이나 폭력의 허위기억을 이용한다면 몹시 비윤리적이지 않을까?) 로프터스는 단순하고 정확하게 이 분야에 대한 속성 연구를 완성해냈다.

이렇게 학문적으로 발전하며 이제는 이들이 비판하는 사람들도 연구 내용을 인용하고 찬사를 보낸다. 2013년 CII 직원이 『뉴욕타임스』에 말했다. "요즈음은 맥마틴 사건 때와 달리 아이들 인터뷰에 아주 명확한 규정이 있어요." 라엘 루빈도 같은 감상을 말하며 지난 25년 동안 수사관과 치료사가 다음의 사실을 알아내려고 노력했다는 주장을 펼쳤다. "누가 질문을 해야 하고, 누가 그 자리에 있어야 하고, 어떻게 진행하고 어떻게 녹화해야 하는지…… 범죄의 피해자일지도 모르는 아이들과 이야기하는 데 가장 적합한 대화법을 개발했습니다."[26]

라엘 루빈마저 1983년과 1984년에는 수사관과 치료사의 능력이 부족했다고 인정하자 요동친 민심이 회의론 쪽으로 지나치게 기울었다고 생각하는 사람들도 있었다. 정치학자 로스 차이트는 약 15년 동안 보육기관 의식학대 사건의 경찰과 법원 기록들을 면밀히 검토해 2014년 그 결과를 발표했다. 그는『마녀사냥 이야기: 정치와 심리학, 그리고 아동 성폭력』에서 "어떤 기준으로도 1980년대에 '마녀사냥'라는 전염병은 존재하지 않았다."라고 주장했다.[27] 차이트는 검찰이 지나쳤고 경찰이 실수를 했다고 간간이 인정했다. 하지만 한 가지 예외를 제외하면, 마녀사냥이라고 흔히 일컫는 모든 사건은 실제로 성폭행이 있었기 때문에 시작되었다고 주장한다. 맥마틴 사건을 분석한 차이트는 여교사 대여섯 명의 기소는 완벽한 실수였지만(페기 맥마틴 버키는 복합적이다) 레이 버키를 가리키는 증거는 비교적 강력했고, 뉴저지 주 메이플우드의 켈리 마이클스가 유죄라는 증거도 만만치 않았다고 결론 내린다.[28] 프랭크와 일리나 퍼스터를 감옥으로 보낸 컨트리워크 사건에 대해서는 이렇게 말한다. "이들이 확실한 유죄가 아니라고 말하려면 증거를 아주 많이 왜곡해야 합니다."[29]

그러나 차이트의 책을 보면 본인도 증거를 아주 많이 왜곡한다. 예를 들어, 컨트리워크 사건 차례에서 차이트는 당시 검찰을 지지했던 사람들처럼 노엘 퍼스터의 목에서 나온 임질 양성반응이 "프랭크의 유죄를 입증하는 가장 강력한 증거다."라고 말한다.[30] 그는 1983년『임상미생물학저널*Journal of Clinical Microbiology*』에서 실린 논문을 인용하며 노엘의 배양 샘플에 사용한 테스트를 신뢰할 수 있다고 주장한다. 그러나 차이트는 논문의 내용을 완전히 잘못 해석하고 있다. 그는 "RapID NH 테스트의 양성예측도는 99.38퍼센트로 알려져 있다."라고 썼는데, '양성예측도'란 특정 질병이나 증상에 테스트를 해서 양성반응이 나오면 실제 그 질병이나 증상이 있음을 의미한다는 말이다. 그러므로 차이트의 말처럼 양성예측도가 아주 높다면 확실한 유죄를 나타내는 듯하다. 문제는 99.38퍼센트라는 수치가 인용된 논문 어디에도 등장하지 않는다는 것이다. 논문의 결론에서 추론 가능한 수치도 아니다.

차이트는 무시하거나 언급하지 않았지만 그보다 최근에 나온 연구들은 테스트 양성반응을 지나치게 믿지 말 것을 권한다. 1988년 질병관리센터는 RapID NH 테스트가 성관계로 전염되는 임질균와 아동의 목구멍에서 흔히 발견되는 박테리아와 구분하지 못할 가능성이 있다고 구체적으로 경고했다.[31] 1999년 그 논문의 주 저자는 증언조서에서 RapID NH가 범죄수사에 사용하기에 부적절한 테스트라고 재확인했다. 6년 후 『의학미생물학저널*Journal of Medical Microbiology*』에 발표한 다른 논문에서 저자들은 이렇게 밝혔다. "이 병원균을 확실히 확인하기는 힘들다. 따라서 현재 정확한 확인을 위해 추천하는 방법은 없다."[32] 질병관리센터는 현재 범죄수사용 임질 진단법을 이야기하며 "성폭행 수사는 실험에 의한 임질 진단을 근거로도 시작될 수 있으므로 '임균N. gonorrhoeae'이 명확하게 확인되었을 때만 증거로 받아들여야 한다."라고 권한다.[33] 여기서 명확한 확인이란 최소 2번의 테스트를 거쳐 분리균을 검출해야 한다는 뜻이다. 들리는 이야기마다 다르기는 해도 퍼스터의 아들의 목에서 임질균을 찾은 테스트는 문제의 RapID NH뿐이었다. 현재 법의학 기준으로는 신뢰할 수 없는 진단 결과인 셈이다.

차이트는 의학적 논쟁에서만 오류를 범하지 않았다. 그의 책은 보육기관 사건을 둘러싼 사회적 현실을 기본적으로 잘못 생각하고 있다. 차이트는 실제 아동학대가 발생하는 사회라 해도 아동학대 의혹으로 집단 패닉을 조장할 수 있다는 사실을 인정하지 않았다. 그는 60쪽 넘게 당국의 과잉 대응이나 실수 여부와 상관없이 이 사건들을 폭넓은 사회 현상으로 생각할 수 없다고 주장했다. 차이트는 정말 아무 잘못도 하지 않은 무고한 사람의 체포, 재판, 유죄 판결이 포함되지 않았다면 마녀사냥이라 표현할 수 없다고 판단하는 듯하다. 그의 기준에서 메니소타 주 조던의 성학대 조직 수사는 집단 패닉의 산물이 아니었다. 실제로 아이들을 학대한 제임스 러드는 유죄를 인정했지만 성학대 조직에 가담했다고 기소된 사람은 전원 법정에서 유죄 판결을 받지 않았다. 오스틴에서 댄과 프랜 켈러가 유죄를 받은 것도 마녀사냥과 관계없는 일이다. 도를 넘은 인터뷰 탓에 사탄교 의식학대라는 기괴한 주장이 나왔지만, 차이트는 그런 주장이 "켈러 부부에게 가장 먼저 제기된 형사소송에는 포함되지 않았고 이 사건에서 인터뷰를 한 아동과 부모는 소수에 불과하다."라고 썼다.[34] 역시 그의 기준대로라면 세일럼 마녀재판이 마녀사냥이라는 미국 역사학자들의 주장도 과장이라고 비난할 수도 있겠다. 마녀로 의심받은 세일럼 주민 중 다수가 정식으로 기소되지 않았고(차이트는 독자들에게 질문을 던졌다. "아예 기소되지를 않았는데 무엇이 마녀사냥이고 '실현되지 않은 정의'인가?") 기소되었다 해도 20명 넘게 무죄 판결을 받았다.[35] 심지어 한 시종은 여주인이 마법을 쓴다고 '거짓'으로 고소하려 했다.

차이트는 맥마틴이나 컨트리워크 같은 사건이 하나의 현상에 속한다고 보려면 각각의 결정적인 차이를 고의로 무시해야 한다고 말한다. 그는 "아이들을 개체로 대우하고 개개인의 상황을 고려해야 한다."라고 주장한다.[36] 하지만 차이트의 책에서는 아동기 경험을 단 하나밖에 인정하지 않는다. 보육기관 사건이 터질 때 어린이였던 다수가 성인이 되어 공개 발언을 했는데도 말이다. 2005년 『로스앤젤레스 타임스』는 맥마틴 유치원 출신의 31세 남성 카일 저폴로Kyle Zirpolo와 인터뷰를 했다. 당시 저폴로의 몇 가지 주장으로 맥마틴 교사들은 혐의를 쓰고 결국 기소되었다. 기사의 헤드라인은 "미안합니다."였다. 저폴로는 CII 치료사들이 "킬킬 웃으면서 '에이, 네가 당한 일인 거 알아.'라고 말했습니다."라고 회상했다. 어머니가 벌거벗은 영화배우에 대해 물었던 기억도 있었다. "100번도 넘게 질문을 받고 나서 그 놀이를 했다고 말했던 것 같아요." 저폴로는 처음부터 자신의 말이 거짓말임을 알았다. 그래서 힘겨운 외줄타기를 해야 했다. 무슨 일이 있었는지 기억해내라는 사람들의 응원을 받을 때면 말실수를 하고 말 것이라는 걱정이 커졌다. "밤에 침대에 누워서 머리를 쥐어짜며 무슨 말을 했는지 생각했어요. 그래서 계속 이미 했던 말만 다시 말했습니다." 저폴로는 20년이 지났기 때문에 맥마틴 사건의 모든 사실을 확실히 알지는 못한다고 말했다. 그리고 다른 아이들을 대신해 말하고 싶지도 않았다. "하지만 이것만큼은 잊지 않았어요. 저는 거짓말을 했습니다."[37]

제니퍼*는 저폴로와 달리 오랜 세월 자신의 기억에 확신이 없었다. 하지만 교회의 지하에 있던 어린이집의 일상은 비교적 명확하게 기억했다. "빵을 구웠던 기억이 나요. 교회 주방으로 가서 조별로 빵을 구웠어요."[38] 그러다 어린이집이 빅토리아풍 주택 같은 곳으로 자리를 옮겼다. 제니퍼는 2층 건물과 커다란 교실을 기억했다.

제니퍼는 주로 노동자층이 사는 인구 1만 명가량의 작은 마을에서 자랐고 부모님은 맞벌이를 했다. 그래서 척과 그의 아내 린다, 그리고 제니스라는 여성의 지도를 받으며 오전부터 오후까지 어린이집에서 보

* 가명. 사생활 보호 요청에 따라 그녀와 관련된 인명과 장소 명을 바꾸었다.

내야 했다. 1984년 척이 아동 성학대 혐의로 기소됐을 무렵, 제니퍼는 초등학교에 진학했다. 어머니 손에 이끌려 경찰서에서 인터뷰를 했던 때는 7살이었다. 제니퍼는 말했다. "제복을 입었는지 아닌지는 모르겠지만 한 아저씨가 성기가 달린 인형을 들고 있었어요. 어떤 걸 했는지 보여달라는데 도통 알아들을 수 없었어요." 원래 수사 초기 단계는 혼란스럽기 마련이다. 하지만 제니퍼가 처음으로 인터뷰를 받았을 때 경찰 내부에는 강렬한 에너지가 흘렀고 이후에도 마찬가지였다. "그러니까, 우리 가족이 뭔가 바쁘게 움직인다는 걸 알 수 있었어요." 제니퍼의 말이다. "엄마가 특히 푹 빠져서 전화 통화와 회의 같은 걸 했어요. 누군지 몰라도 어떤 남자애가 자기 엄마한테 안 좋은 일을 당했다고 이야기했대요. 엄마는 무슨 일이 있었냐고 내게 물었어요. 나는 아무 일 없었다고 말했죠."

첫 번째 인터뷰 이후로 청소년기까지 계속된 심리치료는 제니퍼의 삶을 크게 바꾸어 놓았다. "치료를 받을 때가 가장 힘들었어요. 트라우마가 다 거기서 시작된 거예요." 제니퍼는 어린이집에서 학대를 당했다는 아이들을 치료하는 미리엄에게 일반적인 일대일 상담을 받았다. 미리엄은 인형으로 성행위를 묘사한 후 제니퍼에게 이런 경험을 했는지 확인해달라고 했다. 제니퍼는 말했다. "머리가 깨질 것처럼 아팠던 기억이 나요. 미리엄은 '했다고 말해, 했지, 한 거야. 그랬어, 그렇지?' 같은 말을 계속 반복했어요." 미리엄의 질문이 그토록 불쾌했던 것은 단지 성행위라는 주제 때문만은 아니었다. 여느 7살 아이처럼 당시 제니퍼는 이 세상과 자신의 존재를 인지하는 감각이 민감하고 불안정했기 때문이었다. 치료를 시작하기 직전이었던가, 아니면 시작하고 몇 주 사이였던가 학교에서 인기 많은 여학생이 네 아버지는 친아버지가 아니라며 제니퍼를 놀리는 일이 있었다. 이 말은 사실이었다. 제니퍼는 3살 때 지금 아버지에게 입양되었다. 입양 파티도 열렸지만 제니퍼는 그 기억을 잊었기에 자기 아빠를 모욕한 소녀에게 화가 났다. 그녀는 집으로 달려가 어머니에게 일렀다. 하지만 어머니는 말했다. "친아빠 아니잖아! 너를 입양한 거야! 기억 안 나니?" 이날 느낀 불안감은 치료를 진행하며 더욱 커졌다. 제니퍼는 말한다. "이런 느낌이 들었어요, 내 아빠가 진짜 아빠가 아니라니 무슨 뜻이지? 페니스와 질이 이런 일을 한다는 게 무슨 뜻이야? 어떤 어른이 나한테 이런 짓을 한 걸까? 그렇다고 말해야 하는 걸까?"

제니퍼는 모든 것을 끝내고 싶냐는 판사의 질문을 기억한다. 판사의 '모든 것'이라는 표현을 제니퍼는 심리치료로 이해했다. 더는 치료를 받고 싶지 않은 마음이 간절했던 그녀는 "마침내 이야기를 거짓으로 꾸미기 시작했어요."라고 말했다. 재판은 끝났다. 척은 유죄를 인정받아 50년이 넘는 징역형을 받았다. 그럼에도 치료는 계속되었다. 제니퍼는 평생 심리치료를 끝낼 수 없었다. 부모들의 후원단체도 한시적으로는 계속되었다. "어느 가족이든 이야기를 듣고 싶지 않았어요. (우리 엄마가) 캘비 가족에 대해 이야기하는 것도 싫었어요. 그 집으로 데려가서 애들끼리 놀라고 하고 어른들은 소송 이야기만 했습니다." 제니퍼는 미리엄 이후 리처드라는 치료사를 만났다. 그는 언제나 플라스틱 컵 한가득 탄산음료를 건넸다. 제니퍼는 치료를 시작할 때 문을 잠그는 리처드의 버릇이 너무 두려웠다. 한번은 음료수 컵을 뒤엎고 리처드의 정강이를 발로 차고 문을 쾅쾅 두드리기도 했다. 리처드는 이 행동을 척이 출소하면 다시 학대를 당할까 봐 두려워한다는 의미로 받아들였다. "그래서 주 경찰관 차를 타고…… 내가 앞좌석에, 부모님이 뒷좌석에 앉아서 교도소로 갔어요. 교도소가 안전하다면서 견학을 시켜줬어요. 견학하는 내내 거길 나가고 싶어서 미치는 줄 알았어요."

제니퍼의 어머니는 자주 폭력을 휘둘렀다. "엄마는 매일 몽둥이로 때렸고 따귀도 때렸어요." 그래서 제니퍼가 사춘기에 접어들면서 치료의 초점은 가정폭력으로 바뀌기 시작했다. 하지만 어린이집 사건도 상담 내용에 빠지지는 않았다. 치료사는 제니퍼가 정말로 어린이집에서 학대를 당했다고 끈질기게 믿고 있었다. 제니퍼는 자신의 생각과 기억이 점점 혼란스럽게 뒤엉키는 것을 느꼈다.

> 머릿속에 숨겨진 방들이 있는 기분이에요. 정말 또렷하게 생각해야 하는 방, 나 자신에게 솔직해야 하는 방, 어떤 일이 있었는지 정말 죽어라 기억해야 하는 방이 머리 안에 있는 것 같아요. 하지만 그 사실을 우리 엄마와 선생님들에게 들킬 수는 없었어요…… 다들 내게 말해요. '네가 기억하는 걸 찾아내는 방법이 있단다.' 그러니까 내 머리도 절대 안전한 곳이 아니에요. 내가 정말 열심히 생각하고 기억한다면 저 사람들 모르게 감출 수 있지 않을까? 마음의 결정을 내려야 했어요. 그리고 사람들은 어린 내가 이해할 수 있는 언어로 이런 의미의 말을 해요. '이렇게 하다가는 역효과가 날 수 있어. 결국 머리가 돌아버릴 거야.' 어느 날 갑자기 분열증이 생기든 머리가 폭발하든 하겠다고 걱정했어요.

민사소송으로 제니퍼를 비롯한 어린이집 아이들은 돈을 받았다. 일단은 부모님이 받아두었다가 20살 이후로는 제니퍼가 보상금 수령 권리를 얻었다. 그녀는 사회보장연금을 받을 수 있는 나이까지 몇 십만 달러에 이르는 보상금을 매월 정기적으로 받게 되었다. 어린이집 사건에 대해 이야기하지 않았듯, 제니퍼와 친구들은 돈 문제도 툭 터놓고 이야기하지 않았다. 제니퍼에게는 고등학교 시절 가까웠던 제이크라는 친구가 있었다. 졸업반 때 제이크가 빨간 컨버터블을 새로 뽑아 제니퍼를 태우러 온 일이 있었다. 1년 후, 제니퍼의 대학을 방문한 제이크가 이번에도 돈에 대해 언급하자 제니퍼는 물었다. "이런 돈이 다 어디서 났어?" 제이크는 어렸을 때 부모님이 투자해놓은 주식이 있다고 말했다. 언제 얼마씩 받느냐는 질문에 제이크의 답을 들은 제니퍼는 너도 같은 어린이집을 다녔냐고 물었다. 제이크도 그 어린이집 출신이었다. "저는 이렇게 말했어요. '네 부모님이 어린이집을 고소해서 받은 돈이야.' 걔는 무슨 영문인지 전혀 몰랐어요."

제니퍼는 고향 마을로 돌아가지 않기로 결심했기 때문에 반드시 대학을 가야 했다. 대학에서 레즈비언으로 커밍아웃을 했고 한 여자친구와 갈등을 겪으면서도 오래 교제했다. 때로는 어린이집 사건에 대해 이야기하기도 했다. "사람들한테 말하고 다녔어요. '나는 아무 일도 당하지 않았어. 나를 괴롭힌 건 정신 나간 치료밖에 없어. 이런 말도 했어요. '내가 돈을 받는 건 미친 짓이야. 돈을 받지 말았어야 했어. 나는 평범하게 살았어야 한다고.'" 제니퍼는 3학년 때 할아버지가 돌아가신 후 심리치료를 받았지만 별 성과는 없었다. "거기 앉아서 다 털어놓으려니 망설여졌어요." 대학을 졸업한 후 이사해 새 치료사를 만났고, 다시 이사를 하고 다시 새로운 치료사를 만났다. 그 다음에는 아예 심리치료를 중단했다. 그러다 2000년대 초가 되어서야 제니퍼는 곁에 있어도 진심으로 마음이 편안한 심리치료사를 만났다. "처음부터 말해둬야 했어요. '문을 가로막지 마세요. 불안해지면 선생님을 들이받을지도 모르니까요.'

그래서 정말로 기준선 같은 걸 그어놓았어요." 치료사는 제니퍼의 요구를 존중했고 5년 동안 매주 상담을 진행했다. 제니퍼는 어린이집 사건과 어린 시절 받은 심리치료에 대해 모두 털어놓았다. 제니퍼의 치료사는 이렇게 말했다고 한다. "그때 이후로 치료법이 많이 발전했죠. 그런 식으로 치료를 받으면 안 되는 거였어요."

치료사 덕분에 제니퍼는 어린 시절 경험을 분명하게 이해할 수 있었고 더 깊이 알아보고 싶다는 마음까지 들었다. 전 변호사가 사건과 관련한 파일을 전부 폐기했지만 용케 서류 몇 십장은 손에 넣을 수 있었다. 그녀는 척의 구체적인 혐의에 관심이 있었다. 어린이집에서 학대를 당한 2가지 생생한 기억과 일치하는지 알고 싶었기 때문이다. 제니퍼는 그녀의 트라우마가 강제적인 심리치료에서 비롯되었음을 알면서도, 확실히 아는 사실과 2개의 어린이집 학대 기억을 어떻게 구분할지 알 수 없었다. 기억은 시간이 지나도 흐려지지 않았다. 첫 번째 기억에서 제니퍼는 빅토리아 시대 저택 같은 어린이집 거실에 있다. 맞은편에는 의자에 앉은 척이 보이고, 그녀는 다른 아이들과 일렬로 서서 차례를 기다리고 있다. 제니퍼의 차례가 되자 척은 무릎 위에 엎드리라고 명령하고 청바지의 엉덩이 부분에 압정을 밀어 넣었다. 모든 아이에게 같은 행동을 한다. 제니퍼는 말한다. "당시에는 문제라고 생각한 기억이 없어요. 그냥 '그래, 앞에 애들 셋이 있네.' 이런 생각뿐이었죠. 그러다 압정이 청바지에 꽂히겠구나 예상했던 기억이 나요." 두 번째 기억에서는 자갈 채굴장으로 소풍을 갔다. 그곳에서 무슨 일이 있었는지는 기억이 나지 않았다. 떠오르는 모습은 채굴장밖에 없었다. 언젠가 제니퍼에게 이 이야기를 들은 아버지는 제니퍼를 차에 태우고 채굴장을 찾아 마을 밖을 돌아다녔다. "커서도 그곳을 찾으려고 운전하고 다녔어요."라고 제니퍼는 말한다. 하지만 절대 찾을 수는 없었다.

제니퍼는 고향에서 수백 킬로미터 떨어진 곳에서 가정을 꾸리고 반려자와 아이를 키우고 살아간다. 어린이집 교사의 유죄 판결은 결국 뒤집혔다. 전국적인 의식학대 사건에 관련되었던 사람들은 과거의 믿음을 버리고 삼가며 심지어 부정했다. 그에 비하면 검사들은 사과는커녕 반발하고 타협하지 않는 고집쟁이로 보일 정도였다. 1980년대 기억회복 치료를 주도하던 인물인 존 브리어는 1998년 제12회 국제아동학대및방치회의에서 '사람의 뇌에서 기억을 빨아들이려 했던 시도'가 피해를 키웠다고 말했다. "환자가 기억을 찾게 하는 것은 치료사의 임무가 아닙니다."[39]

근친상간 생존자들을 지지했던 일부 페미니스트들도 기억회복과 관여했던 과거를 후회하며 우려를 표현했다. 『비밀 트라우마*The Secret Trauma*』의 저자이자 인권운동가인 다이애나 러셀Diana Russell은 허위기억증후군재단을 처음에는 반발하는 가해자 집단으로 보았지만 의식학대 기억이 거짓이었다는 여성들의 경험담을 읽고 생각이 바뀌었다. 러셀은 치료사가 "근친상간을 질병으로 간주하고 정치색을 없앰으로써" 근친학대 생존자에게 가장 큰 치명상을 안겼다고 생각하게 되었다.[40] 수사 인터뷰로 아동 피해자가 법정에서 학대 경험을 자세하고 분명하게 설명하도록 도운 사람들도 역시 가해자였다. 차이트 교수는 새롭게 펴지는 회의론이 걱정스럽다고 말했지만, 대부분의 전문가는 현재 이 분야가 30년 전에 비할 수 없을 만큼 공고해졌다고 믿는다.[41]

그러나 보육기관 사건은 아직도 아동학대에 대한 과학적이고 지적인 논쟁을 불가능하게 만들고 있다. 1993년 사탄교 학대범이 1면에서 사라지기 시작하며 심리학계는 또 다른 성범죄자 계층을 발견했다. 바로 아이들이었다. 1980년대 후반 시작한 연구를 구체화해 『성에 노출된 아이들: 학대 가해 아동을 판단하고 치료하는 법*Sexualized Children: Assessment and Treatment of Sexualized Children and Children Who Molest*』이라는 책이 탄생했다. 저자 중 한 명인 토니 캐버나 존슨Toni Cavanagh Johnson은 잠시 CII에서 일한 경험이 있었다. 재직 기간은 키 맥팔레인의 맥마틴 인터뷰 이후였지만 아동 성범죄자에 대한 존슨의 글에는 CII 정신이 깃들어 있다. 『성에 노출된 아이들』의 머리말은 아동 간의 정상적인 성행위에 과민반응하지 않는 것이 중요한 만큼 아동 간의 심각한 학대행위에 둔감한 반응을 보이지 않는 것도 중요하다고 말한다. 하지만 이후 내용은 후자에 집중되어 있다.[42] 『성에 노출된 아이들』과 유사서적은 치료 방법을 소개하고 수 페이지에 이르는 '위험 요인' 목록을 제시했다. 그 덕분에 자위나 또래의 신체에 호기심을 보이는 등 여러 가지 정상적인 아동의 행동도 질병으로 규정한 치료가 발전할 수 있었다. 법적인 면에도 변화가 있었다. 초등학생 중에서도 범죄자가 숨어 있다는 공포로 인해 일부 주에서는 아동이 성범죄자 공개명단에 오르는 결과를 낳았다. 오늘날 경찰이 판단하는 미성년자 성범죄자의 1/3 이상이 청소년이고 모든 성범죄자의 4퍼센트가 12세 이하 아동이다.[43] 일부 주에서 성범죄자 공개명단에 올라가는 최소 연령이 법으로 규정되어 있지 않고 한 번 명단에 등록되면 평생 남는다. 2013년 텍사스 주에서 범행 당시 연령이 16세 이하였던 범죄자는 5,000명에 달했다.[44]

이처럼 보육기관 의식학대 패닉의 여파는 사라지지 않고 1990년대에 새로운 공포를 불러일으켰다. 실패로 돌아가기는 했으나 과거의 공포를 되살리려는 사람들도 있었다. 1998년 세계적인 권위 저널 『심리학회보*Psychological Bulletin*』에는 학대가 인간의 심리에 미치는 영향을 다룬 학술논문들에 상세한 메타분석을 실시한 논문이 실렸다.[45] 논문의 주 저자는 템플 대학교 심리학자 브루스 린드Bruce Rind였다. 학대를 당하면 반드시 트라우마가 오래 지속된다는 통념 속에서 린드의 발견은 반가운 소식이었다. 저자들은 어린 시절 성학대를 당한 성인에게 학대가 삶에 미친 영향을 설명해달라는 연구논문 59편을 검토했다. 그리고 학대 피해자가 일반인보다 평균적으로 "적응력이 아주 조금 떨어졌다."라는 사실을 발견했다. 더욱 면밀히 살펴보자 새로운 사실이 보였다. 학대 당시 피해자의 연령이나 성행위 유형은 이후 정신적 부적응에 큰 영향을 미치지 않았다. 그보다는 강압적이거나 강제적인 상황을 직면했을 때 정신적 부적응을 겪을 공산이 컸다. 하지만 59개 연구논문이 대부분 학대의 영향과 부정적인 가족 환경의 영향을 구분하지 못한 탓에 분석 결과는 복잡해졌다. 린드와 동료들이 가정환경을 통제하자 학대의 영향력은 무의미해지는 경우가 많았다. "일반 대중이 기본적으로 아동 성학대에 갖고 있는 믿음은 증명되지 않았다."

린드 팀이 분석한 여러 연구에서 사람들은 학대 경험을 떠올리고 그 반응을 묘사해달라는 요청을 받았다. 여성은 부정적인 반응이 우세했다. 하지만 놀랍게도 25퍼센트는 부정도 긍정도 하지 않았고, 나머지 16센트는 학대 경험을 긍정적으로 묘사했다. 남성들의 결과는 더욱 놀라웠다. 26퍼센트가 부정적, 32퍼센트가 중립, 42퍼센트가 긍정적인 반응을 보였다.[46] 저자들은 요인이 여러 가지이기 때문에 피해자 반응이 다양하게 나올 수 있다고 썼다. 하지만 가장 중요한 요인은 '아동'과 '학대'라는 용어의 의미가 포괄적이라는 것이다. 미취학아동과 16살을 똑같이 아동으로 분류하고, '학대'가 반복적인 폭행부터 근친의 애무, 노출증 환자 목격까지 전부 아우른다면 어떻게 모든 사람이 아동학대에 같은 반응을 보이겠는가?

리드의 논문은 향후 연구에 2가지를 권했다. 첫째, 연구목적은 "행위에 자발적으로 참여했는지, 그 경험에 어떻게 반응했는지에 집중해야 한다."[47] 둘째, 사춘기에는 성 관념이 발달한다는 점을 감안하여 청소년-성인의 성행위와 저학년 아동-성인의 성행위를 구분해야 한다. 마지막으로 린드는 "해롭지 않다고 부당하지 않은 것은 아니다."라고 경고했다. 다시 말해 사회는 '정신적 피해를 입었을 가능성'을 근거로 삼지 않아도 얼마든지 성인과 아동의 성관계를 금지할 수 있다는 것이다.[48]

린드와 동료들이 마지막에 덧붙인 경고를 보면 논문에 항의가 들어올 것을 제법 예상했던 모양이다. 하지만 항의가 그 정도로 격렬하리라고는 상상도 못했을 것이다. 논문이 발표되고 몇 달 후, 전미동성애연구및치료협회NARTH: National Association for Research and Therapy of Homosexuality 웹사이트에는 린드의 논문을 비난하는 글이 올라왔다.[49] NARTH는 동성애가 정서장애이고 심리요법으로 치료할 수 있다는 주장을 내세우는 단체였다. 석 달 후, 가톨릭교 신문『사도*The Wanderer*』는 린드의 논문이 전문적으로도 학문적으로도 '사이비'라고 칭했다.[50] 같은 달, 청취자가 1,800만 명에 달하는 일일 라디오 프로그램 진행자 로라 슐레진저Laura Schlessinger 박사는 청취자에게 논문의 이야기를 전해 듣고 이틀 가까이 린드의 연구를 비판했다. 슐레진저는 메타분석이 가치 없는 연구기법이라고 주장하며 (사실과 다르다), '상식'을 부정하는 연구는 고려할 가치도 없다고 '진정한 학자'로서 의견을 내놓았다. 그러면서 "그 논문의 주제는 남자들에게 어린 남자아이들을 강간하라는 겁니다."라고 말했다.[51] 보수적인 가족연구위원회Family Research Council는 린드의 연구가 소아성애자에게 '허가'를 주었다고 말했다. 4월에 알래스카가 논문을 규탄하는 결의안을 채택한 후 5개 주가 뒤를 이었고, 6월이 되자 미국심리학회는 독립기관에 요청해 논문의 타당성을 검토할 것이라고 발표했다. 심리학계를 주도하는 전문가단체의 놀라운 조건부 항복이었다. 미국 의회에서 공화당 하원의원 맷 샐먼Matt Salmon은 논문을 '소아성애의 해방 선언'이라 묘사했고, 7월 12일 하원에서 결의안 107호가 통과되며 논문을 비난하고 성인과 아동의 성적 접촉은 언제나 위해하다는 사실을 천명했다. 상원도 7월 30일에 같은 선택을 했다. 의회에서 연구논문을 규탄한 것은 미국 역사상 처음 있는 일이었다.

인권위원회 결의안 107호가 통과되고 1년 후, 페미니스트 지식인 캐롤 태브리스Carol Tavris는 린드의 연구가 폭발적인 반응을 불러일으킨 것은 아동의 성에 관한 3가지 사회적 믿음에 도전했기 때문이라고 지적했다. 첫 번째 믿음은 "아동의 성적 경험은 무엇이든 '학대'로 정의된다."이다. 이에 따라 1980년대와 1990년대에는 원하지 않는 성적 접촉뿐만 아니라 의사놀이, 자위(보육기관 사건에서는 자위를 하면 이전에 학대가 있었다는 징후로 받아들이는 경우가 많았다), 또래끼리의 성행위까지 '학대'의 범위가 확대되었다. 첫 번째와 연결되는 두 번째 믿음은 "그러므로 아동의 성 경험은 본질적으로 트라우마를 유발하고 쉽게 사라지지 않는 심리적인 상처를 남긴다."이다. 마지막으로 태브리스는 린드의 연구가 십대 청소년에 관한 일반적인 믿음에 도전했다고 말했다. 즉, 청소년은 "16세가 될 때까지 그 어떤 성적 감정을 느끼지 못하고 성관계를 하고자 하는 마음이 들지 않는다(그러다 16세가 되면 하루아침에 성숙한 어른이 된다)."라는 것이다.[52] 아동의 성 경험은 무조건 학대이고 트라우마를 일으킨다는 의회의 주장은 의식학대 패닉과 같은 시기에 미국 문화에 유입된 보수적인 성 반발의 핵심 원칙을 근거로 했다. 사람은 성년이 될 때까지 완전히 무성의 존재라는 원칙 말이다.

또한 태브리스를 비롯한 저자들은 성인과 아동의 성행위를 금지하는 법을 정당화하기 위해 엉터리 성 심리학을 주장할 필요는 없다고 썼다. 16세 학생과 교사의 관계가 학대라면 그것은 성인과 청소년의 성이 서로 다르기 때문이 아니라, 둘의 관계에 필연적으로 힘의 불균형이 따르기 때문이다. 그래서 성인과 청소년의 성관계는 학대이고, 엄밀히 말하면 '권력'의 남용이다. 아동 성학대를 신체폭력, 가정폭력, 방치, 구타와 나란히 놓고 보면 학대적인 관계가 근본적으로 힘의 불균형으로 정의된다는 사실을 쉽게 이해할 수 있다. 경제적 능력이 없는 주부는 알코올중독자 남편에게 맞아도 남편이 직장에서 벌어오는 돈 때문에 이혼할 수 없다. 학생 운동선수는 독재자 코치에게 쫓겨날 수 있기 때문에 경영진에 이르지 못한다. 아이는 아버지에게 모든 것을 의존하기 때문에 침묵을 지킬 수밖에 없다.

가정과 개인의 관계에 내재된 권력구조를 바탕으로 우리는 학대의 더 큰 사회적 원인을 추론할 수 있다. 그것은 청소년에게 성 정체성을 전혀 알려주지 않는 성교육, 남성보다 여성과 아동에게 치명적인 빈곤 문제, 기혼 여성에 비해 미혼모에게 도움을 주지 않는 사회 규범을 말한다. 이와 같이 개인적 경험에서 벗어나 더 큰 사회구조를 분석하는 것이 1960년대 말과 1970년대 페미니스트 운동의 특징이었다. 그래서 유명한 페미니즘 슬로건 "개인의 일이 곧 정치다."에 의미가 부여되었고 페미니즘 운동이 그토록 강력해졌다. 태브리스는 DSM에 새로운 질환을 추가하고 학대범을 더 오래 수감하는 것만으로는 학대를 끝낼 수 없다고 주장했다. 이제는 평등한 가족생활을 지향하고 남성과 여성의 관계를 바꾸어야 하며 경제적 평등을 위해 노력해야 한다. 그러나 1974년 월터 먼데일은 학대가 '빈곤 문제'라기보다 '전국적인 문제'라고 주장했고 이후 비현실적인 범죄조직과 금발의 백인 중산층 피해자가 주를 이룬 보육기관 재판, 그리고 기억회복과 MPD라는 잔혹극까지 가세했다. 그 과정에서 진보적인 시각의 학대 원인 분석은 우리 사회에서 잊혀지고 말았다.

만장일치로 학술논문을 규탄한 의회를 모두가 열렬히 지지한 것은 아니었다. 1999년 9월, 린드의 논문을 독자적으로 검토해달라는 미국심리학회의 요청을 받고 미국과학진흥협회AAAS: American Association for the Advancement of Science는 뜻밖에도 거부 의사를 밝혔다. AAAS 회장인 어빙 러치Irving Lerch는 이렇게 썼다. "미국심리학회 저널에서 문제의 논문을 발표하기로 결정하는 데 사용한 동료평가 절차를 재검토할 이유가 없다." 또한 러치는 "연구 방법과 결과에 대한 논쟁이 정치 문제로 비화되는 현실이 매우 걱정스럽다."라고 우려를 표했고, 논쟁을 그렇게 처리하는 법이 어디 있냐는 연구자들의 항의 편지가 미국심리학회에 빗발쳤다.[53]

그러나 학계의 논쟁을 정치로 끌고 가는 것에 불만이 쏟아졌다고 해서 학대와 아동의 성에 대한 광범위한 논의를 막지는 못했다. 미네소타대학교가 낙태권을 주장하는 저널리스트 주디스 러바인Judith Levine의 『미성년자의 적: 섹스로부터 아동을 보호하는 것이 능사는 아니다*Harmful to Minors: The Perils of Protecting Children from Sex*』를 출간한 2002년, 논쟁은 다시 출발선에 섰다. 러바인은 이렇게 썼다. "21세기로 접어들면서 미국은 '아이들'을 '섹스'에서 보호한다는 미명하에 지나친 검열을 하고 있다. 여기서 두 용어는 모두 넓은 의미의 정의를 말한다."[54] 러바인에 따르면 성적 낙관주의가 퍼졌던 1960년대와 1970년대 이후, 미국은 20년 넘게 질병, 원치 않는 임신, 사탕을 주는 낯선 사람, 포르노 등 섹스로 인한 도덕적 · 의학적 위험에 집중하고 있었다. 이런 변화는 특히 아동의 성을 논의할 때 두드러졌다. 몇 십 년 전만 해도 아동기 성의 다양한 면을 솔직하고 친근하게 설명하는 책이 여럿 있었다(한 책은 오르가슴을 "꼭대기까지 사다리를 타고 올라가서 긴 미끄럼틀을 타고 슝 내려오는 것"과 같다고 묘사했다). 하지만 최근 성교육 책은 섹스가 야기할 수 있는 문제만 과장스럽게 설명하는 내용이 대부분이다. 성교육 수업에는 섹스를 하고 싶은 이유들을 정해놓고 학생들에게 토론을 시키는 경우가 많다. "관계를 이어가기 위해", "애정을 얻기 위해" "'어른이 되었다'는 사실을 보여주기 위해" 등 러바인은 가능한 대답을 몇 가지 인용했다. 하지만 어디에도 "기분이 좋기 때문에"라는 이 한 가지 이유는 찾아볼 수 없었다.[55]

러바인이 유쾌하고 실용적으로 여러 가지 방법을 추천하고 독자에게 확신을 전달하는 이 책은 분명 더 큰 목적을 노리고 있었다. 아동과 섹스에 대한 공개적인 논쟁을 더 이상 두려워하지 말자는 것이었다. 이런 목표에는 자연히 뒤따르는 믿음이 있었다. 사회가 청소년의 성에 불안해하지 않으려면 아이들을 믿고 자기 의지로 섹스에 대한 결정을 내릴 수 있는 권한을 부여해야 한다는 믿음이었다. 러바인은 합법적으로 성관계를 할 수 있는 연령을 네덜란드식으로 수정해야 한다고 권장했다. 12세부터 15세까지도 성관계를 허락하고 "동의하지 않거나 학대를 당하고 있다고 느낄 경우에만 합법적인 성관계 승낙 연령을 16세로 적용하자."는 의미였다. 부모가 아동과 성인의 성관계를 금지할 수는 있지만 자녀에게 최선인 행동이었다고 특별위원회를 납득시켜야 한다는 조건이 있었다. 러바인은 이러한 체계를 통해 "청소년 개인의 경험 및 권리가 자녀에게 최선을 다해주고 싶은 어른의 책임감 및 특권과 균형을 이룰 수 있다."라고 썼다.[56]

사람들이 이 제안을 어떻게 받아들였을지 안 봐도 눈에 선하다. 미네소타 대학교 출판부가 『미성년자의 적』을 소매점으로 배본하기 전부터 800건이 넘는 항의 전화와 메일이 쏟아졌다. 그 말은 책을 읽지도 않고 항의를 했다는 것이다. 보수 성향의 주 의회도 출판부의 모 대학에 재정지원을 끊겠다고 위협했다. 러바인 개인에게도 사나운 공격이 날아들었다. 보수운동가 로버트 나이트Robert Knight와 '미국을 걱정하는 여성들의 모임Concerned Women for America'은 러바인의 책을 "모든 아동학대범의 환상이자 모든 부모의 악몽"이라고 묘사했다.[57]

어떤 이는 조지 부시George W. Bush 시대에 있었던 청소년의 성 결정권 논쟁이 1980년대 사탄교 소아성애 논쟁과 크게 관계가 없다고 생각할 수 있다. 하지만 양쪽 논쟁에 똑같은 사람들이 참여한 것은 결코 우연이 아니었다. 『미성년자의 적』을 비난한 '정신건강과 정의와 언론을 위한 리더십 위원회Leadership Council for Mental Health, Justice, and the Media'는 1990년대 기억회복 치료를 받았던 사람들이 의료과실 소송을 걸기 시작하면서 치료사를 비롯한 전문가들이 조직한 단체였다. 리처드 클러프트, 프랭크 퍼트넘Frank Putnam, 베셀 반 데어 콜크Bessel van der Kolk 등 저명한 MPD(이제는 해리성 정체감 장애Dissociative Identity Disorder라는 이름으로 이미지 변화를 꾀했다) 전문가들이 단체의 자문위원을 맡았고, 한 연구자는 러바인의 책이 성인-아동 섹스를 조장하려는 운동의 "가속화"를 나타낸다고 인터뷰했다.[58] 이렇게 동일한 사람들이 양쪽 논쟁에 모두 이끌린 이유는 실제 아이들을 보호하는 주장을 내세웠기 때문이 아니다. 이들은 아이를 보호하고 있다고 상상하는 어른 자신을 위해 목소리를 높이고 있었다. 논쟁의 내용을 자세히 보면 아동보호가 필요하다는 주장은 통제 욕구를 완곡하게 바꾼 표현임을 알 수 있다. 로버트 나이트는 러바인의 책에 대한 기자회견에서 말했다. "학교 성교육의 근본이 얼마나 과격한지 이해하는 미국 시민이라면 구명구에 손을 뻗는 사람처럼 당장 금욕을 강조하는 커리큘럼을 찾고자 할 것입니다."[59] 보수운동가가 종합적인 성교육을 반대할 때는 대개 자녀가 성에 대해 배워도 될지 결정하는 부모의 타고난 권위를 학교가 빼앗는다는 믿음을 근거로 내세운다.

그러나 오늘날의 법은 자신의 권위를 하나라도 행사하지 않는 부모(특히 어머니)를 너무도 쉽게 외면한다. 1980년대를 계기로 아이가 학교까지 혼자 걸어가거나 집에서 몇 블록 떨어진 놀이터에서 노는 것처럼 보호자 없이 다녀도 되느냐 하는 문제에서 사람들의 관점이 철저히 바뀌었다. 주기적으로 신문에는 갈수록 증가하는 '헬리콥터 부모'를 비판하는 중년 논평의 사설이 실린다. 그들은 대학 입시를 준비한답시고 쉴 새 없이 특별활동을 한다며 개탄하고 걱정 없이 숲속을 뛰놀며 보냈던 어린 시절의 오후를 칭송한다. 그러나 헬리콥터 부모는 필요 이상으로 자녀의 모든 생활에 시시콜콜 개입하는 것을 스스로 선택한 중산층에나 해당하는 논쟁이다. 이런 선택으로는 피해를 입어 봐야 가족의 정신건강에 문제가 생기는 정도로 그친다.

그러나 여러 일을 해야 하거나 홀로 아이를 키우는 부모처럼 선택권이 없는 사람들은 더 현실적이고 치명적인 피해를 입을 수 있다. 2014년 3월, 애리조나 주 스코츠데일에 사는 여성이 파머스 보험사에 면접을 보러 갔다가 차 안에 어린 자녀들만 남겨두었다는 죄목으로 체포되었다. 아이를 봐줄 사람을 구했지만 베이비시터가 약속을 지키지 않았고,

여성은 꼭 취직을 해야 했다. 21도의 날씨에 아이들은 차 안에서 69분을 보냈다. 샤네샤 테일러Shanesha Taylor는 양육권을 빼앗기고 구치소에서 10일을 보냈다. 이후 중죄인 아동학대 혐의 두 건으로 기소되었다.[60] 같은 해 사우스캐롤라이나 주의 흑인 여성은 9살짜리 딸을 공원에 두고 2.5킬로미터 거리의 맥도날드에 면접을 보러 갔다. 그녀는 아동에게 위법행위를 했다며 체포되어 기소되었다. 그 사건에 대해 한 여성이 인터뷰를 했다. "요즘 같은 때 주변에 누가 있을지 어떻게 알아요. 좋고 말고를 떠나서 안전하지 않습니다."[61] 비슷한 시기에 플로리다 주 포트세인트루시에서는 한 경찰이 7살 아들을 공원에서 혼자 놀게 한 니콜 게이니Nicole Gainey를 체포하고 보고서에 "인근에 수많은 성범죄자가 거주하고 있다."라고 썼다. 게이니는 말했다. "계속 소아성애자가 있다느니 이러쿵저러쿵하면서 공원이 안전하지 않으니까 아이를 혼자 두면 안 된다는 거예요."[62]

지금까지 공공장소에서 난폭한 소아성애자가 아이를 납치할 수 있다는 공포심(발생 확률은 0퍼센트에 가깝다)을 이용해 단순히 구직 면접을 하고, 직장에서 일을 하고, 아이가 혼자 놀아도 괜찮겠다고 생각한 여성들을 처벌한 사건들을 살펴보았다. 다시 말해, 어머니로서 자기 역할을 한 순간이라도 소홀히 한 여성은 사실상 범죄자라는 것이다. 아동학대 히스테리와 페미니즘 반대 운동 사이에는 직접적인 연관성이 있다. 그러한 조치를 비판하면 백이면 백 '좋은 의도'였다고 설명한다. 그렇게 처벌이 효과적이라는 인식이 생기면 돌이킬 방법이 없다. 이런 사례는 언론에서 강하게 비난받지만, 대부분 처벌을 정당화하는 원칙 자체는 지지한다. 미국인의 68퍼센트는 10세 이하 아동이 부모의 감시 없이 공원에서 놀지 못하게 법으로 금지해야 한다고 믿고, 43퍼센트는 금지 연령을 '12세'까지 높여야 한다고 생각한다.[63] 물론 모든 부모에게 적절한 보육 서비스를 제공하면 일하는 어머니가 어쩔 수 없이 아이를 혼자 두는 일이 줄어들 것이다. 하지만 의식학대 패닉은 보육기관도 믿을 수 없다는 믿음을 키워주었다.

가족 내에서 권력을 가진 사람은 누구인가? 가족이라는 제도는 사회에서 어느 정도의 권위가 있는가? 최소 1980년대 초부터 시작해 현재까지 계속되는 이 질문들은 넓은 의미에서 의식학대 히스테리의 주범이었다. 이것들이 논쟁이나 갈등뿐만 아니라 구체적으로 '히스테리'를 불러일으킨 이유는 역설적이지만 다음과 같다. 집단 패닉이 시작되었을 때 이미 질문의 답을 알고 있었기 때문이다.

20세기 후반에 가부장적인 핵가족은 틀림없이 변화를 겪었다. 모든 구성원을 하나로 모으던 힘은 사라졌다. 산업화가 등장한 이래로 200년 가까이 서양에서는 가족을 꾸리고 가정 안에서 생활하는 방식이 가장 좋다는 믿음이 있었다. 남성이 나머지 가족을 부양한다는 개념은 미국 경제생활의 형태와 구조를 대부분 결정했다. 일부일처제에 따라 남편과 아내는 다른 이와 섹스를 할 수 없었고, 결혼의 목적이 곧 자녀 생산이므로 핵가족제도는 동성애 금지를 강화하고 사람들의 성 경험의 통제하기도 했다. 이처럼 태어나서 죽을 때까지 가족이라는 테두리 안에서만 다른 구성원과 은밀히 정서적인 교류를 한다는 사실은 심리학 이론을 발전시켰다. (가족생활의 심리학을 묘사하는 것이 프로이트의 일생일대의 계획이었다).

하지만 가부장적인 핵가족은 성 혁명과 제2차 페미니즘 운동을 기점으로 무너졌다. 하지만 알고 보면 한꺼번에 다 무너지지는 않았다. 가족이 주는 심리적인 힘은 여전히 강하고, 정부정책도 아직까지 가족을 사회적 이상으로 여긴다. 그 경향은 특히 세법에서 두드러진다. 남성에 비해 여성은 가정적이고 남을 보살피는 일을 주로 하고 있다. 대부분이라고는 할 수 없지만 아직도 많은 미국인은 가장이 외벌이를 하는 핵가족으로 살고 있다.

그러나 실천만큼이나 이론도 중요한 법이다. 이론상이라도 1960년대와 페미니즘은 가족을 무엇으로도 대체하지 못한다는 인식을 완벽하게 폐기했다. 1969년 캘리포니아 주가 최초로 쌍방의 책임을 묻지 않는 무과실주의 이혼을 법으로 규정한 이후로, 결혼을 하면 한 배우자와 죽을 때까지 살아야 한다는 생각은 꾸준히 약해지고 있다. 이혼율이 증가하자 여성의 이혼 경력이 사회에서 불리하게 작용하는 일도 줄어들기 시작했고, 심지어 어떤 경우에는 이혼을 독립의 표시로 받아들이기도 한다. 평생 결혼생활을 하며 전업으로 아이를 키우지 않아도 사회적 · 경제적 안정감을 누릴 수 있게 되면서, 여성은 남성과 공정한 구직 기회를 요구하기 시작했다. 사무직 등의 직장 여성을 신기하게 보는 시선은 사라지고 피할 수 없는 현실이 되었다. 그로 인해 한부모 가정, 재혼 및 삼혼, 동거, 각각 자녀를 데리고 하는 재혼, 동성 결혼 등의 새로운 가족구조는 급격히 늘어났다.

가족생활이 다양해질 때마다 도덕적 붕괴, 사회적 붕괴, 성적 무질서가 나타날 것이라는 불안감도 항상 따라다녔다. 그럴 때면 입법부는 무너지는 핵가족을 강화하는 법을 통과시켜 불안감을 더욱 키웠다. 하지만 법은 아무런 효과가 없었다. 여전히 미국의 기혼자 비율은 꾸준히 줄어들고 있다.[64] 그리고 계속되는 불안감은 새로 얻은 자유가 나쁘다거나 사람들이 자유를 원하지 않는다는 의미가 아니라, 단순히 새로운 자유를 앞에 두었을 때의 두려움을 나타낼 가능성이 크다. 그런 장애물을 감안하면 가족생활의 변화는 명백히 사람들이 진심으로 원했기 때문에 일어났다고 볼 수 있다. "사회제도로서의 결혼(경제적 협력, 자녀양육을 위한 안전한 환경)은 의무적일 때만 작동한다." 1980년대 후반 엘렌 윌리스는 그렇게 썼다.[65] 윌리스가 이런 의견을 밝혔을 즈음, 많은 사람은 아무리 힘들더라도 결혼과 핵가족에서 벗어나기를 원한다고 마음을 먹었다.

주디 존슨이 처음 맨해튼비치 경찰서에 전화를 했을 때도 이런 변화는 진행되고 있었다. 사회에서 가족이 차지하던 위치가 근본적으로 바뀌었고, 그 변화가 영구적이며 앞으로 더 빠르게 변화할 것이라는 현실은 1970년대 말에 자명해졌다. 몇 년째 문화적 저항운동을 하던 보수주의자들은 특히 뼈저리게 깨달았다. 이제는 변화를 인식하고 받아들이며, 사람들이 그 여파에 적응하게 돕는 문제를 해결해야 했다. 이러한 문제는 특히 1980년대에 극심해졌다. 이미 머리로 알고 있고 마음으로 원하고 있는 것을 인식하지 못할 때 과연 어떻게 될까? 이 질문의 답은 롤랜드 서미트와 제프리 매슨, 그리고 기억회복 치료사들이 악용한 정신분석학의 억압이론에 자세히 나와 있다. 억압은 수동적인 망각 행위가 아니라 능동적인 회피 행위이며, 억압의 대상은 기억이 아니라 생각과 욕구다. 그래서 우리는 생각하고 싶지 않은 것을 억압하는 것이다. 프로이트는 특정한 욕구가 '환자의 다른 욕구와 격렬히 대치하기' 때문에 억압이 발생한다는 사실을 이해해 학자로서 한 단계 위로 올라섰다. 또한 억압은 '(환자) 개인의 윤리적이고 미학적 기준'과 일치하지 않을 때도 발생한다.[66] 마찬가지로 핵가족의 쇠락 현상이 놀라울 정도로 빠르고 강력하게 사회에 침투하자, 많은 사람은 그런 현상이 사회의 문화와 수사, 인생관 같은 미적 · 윤리적 기준에 부합하지 않는다고 보는 듯했다. 핵가족의 후퇴는 시작된 순간부터 억압된 것이나 다름없었다.

또한 프로이트는 억압되었다고 그 생각이 사라지지 않는다는 사실을 이해했다. 프로이트가 저항이라 부르는 정신작용으로 의식에서 배제된 그 생각은 다른 방법으로 존재를 알리려 한다. 억압된 기억은 프로이트의 유명한 주장처럼 실언으로 나타날 수 있다. 아무렇지 않은 말 속에 실수로 비밀을 밝히는 것이다. 또한 꿈으로도 구체화할 수 있다. 별난 성격, 틱 장애, 공포증, 언어습관, 사소한 충동으로 표출될 수 있다. 억압된 생각은 개인의 정서를 바꾸어놓는다. 설명할 수 없으면서도 확고한 의견을 보이기도 하고 특정한 대상과 대면하면 나약해지기도 한다. 그러나 프로이트의 사례연구와 임상보고서에는 더 이상한 증상들로 가득하다. 한 번 시작되면 몇 주씩 계속되는 이유 모를 기침, 의사의 진찰로도 설명할 수 없는 수수께끼의 질병, 마비, 단기 시력상실, 수면장애가 그 예다. 이 증상들은 사람의 정신이 직면하고 싶지 않은 생각에서 자신을 보호하려 하기 때문에 발생한다. 억압으로 인한 심적 스트레스를 분출하려는 시도다. 그것이 히스테리의 증상이다.

사회는 기억회복과 보육기관 의식학대 히스테리로 2가지 생각을 억압했다. 첫째, 핵가족은 죽어가고 있다. 둘째, 많은 사람은 핵가족을 구할 생각이 없다.

키 맥팔레인의 인터뷰는 맨해튼비치의 부유한 전문직 부모들에게 메시지를 전달했다. 편하다는 이유로 아이를 보육기관에 맡기고 아이에게 어머니의 지속적인 사랑과 관심을 빼앗으면 안 된다는 메시지였다. 컨 카운티, 조단, 위냇치에서 검찰이 체포하고 기소한 사람은 주로 가난한 하층민이었다. 바꿔 말해 중산층에 비해 다양한 가족구조가 일반적인 부류였다. 이 3가지 사건은 평범한 핵가족이 아니라면 잔악한 성학대 조직 사건에 연루될 수 있다는 교훈을 주었다. 매사추세츠 피츠필드와 텍사스 주 샌안토니오에서는 게이와 레즈비언 피고인에게 유죄 판결을 내려 동성애가 평범한 가족에 위협이 된다는 오랜 고정관념을 극단적으로 표현했다. 다중인격장애는 여성이 새로운 역할을 맡으면 필연적으로 트라우마가 생긴다고, 한 여성에게 여러 가지 역할이 가능하다는 것 자체가 집단적인 정신병이라고 말했다.

히스테리는 곁에 심리학 역사, 폐기된 이론, 실패한 치료, 착오와 오진이 층층이 쌓여 있는 속을 알 수 없는 용어다. 페미니즘에서는 히스테리를 정치적으로 의심스러운 용어라고도 일컫는다. 오랜 세월 히스테리는 여성의 질병으로 여겨졌다는 단순한 이유 때문이다. 남성이나 그의 행동을 가리켜 "히스테리컬하다"라고 할 때는 그가 여자 같아 보인다고 설명하면 된다. 한편 같은 말로 여성을 가리킬 때는 여성에 대한 고정관념과 소위 선천적인 약점을 들먹인다. 여성은 비이성적이고 감성적이며 변덕스럽다는 약점 말이다. 히스테리라는 용어의 역사를 생각하고 그것이 오랫동안 성차별적인 생각과 심리치료에 관여했다는 점을 생각해보자. 보육기관 사건과 의식회복 운동을 일으킨 성차별적인 두려움을 생각해보자. 그렇다면 '히스테리'라는 말을 완전히 버리고 '패닉'이나 다른 중립적인 용어를 사용하고 싶다는 마음이 들 것이다.

하지만 우리를 두려움에 떨게 하면서도 매료시키는 이 사건들을 달리 제대로 설명하는 말은 없다. 겉으로는 이상적인 공동체에 음모가 도사리고 있는 현실이 닥치자 부모들이 왜 혐오와 동시에 흥분을 느꼈는지 설명할 길도 없다. 의식학대 사건을 의심하는 사람들 일부는 패닉의 원인이 단순한 사고 마비라고 설명했다. 사실과 허구를 구분하는 국가의 능력이 갑자기 무너져 내렸다는 것이다. 하지만 그러한 실패는 현실이었으므로 수사와 재판의 관점에서 원인을 확인하고 고칠 필요가 있다. 하지만 그것만으로는 사람들이 사실과 허구를 잘못 이해했던 원인은 전혀 '설명'할 수 없다. 우리는 10년간 살아 있는 악몽을 진실로 착각했던 열망의 근원부터 해결해야 한다. 물론 히스테리는 20세기 말 미국 사회에 나타나기 시작한 변화에 대한 두려움을 이용했다. 개인의 삶이 달라지고 있고, 한번 시작된 성 계급의 붕괴는 비록 속도가 느려도 멈출 수는 없다. 하지만 사람들은 그와 같은 변화를 적극적으로 환영했다. 다만 가정에서든 사회에서든 그 사실을 인정할 수 없었을 뿐이다. 1980년대와 1990년대 사람들이 그러한 욕구를 인식하지 못하고 이미 변화에 적응하고 있음을 인정하지 못하는 상황에서 히스테리는 탄생했다. 오늘날 사람들도 변화를 완전히 받아들이지 못했고 히스테리의 여파는 아직까지 남아 있다. 그러나 중산층 핵가족이라는 개념은 과거의 위치로 돌아가지 못할 것이다. 그때로 돌려놓기를 원하는 사람도 별로 없을 것이다. 그렇지 않다는 믿음은 많은 것을 희생하고 망가뜨렸던 환상 속의 히스테리를 영원히 살아 숨 쉬게 할 뿐이다.

감사의 말

2011년 가을 이 책을 쓰기 시작해 이제 책상에 앉아 감사의 말을 적고 있습니다. 여기에 언급하는 분들은 제가 자료를 조사하고 글을 쓰고 편집하는 동안 여러 가지로 도움을 주셨습니다. 모두 고맙습니다.

우선 『n+1』 연구회 회원들 크리스토퍼 글레이젝, 마크 그리프, 엘리자베스 검포트, 사이먼 랜던, 니카 마브로디, 캐서린 로스, 에린 쉬히, 아스트라 테일러, 데이나 토토리치에게 감사 인사를 전합니다. 우리가 함께 한 연구가 없었더라면 이 책은 나오지 못했을 겁니다.

다음은 이 책에 참고한 수많은 연구 자료를 제공해주신 분들입니다. 로스 차이트, 케빈 코드, 대니 데이비스, 데비 네이선, 마이클 스네데커, 홀린다 웨이크필드, 제임스 마이클 우드, 마이애미데이드 컬리지의 린 앤드루이스울프슨2세 플로리다 영상기록보관소, 옥스퍼드 대학교 보들리언 도서관, 스콧 카운티 역사협회에게 감사드립니다. 또한 하버드 대학교 래드클리프 대학원 슐레진저 도서관의 연구보조금 덕분에 자료 조사가 가능했습니다.

책을 쓰기 위해 자료를 조사하려면 돈이 많이 들지만 계약금은 얼마 되지 않고 연구비를 신청해도 탈락하는 경우가 왕왕 있었습니다. 무료로 제게 머물 곳을 내어주신 제이크 갤건, 로라 제러스키, 수전 렉스턴, 조애나 오헤다, 제임스 포그, 앤드류 파웰, 피터 벨러리에게 진심으로 감사하다는 말을 꼭 전하고 싶습니다.

원고 초안을 읽은 후 코멘트와 조언, 수정, 격려를 해주신 분들도 있습니다. 제시 배런, 로이스 베켓, 키스 게센, 벤자민 쿤켈, 레이첼 리더러, 그리고 담당 편집자 브랜든 프로이아에게 특히 고맙습니다.

매들린 슈워츠에게도 하나부터 열까지 신세 많이 졌습니다.

스털링로드 저작권사의 짐 러트먼은 정말 훌륭한 에이전트입니다. 클라이브 프리들을 비롯해 퍼블릭어페어스 출판사의 모든 분들과 함께 일해서 즐거웠습니다. 그리고 항상 저를 응원해준『n+1』임직원분들 덕분에 행복했습니다.

마지막으로 우리 가족과 친구들, 이루 말을 할 수 없을 정도로 감사합니다.

2015년 3월 5일

리처드 벡

미주목록

들어가는 말

1 웨인 새츠Wayne Satz, 로스앤젤레스 KABC 〈아이위트니스 뉴스*Eyewitness news*〉, 1984년 2월 2일.
2 웨인 새츠, 로스앤젤레스 KABC 〈아이위트니스 뉴스〉, 대니 데이비스Danny Davis가 소장한 비디오테이프 "#1—새츠 1과 2".
3 존 크루드슨John Crewdson, 『배신당한 침묵: 미국의 아동 성폭력*By Silence Betrayed: Sexual Abuse of Children in America*』(보스턴: 리틀브라운 앤드 컴퍼니Little Brown & Company, 1988년), 140.
4 로라 베트코트Laura M. Betancourt 외, "임신 중 코카인 노출이 청소년에 미치는 영향: 억제적 통제와 기억, 수용형 언어의 종단연구Adolescents with and without Gestational Cocaine Exposure: Longitudinal Analysis of Inhibitory Control, Memory and Receptive Language", 『신경독성학과기형학*Neurotoxicology and Teratology*』 33호, no. 1(2011년 1-2월): 36-46.
5 알렌 스펙터Arlen Specter 미 상원 소년사법 분과위원회 위원장의 발언, 「법정 내 아동 성폭력 피해자: 법사위원회의 소년사법 분과위원회 청문회*Child Sexual Abuse Victims in the Courts: Hearing Before the Subcommittee on Juvenile Justice, Committee on the Judiciary*」 중, 1984년 5월 22일.
6 폴 매켄로Paul McEnroe와 데이비드 피터슨David Peterson, "조던Jordan", 『미니애폴리스 스타 앤드 트리뷴*Minneapolis Star and Tribune*』, 1984년 10월 21일, 18A.
7 키 맥팔레인Kee MacFarlane의 진술, 미 상원 「법정 내 아동 성폭력 피해자」 청문회 중.
8 "프랭크 퍼스터Fuster, Frank"[비디오 녹화물], 린 앤드 루이스 울프슨 2세 플로리다 영상기록보관소Lynn and Louis Wolfson II Florida Moving Image Archives, 등록/요청 번호 1194-005, 1985년.
9 젠 홀링스워스Jan Hollingsworth, 『말로 다 할 수 없는 행동*Unspeakable Acts*』(뉴욕과 시카고: 콩든 앤드 위드Congdon and Weed, 1986년), 544.
10 ABC 〈*20/20*〉 "아무도 모르는 비밀The Best Kept Secret" 편, 1984년 6월 14일.
11 피터 컨하트Peter W. Kunhardt와 케네스 우든Kenneth Wooden 프로듀서, ABC 〈*20/20*〉 "왜 침묵하는가Why the Silence" 편, 1985년 1월 3일.
12 "아무도 모르는 비밀".
13 스티븐 세시Stephen J. Ceci와 매기 브룩Maggie Bruck, 『위험한 법정: 아동 증언에 대한 과학적 분석*Jeopardy in the Courtroom: A Scientific Analysis of Children's Testimony*』(워싱턴DC: 미국심리학회American Psychological Association, 1999년), 10.
14 케빈 코디Kevin Cody, "한 소년의 증언, 맥마틴에서 무수한 학대행위를 겪었다Boy Testifies

to Complex Abusive Acts at McMartin", 『이지 리더*Easy Reader*』, 1998년 4월 21일, 11.

15 제이슨 크라머Jason Cramer(가명)와의 인터뷰(1984년 8월 28일), 인터뷰 진행 로리 브라가Laurie Braga와 조 브라가Joe Braga, 녹취 로리 알바라도Laurie lvarado(1984년 9월 17일).

16 롤랜드 서미트Roland Summit, "아동학대 피해자를 위한 대책 마련 방법Caring for Child Molestation Victims", 『전국아동학대심포지엄*National Symposium on Child Molestation*』(워싱턴 DC: 미국 법무부, 1984년), 242.

17 에섹스 카운티 검찰에서 진행한 "위케어 인터뷰Wee Care Interview"(1985년 6월 28일) 녹취록, 인터뷰 진행 루 포놀러러스Lou Fonolleras, 134.

18 상동, 136.

19 상동, 142.

20 길버트 케이츠Gilbert Cates 감독, 〈머핀장수를 아시나요?*Do You Know the Muffin Man?*〉, 제작 대니얼 프로이덴버거Daniel Freudenberger, 애브넛/커너 컴퍼니 프로덕션Avnet/Kerner Company Productions, 1989년.

21 제시 립턴Jessie Lipton(가명)과의 CII 인터뷰(1984년 8월 16일), 인터뷰 진행 로리 브라가, 녹취 크리스티나 베하라노Cristina Bejarano(1996년 4월 1일).

22 오티스 로턴Otis Lawton(가명)과의 CII 인터뷰(1983년 11월) 녹취록, 인터뷰 진행 키 맥팔레인, 53.

23 상동, 71.

24 키스 도허티Keith Doherty(가명)와의 CII 인터뷰(1984년 1월 24일) 녹취록, 인터뷰 진행 키 맥팔레인과 산드라 크렙스Sandra Krebs, 35.

25 폴 매켄로와 댄 오버도퍼Dan Oberdorfer, 셰릴 존슨Cheryl Johnson, "아동 학살설과의 연관성을 시사하는 제보 속출Sources Suggest Link to Stories of Child Slayings", 『미니애폴리스 스타 앤드 트리뷴』, 1984년 10월 16일, 15A.

26 '플로리다 주 대 바비 파인지Bobby Fijnje' 사건의 배심원단이 자넷 레노Janet Reno 검사에게 보내는 편지(1991년 5월 9일), 『프론트라인: 두려움에 떠는 아이들*Frontline: The Child Terror*』, www.pbs.org/wgbh/pages/frontline/shows/terror/cases/fijnjeletter.html.

27 존 잭슨John A. Jackson, "맥마틴 워치McMartin Watch", 『이지 리더』, 1985년 5월 2일, 5.

28 "맥마틴 유치원 사건 피고인들의 친구The Friends of The McMartin Pre-School Defendants"라는 이름으로 실린 광고, 『이지 리더』, 1985년 8월 15일, 13.

29 세시와 브룩, 『위험한 법정』, 8.

30 폴 보이어Paul Boyer와 스티븐 니센바움Stephen Nissenbaum, 『악마에 홀린 세일럼: 마녀의 사회적 근원*Salem Possessed: The Social Origins of Witchcraft*』(매사추세츠 주 케임브리지: 하버드 대학교 출판부Harvard University Press, 1974년), 30.

31 상동, 24.

32 상동, 13.

33 상동, 5.

34 리처드 프랜시스Richard Francis, 『시월 판사의 사과: 세일럼 마녀 재판과 미국 양심의 형성기*Judge Sewall's Apology: The Salem Witch Trials and the Forming of an American Conscience*』

(뉴욕: 하퍼 퍼레니얼Harper Perennial, 2006년), 181-182.

35 메나헴 카이저Menachem Kaiser, "패닉에 휩싸인 예수살렘Panic in Jerusalem", 『타블렛*Tablet*』, 2012년 11월 29일, www.tabletmag.com/jewish-news-and-politics/117839/panic-in-jerusalem.

36 드노브M. S. Denov, "순결의 신화: 성 행동 스크립트와 여성에 의한 아동 성학대의 인식The Myth of Innocence: Sexual Scripts and the Recognition of Child Sexual Abuse by Female Perpetrators", 『성연구저널*Journal of Sex Research*』 40호, no. 3(2003년): 303-314.

37 그렉 앨런Greg Allen, "마이애미 다리 밑으로 내몰린 성범죄자Sex Offenders Forced to Live Under Miami Bridge", NPR.org, 2009년 5월 20일, www.npr.org/templates/story/story.php?storyId=104150499.

38 미네소타 교정국Minnesota Department of Corrections, "미네소타 내 주거 인접성과 성범죄 재발의 상관관계Residential Proximity and Sex Offense Recidivism in Minnesota," 2007년 4월, www.csom.org/pubs/MN%20Residence%20Restrictions_04-07SexOffenderReport-Proximity%20MN.pdf.

39 국제인권감시기구 휴먼라이츠워치Human Rights Watch, "쉬운 해답은 없다: 미국의 성범죄 법률No Easy Answers: Sex Offender Laws in the US" 19호, no. 4(G)(2007년 9월), 28, www.hrw.org/reports/2007/09/11/no-easy-answers.

제1장 아동학대를 발견하다

1 주디스 실랜더Judith Sealander, 『잃어버린 아이들의 100년: 20세기 미국 아동을 다스리다*The Failed Century of the Child: Governing America's Young in the Twentieth Century*』(뉴욕 주 케임브리지: 케임브리지 대학교 출판부Cambridge University Press, 2003년), 56.

2 렐라 코스틴Lela B. Costin, 『미국 아동 성폭력의 정치*The Politics of Child Abuse in America*』(뉴욕: 옥스퍼드 대학교 출판부Oxford University Press, 1996년), 67.

3 실랜더, 『잃어버린 아이들의 100년』, 56.

4 상동, 60.

5 존 캐피John Caffey, "만성 경막하혈종 환아의 장골 골절Multiple Fractures in the Long Bones of Infants Suffering from Chronic Subdural Hematoma", 『미국방사선의학저널*American Journal of Roentgenology*』 56호(1946): 163-173.

6 존 캐피, "영아성골피질과골증Infantile Cortical Hyperostoses", 『소아과저널*Journal of Pediatrics*』 29호, no. 5(1946년 11월): 541-559.

7 캐피, "만성 경막하혈종 환아의 장골 골절".

8 실버만F. N. Silverman, "영아에 나타나는 미확인 골격손상의 방사선학적 발현The Roentgen Manifestations of Unrecognized Skeletal Trauma in Infants", 『미국방사선의학라듐요법과 핵의학저널*American Journal of Roentgenology, Radium Therapy and Nuclear Medicine*』 69호(1953년): 413-427.

9 울리V. Woolley와 에반스W. A. Evans, "외상으로 인한 골격장애와 흡사한 영아 골격장애의

의미Significance of Skeletal Lesions in Infants Resembling Those of Traumatic Origin", 『미국의학협회저널*Journal of the American Medical Association*』 158호(1955년): 539-543.

10 존 캐피, "성장기에 나타나는 골절과 탈구 외의 골격장애—임상과 방사선학적 특징Some Traumatic Lesions in Growing Bones Other Than Fractures and Dislocations—Clinical and Radiological Features", 『영국방사선의학저널*British Journal of Radiology*』 30호(1957년): 225-238.

11 헨리 켐프C. Henry Kempe 외, "피학대아증후군The Battered-Child Syndrome", 『미국의학협회저널』 181호, no. 1(1962년 7월 7일): 17-24.

12 헨리 켐프 외, "사설 논문Editorial", 『미국의학협회저널』 181호, no. 1(1962년 7월 7일): 42.

13 바바라 넬슨Barbara Nelson, 『아동학대가 쟁점이 되기까지: 사회문제를 정치의제로 만드는 법*Making an Issue of Child Abuse: Political Agenda Setting for Social Problems*』(시카고와 런던: 시카고 대학교 출판부University of Chicago Press, 1984년), 59.

14 실랜더, 『잃어버린 아이들의 100년』, 62.

15 넬슨, 『아동학대가 쟁점이 되기까지』, 56.

16 마조리 헌터Marjorie Hunter, "미국, 아동폭력 금지법을 추진하다; 주에서 사용 가능한 보건국 '시범' 법안 마련U.S. to Press Ban on Child-Beating; Health Unit Drafts 'Model' Act for States to Use", 『뉴욕타임스*New York Times*』, 1963년 5월 26일, 95.

17 찰스 플라토Charles Flato, "부모에게 맞는 아이들: 아동학대 사례가 늘어나는 비극 속에서 병으로 그와 같은 범죄를 저지르는 어른들을 하루 속히 걸러내야 한다Parents Who Beat Children: A Tragic Increase in Cases of Child Abuse Is Prompting a Hunt for Ways to Select Sick Adults Who Commit Such Crimes", 『새터데이이브닝포스트*Saturday Evening Post*』, 1962년 10월 6일, 32-35.

18 넬슨, 『아동학대가 쟁점이 되기까지』, 4.

19 실랜더, 『잃어버린 아이들의 100년』, 66.

20 수전 브라운밀러Susan Brownmiller, 『우리의 시대에: 개혁을 회고하다*In Our Time: Memoir of a Revolution*』(뉴욕: 다이얼 프레스Dial Press, 2000년), 202.

21 플로렌스 러시Florence Rush, 『아무도 모르는 비밀: 아동 성폭력에 대하여*The Best-Kept Secret: Sexual Abuse of Children*』(펜실베이니아 주 블루리지서밋: 탭 북스Tab Books, 1980), 14.

22 넬슨, 『아동학대가 쟁점이 되기까지』, 102-103.

23 1971년 닉슨 대통령의 아동발달법에 대한 거부 교서, 연방의회 의사록Congressional Record, 1971년 12월 10일, 46059.

24 데이비드 길David G. Gil, 『위험에 빠진 아이들: 미국의 아동폭력 학대*Violence Against Children: Physical Child Abuse in the United States*』(매사추세츠 주 케임브리지: 하버드 대학교 출판부, 1970년).

25 데이비드 길의 증언, 『제93대 미 의회 1회기 중 1973년 아동학대예방법과 관련한 상원 노동복지 분과위원회 청문회*Child Abuse Prevention Act, 1973—Hearings Before the Subcommittee on Labor and Public Welfare, United Sates Senate*』, 1973년 3월 26, 27, 31일과 4월 24일, 17.

26 상동.

27 졸리 케이Jolly K.의 증언, 1973년 아동학대예방법 청문회, 49.
28 상동, 51.
29 상동, 55.
30 상동, 57.
31 베티 프리단Betty Friedan, 『여성의 신비*The Feminine Mystique*』(뉴욕: W. W. 노튼 앤드 컴퍼니W. W. Norton & Company, 1963년 / 이매진, 2012년), 22.
32 상동, 103.
33 상동, 104.
34 상동, 105.
35 앤 코트Anne Koedt, "질 오르가슴의 신화The Myth of the Vaginal Orgasm", 『첫 해의 기록*Notes from the First Year*』(뉴욕: 뉴욕 급진파여성New York Radical Women, 1968년).
36 케이트 밀렛Kate Millett, 『성 정치학*Sexual Politics*』(어배너: 일리노이 대학교 출판부Illinois University Press, 2000년), 184; 슐라미스 파이어스톤Shulamith Firestone, 『성의 변증법: 페미니스트 개혁을 위한 변론*The Dialectic of Sex: The Case for Feminist Revolution*』(뉴욕: 밴텀 북스Bantam Books, 1970년), 46.
37 저메인 그리어Germaine Greer, 『여성 거세당하다*The Female Eunuch*』(뉴욕: 밴텀, 1972년 [1971년]), 104.
38 상동, 103.
39 마리 조 뷸Mari Jo Buhle, 『페미니즘의 불만: 정신분석학과의 100년 전쟁*Feminism and Its Discontents: A Century of Struggle with Psychoanalysis*』(매사추세츠 주 케임브리지: 하버드 대학교 출판부, 1998년), 210.
40 폴 로젠Paul Roazen, 『프로이트와 추종자들*Freud and His Followers*』(뉴욕: 크노프Knopf, 1975년), 45; 마리 조 뷸, 『페미니즘의 불만』, 236.
41 지그문트 프로이트Sigmund Freud, "히스테리 원인론The Aetiology of Hysteria", 『지그문트 프로이트의 심리학 연구 전집 표준판*Standard Edition of the Complete Psychological Works of Sigmund Freud*』 3권(런던: 빈티지Vintage, 1962년).
42 지그문트 프로이트, 『지그문트 프로이트가 빌헬름 프레스에게 보내는 편지, 1887-1904*The Complete Letters of Sigmund Freud to Wilhelm Fliess, 1887–1904*』, 편역 제프리 무사예프 매슨Jeffrey Moussaieff Masson(케임브리지: 하버드 대학교 출판부, 1985년), 289.
43 상동, 144.
44 상동, 141.
45 상동, 264.
46 제프리 무사예프 매슨, 『진실을 공격하다: 프로이트 유혹이론의 은폐*The Assault on Truth: Freud's Suppression of the Seduction Theory*』(뉴욕: 파라 스트라우스 앤드 지루Farrar, Straus and Giroux, 1984년), 134.
47 랄프 블루멘탈Ralph Blumenthal, "프로이트 기록보관소 연부구장, 예일대 연설 논쟁으로 퇴출되다Freud Archives Research Chief Removed in Dispute Over Yale Talk", 『뉴욕타임즈』, 1981년 11월 9일, www.nytimes.com/1981/11/09/nyregion/freud-archives-research-chief-removed-in-dispute-over-yale-talk.html.

48 매슨, 『진실을 공격하다』, xiii.

49 상동, 144.

50 플로라 레타 슈라이버Flora Rheta Schreiber, 『시빌*Sybil*』(뉴욕: 워너 페이퍼백 라이브러리Warner Paperback Library, 1974년[1973년]), 13.

51 데비 네이선Debbie Nathan, 『시빌의 진실*Sybil Exposed*』(뉴욕: 프리 프레스Free Press, 2011년), 17.

52 상동, 50.

53 상동, 89-90.

54 슈라이버, 『시빌』, 110.

55 상동, 11.

56 상동, 123.

57 상동, 173.

58 상동, 203.

59 상동, 183.

60 상동, 205.

61 어빙 비버Irving Bieber 외, 『호모섹슈얼리티: 남성간 동성애에 대한 정신분석학적 연구*Homosexuality: A Psychoanalytic Study of Male Homosexuals*』(뉴욕: 베이직 북스Basic Books, 1962년).

62 슈라이버, 『시빌』, 209.

63 상동, 210.

64 셜리 앤 메이슨Shirley Ann Mason의 치료일기, 플로라 레타 슈라이버의 문서(1916-1988), 존제이 형사사법대학원John Jay College of Criminal Justice 로이드실리 도서관Lloyd Sealy Library 서류함 37번 중 폴더 1085번, 1958년 5월 2일.

65 네이선, 『시빌의 진실』, 98.

66 슈라이버, 『시빌』, 26.

67 플로라 레타 슈라이버에게 보내는 편지, 플로라 레타 슈라이버의 문서(1916-1988), 존제이 형사사법대학원 로이드실리 도서관 서류함 12번 중 폴더 303번, 1974년 8월 2일.

68 플로라 레타 슈라이버에게 보내는 편지, 플로라 레타 슈라이버의 문서(1916-1988), 존제이 형사사법대학원 로이드실리 도서관 서류함 12번 중 폴더 301번, 1973년 12월 12일.

69 네이선, 『시빌의 진실』, 179.

70 마이크 원커Mike Warnke와 데이브 발시거Dave Balsiger, 레스 존스Les Jones, 『사탄을 팔다*The Satan Seller*』(뉴저지 주 플레인필드: 로고스 인터내셔널Logos International, 1972년).

71 슈라이버, 『시빌』, 203.

72 상동, 209.

73 미셸 스미스Michelle Smith와 로렌스 패저Lawrence Pazder, 『미셸 기억하다*Michelle Remembers*』(뉴욕: 콩든 앤드 라테스Congdon & Lattes, 1980년), 3.

74 상동, 4.

75 상동, 3.
76 상동, xvii.
77 상동, 7.
78 상동, 5.
79 상동, 10.
80 상동, 17.
81 상동, 100.
82 상동, 118.
83 상동, 237.
84 상동, 239.
85 카디널 세인트 마가렛 학교 1955-1956년 앨범, 18(저자가 사본 입수).
86 래리 카해너Larry Kahaner, 『살인 조직: 오컬트 범죄의 지하 세계를 탐구하다*Cults That Kill: Probing the Underworld of Occult Crime*』(뉴욕: 워너 북스Warner Books, 1988년), 200.
87 크리스틴 맥머란Kristin McMurran, "어린 시절 사탄과의 만남을 기억해낸 캐나다 여성, 정신의학계와 종교계가 충격에 빠지다A Canadian Woman's Bizarre Childhood Memories of Satan Shock Shrinks and Priests", 『피플*People*』, 1980년 9월 1일.
88 셜리 앤 메이슨의 치료일기, 플로라 레타 슈라이버의 문서(1916-1988), 존제이 형사사법대학원 로이드실리 도서관 서류함 37번 중 폴더 1085번, 1958년 5월 2일.
89 데미안 인우드Damian Inwood, "저자는 사탄의 아이가 다시 태어나는 부분을 보지 않는다Author Doesn't Look the Part of a Re-born Child of Satan", 『밴쿠버 선*Vancouver Sun*』, 1981년 7월 혹은 8월[저자가 사본 입수].

제2장 맥마틴 유치원-의혹 제기

1 "#16—맥마틴 유치원 1-24-84", 대니 데이비스가 소장한 비디오테이프.
2 케빈 코디, "버지니아 맥마틴Virginia McMartin", 『이지 리더』, 1990년 1월 25일 4.
3 "벤자민 슐라Benjamin Shula[가명]—어머니의 대배심 증언" vol. 4, 554, 1984년 3월 19일.
4 케빈 코디, "버지니아 맥마틴", 4.
5 메리 피셔Mary A. Fischer, "맥마틴: 도미노 현상인가?McMartin: A Case of Dominoes?", 『로스앤젤레스 매거진*Los Angeles Magazine*』, 1989년 10월, 126-135, www.byliner.com/read/mary-fischer/a-case-of-dominoes.
6 데비 데이선과 마이클 스네데커Michael R. Snedeker, 『사탄의 침묵: 의식학대와 현대판 마녀사냥*Satan's Silence: Ritual Abuse and the Making of a Modern American Witch Hunt*』(뉴욕: 베이직 북스, 1995년), 71.
7 제인 호그Jane Hoag, "추가 보고서: 피해자: 매튜 존슨Matthew Johnson[가명]", 1.
8 맨해튼비치 경찰서에서 맥마틴 유치원 전 · 현 학부형에게 보내는 편지, 1983년 9월 8일, http://law2.umkc.edu/faculty/projects/ftrials/mcmartin/lettertoparents.

html에서 온라인으로 읽을 수 있음.

9 밥 징크Bob Zink, "비망록Memorandum", 루스 오웬Ruth Owen의 증언 검토, 1987년 10월 3일, 3.

10 글로리나 바튼Gloria Barton(사라 바튼Sara Barton의 어머니)의 일기, 3.

11 상동, 2.

12 로스 차이트Ross E. Cheit, 『마녀사냥 이야기: 정치와 심리학, 그리고 아동 성폭력*The Witch-Hunt Narrative: Politics, Psychology, and the Sexual Abuse of Children*』(뉴욕: 옥스퍼드 대학교 출판부, 2014년), 28.

13 맨해튼비치 경찰서, 경찰 보고서 83-04932, 1983년 9월 16일, 3-4.

14 네이선과 스네데커, 『사탄의 침묵』, 74.

15 "맥마틴 연대기McMartin Chronology", 『이지 리더』, 1990년 1월 25일, 12.

16 데이비드 쇼David, Shaw, "기자의 이른 독점 보도, 언론의 과열을 불러일으키다Reporter's Early Exclusives Triggered a Media Frenzy", 『로스앤젤레스 타임스*Los Angeles Times*』, 1990년 1월 20일, www.latimes.com/food/la-900120mcmartin_lat-story.html#page=2.

17 "1988년 8월 8일 월요일 취재 일지, 1988년, 265호. 원고 캘리포니아 주 검찰 대 피고 레이먼드 버키Raymond Buckey와 페기 맥마틴 버키Peggy McMartin Buckey", 37, 481.

18 상동, 37, 492.

19 네이선과 스네데커, 『사탄의 침묵』, 76.

20 키 맥팔레인과 질 워터맨Jill Waterman, 『아동 성폭력의 진단과 치료*Sexual Abuse of Young Children: Evaluation and Treatment*』(뉴욕: 길포드 프레스Guilford Press: 1986년), xiv.

21 상동, 72-74.

22 "1988년 8월 9일 화요일 취재 일지, 1988년, 266호. 원고 캘리포니아 주 대 피고 레이먼드 버키와 페기 맥마틴 버키", 37, 694.

23 차이트, 『마녀사냥 이야기』, 40.

24 "1988년 8월 9일 화요일 취재 일지, 1988년, 266호. 원고 캘리포니아 주 대 피고 레이먼드 버키와 페기 맥마틴 버키", 37, 694.

25 맨해튼비치 경찰서, 제인 호그의 추가 보고서, 피해자: 매튜 존슨[가명], dr. no. 83-04288.

26 상동, 4.

27 상동, 4.

28 엘라 볼드윈Ella Baldwin(가명)과의 CII 인터뷰(1983년 11월 1일) 녹취록, 인터뷰 진행 키 맥팔레인, 1.

29 상동, 33.

30 상동, 37.

31 상동, 47.

32 상동, 53-54.

33 상동, 57.

34 상동, 62.

35 상동, 71.

36 오티스 로턴(가명)과의 CII 인터뷰(1983년 11월) 녹취록, 인터뷰 진행 키 맥팔레인, 71.
37 차이트, 『마녀사냥 이야기』, 45.
38 마크 제인스Mark Janes(가명)과의 CII 인터뷰(1983년 11월 30일) 녹취록, 인터뷰 진행 키 맥팔레인, 9-11.
39 제인 호그, 제인 호그의 추가 보고서, 피해자: 매튜 존슨(가명), 1983년 11월 30일.
40 제니 브라운Jenny Brown(가명)과의 CII 인터뷰(1983년 12월 7일) 녹취록, 인터뷰 진행 키 맥팔레인, 58.
41 제레미 모스Jeremy Morse(가명)과의 CII 인터뷰(1983년 12월 9일) 녹취록, 인터뷰 진행 키 맥팔레인, 16.
42 상동, 22.
43 상동, 26.
44 상동, 53.
45 차이트, 『마녀사냥 이야기』, 50-51.
46 상동, 47.
47 롤랜드 서미와 조앤 크리소JoAnn Kryso, "아동 성폭력의 임상 스펙트럼Sexual Abuse of Children: A Clinical Spectrum", 『미국교정정신의학저널*American Journal of Orthopsychiatry*』 48호, no. 2(1978년 4월): 237.
48 상동, 239.
49 상동, 243.
50 메리 스프링어Mary Springer, "대부분의 근친강간 사건은 신고되지 않는다; 지역도 범죄에 가담Most Incest Cases Are Not Reported; Area Has Its Share", 『토런스 데일리브리즈*Torrance Daily Breeze*』, 1977년 7월 5일, A1.
51 롤랜드 서미트와 조앤 크리소, "아동 성폭력의 임상 스펙트럼", 237-251.
52 롤랜드 서미트, "아동성학대순응증후군The Child Sexual Abuse Accommodation Syndrome", 『아동학대와방치*Child Abuse and Neglect*』 7호(1983년): 177-193.
53 키스 도허티(가명)와의 CII 인터뷰(1984년 1월 24일) 녹취록, 13-14.
54 상동, 17-18.
55 상동, 21-22.
56 상동, 28.
57 상동, 35.
58 상동, 37.
59 상동, 65.
60 상동, 68.
61 차이트, 『마녀사냥 이야기』, 51.
62 로스앤젤레스 KABC-TV 〈아이위트니스 뉴스〉, 1984년 2월 2일.
63 상동.
64 브루스 우들링Bruce Woodling과 피터 코소리스Peter D. Kossoris, "성학대와 강간, 추행, 근친상간Sexual Misuse, Rape, Molestation and Incest", 『북미소아과저널*Pediatric Clinics of North Amer-*

ica』 28호, no. 2(1981년): 481-499.
65 윌름스 티셰라Wilmes R. G. Teixeira, "성폭행 진단을 위한 처녀막 콜포스코프 검사Hymenal Colposcopic Examination in Sexual Offenses", 『미국법의학병리학저널*American Journal of Forensic Medicine and Pathology*』 2호, no. 3(1981 9월): 209-215.
66 케빈 코디, "맥마틴 아동의 담당의, 신체폭력은 분명히 있었다McMartin Kids' Doctor Says Physical Abuse a Certainty", 『이지 리더』, 1988년 1월 14일, 20.
67 "성학대 그 이후: 악몽을 해결하다In Wake of Sexual Abuse: Unraveling a Nightmare", 『미국메디컬뉴스*American Medical News*』, 1985년 3월 22일, 1.
68 네이선과 스네데커, 『사탄의 침묵』, 101.
69 아스트리드 헤거Astrid Heger 감독, 영화 〈반응: 아동 성폭력—의학적 관점*Response: Child Sexual Abuse—A Medical View*〉(로스앤젤레스: 유나이티드 웨이United Way, 1985년).
70 네이선과 스네데커, 『사탄의 침묵』, 83.
71 케빈 코디, "피고 측, 피해아동의 담당의가 찾은 학대 증거를 비난하다Defense Attacks Abuse Findings by Child Doctor", 『이지 리더』, 1988년 2월 4일, 19.
72 네이선과 스네데커, 『사탄의 침묵』, 84-85.
73 캘리포니아 주 로스앤젤레스 KABC-TV 〈아이위트니스 뉴스〉, 대니 데이비스가 소장한 비디오테이프 "#1—새츠 1과 2".
74 대니 데이비스, 저자와의 인터뷰, 2012년 9월 19일.
75 수 에버리Sue Avery, "걱정을 퍼뜨리다: 직통전화에 아동학대 신고 폭주—국장, '대중의 경각심'이 높아지고 있다Spreading Worry: Hotline Kept Busy with Child Abuse Calls—'Public Awareness' on Rise, Says Director", 『로스앤젤레스 타임스』, 1984년 4월 8일.
76 로이스 팀닉Lois Timnick, "어린이집 학대—자격증이 있다고 안전하지 않다Abuse in the Nursery School—A License Is No Safety Guarantee", 『로스앤젤레스 타임스』, 1984년 4월 2일.
77 로이스 팀닉, "보육기관의 안전은 누구의 책임인가? 부모들이 묻는다Safety at Child-Care Centers: Whose Job Is It? Parents Ask", 『로스앤젤레스 타임스』, 1984년 6월 18일.
78 조지 와일리George Wiley, "아동보육의 딜레마The Dilemma of Day Care", 『이지 리더』, 1984년 9월 27일, 18.

제3장 검사들

1 패트릭 불레이Patrick Boulay, "카운티 전역 아동 성학대 수사 중 다섯 명 체포Five Arrested as Part of Countywide Child Sex Abuse Ring Investigation", 『조던 인디펜던트*Jordan Independent*』, 1984년 5월 30일, 2.
2 십E. R. Shipp, "미네소타, 아동을 대상으로 한 섹스 스캔들에 경악Minnesota Townspeople Jolted by Sex Scandal with Children", 『뉴욕타임스』, 1984년 9월 6일, www.nytimes.com/1984/09/06/us/minnesota-townspeople-jolted-by-sex-scandal-with-children.html.
3 메리 슈뢰더Mary Schroeder, "가족이 성범죄자에 대처하는 방법은?What Should Families Do About Sexual Abusers?", 『조던 인디펜던트』, 1983년 10월 20일, 4.

4 에드워드 흄스Edward Humes, 『악한 정의: 마을의 공포와 검사의 권력, 순수함의 배신 *Mean Justice: A Town's Terror, a Prosecutor's Power, a Betrayal of Innocence*』(뉴욕: 사이먼 앤드 슈스터Simon & Schuster, 1999년), 61.

5 돈 하디 주니어Don Hardy Jr.와 데이나 나크먼Dana Nachman 감독, 영화 〈마녀사냥*Witch Hunt*〉(KTF 필름KTF Films, 2008년).

6 에릭 블랙Eric Black, "모리스의 열의가 찬사와 비판을 모두 부르다Zeal Sets Up Morris for Criticism and Praise", 『미니애폴리스 스타 앤드 트리뷴』, 1984년 10월 19일, 16A.

7 상동, 1A.

8 검찰 대 토니 갈린도 페레즈Tony Galindo Perez, 캘리포니아 항소법원의 판결이유, 제5 지방항소법원, no. 4381, 1981년 5월 18일.

9 상동.

10 브라운Brown 대 교육 위원회, 347 U.S. 483 (1954년); 기디언Gideon 대 웨인라이트Wainwright, 372 U.S. 335 (1963년); 레이놀즈Reynolds v. 심즈Sims, 377 U.S. 533 (1964년); 미란다Miranda v. 아리조나Arizona, 384 U.S. 436 (1966년).

11 조나단 사이먼Jonathan Simon, 『범죄로 다스리다: 범죄와의 전쟁이 어떻게 미국 민주주의를 바꾸었는가*Governing Through Crime: How the War on Crime Transformed American Democracy and Created a Culture of Fear*』(뉴욕: 옥스퍼드 대학교 출판부, 2007년), 킨들판, location 742.

12 흄스, 『악한 정의』, 65.

13 상동, 64.

14 로스 차이트, 『마녀사냥 이야기: 정치와 심리학, 그리고 아동 성폭력』(뉴욕: 옥스퍼드 대학교 출판부, 2014년), 119.

15 스콧과 브렌다 니픈Scott and Brenda Kniffen의 인신보호영장, 컨 카운티(캘리포니아 주) 상급법원, Appeal No. 5 Crim. F004423, 1993년 10월 28일, 13-15.

16 상동, 17-19.

17 데비 네이선과 마이클 스네데커, 『사탄의 침묵: 의식학대와 현대판 마녀사냥』(뉴욕: 베이직 북스, 1995년), 61.

18 하디와 나크먼, 〈마녀사냥〉.

19 마이클 트라이히Michael Trihey, "아이들을 289차례 성추행한 부모들에게 유죄 평결을 내리다Parents Found Guilty of Molestation 289 Times", 『베이커즈필드 캘리포니안*Bakersfield Californian*』, 1984년 5월 17일, A1.

20 게리 길브레스Gary A. Gilbreath, "성학대 재판의 비극적인 결과를 보여주는 편지들Letters: Cites Tragic Results in Molester Trial", 『베이커즈필드 캘리포니안』, 1984년 6월 22일, B10.

21 흄스, 『악한 정의』, 362.

22 폴 매켄로와 데이비드 피터슨, "조던", 『미니애폴리스 스타 앤드 트리뷴』, 1984년 10월 21일, 23A.

23 브루스 루벤스타인Bruce Rubenstein, "러드, 인터뷰에서 '나만 죄를 저지른 것은 아니다' 주장I'm Not the Only One Who's Guilty' Claims Rud in Interview", 『조던 인디펜던트』, 1984년 8월 22일, 14.

24 매켄로와 피터슨, "조던", 17A.

25 상동.

26 상동.

27 톰 덥Tom Dubbe, 『악몽과 비밀: 1984년 미네소타 조던 아동 성학대 사건의 진상*Nightmares and Secrets: The Real Story of the 1984 Child Sexual Abuse Scandal in Jordan, Minnesota*』(미네소타 주 셰코피: 메모리얼 프레스Memorial Press, 2005년), 56.

28 "SMK 인터뷰", 1983년 9월 26일, 녹취록 2쪽.

29 "추가 보고서, 검찰 수사관 데이비드 아이너트슨David N. Einertson, 용의자 제임스 존 러드James John Rud", 1983년 11월 변호사 사무실에서 입수.

30 체포 포고서, 말린 거먼슨Marlene Germundson, DOB 9-8-56, 1983년 11월 14일 변호사 사무실에서 입수.

31 "KAL 인터뷰", 1983년 10월 20일, 녹취록 2.

32 "JMO 인터뷰", 1983년 10월 3일, 녹취록 3-4.

33 폴 매켄로, "학대 사건에 가려진 조던의 긍정적인 면Abuse Cases Darken Jordan's Bright Side", 『미니애폴리스 스타 앤드 트리뷴』, 1983년 11월 18일, 10A.

34 폴 매켄로, "러드에 제기된 성학대 혐의는 총 180개", 『미니애폴리스 스타 앤드 트리뷴』, 1983년 11월 19일, 7A.

35 짐 파슨스Jim Parsons, "조던에서는 경계가 곧 법칙이다Caution Becomes the Rule in Jordan", 『미니애폴리스 스타 앤드 트리뷴』, 1983년 11월 20일.

36 "컴퓨터로 학대 수사 데이터를 문서화할 것Computer Will Document Abuse Investigation Data", 『조던 인디펜던트』, 1983년 12월 15일, 7.

37 게일 앤더슨Gail Andersen, "조던에 더 이상의 아동학대는 없다Abuse of Children Not More Prevalent in Jordan", 『조던 인디펜던트』, 1983년 11월 24일.

38 슈뢰더, "가족이 성범죄자에 대처하는 방법은?", 4.

39 패트릭 불레이, "최근의 성학대 조직 사건 용의자로 지목된 셰코피 남성; 현재까지 8명 체포되었다Shakopee Man Latest Sex Ring Suspect; 8 Now Arrested", 『조던 인디펜던트』, 1983년 11월 24일, 1.

40 슈뢰더, "가족이 성범죄자에 대처하는 방법은?" 4.

41 "아이 같지 않은 말Out of the Mouths of Babes", 진행 트리시 우드Trish Wood, 『노트 프롬 5th 에스테이트*Notes from the 5th Estate*』, 1993년 1월 5일 방송의 녹취록.

42 수전 핍스 요나스Susan Phipps-Yonas, 저자와의 인터뷰, 2013년 5월 23일.

43 "아이 같지 않은 말", 『노트 프롬 5th 에스테이트』.

44 "러드 사건을 위해 로클럭 채용, 위탁부모가 부족하다Law Clerks Hired for Rud Case, Foster Parents Needed", 『셰코피 밸리 뉴스*Shakopee Valley News*』, 1984년 2월 8일, 1.

45 네이선과 스네데커, 『사탄의 침묵』, 94.

46 하디와 나크먼, 〈마녀사냥〉.

47 스티브 스웬슨Steve E. Swenson, "컨 카운티에서 성추행 혐의로 체포된 사람의 수가 2배로 뛰어Rate of Arrest for Molesting Double in Kern", 『베이커즈필드 캘리포니안』, 1983년 10월 23일, A1.

48 하디와 나크먼, 〈마녀사냥〉.
49 상동.
50 "컨 카운티 아동학대 수사 보고서Report on the Kern County Child Abuse Investigation", 검찰청 법률집행부―수사국, 1986년 9월, 18-19.
51 하디와 나크먼, 〈마녀사냥〉.
52 흄스, 『악한 정의』, 217.
53 로버트 힉스Robert D. Hicks, 『사탄을 쫓아서*In Pursuit of Satan*』(뉴욕 주 버팔로: 프로메테우스 북스Prometheus Books, 1991년), 263.
54 흄스, 『악한 정의』, 221.
55 스티브 스웬슨, "경찰, 컨 카운티에서 아동 포르노가 생산되었다고 확신Officers Certain Child Pornography Is Made in Kern", 『베이커즈필드 캘리포니안』, 1985년 1월 28일, A4.
56 인터뷰 보고서Interview Report, 사건번호 85-0181-01A, 캘리포니아 주 법무부 수사국, 1986년 5월 7일, 9.
57 흄스, 『악한 정의』, 222.
58 네이선과 스네데커, 『사탄의 침묵』, 99.
59 "컨 카운티 아동학대 수사 보고서", vii.
60 흄스, 『악한 정의』, 222.
61 하디와 나크먼, 〈마녀사냥〉.
62 "컨 카운티 아동학대 수사 보고서", viii.
63 상동, viii.
64 흄스, 『악한 정의』, 224.
65 상동, 226쪽.
66 데니스 맥그래스Dennis J. McGrath, "조던의 아동학대범이 주 정부 증인으로Jordan Child Abuser Turns State Witness", 『미니애폴리스 스타 앤드 트리뷴』, 1984년 8월 16일, 1A.
67 "제임스 러드의 자발적 진술James Rud, Voluntary Statement", 1984년 8월 14일, 1-2.
68 상동, 3.
69 상동, 5.
70 상동, 7.
71 "제임스 러드의 자발적 진술, 테이프 3번", 1984년 8월 15일, 7.
72 상동, 19.
73 조세핀 마코티Josephine Marcotty, "러드, 아동학대 용의자를 확인하지 못해Rud Fails to Identify Child-Abuse Suspect", 『미니애폴리스 스타 앤드 트리뷴』, 1984년 8월 28일, 1B.
74 마이크 카주바Mike Kaszuba, "제임스 러드의 성학대 증언 기각James Rud Sex-Abuse Testimony Thrown Out", 『미니애폴리스 스타 앤드 트리뷴』, 1984년 9월 5일, 1A.
75 "미네소타 주, 행정명령 No. 85-10으로 발족한 캐서린 모리스Kathleen Morris 조사 위원회, 루디 퍼피치 주지사에게 보고", 36.
76 조세핀 마코티, "벤츠 부부, 아동학대 혐의 부인Both Bentzes Deny Abusing Children", 『미니애폴리스 스타 앤드 트리뷴』, 1984년 9월 14일, 2.
77 브루스 루빈스타인Bruce Rubinstein, "성학대 사건 분석: 벤츠 재판은 마녀사냥이었는가?-

Sex Abuse Case Analysis: Was Bentz Trial a Witch-Hunt?", 『조던 인디펜던트』, 1984년 9월 26일, 2A.
78 조세핀 마코티, "12세 소녀, 성학대 증언에 반박하는 변호사에게 눈물로 맞서다Tearful Girl, 12, Confronts Attorney Who Challenges Sex-Abuse Testimony", 『미니애폴리스 스타 앤드 트리뷴』, 1984년 9월 1일, 1A.
79 댄 오버도퍼와 조세핀 마코티, "벤츠 부부, 성학대 혐의에 대해 무죄 선고Bentzes Acquitted in Abuse Case", 『미니애폴리스 스타 앤드 트리뷴』, 1984년 9월 20일, 1A.
80 캐서린 모리스, "캐서린 모리스의 성명서Text of Kathleen Morris' Statement", 『미니애폴리스 스타 앤드 트리뷴』, 1984년 10월 16일, 15A면.
81 "미네소타 주, 행정명령 No. 85-10으로 발족한 캐서린 모리스 조사 위원회, 루디 퍼피치 주지사에게 보고", 11.
82 팻 도일Pat Doyle과 폴 매켄로, "아동 포르노 조직을 주장하는 녹취록들Transcripts Allege Child-Porn Ring", 『미니애폴리스 스타 앤드 트리뷴』, 1984년 10월 18일, 7A.
83 팻 도일, "소녀의 경찰 인터뷰, 포르노 영화를 찍고 애완동물을 먹어야 했다Girl Told officers of Porno Films, Being Forced to Eat Pets." 『미니애폴리스 스타 앤드 트리뷴』, 1984년 10월 19일, 1A.
84 조 라이거트Joe Rigert와 케빈 디아즈Kevin Diaz, "BCA, 학살 신고 수사에 돌입BCA to Investigate Reports of Slayings", 『미니애폴리스 스타 앤드 트리뷴』, 1984년 10월 18일, 1A-9A.
85 댄 오버도퍼와 존 라이거트, "모리스, 사건에서 손을 떼기로Morris Withdraws from Cases," 『미니애폴리스 스타 앤드 트리뷴』, 1984년 10월 19일, 14A.
86 폴 매켄로와 댄 오버도퍼, 셰릴 존슨, "아동 학살설과의 연관성을 시사하는 제보 들어와Sources Suggest Link to Stories of Child Slayings", 『미니애폴리스 스타 앤드 트리뷴』, 1984년 10월 16일, 15A.
87 "카운티 추산 성학대 조직 수사 비용 $251,266.87에 달해County Estimates Cost of Sex Abuse Ring Expenditures at $251,266.87", 『조던 인디펜던트』, 1984년 8월 22일, 3.
88 "아이 같지 않은 말", 『노트 프롬 5th 에스테이트』.
89 브릿 롭슨Britt Robson, "스콧 카운티의 상처The Scars of Scott County", 『미니애폴리스 세인트 폴 매거진*Minneapolis St. Paul Magazine*』, 1991년 3월, 127.
90 조 라이거트와 폴 매켄로, "거짓말을 했다는 소년들의 자백으로 아동학살 수사 중단Boys' Admission of Lies Halted Probe of Child Slayings", 『미니애폴리스 스타 앤드 트리뷴』, 1984년 11월 20일, 6A
91 폴 매켄로와 데이비드 피터슨, "조던", 『미니애폴리스 스타 앤드 트리뷴』, 1984년 10월 21일 20A.

제4장 맥마틴 유치원-예비심문

1 로이스 팀닉, "주민들도 더 이상 믿지 못하는 마을A Town That No Longer Trusts Itself", 『로스앤젤레스 타임스』, 1984년 1월 29일, B1.
2 "추가 보고서—02513, 1984년 11월 19일", 로스앤젤레스 카운티 보안관국.

3 조지 와일리, "직접 나선 맥마틴 학부형들, 삽을 들고 수색을 시작하다McMartin Parents Take Matters, Shovels in Own Hands, Search Lot", 『이지 리더』, 1985년 3월 21일, 3.
4 맨해튼비치 경찰서 수사 보고서, 1985년 3월 28일.
5 케빈 코디, "맥마틴 아동은 언론에, 피고인 측은 당국에 도움을 청하다McMartin Children Turn to Press, Defendants Turn to Supervisors", 『이지 리더』, 1985년 11월 14일, 5.
6 존 잭슨, "맥마틴 학부형, 수색 중 증거를 찾지 못하고 체포돼McMartin Parent Arrested in Futile Evidence Search", 『이지 리더』, 1985년 5월 9일, 4.
7 존 잭슨, "맥마틴 워치", 『이지 리더』, 1984년 11월 15일, 11.
8 조앤 빌라 지멘트Joan Villa Cziment, "아동학대 소송으로 괴로움에 빠진 지역사회A Community Agonizes over Action in Child Molestation", 『로스앤젤레스 타임스』, 1984년 7월 22일, SB1.
9 조지 와일리, "아동보육의 딜레마", 『이지 리더』, 1984년 9월 27일, 17.
10 제임스 퀸James Quinn, "한 어머니가 벌이는 아동학대 전쟁A Mother's Child-Abuse War", 『로스앤젤레스 타임스』, 1984년 7월 1일, V1.
11 존 잭슨, "맥마틴 워치", 『이지 리더』, 1984년 11월 15일.
12 존 잭슨, "맥마틴 워치", 『이지 리더』, 1984년 8월 30일, 5.
13 게리 몰리Gary K. Morley와 브루스 스티븐스Bruce R. Stevens, 연방수사국이 실시한 "브렛 와이즈버그Brett Wiesberg 인터뷰 보고서"(1984년 6월 21), 2쪽.
14 마이클 랜돌프Michael A. Randolph, 연방수사국이 실시한 "로버트 로턴Robert Lawton[가명]과 글로리아 수 로턴Gloria Sue Lawton[가명] 인터뷰 보고서", 1984년 7월 5일, 1.
15 상동, 4.
16 연방수사국이 실시한 "주디 존슨Judy Johnson 인터뷰 보고서", 1984년 6월 26일.
17 칼 잉그램Carl Ingram, "상원, 아동 성학대 사건에 텔레비전 사용 허가Senate Oks Court Use of TV in Child Sex-Abuse Cases", 『로스앤젤레스 타임스』, 1985년 2월 5일, SD3.
18 칼 잉그램과 제리 길럼Jerry Gillam, "상원, 강력한 아동학대 법안 허가Senate Oks Tough Child Abuse Bill", 『로스앤젤레스 타임스』, 1985년 6월 15일, A18.
19 폴 펠드먼Paul Feldman, "성학대 재판: 아이들을 노려보다Sex Abuse Trials: Glare on Children", 『로스앤젤레스 타임스』, 1984년 12월 16일, D1.
20 케빈 코디, 저자와의 인터뷰, 2012년 10월 3일.
21 "법정의 아동 성학대 피해자들Child Sexual Abuse Victims in the Courts", 워싱턴DC 미 상원 법사위원회의 소년사법 분과위원회, 1984년 5월 22일, 83.
22 폴 펠드먼, "성학대 재판: 아이들을 노려보다", D8.
23 대니 데이비스, 저자와의 인터뷰, 2012년 9월 19일.
24 상동.
25 상동.
26 존 잭슨, "맥마틴 워치", 『이지 리더』, 1984년 9월 27일, 8.
27 폴 에벌리Paul Eberle와 셜리 에벌리Shirley Eberle, 『순수를 짓밟다: 맥마틴 유치원 재판*The Abuse of Innocence: The McMartin Preschool Trial*』(뉴욕 버팔로: 프로메테우스 북스, 1993).
28 존 잭슨, "맥마틴 워치", 『이지 리더』, 1984년 11월 29일, 1, 원문대로 기울임꼴 처리.

29 존 잭슨, "맥마틴 워치", 『이지 리더』, 1984년 9월 27일, 8.
30 마릴린 크로피Marilyn Croffi, "잭슨에 빨려 들어가다Syndicate Jackson!", 『이지 리더』, 1984년 10월 11일, 2.
31 "키 맥팔레인의 증언", 미 하원 아동청소년가족 위원회의 감시 분과위원회 합동 청문회, 1984년 9월 17일, 42.
32 상동, 43.
33 상동, 44.
34 나딘 브로즌Nadine Brozan, "증인, '아동 범죄자' 조직이 두렵다Witness Says She Fears 'Child Predator' Network", 『뉴욕타임스』, 1984년 9월 18일, www.nytimes.com/1984/09/18/us/witness-says-she-fears-child-predator-network.html.
35 "키 맥팔레인의 증언", 46.
36 상동, 45.
37 상동, 46.
38 피터 컨하트와 케네스 우든 프로듀서, ABC 〈*20/20*〉 "왜 침묵하는가Why the Silence" 편, 1985년 1월 3일.
39 모건 겐델Morgan Gendel, "KABC, '20/20' 방송을 대체할 계획KABC Plans to Preempt '20/20' Show", 『로스앤젤레스 타임스』, 1984년 12월 24일, D1.
40 존 잭슨, "맥마틴 워치", 『이지 리더』, 1984년 11월 29일, 44.
41 "맥마틴 연대기", 『이지 리더』, 1990년 1월 25일, 13.
42 캐롤 맥그로Carol McGraw, "10세 소년의 주장, 신뢰할 수 있는가10-Year-Old's Credibility Tested by Allegations", 『로스앤젤레스 타임스』, 1985년 4월 26일, C2.
43 캐롤 맥그로, "맥마틴 사건 증인이 들려준 섬뜩한 공동묘지 의식Macabre Cemetery Rites Told by McMartin Witness", 『로스앤젤레스 타임스』, 1985년 4월 25일, C6.
44 맥그로, "10세 소년의 주장, 신뢰할 수 있는가" C1.
45 존 잭슨, "맥마틴 워치", 『이지 리더』, 1985년 4월 4일, 4.
46 존 잭슨, "맥마틴 워치", 『이지 리더』, 1985년 4월 11일, 5.
47 존 잭슨, "맥마틴 워치", 『이지 리더』, 1985년 9월 19일, 15.
48 존 잭슨, "맥마틴 워치", 『이지 리더』, 1985년 5월 9일, 9.
49 존 잭슨, "맥마틴 워치", 『이지 리더』, 1985년 11월 7일, 1.
50 메리 피셔, "맥마틴: 도미노 현상인가?, 『로스앤젤레스 매거진』, 1989년 10월, www.byliner.com/read/mary-fischer/a-case-of-dominoes.
51 케빈 코디, "맥마틴 테이프The McMartin Tapes", 『이지 리더』, 1986년 11월 13일, 1.
52 상동, 14.
53 상동, 17.
54 상동, 18.
55 케빈 코디, "맥마틴 테이프—2부", 『이지 리더』, 1986년 11월 20일, 17.
56 코디, "맥마틴 테이프".
57 코디, "맥마틴 테이프—2부".
58 상동, 20.

59 상동, 18.
60 케빈 코디, "맥마틴 테이프—3부", 『이지 리더』, 1986년 11월 27일, 21.
61 상동, 23.
62 상동, 21.
63 상동, 13.
64 상동, 23.
65 케빈 코디, "맥마틴 증인의 죽음, 그녀의 역할에 대한 진실은 이대로 묻힐까Truth About McMartin Witness' Role May Have Been Lost with Her Death", 『이지 리더』, 1986년 12월 25일, 3.

제5장 FBI, DSM, XXX

1 버타 로드리게즈Berta Rodriguez, "성학대 사건 재심, 월요일에 시작Sex-Abuse Retrial to Start Monday", 『엘패소 타임스*El Paso Times*』, 1987년 3월 8일, 1B.
2 카타 폴릿Katha Pollitt, "버나드 배런에게 정의를Justice for Bernard Baran," 『네이션*The Nation*』, 2000년 2월 21일, www.thenation.com/article/justice-bernard-baran#.
3 피터 칼슨Peter Carlson, "수 건의 아동학대 혐의로 분열된 미네소타 마을이 분노로 끓어오르다Divided by Multiple Charges of Child Abuse, a Minnesota Town Seethes with Anger," 『피플』, 1984년 10월 22일, www.people.com/people/archive/article/0,,20088952,00.html; 나딘 브로즌, "증인, '아동 범죄자' 조직이 두렵다", 『뉴욕타임스』, 1984년 9월 18일, www.nytimes.com/1984/09/18/us/witness-says-she-fears-child-predator-network.html.; 클라우디아 윌리스Claudia Wallis, "아동보육의 딜레마The Child-Care Dilemma", 『타임스』, 1987년 6월 22일, 54-59.
4 케네스 래닝Kenneth Lanning, 저자와의 인터뷰, 2013년 2월 4일.
5 캐네스 래닝, 저자와의 인터뷰, 2013년 2월 25일.
6 상동.
7 "참가자 목록", 『보육기관과 사탄교 아동 성학대*Day Care Center and Satanic Cult Sexual Exploitation of Children*』, 1985년 2월 18-21일, 저자가 사본 입수.
8 "유인물: 수색영장의 사유 예시Handout: Search Warrants Probable Cause Example", 지방검찰청 소속 세스 골드스틴Seth Goldstein 수사관, 캘리포니아 주 새너제이 웨스트윙 70 W. 헤딩 95110, 저자가 사본 입수.
9 샌디 갤런트Sandi Gallant, "설문지Questionnaire", 1985년, 사본 입수.
10 글렌 스티븐스Glenn E. Stevens, "비망록—보육기관과 사탄교/아동 성학대 세미나, 1985년 2월 18-21일Memorandum—Day Care Center and Satanic Cult/Sexual Exploitation of Children Seminar, February 18-21, 1985", 8.
11 상동, 4-5.
12 케네스 래닝, "'마녀사냥'과 '반발' 그리고 전문주의", 『미국아동학대전문가협회 어드바이저*The APSAC Advisor*』 9호, no. 4 (1996년 9월), www.nationalcac.org/professionals/images/stories/handouts2009/lanning,%20ken%20-%20witch%20

hunt%20hand%2010.pdf.

13 데이비드 힐리[David Healy], 『정신약리학의 탄생*The Creation of Psychopharmacology*』(매사추세츠 주 케임브리지: 하버드 대학교 출판부, 2002년), 317.

14 제니스 하켄[Janice Haaken], 『소금기둥: 젠더와 기억, 과거를 돌아보는 위험*Pillar of Salt: Gender, Memory, and the Perils of Looking Back*』(뉴저지 주 뉴브런즈윅: 러트거스 대학교 출판부[Rutgers University Press], 1993년), 77.

15 조앤 아코첼라[Joan Acocella], 『히스테리를 만들다: 여성과 다중인격장애*Creating Hysteria: Women and Multiple Personality Disorder*』(샌프란시스코: 조시 배스[Jossey-Bass], 1999년), 112.

16 데비 네이선, 『시빌의 진실』(뉴욕: 프리 프레스, 2011년), 212.

17 리처드 클러프트[Richard P. Kluft]와 캐서린 파인[Catherine G. Fine] 엮음, 『임상적 관점으로 보는 다중인격장애*Clinical Perspectives on Multiple Personality Disorder*』(워싱턴DC: 미국정신의학회 출판부[American Psychiatric Press], 1993년).

18 『정신질환진단및통계요람*Diagnostic and Statistical Manual of Mental Disorders*』 개정판 제3판(워싱턴DC: 미국정신의학회[American Psychiatric Association], 1980년), 257.

19 상동, 257.

20 상동, 258.

21 블리스[E. L. Bliss], "다중인격: 정신분열증과 히스테리를 보이는 14가지 사례 보고[Multiple Personalities: A Report of 14 Cases with Implications for Schizophrenia and Hysteria]", 『일반정신의학회보*Archives of General Psychiatry*』 37호(1980년): 1388-1397.

22 이안 해킹Ian Hacking, 『영혼을 다시 쓰다: 다중인격과 기억의 과학*Re-Writing the Soul: Multiple Personality and the Sciences of Memory*』(뉴저지 주 프린스턴: 프린스턴 대학교 출판부Princeton University Press, 1995년), 39-40.

23 제프리 매슨, 『진실을 공격하다: 프로이트 유혹이론의 은폐(뉴욕: 파라 스트라우스 앤드 지루, 1984년).

24 캐롤 태브리스[Carol Tavris], "100년의 은폐: 프로이트는 어떻게 여성을 배신했나[The 100-Year Cover Up: How Freud Betrayed Women]", 『미즈*Ms.*』, 1984년 3월.

25 앨런 에스터슨[Allen Esterson], "제프리 매슨과 프로이트 유혹이론: 오래된 신화에서 새로운 이야기를 만들다[Jeffrey Masson and Freud's Seduction Theory: A New Fable Based on Old Myths]", 『인문학역사저널*History of the Human Sciences*』 11호, no. 1 (1998): 1-21, www.esterson.org/Masson_and_Freuds_seduction_theory.htm.

26 조세프 브로이어[Josef Breuer]와 지그문트 프로이트, 『히스테리 연구*Studies on Hysteria*』, 번역 제임스 스트레이치[James Strachey](뉴욕: 베이직 북스, 2000년), 280.

27 상동, 299.

28 지그문트 프로이트, "방어의 신경정신병에 대한 추가 정보[Further Notes on the Neuro-Psychoses of Defense]", 『지그문트 프로이트의 심리학 연구 전집 표준판』 3권(런던: 빈티지, 1962년), 172-177.

29 지그문트 프로이트[Sigmund Freud], "히스테리 원인론[The Aetiology of Hysteria]", 『지그문트 프로이트의 심리학 연구 전집 표준판』 3권(런던: 빈티지, 1962년), 204.

30 해킹, 『영혼을 다시 쓰다』, 83-84.
31 네이선, 『시빌의 진실』, 216.
32 타이슨 대 타이슨[Tyson v. Tyson], 727 P.2d 226 (워싱턴, 1986년).
33 『정신질환진단및통계요람』 개정판 제3판(워싱턴DC: 미국정신의학회, 1987년).
34 상동, 269.
35 상동, 271.
36 베티 프리단[Betty Friedan], 『여성의 신비*The Feminine Mystique*』(뉴욕: W. W. 노튼 앤드 컴퍼니, 1963), 1963.
37 해킹, 『영혼을 다시 쓰다』, 70.
38 마이크 원커와 데이브 발시거, 레스 존스, 『사탄을 팔다』(뉴저지 주 플레인필드: 로고스 인터내셔널, 1972년).
39 존 트로트[Jon Trott]와 마이크 허튼스타인[Mike Hertenstein], "사탄을 팔다: 마이크 원커의 슬픈 역사[Selling Satan: The Tragic History of Mike Warnke]", 『코너스톤*Cornerstone*』 98호(1992년), http://web.archive.org/web/20110629063019/http://www.cornerstonemag.com/features/iss098/sellingsatan.htm.
40 마이클 와이너립[Michael Winerip], "사실이 아니었던 '크랙 베이비' 확산을 다시 찾다[Revisiting the 'Crack Babies' Epidemic That Was Not]", 『뉴욕타임스』, 2013년 5월 20일, www.nytimes.com/2013/05/20/booming/revisiting-the-crack-babies-epidemic-that-was-not.html.
41 캐롤린 브론스타인[Carolyn Bronstein], 『포르노그래피와의 전쟁: 미국 페미니즘의 포르노그래피 반대운동*Battling Pornography: The American Feminist Anti-Pornography Movement, 1976–1986*』(케임브리지: 케임브리지 대학교 출판부, 2011년), 320-321.
42 캐서린 매키넌[Catharine MacKinnon]과 안드레아 드워킨[Andrea Dworkin] 엮음, 『해로운 길: 포르노그래피 인권 청문회*In Harm's Way: The Pornography Civil Rights Hearings*』(매사추세츠 주 케임브리지: 하버드 대학교 출판부, 1998년), 40.
43 상동, 177.
44 상동, 338.
45 『외설및포르노조사위원회 보고서*The Report of the Commission on Obscenity and Pornography*』(뉴욕: 밴텀 북스, 1970년), 32, 29.
46 『법무부 포르노그래피 위원회의 최종 보고서*Final Report of the Attorney General's Commission on Pornography*』(테네시 주 네슈빌: 러틀리지 힐 프레스Rutledge Hill Press, 1986), li.
47 상동, 540-546.
48 안드레아 드워킨이 수집한 오디오테이프, 1975-1999; 뉴욕(뉴욕), 1986년 1월 22일 포르노그래피 위원회 증언, T-323, 테이프 19번, 매사추세츠 주 케임브리지 하버드 대학교 래드클리프 연구소[Radcliffe Institute] 슐레진저 자료보관서[Schlesinger Library].
49 상동.
50 매키넌과 드워킨, 『해로운 길』, 384.
51 『법무부 포르노그래피 위원회의 최종 보고서』, 134.

52 상동, 199-220.

53 상동, 214.

54 상동, 215.

55 상동, 77.

56 패딜라E. N. Padilla, "푸에르토리코 설탕 재배 지역의 농업 개혁An Agrarian Reform Sugar Community in Puerto Rico", 컬럼비아 대학교 박사학위 논문, 1951년. 민속학자 등 은 태국, 캄보디아와 20세기 중반 일본 하층민들 사이에서 비슷한 관습을 발견했다.

57 제이슨 크라머(가명)와의 인터뷰(1984년 8월 28일), 인터뷰 진행 로리 브라가와 조 브라가, 녹취 로리 알바라도Laurie Alvarado(1984년 9월 17일), 14.

58 상동, 8.

59 휘팅턴W. L. Whittington 등, "영아와 유아의 부정확한 임균 확인Incorrect Identification of Neisseria gonorrhoeae from Infants and Children", 『소아감염병저널*Pediatric Infectious Disease Journal*』 7호, no. 1(1988년): 3-10.

60 새라 알렉산더Sarah Alexander와 캐서린 아이선Catherine Ison, "임균 진단을 위한 상업용 키트의 진화Evaluation of Commercial Kits for the Identification of Neisseria gonorrhoeae", 『의학미생물학저널*Journal of Medical Microbiology*』 54호, no. 9 (2005년 9월): 827-831.

61 로빈슨M. J. Robinson과 오버호퍼T. R. Oberhofer, "RapID NH 시스템으로 병원성 나이세리아 종 확인하기Identification of Pathogenic Neisseria Species with the RapID NH System", 『임상미생물학저널*Journal of Clinical Microbiology*』 17호, no. 3 (1983년 3월): 400-404.

62 데비 네이선과 마이클 스네데커, 『사탄의 침묵: 의식학대와 현대판 마녀사냥』(뉴욕: 베이직 북스, 1995년), 194-195쪽.

63 젠 홀링스워스, 『말로 다 할 수 없는 행동』(뉴욕과 시카고: 콩든 앤드 위드, 1986년), 434.

64 상동, 369.

65 네이선과 스네데커, 『사탄의 침묵』, 171.

66 일리나 플로레스Ileana Flores와의 인터뷰, "아빠가 그렇게 했니?Did Daddy Do It?", 『프론트라인』, 2001년 1월, www.pbs.org/wgbh/pages/frontline/shows/fuster/interviews/ileana.html에서 녹취록 볼 수 있음.

67 데비 네이선, "다시 카운티워크를 가다Revisiting Country Walk", 『심리치료연구소저널*Institute for Psychological Therapies Journal*』 5호(1993년), www.ipt-forensics.com/journal/volume5/j5_1_1.htm.

68 상동; 『플로리다 주 검찰 대 일리나 퍼스터Ileana Fuster 녹취록』, 사건번호 84-19728B, 1985년 11월 26일, 60.

69 플로리다 주 검찰 대 일리나 퍼스터, 61-62.

70 일리나 플로레스와의 인터뷰, 『프론트라인』.

71 아서 코엔Arthur Cohen이 받은 일리나 플로레스의 선서증언, 1994년, www.pbs.org/wgbh/pages/frontline/shows/fuster/frank/94recant.html.

72 네이선, "다시 카운티워크를 가다".

73 일리나 플로레스의 선서증언, 1985년 9월, 1985년, www.pbs.org/wgbh/pages/

frontline/shows/fuster/frank/85depo.html.

제6장 맥마틴 유치원-재판

1 케빈 코디, "부주의를 인정한 검찰, 버키는 석방을 요청하다Prosecutor Admits Negligence, Buckey Seeks Release", 『이지 리더』, 1986년 12월 18일, 4.

2 상동.

3 로이스 팀닉, "법정에 선 전 맥마틴 사건 검사, 숨겨 왔던 사실을 말하다Former McMartin Case Prosecutor Tells Court of Withholding Facts", 『로스앤젤레스 타임스』, 1987년 1월 21일, OC 7. (글렌 스티븐스는 기소되지 않았다.)

4 로웰 버그먼Lowell Bergman 프로듀서, CBS 〈60분60 Minutes〉 "맥마틴 유치원The McMartin Preschool" 편, 1986년 11월 2일.

5 상동.

6 케빈 코디, "버키 측 변호사, 로스앤젤레스 밖에서 재판을 진행하기를 원해Buckey's Lawyer Wants Trial Out of Los Angeles", 『이지 리더』, 1987년 2월 5일, 3, 15.

7 케빈 코디, "연타를 맞은 맥마틴 학부형들Double Blow Hits Preschool Parents", 『이지 리더』, 1987년 2월 5일, 3, 23.

8 캘리포니아 주 로스앤젤레스 KABC-TV 〈아이위트니스 뉴스〉, 1985년 3월 28일.

9 대니 데이비스, 저자와의 인터뷰, 2012년 9월 19일.

10 케빈 코디, "정의의 전당에 들어간 쥐A Rat in the Hall of Justice", 『이지 리더』, 1987년 3월 19일, 22.

11 상동, 23.

12 젠 홀링스워스, 『말로 다 할 수 없는 행동』(뉴욕과 시카고: 콩든 앤드 위드, 1986년).

13 케빈 코디, "대중의 아동 성학대 부인 여론을 회의에서 검토하다Public's Denial of Child Sex Abuse Examined at Meeting", 『이지 리더』, 1987년 5월 7일, 3, 12-13, 15.

14 캘리포니아 주 검찰 대 레이먼드 버키와 페기 맥마틴 버키 재판, 일일 녹취록 vol. 99, 1987년 7월 13일, 14970.

15 상동, vol. 100, 15004.

16 상동, 15006.

17 상동, 15008-15009.

18 상동, 15012-15013.

19 케빈 코디, "정의라는 좁은 길The Alleys of Justice," 『이지 리더』, 1987년 8월 20일, 1.

20 『캘리포니아 주 검찰 대 레이먼드 버키와 페기 맥마틴 버키 재판』, 일일 녹취록 vol. 109, 1987년 8월 3일, 16344.

21 상동, 16350-16351.

22 상동, 16369.

23 폴 에벌리와 셜리 에벌리, 『순수를 짓밟다: 맥마틴 유치원 재판』(뉴욕 버팔로: 프로메테우스 북스, 1993년), 159.

24 상동, 48.
25 상동, 159.
26 『캘리포니아 주 검찰 대 레이먼드 버키와 페기 맥마틴 버키 재판』, 일일 녹취록 vol. 110, 1987년 8월 4일, 16525.
27 에벌리와 에벌리, 『순수를 짓밟다』, 68.
28 게리 샤러Gary Scharrer, "도브, 재심 가능성 높아져New Trial Possible for Dove", 『엘패소 타임스』, 1986년 11월 14일, 4B.
29 버타 로드리게즈, "부모들이 아동학대 의심 사건에 대처하도록 돕는 단체 활동 개시Group Helps Parents Cope with Alleged Molestations," 『엘패소 타임스』, 1985년 11월 3일, 1A.
30 팻 그레이브즈Pat Graves, "도브, 20년형 선고Dove Gets 20 Years," 『엘패소 타임스』, 1987년 3월 21일, 2B.
31 데비 네이선, "현대판 마녀재판The Making of a Modern Witch Trial," 『빌리지 보이스*Village Voice*』, 1987년 9월 19일, 데비 네이선 저 『여성과 외계인들: 미국-멕시코 국경의 에세이*Women and Other Aliens: Essays from the U.S.-Mexico Border*』(텍사스 엘패소: 싱코 펀토스 프레스Cinco Puntos Press, 1991년)에 다시 실음.
32 게리 샤러, "학대 사건 재판의 사회복지사, 소년의 인터뷰에 사용한 방법을 변호하다Social Worker in Molestation Trial Defends Method of Interviewing Boy", 『엘패소 타임스』, 1986년 3월 7일, 1B.
33 팻 그레이브스, "학대 재판으로 시험대에 오르는 사회복지사Social Worker Is Challenged at Abuse Trial", 『엘패소 타임스』, 1987년 3월 17일, 1A.
34 상동.
35 네이선, "현대판 마녀재판", 141.
36 게리 샤러, "눈물의 증언: 전 YMCA 교사가 털어놓는 어린이집의 일상Tearful Testimony: Ex-YMCA Teacher Tells About Typical School Day", 『엘패소 타임스』, 1986년 3월 25일, 2A.
37 게리 샤러, "'평결은 진실을 말한다': 부모들 평결에 만족해The Verdict Speaks the Truth': Parents Say They're Satisfied", 『엘패소 타임스』, 1986년 3월 28일, 2A.
38 네이선, "현대판 마녀재판", 142.
39 상동.
40 게리 샤러, "성학대 재판에 협의 재개Deliberations to Resume in Sex Abuse Trial", 『엘패소 타임스』, 1986년 3월 27일, 8A.
41 데비 네이선, "섹스와 악마, 그리고 어린이집Sex, the Devil, and Daycare," 『빌리지 보이스*Village Voice*』, 1987년 9월 19일, 데비 네이선 저 『여성과 외계인들: 미국-멕시코 국경의 에세이』(텍사스 엘패소: 싱코 펀토스 프레스, 1991년)에 다시 실음.
42 상동, 118.
43 상동, 119.
44 게리 샤러, "도브, 재심 가능성 높아져", 『엘패소 타임스』, 1986년 11월 14일, 4B.
45 아동학대법 피해자들의 모임VOCAL, "기자회견문" 1984년 10월 20일, 1.
46 폴 에벌리와 셜리 에벌리, 『아동학대의 정치*The Politics of Child Abuse* (뉴저지 주 시코커스: 라일 스튜어트, 1986년), 87-88.

47 상동, 102.

48 메리 프라이드Mary Pride, 『아동학대 산업: 아동학대를 둘러싼 충격적인 사실과 북아메리카 가족을 위협하는 시스템에 대한 저항의 나날들*The Child Abuse Industry: Outrageous Facts About Child Abuse & Everyday Rebellions Against a System That Threatens Every North American Family*』(일리노이 주 웨스트체스터: 크로스웨이 북스Crossway Books, 1986년), vii.

49 상동, 31.

50 브렛 드레이크Brett Drake 등, "아동보호의 편견? 국가 자료를 이용한 상충적인 설명 비교Racial Bias in Child Protection? A Comparison of Competing Explanations Using National Data", 『소아과저널*Pediatrics*』 127호, no. 3 (2011년 3월 1일): 471-478.

51 프라이드, 『아동학대 산업』, 143.

52 상동, 35.

53 상동, 115.

54 데비 네이선, "가해자 혹은 피해자: 켈리 마이클스의 유죄 판결은 부당한가?Victimizer or Victim: Was Kelly Michaels Unjustly Convicted?" 『빌리지 보이스』, 1988년 8월 22일, 33.

55 잭 존스Jack Jones, "맥마틴 재판, 증언을 시작하다McMartin Trial Witness Held", 『로스앤젤레스 타임스』, 1987년 10월 10일, A4.

56 캘리포니아 주 검찰 대 레이먼드 버키와 페기 맥마틴 버키 재판, 일일 녹취록 vol. 137, 1987년 10월 9일, 20145.

57 상동, 20343-20345.

58 케빈 코디, "배심원단, 재판이 1년 동안 계속된다는 소식에 울상Jurors Not Happy to Hear Trial Going on for a Year", 『이지 리더』, 1988년 8월 11일, 5.

59 케빈 코디, "버지니아 맥마틴, 증언대에 오르다Virginia McMartin Takes the Stand", 『이지 리더』, 1987년 9월 10일, 3.

60 밥 윌리엄스Bob Williams, "다른 사람이라면 시간이 갈수록 기억이 흐려지겠죠For Others, Time Eases the Memories," 『로스앤젤레스 타임스』, 1988년 7월 17일, F1.

61 밥 윌리엄스, "일상으로 돌아가다: 자유의 몸이 된 전 맥마틴 유치원 교사는 여전히 무너진 가족의 악몽에서 벗어나지 못하고 있다Picking Up the Pieces: A Freed Ex-McMartin Pre-School Teacher Still Haunted by Her Family's Shattered Life", 『로스앤젤레스 타임스』, 1988년 7월 17일, F1.

62 케빈 코디, "페기 앤 버키의 '약식 재판'The 'Mini-Trial' of Peggy Ann Buckey", 『이지 리더』, 1989년 1월 5일, 12.

63 "페기 앤 버키, 교단에 다시 서다Peggy Ann Buckey to Resume Teaching", 『로스앤젤레스 타임스』, 1989년 2월 16일, A4.

64 케빈 코디, "다시 일어선 페기 앤 버키Peggy Ann Buckey Climbs Back", 『로스앤젤레스 타임스』, 1989년 1월 5일, 25.

65 밥 윌리엄스, "잠잠해진 맥마틴 후폭풍: 유치원들 정상 운영 재개하다McMartin Fallout Eases; Preschools Again at Capacity", 『로스앤젤레스 타임스』, 1988년 5월 1일, R4.

66 제임스 레이니James Rainey, "탁아소의 아동학대 2건 추가Molestations of 2 More Day-Care Infants

Alleged", 『로스앤젤레스 타임스』, 1988년 12월 2일, SB8.

67 윌리엄스, "잠잠해진 맥마틴 후폭풍".

68 밥 윌리엄스, "맥마틴 사건이 드리운 검은 그림자: 혐의와 의혹으로 7개 지역 유치원 문을 닫아McMartin Case Cast Wide, Dark Shadow: Charges, Suspicion Resulted in 7 Area Preschools Closing", 『로스앤젤레스 타임스』, 1988년 5월 1일, R7.

69 윌리엄스, "잠잠해진 맥마틴 후폭풍".

70 닐슨 히멜Nielson Himmel, "버키, 5년 수감 생활 후 150만 달러 보석금으로 출소Buckey Freed on $1.5-Million Bail After 5 Years in Jail", 『로스앤젤레스 타임스』, 1989년 2월 16일, 3.

제7장 두 가족 이야기

1 NBC 〈제랄도—악마 숭배: 사탄교 비밀조직을 폭로하다*Geraldo—Devil Worship: Exposing Satan's Underground*〉, 파라마운트Paramount 텔레비전 방송, 1988년 10월 22일.

2 상동.

3 상동.

4 상동.

5 NBC 〈제랄도 리베라—맥마틴 특집방송*Geraldo Rivera—McMartin Special*〉, 파라마운트 텔레비전 방송, 1990년 1월 29일.

6 상동.

7 이 연구에 정점을 찍은 것은 스티븐 세스와 매기 브룩의 『위험한 법정: 아동 증언에 대한 과학적 분석』(워싱턴DC: 미국심리학회, 1999년)이다.

8 엘렌 윌리스Ellen Willis, 『착한 소녀 노릇은 그만: 반문화적 에세이*No More Nice Girls: Countercultural Essays*』(뉴햄프셔 주 해너버: 웨슬리언Wesleyan, 1992년), 219.

9 로버트 셀프Robert O. Self, 『가족의 품에서: 1960년대 이후 미국 민주주의의 재조정*All in the Family: The Realignment of American Democracy Since the 1960s*』 (뉴욕: 힐 앤드 왕Hill and Wang, 2012년), 328.

10 아놀드 프리드먼Arnold Friedman, "내 이야기My Story", 『유죄 판결의 타당성 검토서: 검찰 대 제시 프리드먼*Conviction Integrity Review: People v. Jesse Friedman*』, 2013년 6월, 부록 538-552, www.nassaucountyny.gov/agencies/DA/NewsReleases/2013/062413friedman.html.

11 앤드류 자레키Andrew Jarecki 감독, 〈프리드먼 가족 체포하기*Capturing the Friedmans*〉, HBO 비디오HBO Video, 2004년.

12 수색영장 물품 목록 중, 맥더모트J. McDermott 수사관, 1987년 11월 3일, 1.

13 "피해자 설문지Victim Questionnaire", 『유죄 판결의 타당성 검토서: 검찰 대 제시 프리드먼』, 2013년 6월, 부록 287.

14 자레키, 〈프리드먼 가족 체포하기〉.

15 데비 네이선, "복합적인 박해Complex Persecution", 『빌리지 보이스』, 2003년 5월 20일, www.villagevoice.com/2003-05-20/news/complex-persecution/full.

16 자레키, 〈프리드먼 가족 체포하기〉.
17 상동.
18 『유죄 판결의 타당성 검토서: 검찰 대 제시 프리드먼』, 2013년 6월, 18.
19 프리드먼, "내 이야기", 539.
20 네이선, "복합적인 박해".
21 데이비드 프리드먼David Friedman, 아놀드 프리드먼에게 보낸 웨스턴 유니언 메일그램Western Union Mailgram to Arnold Friedman, 1988년 4월 5일, 유죄 판결의 타당성 검토서: 검찰 대 제시 프리드먼』, 2013년 6월, 부록 433.
22 프리드먼 대 리할Rehal, 618 F.3d 142 (2010년 두 번째 재판순회), 149.
23 자레키, 〈프리드먼 가족 체포하기〉.
24 NBC 〈제랄도—아동 포르노 조직 소탕하기*Geraldo—Busting the Kiddy Porn Underground*〉, 파라마운트 텔레비전 방송, 1989년 2월 23일.
25 자레키, 〈프리드먼 가족 체포하기〉.
26 가넷 호너Garnett D. Horner, "리처드 닉슨과의 인터뷰Interview with Richard M. Nixon", 『워싱턴 스타뉴스*Washington Star-News*』, 1972년 11월 9일, 1.
27 로렌스 라이트Lawrence Wright, 『사탄 기억하기*Remembering Satan*』(뉴욕: 알프레드 크노프Alfred A. Knopf, 1994년), 12-13.
28 상동, 16.
29 상동, 17.
30 상동, 99.
31 이든 워터스Ethan Watters, "잉그램 내면의 악마The Devil in Mr. Ingram", 『마더 존스*Mother Jones*』 16호, no. 4, 30-68.
32 라이트, 『사탄 기억하기』, 196.
33 밥 파산티노Bob Passantino와 그레첸 파산티노Gretchen Passantino, 존 트로트, "사탄의 사이드쇼: 로렌 스트랫퍼드의 진실Satan's Sideshow: The True Lauren Stratford Story", 『코너스톤』 18권, 90호(1990년): 23-28, www.answers.org/satan/stratford.html.
34 로렌 스트랫퍼드Lauren Stratford, 사탄의 비밀조직: 한 여성의 놀라운 탈출기*Satan's Underground: The Extraordinary Story of One Woman's Escape*』, 서문 조해나 마이클슨Johanna Michaelsen(루이지애나 주 그레트너: 펠리컨 퍼블리싱Pelican Publishing, 1991년), 21.
35 상동, 89.
36 라이트, 『사탄 기억하기』, 26.
37 상동, 36.
38 상동, 6-7.
39 데비 네이선과 마이클 스네데커, 『사탄의 침묵: 의식학대와 현대판 마녀사냥』(뉴욕: 베이직 북스, 1995년), 169.
40 폴 잉그램Paul Ingram, 저자에게 보낸 이메일, 2014년 5월 21일.
41 리처드 오프쉬Richard Ofshe, 『괴물의 탄생: 허위기억과 심리치료, 성 히스테리*Making Monsters: False Memories, Psychotherapy, and Sexual Hysteria*』(뉴욕: 찰스 스크리브너스Charles Scribner's, 1994년), 167.

42 라이트, 『사탄 기억하기』, 96.
43 오프쉬, 『괴물의 탄생』, 168.
44 상동, 170.
45 라이트, 『사탄 기억하기』, 196.
46 오프쉬, 『괴물의 탄생』, 169.
47 리처드 오프쉬, "시너넌: 사람들의 사업Synanon: The People Business", 『뉴 릴리저스 컨셔스너스*The New Religious Consciousness*』, 찰스 글록Charles Y. Glock과 로버트 벨라Robert N. Bellah 엮음(버클리: 캘리포니아 대학교 출판부University of California Press, 1976); 리처드 오프쉬, "시너넌교의 사회적 발달: 조직적인 변화의 관리 전략The Social Development of the Synanon Cult: The Managerial Strategy of Organizational Transformation", 『소셜로지컬 애널리시스*Sociological Analysis*』 41호, no. 2(1980년): 109-127.
48 리처드 오프쉬와 마가렛 싱어Margaret Singer, "자아의 중심 요소 대 주변 요소의 공격과 사상개혁 기법의 영향력: 검토와 이론분석Attacks on Peripheral versus Central Elements of Self and the Impact of Thought Reforming Techniques: Review and Theoretical Analysis", 『이단종교연구저널*Cultic Studies Journal*』 3호, no. 1 (1986), 『불법행위와 종교*Tort and Religion*』(시카고: 미국변호사협회American Bar Association, 1989년)에 다시 실음.
49 라이트, 『사탄 기억하기』, 137.
50 상동, 144-146.
51 저스티스 피터슨Justice R. Peterson, 『워싱턴 주 검찰 대 폴 잉그램』. 재판 진행 보고서 No. 88-1-752. 워싱턴 주 서스턴 카운티 상급법원, 1990년, 900-918; 카렌 올리오Karen A. Olio와 윌리엄 코넬William F. Cornell, "과학적 자료의 허울: 리처드 오프쉬의 폴 잉그램 사건 분석에 대한 사례연구The Facade of Scientific Documentation: A Case Study of Richard Ofshe's Analysis of the Paul Ingram Case", 『심리학공공정책및법률*Psychology, Public Policy, and Law*』 4호, no. 4 (1998년): 1182-1197.
52 라이트, 『사탄 기억하기』, 193.
53 상동, 194.
54 폴 잉그램, 저자에게 보낸 이메일, 2014년 5월 21일.
55 닉 너번Nik Nerburn 감독, 『폴: 올림피아 사탄교 보안관의 비밀 이야기*Paul: The Secret Story of Olympia's Satanic Sheriff*』, http://vimeo.com/57770807.
56 상동.
57 폴 잉그램, 저자에게 보낸 이메일, 2014년 5월 26일.

제8장 맥마틴 유치원-배심원 평결

1 "#40—배심원단 방문 4-17-89," VHS, 대니 데이비스의 소장품.
2 케빈 코디, "배심원단, 처음으로 맥마틴 유치원에 방문하다Jury Visits McMartin for First Time", 『이지 리더』, 1989년 4월 20일, 5.
3 로이스 팀닉, "과거의 맥마틴 유치원이 배심원단을 찾아가다McMartin Pre-School of Past Re-

turns for Jurors", 『로스앤젤레스 타임스』, 1989년 4월 20일, A1.

4 폴 에벌리와 셜리 에벌리, 『순수를 짓밟다: 맥마틴 유치원 재판』(뉴욕 버팔로: 프로메테우스 북스, 1993년), 266.

5 "버키, 어린 시절 학대 경험 털어놔Buckey Tells of Abuse as a Child", 『로스앤젤레스 타임스』, 1989년 5월 31일, OC2.

6 로이스 팀닉, "맥마틴 재판에 증인으로 선 목사Minister Testifies in McMartin Trial", 『로스앤젤레스 타임스』, 1989년 6월 2일, A2.

7 빌 스툽스Bill Stoops가 딘 기츠Dean Gits에게 보낸 비망록, "페기 맥마틴 버키의 잡지 『라이프Life』 인터뷰", 1988년 3월 21일, 12.

8 페기 맥마틴 버키, "메모장", 저자가 사본 입수.

9 맥스 토스Max Toth와 그렉 닐슨Greg Nielson, 『피라미드의 힘Pyramid Power』(뉴욕: 워너 데스티니Warner Destiny, 1976년), 165.

10 캘리포니아 주 검찰 대 레이먼드 버키와 페기 맥마틴 버키 재판, 일일 녹취록 vol. 403, 1989년 8월 2일, 55202-55204.

11 상동, vol. 405, 1989년 8월 4일, 55481.

12 상동, vol. 403, 1989년 8월 2일, 55204.

13 상동, vol. 404, 1989년 8월 3일, 55337-55338.

14 상동, vol. 405, 1989년 8월 4일, 55486.

15 케빈 코디, "레이 버키의 비밀 연애, 더는 비밀이 아니다Ray Buckey's Secret Love Life Is a Secret No Longer", 『이지 리더』, 1989년 8월 24일, 8.

16 케빈 코디, "레이먼드 버키: 흔들리는 인생Raymond Buckey: A Life in Limbo", 『이지 리더』, 1989년 10월 5일, 21.

17 에벌리와 에벌리, 『순수를 짓밟다』, 313.

18 켈리 마이클스와의 인터뷰, 인터뷰 진행 조나스 라파포트Jonas Rappaport, 1986년 8월 8일, August 8, 1986, 비디오 녹화, 저자가 영상 파일 입수.

19 로스 차이트, 『마녀사냥 이야기: 정치와 심리학, 그리고 아동 성폭력』(뉴욕: 옥스퍼드 대학교 출판부, 2014년), 239.

20 린 데일리Lynne A. Daley, "배런에게 종신형 선고; 가석방은 15년 후에야 가능해져Baran Receives Life Term; Parole Possible in 15 Years", 『버크셔 이글Berkshire Eagle』, 1985년 2월 1일.

21 케빈 코디, "MMrtn15 catch 1 4licnse platgam inPound courtrm", 『이지 리더』, 1989년 1월 12일, 9.

22 "맥마틴 담당 판사, 이 사건은 '모든 사람에게 해를 끼치고 있다'", 『로스앤젤레스 타임스』, 1988년 10월 14일, C8.

23 에벌리와 에벌리, 『순수를 짓밟다』, 314.

24 "그만둔 배심원만 다섯 번째, 이대로 맥마틴 재판은 무효가 될 것인가McMartin Case Near Mistrial as 5th Juror Leaves", 『로스앤젤레스 타임스』, 1989년 7월 25일, OC, A8.

25 에벌리와 에벌리, 『순수를 짓밟다』, 291.

26 상동, 294.

27 존 매캔John McCann, "정상적인 사춘기 이전 아동의 해부학상 표준Anatomical Standardization

of Normal Prepubertal Children", 아동학대에 대한 보건학적 반응 컨퍼런스Health Science Response to Child Maltreatment Conference의 프레젠테이션, 캘리포니아 주 샌디에이고 아동병원건강센터의 아동보호센터 주관, 1988년 1월 21-24일, 카세트 녹음.

28 존 매캔 등, "학대를 당하지 않은 사춘기 이전 아동의 항문에서 나타난 발견: 기술 연구Perianal Findings in Prepubertal Children Selected for Nonabuse: A Descriptive Study", 『아동학대와방치』 13호, no. 2 (1989년): 179-193.

29 존 매캔 등, "학대를 당하지 않은 사춘기 이전 여아의 성기에서 나타난 발견: 기술 연구Genital Findings in Prepubertal Girls Selected for Non-Abuse: A Descriptive Study", 『소아과저널』, 86호, no. 3 (1990년 9월 1일): 428-439.

30 낸시 켈로그Nancy Kellogg와 아동학대및방치위원회Committee on Child Abuse and Neglect, "아동성폭력의 평가The Evaluation of Sexual Abuse in Children", 『소아과저널』 116호, no. 2 (2005년 8월 1일): 506-512.

31 에벌리와 에벌리, 『순수를 짓밟다』, 319쪽.

32 상동, 326.

33 케빈 코디, "버키의 변호In Buckey's Defense", 『이지 리더』, 1989년 10월 26일, 6.

34 케빈 코디, "아이들을 변호하다Defending the Children", 『이지 리더』, 1989년 11월 2일, 13.

35 상동, 16.

36 맥마틴 버키, "메모장".

37 케빈 코디, "법정 판결The Courtroom Verdict", 『이지 리더』, 1990년 1월 25일, 2.

38 로이스 팀닉, "유죄가 아닙니다: 버키 모자, 역사적인 맥마틴 사건에서 해방되다Not Guilty: Both Buckeys Cleared in Historic McMartin Case", 『로스앤젤레스 타임스』, 1990년 1월 18일, P1.

39 데이비드 쇼, "언론의 회의론은 어디 있나?Where Was Skepticism in Media?" 『로스앤젤레스 타임스』, 1990년 1월 19일, A20.

40 데이비드 쇼, "타임 지의 맥마틴 보도는 편파적이다, 비평가들의 비난Times McMartin Coverage Was Biased, Critics Charge", 『로스앤젤레스 타임스』, 1990년 1월 22일, A1.

41 데이비드 프리드David Freed, "사건에 들어간 비용은 평판과 감정으로 측정할 수 있다Cost of Case Is Measured in Reputations and Emotions", 『로스앤젤레스 타임스』, 1990년 1월 19일, A18.

42 "배심원단, 검찰은 책임감 있게 버키의 죄를 증명하지 않았다Jurors Say Prosecution Never Demonstrated Buckey Responsibility", 『로스앤젤레스 타임스』, 1990년 1월 18일, P1.

43 로웰 버그만Lowell Bergman 프로듀서, CBS 〈60분〉 "맥마틴 유치원 업데이트The McMartin Pre-School Update" 편, 1990년 2월 4일.

44 케빈 코디, "맥마틴 평결에 반발하는 부모들의 청원Parents Petition to Protest McMartin Verdicts", 『이지 리더』, 1990년 2월 1일, 4.

45 알렉산드라 그로스Alexandra Gross, "리키 린 피츠Ricky Lynn Pitts", 미시간 대학교 법학대학원University of Michigan Law School의 전국면죄등록National Registry of Exonerations 프로젝트, www.law.umich.edu/special/exoneration/Pages/casedetail.aspx?caseid=3540.

46 제임스 레이니, "맥마틴 배심원단, 평결에 대한 대중의 분노를 체감한다McMartin Jurors Feel Ire of Public over Their Verdicts", 『로스앤젤레스 타임스』, 1990년 1월 20일, A32.

47 로이스 팀닉과 캐롤 맥그로, "최초의 히스테리가 보육기관에 긍정적인 변화를 불러왔다Initial Hysteria Provoked Positive Changes in Day Care", 『로스앤젤레스 타임스』, 1990년 1월 19일, A18.

48 CNN 〈래리 킹 라이브Larry King Live〉, 1990년 2월 5일, 대니 데이비스가 소장한 비디오테이프 "#31—L. King 2-5-90".

49 로이스 팀닉, "맥마틴 학부형들, 마지막 발굴작업에 돌입McMartin Parents Dig Up School in Last-Ditch Search", 『로스앤젤레스 타임스』, 1990년 4월 28일, B3.

50 스티븐 첨Steven R. Churm, "증거를 찾아 끈질기게 땅을 파는 부모들Parents Dig Persistently for Evidence", 『로스앤젤레스 타임스』, 1990년 6월 5일, B1.

51 "맥마틴 유치원 내부고발자 재키 맥걸리, 테드 건더슨과 공모자들의 비리를 폭로McMartin Preschool Whistleblower Jackie McGauley Exposes Ted Gunderson and Accomplices", 바바라 하트웰Barbara Hartwell 대 CIA, 2010년 3월 25일, http://barbarahartwellvscia.blogspot.com/2010/03/mcmartin-preschool-whistleblower-jackie.html.

52 게리 스티켈E. Gary Stickel, "캘리포니아 맥마틴비치 맥마틴 유치원 부지에 대한 고고학적 조사Archaeological Investigations of the McMartin Preschool Site, Manhattan Beach, California", 맥마틴 터널 프로젝트The McMartin Tunnel Project, 1993년, 104.

53 상동, 16.

54 조세프 와이어트W. Joseph Wyatt, "맥마틴 유치원 지하에는 무엇이 있었나? '터널' 발견물의 검토와 행동과학적 분석What Was Under the McMartin Preschool? A Review and Behavioral Analysis of the 'Tunnels' Find", 『행동과사회문제*Behavior and Social Issues*』 12호(2002): 29-39.

55 롤랜드 서미트, "맥마틴의 어두운 터널The Dark Tunnels of McMartin", 『역사심리학저널*Journal of Psychohistory*』 21호, no. 4(1994): 397-416.

56 로이스 팀닉, "버키 재판 증언대에 선 아이Child Takes the Stand in Buckey Trial", 『로스앤젤레스 타임스』, 1990년 5월 10일, B1.

57 로이스 팀닉, "맥마틴, 손자를 위한 수다쟁이 증인McMartin a Talkative Witness for Grandson", 『로스앤젤레스 타임스』, 1990년 6월 6일, B3.

58 캐롤 맥그로Carol McGraw, "결국 배심원단은 혼란에 무너지고 말았다In the End, Jury Gave in to Confusion", 『로스앤젤레스 타임스』, 1990년 1월 28일, 1.

59 로이스 팀닉, "버키에 대한 혐의 기각Charges Against Buckey Dismissed", 『로스앤젤레스 타임스』, 1990년 8월 2일, B1.

제9장 치료사와 생존자

1 엘렌 베스와Ellen Bass와 루이즈 손턴Louise Thornton 엮음, 『아무에게도 이야기하지 않았다: 아동 성폭력으로부터 살아남은 생존자들의 글*I Never Told Anyone: Writings by Women Survivors of Child Sexual Abuse*』(뉴욕: 하퍼 앤드 로Harper & Row, 1983년).

2 엘렌 베스와 로라 데이비스Laura Davis, 『아주 특별한 용기: 성폭력 생존자들을 위한 영혼의 치유*The Courage to Heal: A Guide for Women Survivors of Child Sexual Abuse*』(뉴욕: 하퍼 앤드 로, 1988년 / 동녘, 2012년).
3 상동, 22.
4 상동, 21.
5 상동, 22.
6 상동, 113.
7 상동, 72.
8 상동, 65.
9 상동.
10 상동, 66.
11 상동, 80.
12 상동.
13 상동, 86.
14 지그문트 프로이트, "히스테리 원인론", 『지그문트 프로이트의 심리학 연구 전집 표준판』 3권(런던: 빈티지, 1962년), 204.
15 베스와 데이비스, 『아주 특별한 용기』, 88.
16 상동, 347, 345-346.
17 상동, 347.
18 모리츠 베네딕트Moritz Benedikt, "히스테리아에 대한 관찰Beobachtung über Hysterie", 『의학저널*Zeitschrift für practische Heilkunde*』(1864).
19 프란츠 안톤 메스머Franz Anton Mesmer, 『동물자기의 발견에 대한 기록*Mémoire sur la découverte du magnetism animal*』(파리: 디도Didot, 1779년).
20 헨리 엘렌베르거Henri F. Ellenberger, 『무의식의 발견: 역동 정신의학의 역사와 진화*The Discovery of the Unconscious: The History and Evolution of Dynamic Psychiatry*』(뉴욕: 베이직 북스, 1970년), 13.
21 상동, 382.
22 장 마르탱 샤르코Jean-Martin Charcot, 『살페트레이르 도판*Iconographie photographique de la Salpêtrière*』(장 마르탱 샤르코, 1878년).
23 일레인 쇼월터Elaine Showalter, 『히스테리 역사: 히스테리의 전파와 현대의 언론*Hystories: Hysterical Epidemics and Modern Media*』(뉴욕: 컬럼비아 대학교 출판부, 1998년), 34.
24 『지그문트 프로이트의 심리학 연구 전집 표준판』 3권(런던: 빈티지, 1962년), 9.
25 폴 베르나드Paul Bernard, 『소녀의 정숙을 공격하다*Des Attentats à la pudeur sur les petites filles*』, 리옹 법의병리학연구소Laboratoire de Médecine Légale de Lyon (파리: 옥타브 두인Octave Doin, 1886년).
26 폴 브루어델Paul Brouardel, 『태도의 공격*Les Attentats aux moeurs*』(파리: J. B. 발리에르J. B. Balliére, 1909년).
27 콜린 로스Colin A. Ross, 『다중인격장애: 진단과 임상적 특징, 치료법*Multiple Personality Disorder: Diagnosis, Clinical Features, and Treatment*』(뉴욕: 존 와일리 앤드 선스John Wiley &

Sons, 1989), 55, 72.

28 대니얼 골먼Daniel Goleman, "새롭게 주목받는 다중인격New Focus on Multiple Personality", 『뉴욕타임스』, 1985년 5월 21일, www.nytimes.com/1985/05/21/science/new-focus-on-multiple-personality.html?pagewanted=1.

29 데비 네이선, "근친상간을 외치다: 아동 성폭력의 피해자들Cry Incest: Victims of Childhood Sexual Abuse", 『플레이보이*Playboy*』 39호, no. 10, 1992년 10월, 84.

30 로스, 『다중인격장애』, 217.

31 오노 밴 더 하트Onno van der Hart와 바바라 프리드먼Barbara Friedman, "피에르 자네의 분열에 대한 안내서: 외면 받았던 지적 유산A Reader's Guide to Pierre Janet on Dissociation: A Neglected Intellectual Heritage", 『분열*Dissociation*』 2호(1989): 3-16.

32 베셀 반 데어 콜크Bessel van der Kolk와 윌리엄 카디시William Kadish, "기억상실증과 분열, 그리고 억압된 기억의 회복Amnesia, Dissociation, and the Return of the Repressed", 『사이콜로지컬 트라우마*Psychological Trauma*』(워싱턴DC: 미국정신의학회 출판부, 1987년), 173-190.

33 대니얼 브라운Daniel Brown과 앨런 셰플린Alan W. Scheflin, 코리든 해먼드D. Corydon Hammond, 『기억, 트라우마, 치료, 그리고 법*Memory, Trauma Treatment, and the Law*』(뉴욕: 노튼Norton, 1998).

34 지그문트 프로이트, "억압Repression", 『지그문트 프로이트의 심리학 연구 전집 표준판』 14권(런던: 빈티지, 1962년), 146-158; 조세프 브로이어와 지그문트 프로이트, 『히스테리 연구』, 번역 제임스 스트레이치(뉴욕: 베이직 북스, 2000), 116(원문대로 강조 표시).

35 이코트M. J. Eacott와 크롤리R. A. Crawley, "아동 기억상실증의 시초: 3세 이전에 겪은 사건의 기억이어야 한다The Offset of Childhood Amnesia: Memory for Events That Occurred Before Age 3", 『실험심리학저널: 일반*Journal of Experimental Psychology: General*』 127호(1998년): 22-33.

36 엘리자베스 로프터스Elizabeth Loftus와 테런스 번스Terrence Burns, "정신적 충격은 퇴행성 기억상실을 유발할 수 있다Mental Shock Can Produce Retrograde Amnesia", 『기억과인지*Memory and Cognition*』 10호(1982년): 318-323.

37 존 율리John Yuille와 주디스 컷셜Judith Cutshall, "범죄 현장을 목격한 기억에 대한 사례연구Case Study of Eyewitness Memory of a Crime", 『응용심리학저널*Journal of Applied Psychology*』 71호(1986년): 291-301.

38 주디스 허먼Judith Herman, 『근친 성폭력 감춰진 진실*Father-Daughter Incest*』(매사추세츠주 케임브리지: 하버드 대학교 출판부, 1981년 / 삼인, 2010년).

39 레노어 테르Lenore Terr, "어린 시절 트라우마의 기억은 어떻게 되는가? 기록에 남은 트라우마적 사건에 대한 5세 이하 아동 12명의 연구What Happens to Early Memories of Trauma? A Study of Twenty Children Under Age Five at the Time of Documented Traumatic Events", 『미국아동및청소년정신의학아카데미저널*Journal of the American Academy of Child and Adolescent Psychiatry*』 27호(1988년): 96-104.

40 존 브리어John Briere와 존 콘테Jon Conte, "어린 시절 학대를 당한 성인들이 직접 보고한 기억상실증Self-Reported Amnesia for Abuse in Adults Molested as Children", 『외상스트레스저널*Journal of Traumatic Stress*』 6호(1993년): 21-31.

41 리처드 맥널리Richard McNally, 『트라우마 기억하기*Remembering Trauma*』(매사추세츠 주 케임브리지: 하버드 대학교 출판부 내 벨크냅 프레스Belknap Press, 2003년), 197.
42 엘리자베스 로프터스와 새라 폴론스키Sarah Polonsky, 민디 풀리러브Mindy Fullilove, "아동 성학대의 기억: 기억과 억압Memories of Childhood Sexual Abuse: Remembering and Repressing", 『계간 여성심리학*Psychology of Women Quarterly*』 18호(1994년): 67-84.
43 대니얼 브라운과 앨런 셰플린, 찰스 윗필드Charles Whitfield, "기억회복: 현재 과학과 법정에서 증거의 가치Recovered Memories: The Current Weight of the Evidence in Science and in the Courts", 『정신의학과법률저널*Journal of Psychiatry and Law*』 27호(1998년): 5-156.
44 찰스 윌킨슨Charles Wilkinson, "재앙의 여파: 하얏트 리젠시 호텔 고가도로 붕괴 사건Aftermath of a Disaster: The Collapse of the Hyatt Regency Hotel Skywalks", 『미국정신의학회지*American Journal of Psychiatry*』 140호(1983년): 1134-1139.
45 브라운과 셰플린, 해먼드, 『기억, 트라우마, 치료, 그리고 법』, 156.
46 스티븐 돌링어Stephen Dollinger, "아이들이 경험한 낙뢰 피격 참사Lightning-Strike Disaster Among Children", 『영국의학심리학저널*British Journal of Medical Psychology*』 58호(1985년): 375-383.
47 로스, 『다중인격장애』, 252.
48 상동, 233.
49 상동, 269.
50 상동, 275.
51 상동, 276.
52 월터 영Walter C. Young 등, "어린 시절의 의식학대를 말하는 환자들: 임상증후군, 37가지 사례보고Patients Reporting Ritual Abuse in Childhood: A Clinical Syndrome, Report of Thirty-Seven Cases", 『아동학대와방치』 15호(1991년): 181-189; 월터 영, 편지, 『아동학대와방치』 15호(1991년): 611-613.
53 데비 네이선, 『시빌의 진실』(뉴욕: 프리 프레스, 2011), 225.
54 네이선, "근친상간을 외치다".
55 수전 팔루디Susan Faludi, 『반발: 미국 여성에 반대하는 선전포고 없는 전쟁*Backlash: The Undeclared War Against American Women*』(뉴욕: 더블데이Doubleday, 1991년), 338-339.
56 엘리자베스 로프터스와 캐서린 케첨Katherine Ketcham, 『억압된 기억의 신화: 허위기억과 성폭력 주장*The Myth of Repressed Memory: False Memories and Allegations of Sexual Abuse*』(뉴욕: 세인트 마틴스 그리핀St. Martin's Griffin, 1996년), 152.
57 콜린 로스, 『오시리스 콤플렉스: 다중인격장애 사례연구*The Osiris Complex: Case-Studies in Multiple Personality Disorder*』(캐나다 토론토: 토론토 대학교 출판부University of Toronto Press, 1994년), 165.
58 상동, 166.
59 상동, 169.
60 상동, 175.
61 엘렌 윌리스, "종결부Coda", 『엘렌 윌리스의 정수*The Essential Ellen Willis*』, 노라 윌리스 아로노위츠Nona Willis Aronowitz 엮음(미니애폴리스: 미네소타 대학교 출판부University of

Minnesota Press, 2014년), 488-489.

62 글로리아 스타이넘Gloria Steinem, 『셀프 혁명: 자긍심을 회복하는 순간 내 인생은 내가 책임진다*Revolution from Within: A Book of Self-Esteem*』(보스턴: 리틀 브라운 앤드 컴퍼니Little, Brown, and Company, 1992년 / 국민출판, 2016), 78.

63 엘리자베스 로즈Elizabeth S. Rose, "믿을 수 없는 생존기: 의식학대를 경험하다Surviving the Unbelievable: A First-Person Account of Cult Ritual Abuse", 『미즈』, 1993년 1월/2월, 41.

64 상동, 43.

65 편지, 『미즈』, 1993년 5월/6월, 7.

66 애니타 립튼Anita Lipton, "법정에서의 회복된 기억Recovered Memories in the Courts", 『아동 성학대의 기억회복: 심리학적, 사회적, 법적 관점으로 보는 현대 정신건강 논쟁*Recovered Memories of Child Sexual Abuse: Psychological, Social, and Legal Perspectives on a Contemporary Mental Health Controversy*』, 셰일라 타브Sheila Taub 엮음(일리노이 주 스프링필드: 찰스 C. 토머스Charles C. Thomas, 1999년), 165-210.

67 브라운과 셰플린, 해먼드, 『기억, 트라우마, 치료, 그리고 법』, 398, 538.

68 로스 차이트, 『마녀사냥 이야기: 정치와 심리학, 그리고 아동 성폭력』(뉴욕: 옥스퍼드 대학교 출판부, 2014년), 390쪽.

69 조앤 아코첼라, 『히스테리를 만들다: 여성과 다중인격장애』(샌프란시스코: 조시 배스, 1999년), 15.

제10장 억압과 욕구

1 케네스 래닝, "'의식적' 아동학대 의혹에 대한 수사 지침Investigator's Guide to Allegations of 'Ritual' Child Abuse", 버지니아 주 콴티코 연방수사국 산하 FBI 아카데미 국가강력범죄분석센터National Center for the Analysis of Violent Crime 행동과학부Behavioral Science Unit, 1992년.

2 메리 피셔, "맥마틴: 도미노 현상인가?", 『로스앤젤레스 매거진』, 1989년 10월, www.byliner.com/read/mary-fischer/a-case-of-dominoes.

3 폴 에벌리와 셜리 에벌리, 『순수를 짓밟다: 맥마틴 유치원 재판』(뉴욕 버팔로: 프로메테우스 북스, 1993년), 362.

4 CBS 〈48시간*48 Hours*〉 "켈리 마이클스: 순수의 종말Kelly Michaels: The End of Innocence" 편, 1993년 5월 5일.

5 도로시 라비노비츠Dorothy Rabinowitz, "매사추세츠에 드리운 어둠—IIA Darkness in Massachusetts—II", 『월스트리트저널*Wall Street Journal*』, 1995년 3월 14일, http://online.wsj.com/news/articles/SB122635339100615063.

6 『검찰 대 바이올렛 애머럴트*Violet Amirault* / 검찰 대 제럴드 애머럴트*Gerald Amirault*』, 미들섹스 카운티 424 Mass 618, 1996년 10월 9일-1997년 3월 24일, http://masscases.com/cases/sjc/424/424mass618.html.

7 도로시 라비노비츠, "아이들의 말로 감옥에 가두다: 아동학대와 정의의 남용—사례연구From the Mouths of Babes to a Jail Cell: Child Abuse and the Abuse of Justice—A Case Study", 『하퍼스

Harper's』, 1990년 봄, 54.

8 로빈슨B. A. Robinson, "제랄도 리베라: 사탄교 의식학대와 기억회복Geraldo Rivera: Satanic Ritual Abuse and Recovered Memories", *ReligiousTolerance.org*, 2007년 11월 7일, www.religioustolerance.org/geraldo.htm.

9 길버트 케이츠Gilbert Cates 감독, 〈머핀장수를 아시나요?〉, 제작 대니얼 프로이덴버거, 애브넛/커너 컴퍼니 프로덕션, 1989년.

10 믹 잭슨Mick Jackson 감독, HBO 〈고발*Indictment*〉, DVD 발매 2012년 2월 21일.

11 마이크 바버Mike Barber와 앤드류 슈나이더Andrew Schneider, "마법에 걸려 피해를 입은 수사관Detective a Man Who Charmed, Harmed", 『시애틀 포스트인텔리젠서*Seattle Post-Intelligencer*』, 1998년 2월 23일, 10.

12 이후 글래슨에 대한 혐의는 기각되었다.

13 캐서린 리온Kathryn Lyon, 『마녀사냥: 사회적 히스테리와 짓밟힌 정의의 실화*Witch Hunt: A True Story of Social Hysteria and Abused Justice*』(뉴욕: 에이번 북스Avon Books, 1998년), xl.

14 피터 불Peter Bull 감독, "아이들이 고발할 때: 누구를 믿을 것인가?When Children Accuse: Who to Believe?", ABC 뉴스 『터닝포인트*Turning Point*』, 1996년 11월 14일.

15 돈 하디 주니어와 데이나 나크먼 감독, 영화 〈마녀사냥〉(KTF 필름, 2008년).

16 도로시 라비노비츠, "마샤 코클리의 유죄 판결Martha Coakley's Convictions", 『월스트리트저널』, 2010년 1월 14일, http://online.wsj.com/news/articles/SB10001424052748704281204575003341640657862.

17 래들리 발코Radley Balko, "컨 카운티의 극악무도한 지방검사Kern County's Monstrous D.A.", Reason.com, 2009년 12월 21일, http://reason.com/archives/2009/12/21/kern-countys-monstrous-da.

18 피터 보이어Peter J. Boyer, "웨이코의 아이들Children of Waco", 『뉴요커*New Yorker*』, 1995년 5월 15일, 42.

19 리처드 벡Richard Beck, "프리드먼 가족The Friedmans," 『n+1』 18호, 2013년 겨울.

20 조던 스미스Jordan Smith, "아이들을 믿는다Believing the Children", 『오스틴 크로니클*Austin Chronicle*』, 2009년 3월 27일, www.austinchronicle.com/news/2009-03-27/believing-the-children.

21 척 린델Chuck Lindell, "프랜 켈러, 사탄교 학대 혐의를 씻다Fran Keller to Be Freed in Satanic Abuse Case", 『오스틴 아메리칸 스테이츠먼*Austin American-Statesman*』, 2013년 11월 26일, www.statesman.com/news/news/local/fran-keller-to-be-freed-in-satanic-abuse-case/nb5S2.

22 스티븐 세시와 매기 브룩, 『위험한 법정: 아동 증언에 대한 과학적 분석』(워싱턴DC: 미국심리학회American Psychological Association, 1999년), 108.

23 상동, 90.

24 엘리자베스 로프터스와 캐서린 케첨, 『억압된 기억의 신화: 허위기억과 성폭력 주장』(뉴욕: 세인트 마틴스 프레스, 1994년).

25 엘리자베스 로프터스와 재클린 피크럴Jacqueline Pickrell, "허위기억의 형성The Formation of

False Memories", 『정신의학연보*Psychiatric Annals*』 25호(1994): 720-725.

26 레트로 리포트Retro Report 연출, "맥마틴 유치원: 패닉의 해부McMartin Preschool: Anatomy of a Panic", 『뉴욕타임스』, 2014년 3월 9일, www.nytimes.com/video/us/100000002755079/mcmartin-preschool-anatomy-of-a-panic.html.

27 로스 차이트, 『마녀사냥 이야기: 정치와 심리학, 그리고 아동 성폭력』(뉴욕: 옥스퍼드 대학교 출판부, 2014년), 14쪽.

28 상동, 14, 195.

29 상동, 285.

30 상동, 328.

31 휘팅턴 등, "영아와 유아의 부정확한 임균 확인", 『소아감염병저널』 7호, no. 1(1988년): 3-10.

32 새라 알렉산더와 캐서린 아이선, "임균 진단을 위한 상업용 키트의 진화", 『의학미생물학저널』 54호, no. 9 (2005년 9월): 827-831.

33 "임균의 임질 실험 정보특성과 인간에게서 나온 유사종Gonorrhea Laboratory Information Characteristics of N. gonorrhoeae and Related Species of Human Origin", 『질병통제예방센터*Centers for Disease Control and Prevention*』, 2013년 12월 10일, www.cdc.gov/std/gonorrhea/lab/ngon.htm.

34 차이트, 『마녀사냥 이야기』, 145.

35 상동, 89.

36 상동, 360.

37 카일 저폴로Kyle Zirpolo가 데비 네이선을 통해 전한 말. "미안합니다I'm Sorry", 『로스앤젤레스 타임스』, 2005년 10월 30일, http://articles.latimes.com/2005/oct/30/magazine/tm-mcmartin44.

38 제니퍼(가명), 저자와의 인터뷰, 2014년 4월 17일. 이후 인용문은 전부 이 인터뷰에서 발췌했다.

39 케네스 포프Kenneth Pope, "기억회복은 대형 사기일 뿐인가?Recovered Memory or Just a Giant Con Trick?", 『뉴질랜드 헤럴드*New Zealand Herald*』, 1998년 9월 9일, A13.

40 다이애나 러셀Diana E. H. Russell, "근친상간 대전: 대립을 넘어서"(1999), www.dianarussell.com/the_great_incest_war.html.

41 에밀리 베즐런Emily Bazelon, "학대 사건과 회의론의 유산—'마녀사냥 이야기': 우리는 진정한 피해자를 외면하고 있는가?Abuse Cases, and a Legacy of Skepticism—The Witch-Hunt Narrative': Are We Dismissing Real Victims?", 『뉴욕타임스』, 2014년 6워 9일, www.nytimes.com/2014/06/10/science/the-witch-hunt-narrative-are-we-dismissing-real-victims.html.

42 엘리아나 길Eliana Gil과 토니 캐버나 존슨Toni Cavanagh Johnson, 『성에 노출된 아이들: 학대 가해 아동을 판단하고 치료하는 법*Sexualized Children: Assessment and Treatment of Sexualized Children and Children Who Molest*』(메릴랜드 주 록빌: 론치 프레스Launch Press, 1993), xiii.

43 데이비드 핑클호어David Finkelhor와 리처드 옴로드Richard Ormrod, 마크 차핀Mark Chaffin, "미

성년자 성범죄를 저지르는 청소년들Juveniles Who Commit Sex Offenses Against Minors", 『소년사법회보*Juvenile Justice Bulletin*』, 미 사법부 법무연구소Office of Justice Programs, 2009년 12월, www.ncjrs.gov/pdffiles1/ojjdp/227763.pdf.

44 에밀리 디프랭Emily DePrang, "명단에 걸린 인생Life on the List", 『텍사스 옵서버*Texas Observer*』, 2012년 5월 31일, www.texasobserver.org/life-on-the-list.

45 브루스 린드Bruce Rind와 필립 트로모비치Philip Tromovitch, 로버트 바우저맨Robert Bauserman, "협회의 표본을 이용하여 추정한 아동 성학대의 특성에 대한 메타분석 조사A Meta-Analytic Examination of Assumed Properties of Child Sexual Abuse Using College Samples", 『심리학회보*Psychological Bulletin*』 124호, no. 1 (1998): 22-53.

46 상동, 36.

47 상동, 46.

48 상동, 47.

49 스콧 릴리언펠드Scott O. Lilienfeld, "세계의 충돌: 과학과 정치, 그리고 린드 등(1998)의 아동 성학대 메트분석When Worlds Collide: Social Science, Politics, and the Rind et al. (1998) Child Sexual Abuse Meta-Analysis", 『아메리칸 사이콜로지스트*American Psychologist*』 57호, no. 3(2002년 봄): 178.

50 브루스 린드와 필립 트로모비치, 로버트 바우저맨, "연구논문의 비난: 무결한 과학에 대한 위협의 연대기와 반박Condemnation of a Scientific Article: A Chronology and Refutation of the Attacks and a Discussion of Threats to the Integrity of Science", 『성과문화*Sexuality and Culture*』 4호 (2000): 14.

51 로라 슐레진저Laura Schlessinger, "소아성애를 지지하는 최악의 쓰레기 과학을 분석하다Analysis of Pedophilia Junk Science at Its Worst", 〈닥터 로라 프로그램*The Dr. Laura Program*〉(라디오 방송), 2000년 3월 15일, 캘리포니아 주 셔먼오크스: 프리미어 라디오 네트워크Premiere Radio Networks; 사이먼 콜Simon A. Cole, "인기 없는 심리학Unpopular Psychology", 『링구아프랑카*Lingua Franca*』 no. 10, 2000년 2월, 12.

52 캐롤 태브리스Carol Tavris, "성학대 연구와 그 발견을 둘러싼 논란The Uproar over Sexual Abuse Research and Its Findings", 『소사이어티*Society*』 37호, no. 4(2000): 15-17.

53 매카시R. McCarty, "과학에 대한 미국심리학회 이사의 단평A Brief Comment by APA Executive Director for Science", 『심리학과학의제*Psychological Science Agenda*』 12호, no. 6 (1999년): 3.

54 주디스 러바인Judith Levine, 『미성년자의 적: 섹스로부터 아동을 보호하는 것이 능사는 아니다*Harmful to Minors: The Perils of Protecting Children from Sex*』(미니애폴리스: 미네소타 대학교 출판부, 2002년), 3.

55 상동, 128.

56 상동, 89.

57 데보라 로프먼Deborah Roffman, "미성년자의 적(서평)," 『사이콜로지 투데이*Psychology Today*』, 2002년 8월 1일, www.psychologytoday.com/articles/200208/harmful-minors-book-review.

58 로버트 스테이시 매케인Robert Stacy McCain, "소아성애를 부추기다: 아동-성인 성관계를 합법화하려는 시도Promoting Pedophilia: Attempts to Legitimize Adult-Child Sex on Rise" on Rise 『워

싱턴타임스*Washington Times*』, 2002년 4월 19일, A2.

59 "로버트 나이트Robert Knight의 성명서", 미국을 걱정하는 여성들의 모임Concerned Women for America, 2002년 4월 25일 기자회견, www.cwfa.org/statement-by-robert-knight.

60 소라야 나디아 맥도널드Soraya Nadia McDonald, "샤네샤 테일러, 면접 중 자동차에 아이들을 두어 체포된 그녀가 입을 열다Shanesha Taylor, Arrested for Leaving Children in Car During Job Interview, Speaks", 『워싱턴포스트』, 2014년 6월 23일, www.washingtonpost.com/news/morning-mix/wp/2014/06/23/shanesha-taylor-arrested-for-leaving-children-in-car-during-job-interview-speaks.

61 디온 길로리Deon Guillory, "노스오거스타 여성, 자녀에 대한 불법 행위로 기소North Augusta Mother Charged With Unlawful Conduct Towards a Child", 〈WJBF 채널 6 뉴스News Channel 6 WJBF.com〉, 2014년 7월 1일(2014년 8월 12일 업데이트), www.wjbf.com/story/25915218/north-augusta-mother-charged-with-unlawful-conduct-towards-a-child.

62 CNN 통신, "'잘못인지 몰랐어요: 7세 아들을 홀로 공원에 보낸 죄로 체포된 엄마Didn't Think I Was Doing Anything Wrong': Mom Arrested for Allowing 7-Year-Old Son to Go to Park Alone", Fox 6Now.com, 2014년 7월 29일, http://fox6now.com/2014/07/29/mother-arrested-after-allowing-7-year-old-son-to-go-to-park-alone.

63 에밀리 에킨스Emily Ekins, "업데이트/여론조사: 미국인의 68퍼센트는 부모의 감시 없이 9세 아동이 공원에서 놀면 안 된다고 생각한다UPDATED/Poll: 68 Percent of Americans Don't Think 9-Year-Olds Should Play at the Park Unsupervised", 리즌 루프 여론조사Reason-Rupe Poll, 2014년 8월 19일, http://reason.com/poll/2014/08/19/august-2014-reason-rupe-national-survey.

64 "결혼의 쇠퇴와 새로운 가족의 부상The Decline of Marriage and Rise of New Families", 퓨리서치 센터Pew Research Center, 2010년 11월 18일, www.pewsocialtrends.org/files/2010/11/pew-social-trends-2010-families.pdf.

65 엘렌 윌리스, "파탄 직전의 결혼Marriage on the Rocks", 착한 소녀 노릇은 그만: 반문화적 에세이』(뉴햄프셔 주 해너버: 웨슬리언, 1992년), 68.

66 지그문트 프로이트, 『정신분석학에 대한 다섯 번의 강연*Five Lectures on Psychoanalysis*』(뉴욕: 노튼, 1961년), 22.

맥마틴 유치원 아동학대 사건의 진실
우리는 아이들을 믿는다

초판 1쇄 발행 2017년 1월 16일

지은이 리처드 벡
옮긴이 유혜인
펴낸이 박정희

책임편집 양송희 **편집** 이주연, 이성목 **디자인** 하주연, 이지선
관리 유승호, 양소연 **마케팅** 김범수, 이광택 **웹서비스** 백윤경, 김설희

펴낸곳 도서출판 나눔의집
등록번호 제25100-1998-000031호
등록일자 1998년 7월 30일

주소 서울시 금천구 디지털로9길 68, 1105호(가산동, 대륭포스트타워 5차)
대표전화 1688-4604 **팩스** 02-2624-4240
홈페이지 www.ncbook.co.kr / www.issuensight.com
ISBN 978-89-5810-345-5(03330)

이 도서의 국립중앙도서관 출판예정도서목록(CIP)은 서지정보유통지원시스템 홈페이지(http://seoji.nl.go.kr)와 국가자료공동목록시스템(http://www.nl.go.kr/kolisnet)에서 이용하실 수 있습니다.(CIP제어번호: CIP2016031403)

- 책값은 뒤표지에 있습니다.
- 잘못된 도서는 구입하신 서점에서 교환해 드립니다.